山东省文物考古研究院博士丛书 第1号

齐国货币的考古学研究

徐波 ◎ 著

上海古籍出版社

图书在版编目（CIP）数据

齐国货币的考古学研究／徐波著. -- 上海：上海古籍出版社，2025.3. -- ISBN 978-7-5732-1517-8

Ⅰ. K875.64

中国国家版本馆 CIP 数据核字第 2025E33D14 号

齐国货币的考古学研究
徐 波 著

上海古籍出版社出版发行

（上海市闵行区号景路 159 弄 1-5 号 A 座 5F 邮政编码 201101）

（1）网址：www.guji.com.cn

（2）E-mail: guji1@guji.com.cn

（3）易文网网址：www.ewen.co

上海盛通时代印刷有限公司印刷

开本 710×1000 1/16 印张 20.5 插页 11 字数 346,000

2025 年 3 月第 1 版 2025 年 3 月第 1 次印刷

ISBN 978-7-5732-1517-8

K·3811 定价：98.00 元

如有质量问题，请与承印公司联系

本书系山东省社会科学规划研究青年项目"齐国刀币的考古学研究"(项目编号:18DKGJ02)成果

"山东省文物考古研究院博士丛书"编委会

主　任：孙　波

副主任：孔胜利　徐　波　朱　超

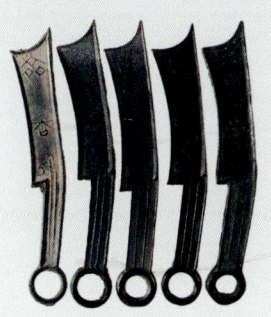 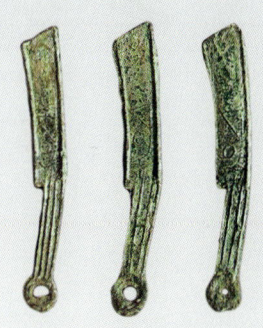 

齐大型刀币　　　　　齐小型刀币　　　　　齐圆钱

图版一　齐国典型货币举例

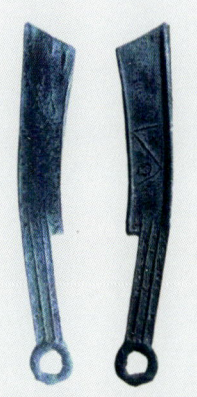   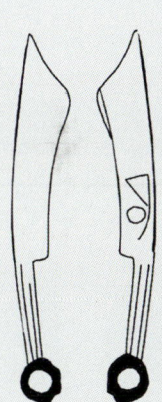

图版二　传青州出土方折"明"刀

图版三 2019年小城西门外发掘区全景和出土的钱范

图版四 2020年小城西门外发掘的范坑遗迹和出土的刀币范

图版五　青州西辛墓冶铸遗迹及刀范出土情况

图版六　青州西辛墓冶铸遗迹出土完整刀币范坯

1 大荒北央遗址
2 官台遗址
3 王家庄遗址
4 单家庄
5 西利渔遗址群
6 东利渔遗址群
7 唐央一火道遗址群
8 蕨里遗址群
9 海仓二墩遗址
10 大东遗址
11 西大宋遗址
12 东马楼遗址
13 南河崖遗址
14 东营刘集盐业遗址
15 利津洋江遗址
16 利津南望参遗址群
17 沽化杨家遗址群
18 无棣邢山子遗址
19 海兴县杨坦遗址群
20 黄骅市郛堤遗址

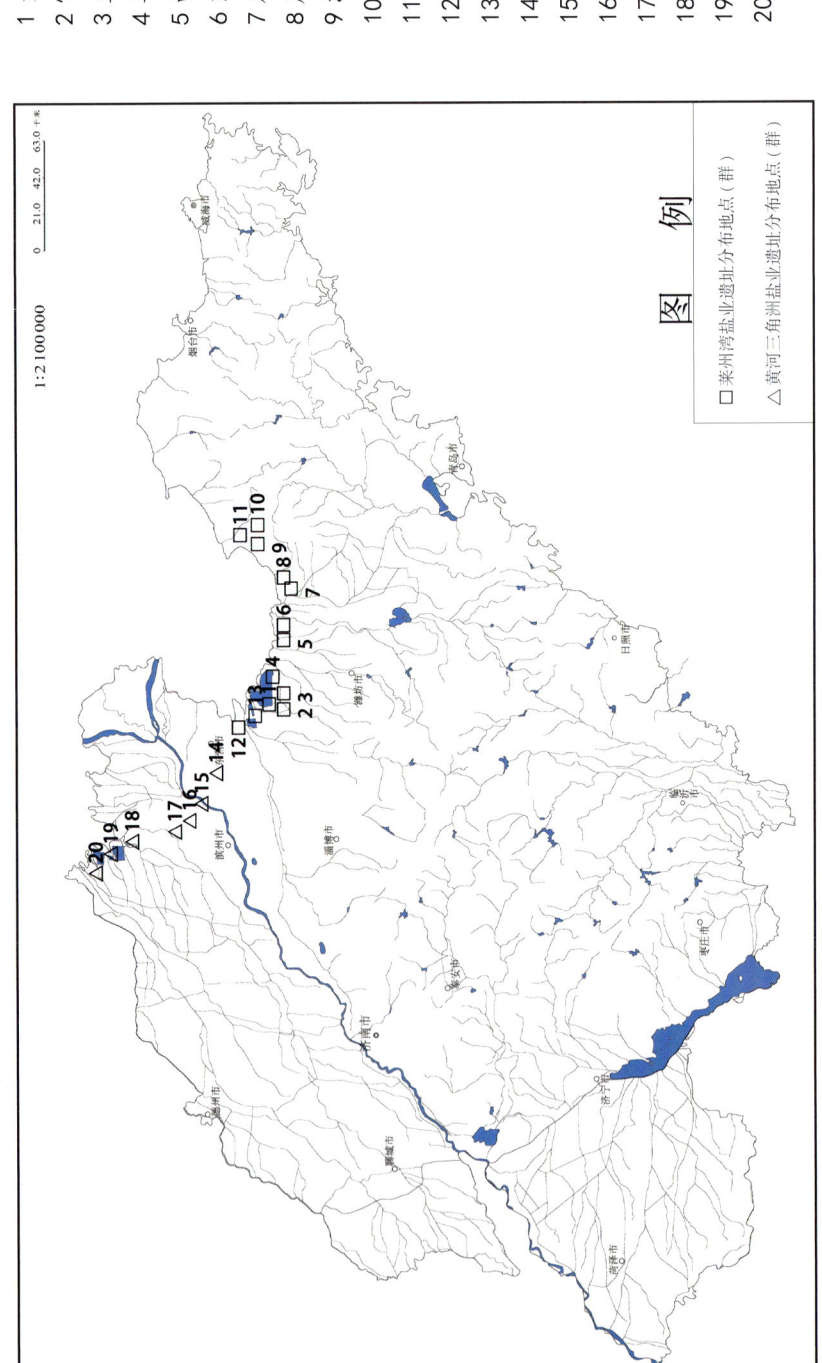

图版七 莱州湾沿岸东周盐业遗址群分布图

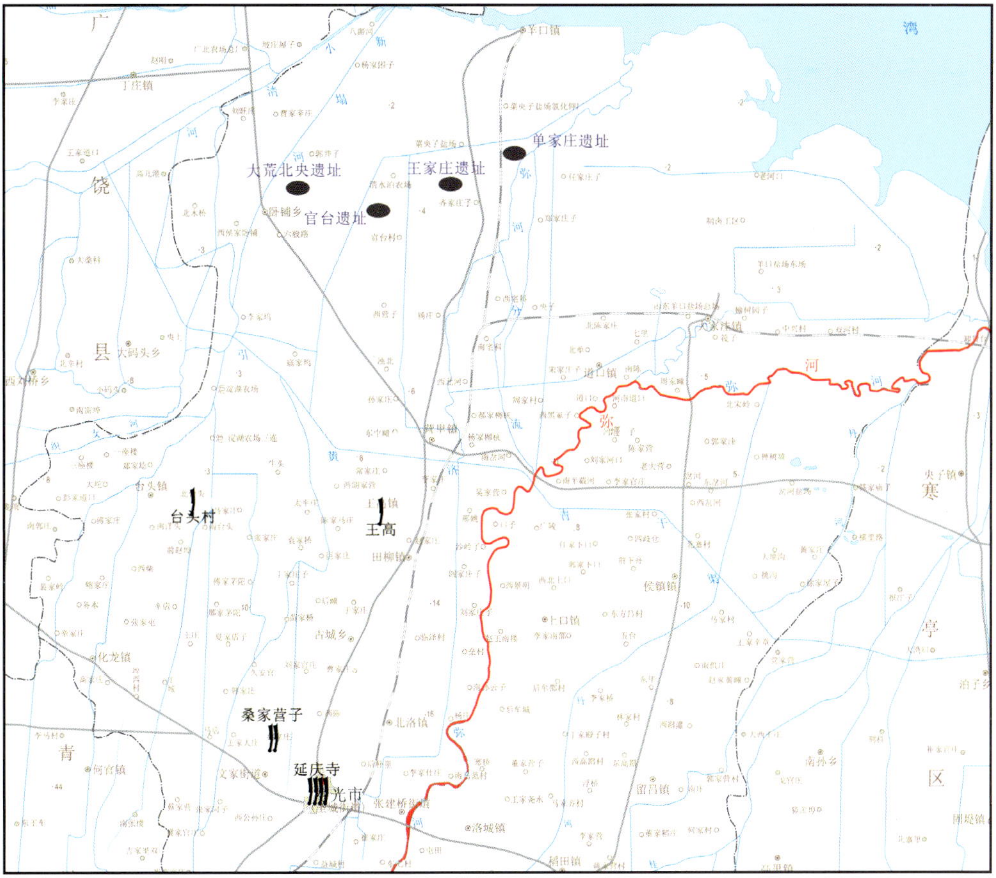

图版八　东周寿光北部盐业遗址及齐货币分布图

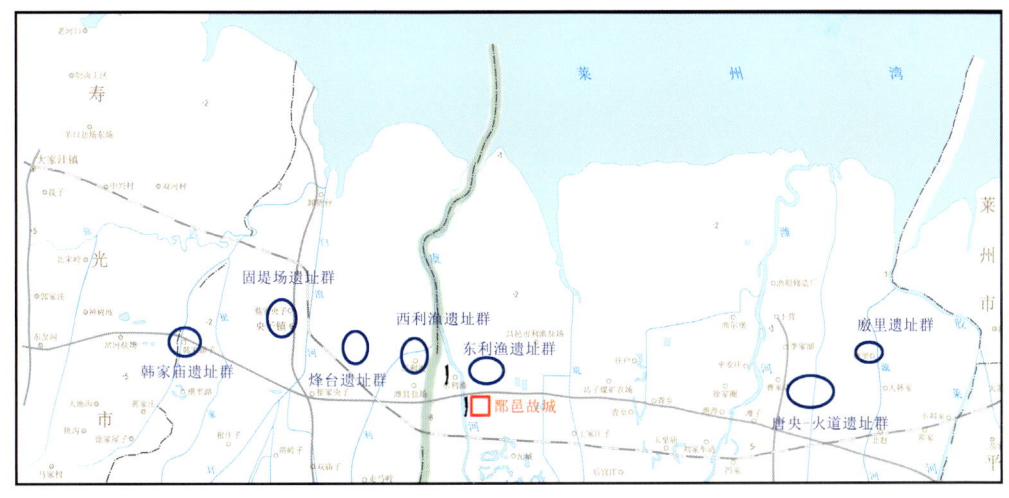

图版九　潍坊滨海开发区和昌邑北部的东周盐业遗址及齐货币分布图

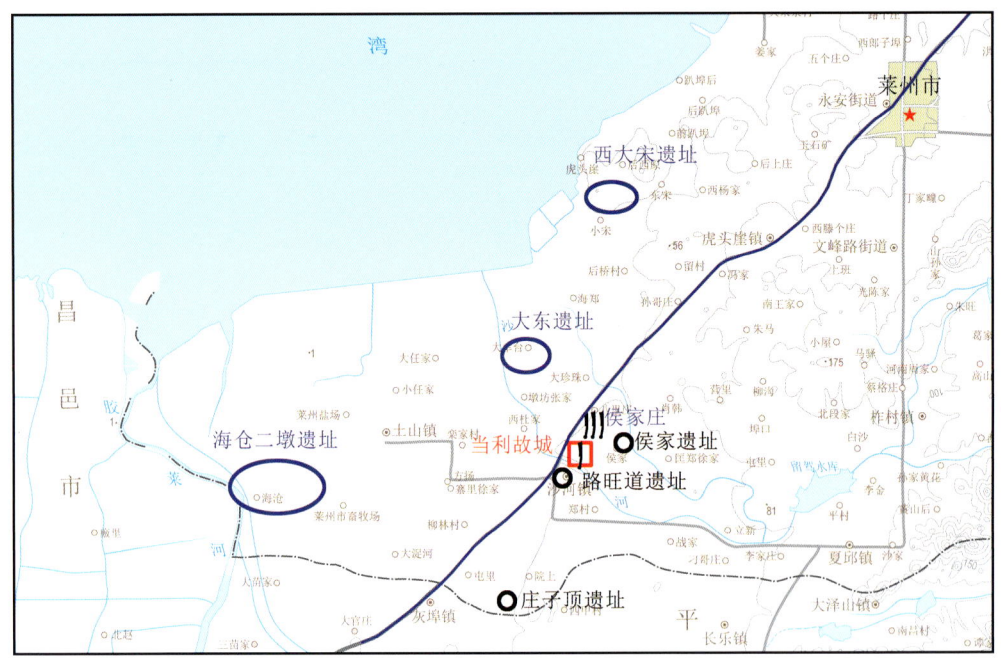

图版十 莱州西南部东周盐业遗址及齐货币分布图

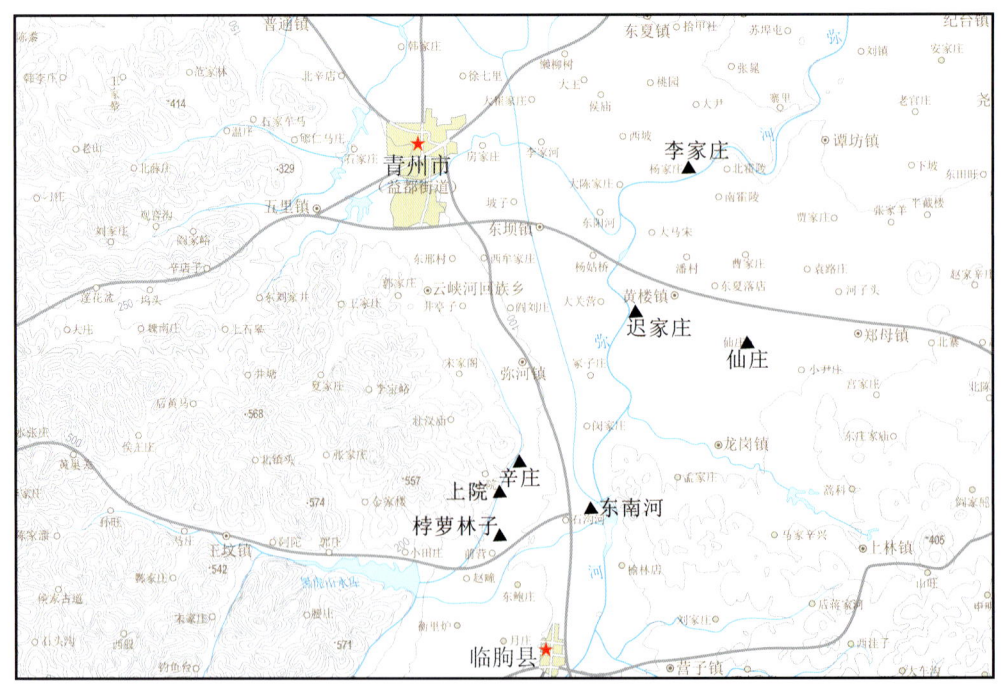

图版十一 齐国与木材贸易相关齐货币分布图

图版十二 齐国与海洋贸易相关齐货币分布图

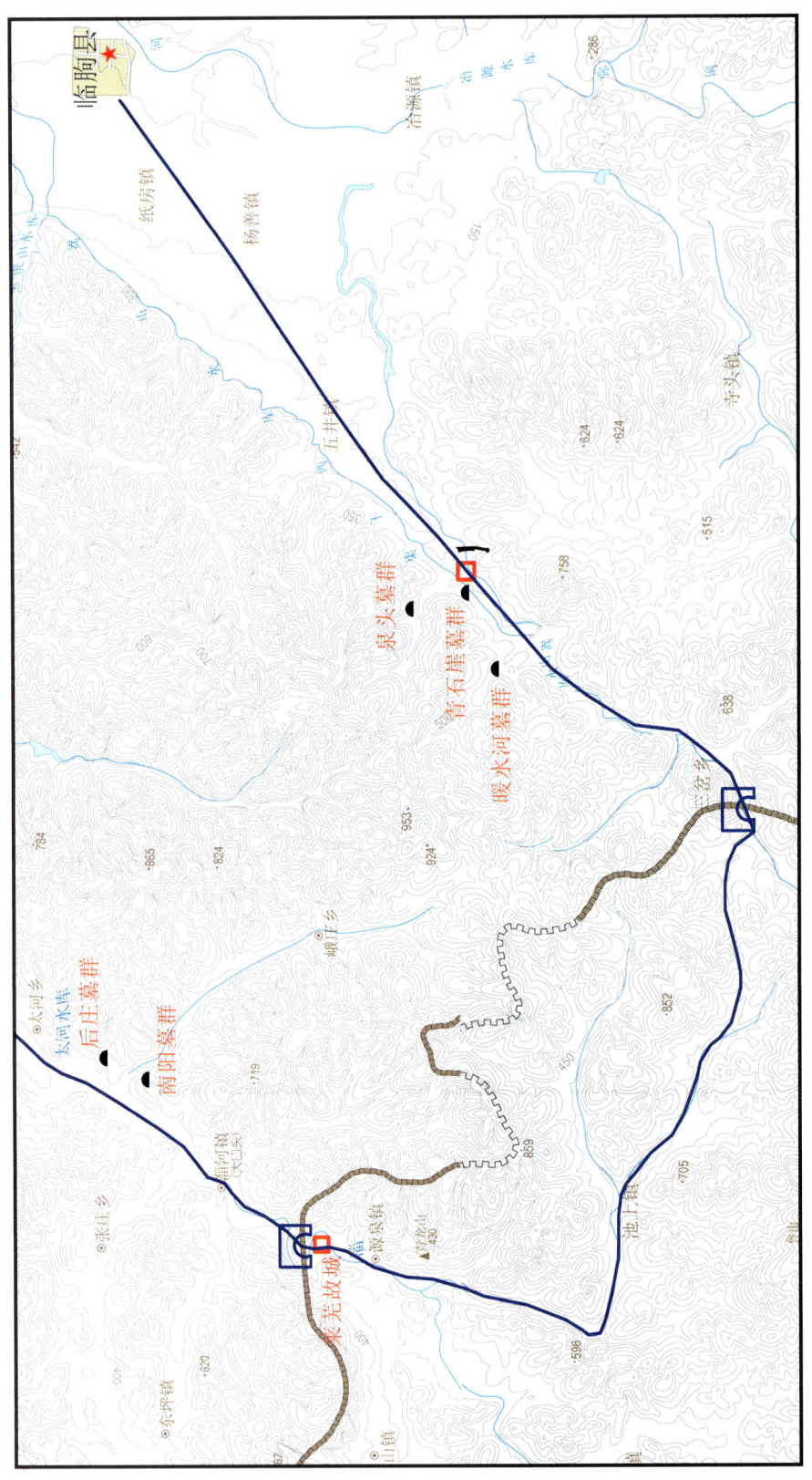

图版十三 东周临朐地区聚落布局与齐国货币分布示意图

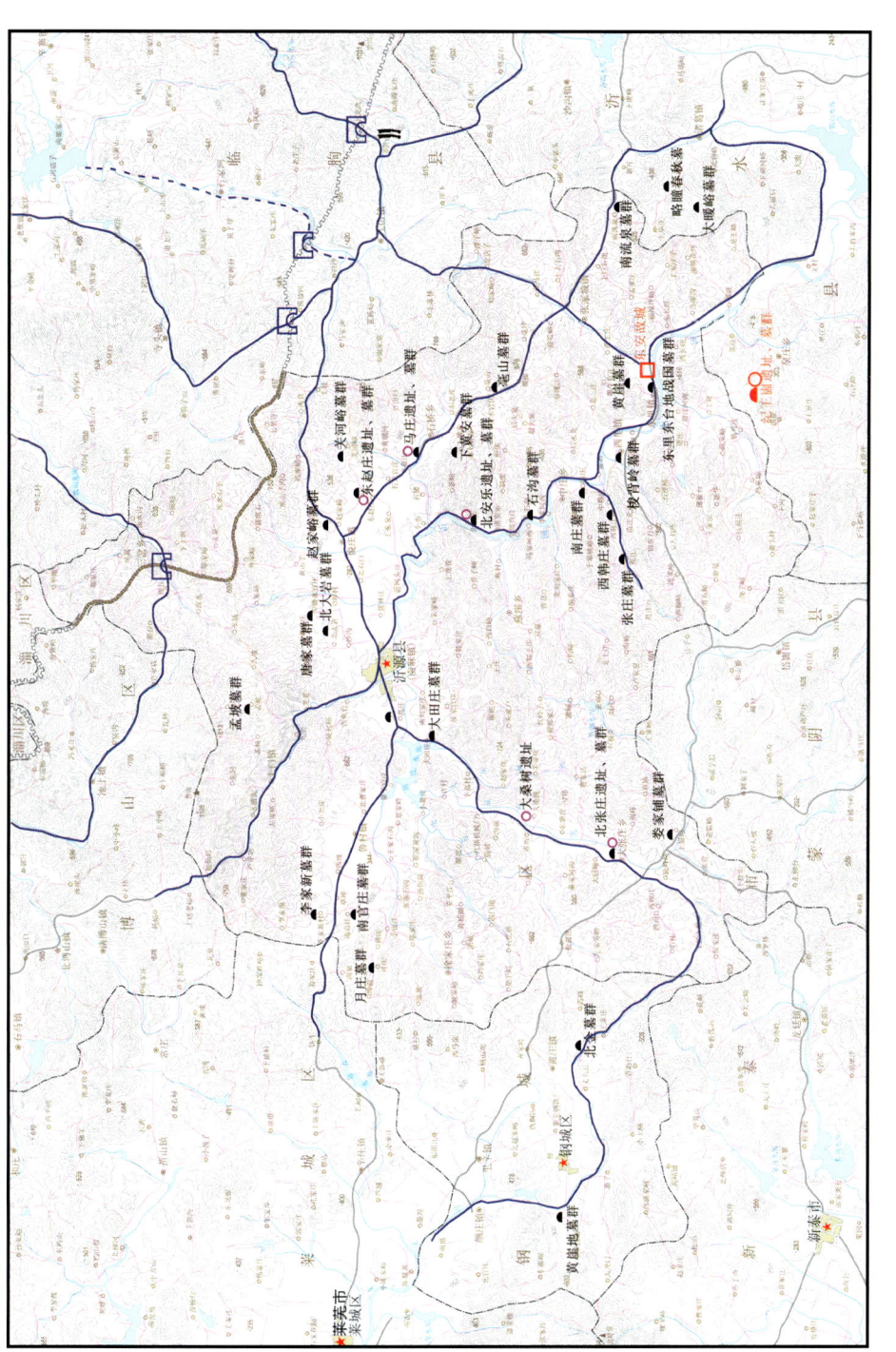

图版十四 沂源谷地墓葬和遗址分布图

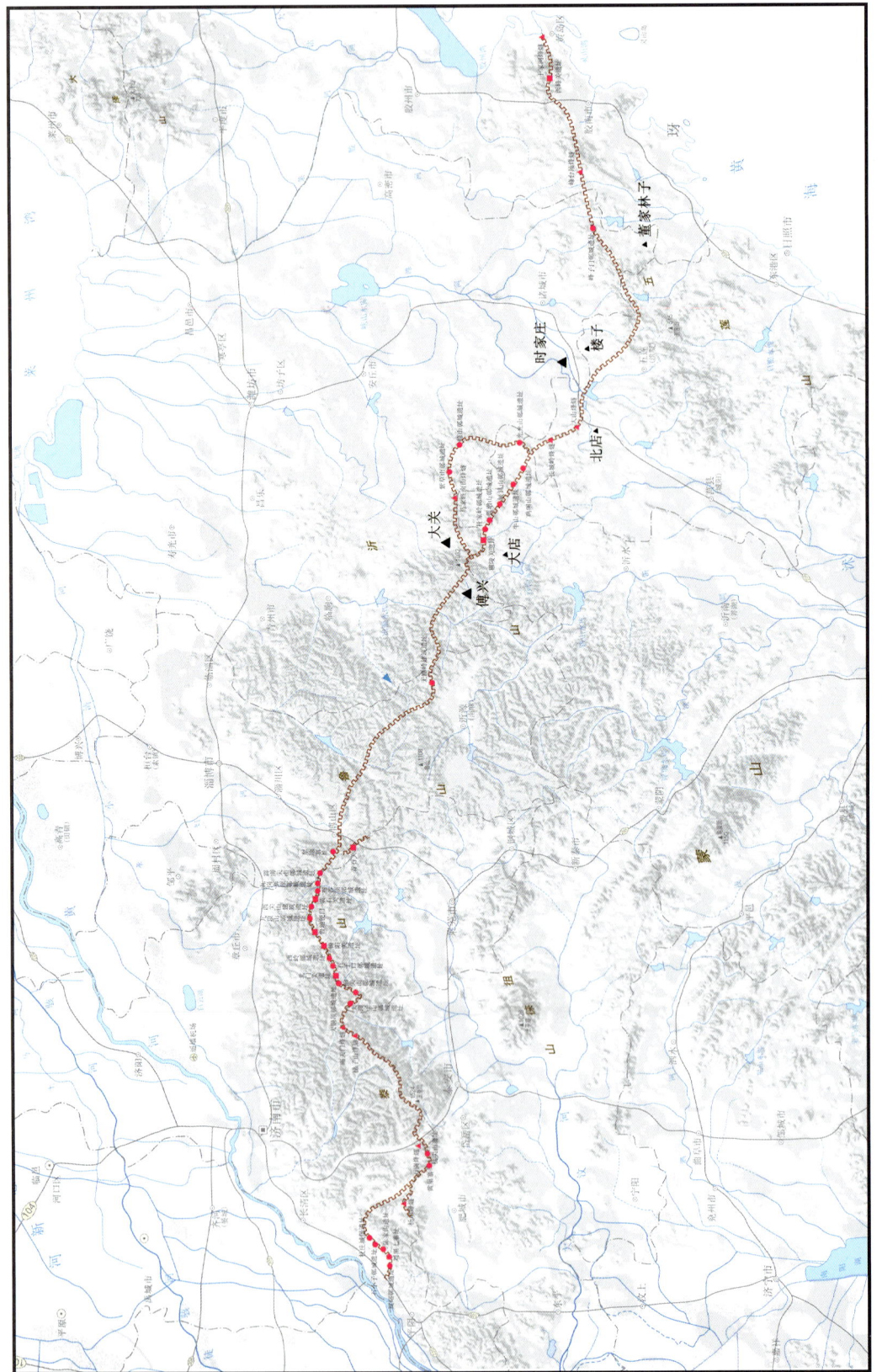

图版十五 齐长城沿线关口的经济活跃区

目 录

第一章 绪论 ... 1
第一节 齐国货币研究的重要性及其学术意义 ... 1
一、齐国货币研究的重要性 ... 1
二、齐国货币研究的意义 ... 2
三、齐国货币的概念 ... 3
第二节 齐国货币研究简史 ... 5
一、金石著录期：1949年以前 ... 5
二、金石传统向多视角研究过渡期：20世纪50年代至70年代 ... 7
三、钱币学会促成的活跃期：20世纪80年代至90年代 ... 9
四、多视角研究融合期：21世纪以来 ... 12
第三节 考古学视角下齐国货币研究的内容 ... 13
第四节 考古学框架内齐国货币研究的路径与方法论 ... 15
一、考古类型学 ... 15
二、科技考古方法 ... 15
三、聚落考古 ... 16
四、历史文献分析法 ... 17

第二章 齐国货币的类型及年代 ... 18
第一节 大型刀币 ... 18
一、齐之大刀 ... 24
二、安阳之大刀 ... 28
三、即墨之大刀 ... 31
四、即墨大刀 ... 41

　　　　五、齐大刀 ………………………………………………………… 46
　　　　六、六字刀 ………………………………………………………… 70
　　　　小结 ……………………………………………………………… 76
　　第二节　小型刀币 ……………………………………………………… 79
　　　　一、博山刀 ………………………………………………………… 79
　　　　二、方折"明"刀 ………………………………………………… 97
　　第三节　圆钱 …………………………………………………………… 115

第三章　齐国钱范及铸造工艺 ……………………………………………… 122
　　第一节　大型刀币范 …………………………………………………… 122
　　　　一、研究概况 ……………………………………………………… 122
　　　　二、刀范出土情况 ………………………………………………… 122
　　　　小结 ……………………………………………………………… 134
　　第二节　明刀币范 ……………………………………………………… 134
　　　　一、范号 …………………………………………………………… 135
　　　　二、面范 …………………………………………………………… 135
　　　　三、背范 …………………………………………………………… 136
　　　　小结 ……………………………………………………………… 143
　　第三节　圆钱范 ………………………………………………………… 144
　　　　一、石范 …………………………………………………………… 144
　　　　二、铜范 …………………………………………………………… 145
　　　　三、陶范 …………………………………………………………… 146
　　第四节　齐刀币范制作及铸币流程 …………………………………… 147

第四章　齐国货币的成分检测分析 ………………………………………… 153
　　第一节　理化检测 ……………………………………………………… 153
　　　　一、齐大型刀币 …………………………………………………… 153
　　　　二、齐小型刀币 …………………………………………………… 157
　　　　三、圆钱 …………………………………………………………… 158
　　　　四、齐地尖首刀 …………………………………………………… 159
　　　　五、截首尖首刀 …………………………………………………… 160

第二节　金相分析 ··· 161
　　第三节　铅同位素比值分析研究 ····································· 163
　　第四节　齐国货币科技检测成果对比分析 ························ 164

第五章　齐国货币的空间分布及流通问题 ························ 170
　　第一节　齐刀币的出土情况 ·· 170
　　　　一、临淄齐都及周边 ·· 170
　　　　二、弥河流域 ··· 172
　　　　三、潍坊地区（潍河流域）······································ 177
　　　　四、胶东半岛 ··· 179
　　　　五、胶州地区 ··· 182
　　　　六、临沂地区 ··· 184
　　　　七、济南地区 ··· 186
　　第二节　齐刀币的流通与贸易分析 ································· 201
　　　　一、齐刀币流通与食盐资源 ····································· 201
　　　　二、齐刀币流通与林木管理 ····································· 210
　　　　三、齐刀币流通与海洋资源 ····································· 215
　　第三节　齐刀币与社会经济网 ······································· 218
　　　　一、以即墨为中心的东部经济网 ······························· 218
　　　　二、以齐都临淄为中心的中枢经济网 ························ 225
　　　　三、以济南为中心的西部经济网 ······························· 234
　　　　四、以临沂为中心的南部经济网 ······························· 240
　　　　五、长城沿线关口的经济节点 ·································· 244
　　　　小结 ··· 246

第六章　齐国"市场"经济的考古学观察 ························ 248
　　第一节　齐国都城之"市场"的复原推测 ······················· 248
　　第二节　齐国交通线路上的"市场" ······························ 252
　　　　一、即墨至莒县交通要道上的"市场" ····················· 252
　　　　二、临淄至济南东西大道上的"市场" ····················· 255
　　　　三、齐长城沿线的关市 ··· 256

第三节　齐国的市场管理 ·· 257
　　　　一、齐国的市场管理体制 ·· 258
　　　　二、作为"市场"经济配套体系的度量衡 ······························ 260
　　第四节　齐国的人口及主要商品贸易考察 ································· 271
　　　　一、齐国行政体制和人口考察 ··· 271
　　　　二、齐国"市场"经济交换观察 ··· 274

结语 ·· 278

附论：先秦尖首刀和燕明刀的考古学研究 ······························· 283

参考文献 ·· 305

ABSTRACT ·· 315

后记 ·· 320

第一章
绪　论

第一节　齐国货币研究的重要性及其学术意义

一、齐国货币研究的重要性

　　货币是人类经济活动的里程碑，货币形态的演变是商品经济不断深化的历史见证。汪庆正认为"货币是在交换过程中自发地产生的"。① 货币研究是认识古代社会经济复杂化进程的重要内容。

　　中国是最早使用货币的国家之一。在新石器时代晚期，基于手工业的快速发展，商品的交换甚至贸易出现，比如龙山文化的陶器和良渚文化的玉器就可说明当时存在贸易行为。当然这一时期并不一定出现了货币，可能还处于实物交换的阶段，用牲畜、谷物等充当一般等价物的可能性比较大。三四千年前的夏商时期，中原地区已使用海贝作为商品交换的媒介，充作一般等价物。在商代已出现了金属货币，商代晚期一些墓葬中就出土了青铜贝。春秋战国时期，金属货币的形式发生了变化，由贝币形式向各种具有自身文化传统的货币形式转变，例如由贝币转向布币、刀币等。

　　刀币最早见于春秋晚期，在河北省张家口白庙，北京延庆军都山、玉皇庙等地的春秋晚期墓葬中就出土了尖首刀币，其中最早出土的尖首刀币可能要追溯到河北张家口白庙墓地。② 刀币最早流行区域各家观点历来不一，就考古发现来说，目前确切出土春秋晚期刀币的考古遗存见于河北、北京等地的春秋晚期墓葬，今河北桑干河流域、太行山一带就发现了春秋晚期的尖首刀币，推测

---

① 马飞海主编：《中国历代货币大系·先秦货币》，上海人民出版社，1988年，第9页。
② 林沄：《从张家口白庙墓地出土的尖首刀谈起》，《中国钱币论文集》第四辑，中国金融出版社，2002年，第95—96页。

为狄族铸造的尖首刀币。① 东周时期齐国货币以刀币为大宗，是早期国家阶段的典型货币门类之一。2019—2020 年，在齐故城遗址小城外发掘区西部，发掘出钱范废弃坑和水井等铸币遗存，极大地丰富了齐国货币研究的资料。随着未来考古发掘的精细化，必将有更多货币方面遗物的出土，内容也必将更加丰富。以齐国货币为例进行考古学研究，对了解我国货币产生、发展的内在规律和基因，深入探讨早期国家经济运行的突破口，有着重要的学术价值和现实意义。

二、齐国货币研究的意义

就齐国货币进行考古学研究具有很高的学术价值，也对现实国家经济活动有着重要的借鉴意义，主要体现在以下几个方面。

其一，打破当下货币研究的瓶颈，适应由考古学文化史转向古代社会史研究的需求。从 1921 年安特生发掘仰韶村算起，中国考古学已走过了百年历程，早期考古研究主要是对物质文化史的研究，侧重器物的年代判断和遗物本身的研究。然而，进入 90 年代，随着考古学谱系的建立，考古学研究慢慢转入社会文化史的研究。研究社会如何运转，在这过程中必然涉及经济层面的研究，而货币作为交换的媒介，自然是古代社会经济研究的重要组成部分。21 世纪以来，货币研究处于明显的瓶颈期，因为此前的研究已经处于一个相对比较高的水准，而近 20 年来考古发掘出土的货币信息量又少，齐国货币研究基本处于瓶颈期。然而，随着从物质文物史向社会文化史研究的转变，货币研究成了我们必须面对的一个课题。在目前的情况下，有必要重新审视之前的货币研究成果，在社会网络的视角下，采用类型学和聚落考古的方法，结合历史文献对齐国的经济社会进行再考察，以推动早期国家阶段经济层面的研究。同时，也对现有相关研究成果进行校验和补充。

其二，齐国货币研究有着"考古写史"的学术价值，可以校验单纯依靠文献进行的齐国经济史、齐国历史地理等相关研究的成果，补其不足。相对上古时期而言，东周时期虽然已有较多的文献记载，但由于经历秦代焚书，文献流传断裂，尤其是战国文献讹误较多。因此，不仅上古时期需

---

① 黄锡全：《尖首刀币的发现与研究》，《广州文物考古集》，文物出版社，1998 年，第 150—154 页；林沄：《从张家口白庙墓地出土的尖首刀谈起》，《中国钱币论文集》第四辑，第 95—96 页。

要"考古写史",[①]东周时期仍需发挥考古写史的作用。任何材料都有自身的局限性,一方面,以往齐国经济史的研究主要依据《管子》《史记》等文献史料,而有关齐国经济信息的文献记载本就寥寥,因此对齐国经济生产、管理、流通及消费详细情况的研究缺少材料来源。另一方面,考古学者对齐国经济史的研究主要侧重于考古材料比较丰富的盐业、玛瑙玉石等手工业,依据文献记载和考古调查资料对齐国的盐业生产、组织、管理、销售等制度进行研究,已取得可观的成果。然而,涉及其他经济层面,如货币经济交换媒介,如何在区域社会经济中发挥作用、在具体的经济行业中流通,区域经济网络等方面则相对研究较少,则有很大的提升空间。因此,对齐国货币进行考古资料的梳理,从货币的维度来了解齐国经济的概况及齐国上层社会对齐国经济的管理,有助于丰富齐国经济的研究内容,加深我们对齐国经济的认识。

其三,齐国货币作为东周城市文明研究的重要内容,结合近百年来积累的考古出土的钱范、货币材料,其于深化东周城市研究有所裨益。相较于西周以前,东周城市在手工业生产和贸易上发生较大的变化,在经济体制的分配上产生从再分配转向市场驱动的经济转变。[②]

其四,齐国货币为深入研究齐国经济网络和齐国经济特征提供重要材料和观察基点,并深化早期国家区域经济社会的认识。齐国货币的出土位置是研究战国时期齐国社会经济网络及其经济社会运行问题的重要材料。货币的出土位置多集中于古道路沿线。随着材料逐渐丰富,我们对于齐国的交通路线、区域经济网络可以做更为详细的考察。本研究尝试在对齐国货币进行类型学分析的基础上,对齐国经济贸易网络及贸易内容进行深入观察。

其五,对齐国货币展开深入的考古学研究,可以厘清古代国家经济治理的历史脉络,寻找有中国特色经济的历史基因,为当代国家经济治理提供有效的经验。

三、齐国货币的概念

齐国货币从概念上来讲是指齐国铸造、流通的货币,有刀币、圆钱两大类

[①] 徐良高:《以考古学构建中国上古史》,《中国社会科学》2021 年第 9 期。
[②] Lothar von Falkenhausen. The economic role of cities in Eastern Zhou China, *Archaeological Research in Asia*, vol.14, 2018, pp.161-169.

形制。齐国刀币又可分为大型刀币和小型刀币两种。

大型刀币包括"即墨之大刀""安阳之大刀""齐之大刀""即墨大刀""齐大刀",以及"齐拓邦长大刀"(又称六字刀)。齐大型刀币面文最后两字,清乾嘉以来,金石学者隶定为"法货""法化",意指法定的货币。这一传统为民国至今的钱币学者所认同,而古文字学者释读为"大刀"。吴振武《战国货币铭文中的"刀"》对齐刀币的"厇"字进行新的解释,认为旧释"化"字实为"刀"字,为战国齐文字的特有写法,并指出"刀"既是货币名称,又是货币单位,纠正了长期流行的错误。① 目前来说,大多数钱币学者仍然认为是"法化",而古文字学者多认为是"大刀"。从齐国货币研究来看,齐国刀币确实存在大、小两种不同的形制;从古文字研究角度,释读"大刀"更为合适,因此,本书统一将大型刀币最后二字隶为"大刀"。为了行文的一致,将齐国圆钱最后一字也释读为刀,表述为賹化(刀)、賹四化(刀)、賹六化(刀)。

小型刀币相对于齐大型刀币而言,体形小重量轻,它泛指齐大型刀币以外的在齐国流通的刀币,学者多称为"齐明刀"。以前有称之为"博山刀",又有人称为"齐莒刀""齐匽刀"。② 需要指出的是,现在古钱学界对"齐明刀""博山刀"概念是混淆的,都存在狭义、广义之别,有时还互相混用。李学勤认为齐明刀是指齐国境内出土的明刀币,狭义是指博山刀。③ 实际上,齐境内出土的明刀币本身包含圆折"明"字刀和方折"明"字刀,通常认为圆折"明"字刀为燕国铸造,方折"明"字刀为齐地所铸。从大类上来说,齐地出土的小型刀币有尖首刀、圆折"明"字刀、方折"明"字刀、截首刀;从铸造国别来说,至少有狄铸、燕国铸、齐国铸等。因此,本书用"小型刀币"统而概之,其下具体分为尖首刀、方折"明"字刀、圆折"明"字刀、截首刀。方折"明"字刀又称为齐明刀,其中有一类背文有"莒冶□"或"莒□□"等带"莒"字背文的专称为博山刀,即博山刀属于齐明刀中的一小类。为避免命名产生歧义和混淆,该种命名不涉及铸造国别或铸造地。

---

① 吴振武:《战国货币铭文中的"刀"》,《古文字研究》第十辑,中华书局,1983年,第305—326页。
② 黄锡全:《先秦货币通论》第五章第五节,紫禁城出版社,2001年,第253—272页。
③ 李学勤:《重论博山刀》,《中国钱币论文集》第三辑,中国金融出版社,1998年,第83页。

第二节　齐国货币研究简史

　　齐国货币研究主要集中于著作和专辑，更多的研究成果则散见于期刊中，著录及研究从大类上分为古钱学和货币史研究两个层面。一方面，古钱学一直是齐国货币研究的重点内容，主要集中于齐国货币的种类、货币形制（形制、尺寸、重量）、铭文（面文、背文）、铸造工艺（铸币范、铸造流程）、科技检测（合金成分、铅同位素分析、金属金相分析）、发行者（国别）等内容。另一方面，货币史方面包括齐国货币的分布（出土地）、货币流通（流通方式）、流通线路（贸易交通路线）、货币购买力以及战国时期齐国经济方面的内容考察和研究。

　　总体来看，关于齐国货币的研究主要可以分为四个阶段：一是新中国成立之前，属于金石著录期，为货币研究积累了丰富的资料，但终究只是"好古"，未能触及更多的学术研究问题；二是新中国成立后的前三十年，呈现出金石传统向多视角研究过渡期的特点，研究开始注意商业贸易等社会经济史层面的问题，也有了科技检测方法的初步介入；三是改革开放经济大潮下，钱币研究团体促成研究的活跃期，这一时期中国钱币学会、山东钱币学会相继成立，钱币研究阵地的建立，极大地促进了从铸造、释读、类型学、流通、合金成分等多视角下钱币研究的活跃期；四是21世纪以来，齐国货币研究呈现多视角研究的融合期特点，也是处于新方法的探索期。

一、金石著录期：1949年以前

　　钱币是金石学的重要门类之一，新中国成立之前，涉及齐国钱币的成果主要为钱币相关遗物的分类著录，同时也有对钱币铭文释读、铸钱范的关注和初步研究。

（一）著录概览

　　研究历史钱币，早在南朝萧梁时期就有刘氏《钱志》，《隋书·经籍志》载有南朝顾烜《钱谱》一卷。《钱志》仅存目无书。顾氏《钱谱》常引用刘氏《钱志》。唐代封演、张台，宋代陶岳、李孝美等诸家都有钱币著录，可惜也是仅存书目而无书。北宋时期，文人士大夫好古，有人就曾收藏并留下相关的记录。宛陵梅圣俞诗集云"饮刘原甫家，原甫怀二古钱，劝酒其一，齐之大刀，长五寸半"，遂作诗曰："独行齐大刀，镰形末环连，文存半辨齐，背有模法圆。"① 从中可以看出，北宋文人称呼此种货币为"齐之大刀""齐大刀"。南宋洪遵《泉志》是现在所能见到最早的一部钱书，其出现与宋代文人嗜古有关，当时兴起了以研究青铜彝器和碑刻为主要对象的金石学。此外还有罗泌《路史·论币所起》流传至今。清乾隆十五年的《钦定钱录》是第一部官方所修的钱谱，但没有做到文、史、物的结合。清乾嘉以后，古钱币已成为金石学的一个专门的门类，收藏日渐丰富，著录也日渐精细。乾嘉以来，古钱研究逐步运用考据、排比等方法，也认识到文、史、物结合的重要性。

清代金石学发展到黄金时期，研究对象扩展到玺印、封泥、陶文、砖瓦、兵器、钱币等一些具有文字研究价值的文物。钱币、碑刻、玺印等都发展为独立的门类。乾嘉以来，随着金石学、考证学的兴起，许多金石学者往往对钱币学的研究有极大的兴趣，主要在于对刀币和刀币范的著录和个别铭文的考释，在这方面最负盛名的有初尚龄、刘喜海、李佐贤等。

初尚龄（1759—1841），字渭园，莱阳人。清乾隆时诸生。他一生爱好金石学，尤癖古钱，藏泉数千枚，皆加考释，后来将其中精品著成《吉金所见录》一书。该书刊行于清嘉庆二十五年（1820年），共有十六卷，辑钱图1 210种，文7万多字。全书卷三、四两卷单列列国刀品，其中"齐法货"（齐大刀）25品、"齐之法货"（齐之大刀）6品、"即墨邑之法货"（即墨之大刀）6品、"即墨小刀"1品、"安阳之法货"（安阳之大刀）8品、"齐徙邦之法货"（齐徙邦之大刀）2品。初氏对刀币不单单是著录，其中有些认识仍为现代学者接受和沿袭，其所用的方法基本上是合乎科学的。他注重出土资料，并将之与共生物品相互参证，因而提出了许多很有见地的学术观点。初氏在方法上已经注意到刀币形制的变化，"前齐法货阳面外刃俱起高棱直通柄""此六种较前三字者篆文峻利制造尤工"，并将刀币的形制、出土地点和铸造国别

---

① （宋）梅尧臣著，朱东润编年校注：《梅尧臣集编年校注》，上海古籍出版社，2020年，第770页。

相联系，"与前齐法货规制无二，且尽出吾乡而历下尤多"，[①] 认定山东各地出土刀币，皆属齐国铸行的钱币。初氏最大的贡献是把刀币、布币断定为春秋战国时期，打破了过去附会三皇五帝的舛说。

李佐贤（1806—1876），字仲敏，号竹朋，清利津（今山东利津）人。道光十五年（1835年）进士，雅嗜金石书画，多有成就，著有《古泉汇》六十四卷。《古泉汇》刊刻于同治三年（1864年），该书收钱币、钱范5 003品，图文并茂，可以说是"为旷古所未有，乃集大成之作"。此后他与鲍康又合编《续泉汇》一书，将未收入《古泉汇》的精品又结集出版，于光绪元年（1875年）刊世。《续泉汇》仍然按照《古泉汇》体例，该书收钱币、钱范984品，其中钱范175品。《古泉汇》《续泉汇》二书共收钱图近6 000品，为古钱币学专著中之恢宏巨著，在我国钱币研究史上有着重要的地位，是百余年来搜求、研究古钱币者不可或缺的两部书。

清末民国时期，在钱币资料的整理与刊布方面，首推丁福保，其编定的《古钱大辞典》一书，由上海医学书局于1938年出版。

（二）铭文考释及钱范收集

货币文字的释读是考证其国别、地域、时代的先决条件。晚清以来的钱谱中已出现了对货币文字的考释，清末及民国年间已有一些创见，如刘心源《奇觚室吉金文述》（1902年）释齐国圆钱首字为"赙"。刘喜海编纂《古泉苑》就注意到钱范的收集，收钱范数十副，惜未刊行。经后世钱币学大家丁福保搜集整理，于1935年刊印《泉苑精华》，此书方得问世。李佐贤《古泉汇》收钱范75个，后与鲍康合撰《续泉汇》收钱范175个。陈介祺对新莽以前的钱币、齐刀范、赙化（刀）钱范的收藏既多又精，堪为典范。

二、金石传统向多视角研究过渡期：20世纪50年代至70年代

新中国成立后的前30年，正值社会主义改造期和全面建设社会主义时期，有不少货币出土，"文革"时期研究陷入低潮，这一阶段的齐货币研究成果不

[①] （清）初尚龄：《吉金所见录》，清嘉庆二十四年（1819）莱阳初氏古香书屋刻，道光七年（1827）续刻本。

多，但呈现出继承金石研究传统，并开辟了齐国商业交通、科技检测等多视角历史研究的过渡性特点。

郑家相《中国古代货币发展史》[①]和王毓铨《我国古代货币的起源和发展》[②] 是出版于20世纪50年代的两部关于先秦货币的专著，这两部专著可以说是这一时期的代表性著作。而以内容丰富、富有创见性来论则首推彭信威的《中国货币史》，[③] 该论著利用考古发现材料，结合甲骨、金文和文献记载，论述了中国历史上从使用海贝到秦始皇统一货币的历史过程，内容十分广泛，除了史前货币制度的演进外，还着重论述了中国货币经济的确立及其影响，以及当时的货币理论、信用的发生等重要问题。

这一时期齐国货币研究的代表性人物是王献唐先生。王献唐（1896—1960），名琯，号凤笙，山东日照人，我国著名金石学家和古文字学家。在齐国货币研究方面绕不过王献唐遗著《中国古代货币通考》，[④] 该书专论周、秦、汉三代货币。王献唐引据大量文献和出土文物资料，系统地研究我国古代货币的渊源、发展和制作，对于我国古代货币制度和经济史的研究有重要参考价值。在研究方法上，王献唐处于旧金石学向新型金石学转变时期，是新型金石学的代表人物。旧金石学重收藏和著录、轻研究，可以说研究的广度和深度都不够，王献唐则注重从历史、制度、地理、制作工艺等方面进行系统的研究，取得的成果也远超前人。

这一时期在货币文字释读、货币铸造工艺、齐国商业交通和科技检测方面都有突破性或开创性进展。比如裘锡圭《战国货币考》对许多以往不认识或误释的字进行了精确的考释；[⑤] 关于货币的铸造方面，王献唐《中国古代货币通考》有"铸钱技工之演变"专篇，论及周、秦、汉范制；[⑥] 1972年朱活最早对齐币的出土地点进行了统计，并根据出土地点对齐国的商业和交通进行了探索研究；[⑦] 1960年肖家楼出土的两种明刀币由天津工业试验所检测了合金成分。[⑧]

---

① 郑家相：《中国古代货币发展史》，三联书店，1958年。
② 王毓铨：《我国古代货币的起源和发展》，科学出版社，1957年。
③ 彭信威：《中国货币史》，上海人民出版社，1958年。
④ 王献唐：《中国古代货币通考》，齐鲁书社，1979年。
⑤ 裘锡圭：《战国货币考（十二篇）》，《北京大学学报（哲学社会科学版）》1978年第2期。
⑥ 王献唐：《中国古代货币通考》，第1497—1813页。
⑦ 朱活：《从山东出土的齐币看齐国的商业和交通》，《文物》1972年第5期。
⑧ 天津市文物管理处：《河北沧县肖家楼出土的刀币》，《考古》1973年第1期。

三、钱币学会促成的活跃期：20 世纪 80 年代至 90 年代

20 世纪 80 年代以来，在改革开放的经济大潮下，齐国货币相关研究进入活跃期。著录汇纂成果涌现并出现货币研究学术团体——钱币学会，货币类型学、铭文释读、铸造流程、科技检测、商业与交通等研究成果集中呈现。

一是钱币学会的成立和集成性成果汇纂。80 年代以来，中国钱币学会的成立和《中国钱币》杂志的创办，《中国历代货币大系》和《中国钱币大辞典》的编纂，中国钱币文献集书的出版，是这一时期的重大事件。朱活所著《古钱新探》《古钱新典》《古钱新谭》，[①] 马飞海主编的《中国历代货币大系·先秦货币》，[②]《中国钱币大辞典·先秦编》[③] 等，是这一时期关于先秦时期货币的代表性成果。

在此大背景下，1986 年山东省钱币学会成立，依据山东的历史特点，确定把对齐国货币的研究作为学术活动的重点课题。1986 年山东省钱币学会出版了《山东金融研究》1987 年钱币专刊（一），[④] 对山东各地出土发现的先秦货币作了初步报道和研究；1987 年召开齐国货币专题研讨会，并出版了《山东金融研究》1988 年钱币专刊（二）；[⑤] 1990 年再次召开齐国货币专题研讨会，并出版了《山东金融研究》1991 年钱币专辑；[⑥] 1996 年山东省钱币学会出版了《齐币图释》，[⑦] 立足于考古材料，充分吸收前人成果，对齐国货币的产生、演变、分类、分期，以及形制、工艺、文字等方面做了详细的论述。

这一时期，研究齐国货币的代表性人物当属朱活，朱先生的代表性成果集中于《古钱新探》《古钱新典》《古钱新谭》三部书中。《古钱新探》1984 年由齐鲁书社出版；《古钱新典》1991 年由三秦出版社出版，属于图典性质的工具书；《古钱新谭》1992 年由山东大学出版社出版。《古钱新谭》出版最晚，

---

① 朱活：《古钱新探》，齐鲁书社，1984 年；朱活：《古钱新典》，三秦出版社，1991 年；朱活：《古钱新谭》，山东大学出版社，1992 年。
② 马飞海主编：《中国历代货币大系·先秦货币》。
③ 《中国钱币大辞典》编纂委员会编：《中国钱币大辞典·先秦编》，中华书局，2008 年。
④ 山东省钱币学会编：《山东金融研究》（钱币专刊一），1987 年。
⑤ 山东省钱币学会编：《山东金融研究》（钱币专刊二），1988 年。
⑥ 山东省钱币学会编：《山东金融研究》增刊（钱币专辑），1991 年。
⑦ 山东省钱币学会编：《齐币图释》，齐鲁书社，1996 年。

可以看作是朱活的最终代表性成果，其研究方法是结合马克思主义的货币理论，用马克思主义唯物的、辩证的、历史的、发展的观点来研究看待中国的货币文化。其研究属于中国货币通史性质的论述，从货币的出现，经历夏商西周春秋战国，直至明清时期，在长时段下观察中国货币演变。

此外，1997年张弛《中国刀币汇考》[①]是这一时期研究刀币的唯一专著，全书分为刀币研究综述，刀币的起源、演变与发展，刀币精选图释三大部分，其研究成果具有较强的借鉴意义。

二是货币的释读、种类、形制和国别研究有较大的进展。孙敬明《刀币蠡测》[②]通过有关考古资料的排比与分析，援引历史文献和铜器、陶器及玺印等相关古文字资料，对齐、燕、赵、戎刀币的类型、时代、源流及相互关系诸方面进行综合考察；于中航《试论齐刀的类型、分期和年代》[③]首次对齐国大型刀币的类型、分期和年代进行了考察；李步青、林仙庭对烟台地区出土古货币进行了相关介绍；[④]刘家骥对临沂地区古货币进行概括介绍；[⑤]宋百川对齐国钱币研究进行了综述介绍；[⑥]孙敬明《考古发现与齐币探索》从铸造和流通两个方面对齐币进行了考察；[⑦]于嘉芳《齐刀币渊源初考》认为齐刀币的产生与山戎关系密切。[⑧]关于铭文释读，吴振武《战国货币铭文中的"刀"》对齐刀币的"匕"字进行新的解释，认为旧释"化"字实为"刀"字，为战国齐文字的特有写法，并指出"刀"既是货币名称，又是货币单位，纠正了长期流行的错误。[⑨]

三是铸币范、铸造流程和相关科技检测成果增多。朱活《古钱新典》中有"临淄齐法化范""青州出土齐法化范""齐法化铜范母"等条目；[⑩]《中国历

[①] 张弛:《中国刀币汇考》，河北人民出版社，1997年。
[②] 孙敬明:《刀币蠡测》，《山东金融研究》(钱币专刊一)，1987年，第32—46页。
[③] 于中航:《试论齐刀的类型、分期和年代》，《山东金融研究》(钱币专刊一)，1987年，第51—58页。
[④] 李步青、林仙庭:《烟台地区出土古货币及有关问题》，《山东金融研究》(钱币专刊一)，1987年，第65—73页。
[⑤] 刘家骥:《临沂地区古货币概况》，《山东金融研究》(钱币专刊一)，1987年，第74—75页。
[⑥] 宋百川:《齐国钱币研究概述》，《山东金融研究》(钱币专刊二)，1988年，第15—24页。
[⑦] 孙敬明:《考古发现与齐币探索》，《山东金融研究》(钱币专刊二)，1988年，第25—56页。
[⑧] 于嘉芳:《齐刀币渊源初考》，《山东金融研究》(钱币专刊二)，1988年，第68—74页。
[⑨] 吴振武:《战国货币铭文中的"刀"》，《古文字研究》第十辑，第305—326页。
[⑩] 朱活:《古钱新典》上册，第71—72页。

代货币大系·先秦货币》有刀币范一节;① 孙敬明、张光明等已注意齐币范的收集;②《齐币图释》有币范专篇。③

最先利用科技检测对齐大型刀币进行研究的是朱活,他于1982年将海阳出土的1枚"即墨之大刀"和4枚"齐大刀"委托青岛市重工业机械研究所和山东工学院(今山东大学)化学实验室两家单位进行检验。④ 1987年招远县图书馆联合中国社会科学院自然科学史研究所对1956年至1966年间招远出土的刀币进行检测,检测样品包括2枚切头尖首刀币、3枚燕明刀、2枚布币和1枚"即墨之大刀",从理化检测和金相分析两个方面进行了检测;⑤ 1992年周卫荣、陈荣、孙成甫三位对齐国铸币合金成分进行了检测与考察;⑥ 1993年中国社会科学院世界宗教研究所等单位对战国时期古币进行过铅同位素比值分析,其测试的先秦货币不多,测试样品主要为齐刀币和贐化(刀)圆钱;⑦ 1989年史庭耀将他从莱州一农民手中收购15枚带有币文的齐明刀进行了理化检测。⑧

四是齐国货币的出土分布与流通线路研究受到较多的关注。1988年孙敬明、张光明等对山东地区历年出土各类刀币进行了统计。⑨《齐币图释》(1996年)、《先秦货币通论》(2001年)中对各类刀币的统计就来源于孙敬明、张光明的统计成果。⑩ 对齐国货币的流通和流通线路的研究主要见于朱活、孙敬明、张光明三位。1988年孙敬明对齐币的流通范围、流通区域及其与关市的

---

① 马飞海主编:《中国历代货币大系·先秦货币》,第1010—1025页。
② 孙敬明:《考古发现与齐币探索》,《山东金融研究》(钱币专刊二),1988年,第25—56页;张光明:《从齐刀币的出土谈齐国货币的流通及相关问题》,《山东金融研究》(钱币专刊二),1988年,第89—98页。
③ 山东省钱币学会编:《齐币图释》,第113—120页。
④ 朱活:《谈山东海阳出土的齐国刀化——兼论齐刀的购买力》,《文物》1980年第2期。
⑤ 招远县图书馆、自然科学史研究所:《招远切头尖首刀及其科学考察》,《中国钱币》1987年第3期。
⑥ 周卫荣、陈荣、孙成甫:《齐国铸币合金成分的检测与考察》,《中国钱币》1992年第2期。
⑦ 金正耀等:《战国古币的铅同位素比值研究——兼说同时期广东岭南之铅》,《文物》1993年第8期。
⑧ 史庭耀:《试谈博山刀与齐明刀的关系》,《山东金融研究》增刊(钱币专辑),1991年,第100—103页。
⑨ 孙敬明:《考古发现与齐币探索》,《山东金融研究》(钱币专刊二),1988年,第25—56页;张光明:《从齐刀币的出土谈齐国货币的流通及相关问题》,《山东金融研究》(钱币专刊二),1988年,第89—98页。
⑩ 山东省钱币学会编:《齐币图释》,第67—71页;黄锡全:《先秦货币通论》,第281—288页。

关系进行了详细的论述，并提出了齐币流通的东海区、潍淄区和河济区三个流通区域。① 此外，朱活对齐币的购买力进行了初步考察。

四、多视角研究融合期：21 世纪以来

进入 21 世纪后，关于齐国货币研究的集成性成果越来越丰富，钱币和陶范汇集一处，增加了研究的便利性；研究内容不仅涉及先秦长时段货币演变、钱币合金成分科技检测的集中成果，还尝试对具体的贸易类型进行了探讨。

黄锡全《先秦货币通论》侧重文物考古的新发现，结合最新研究成果对先秦货币的有关方面做了比较全面的介绍、总结和研究，对相关重要的学术问题进行了比较深入的探讨，提出了很多新的见解，纠正了不少错误的看法，是作者研究先秦货币有关问题成果的综述，并且对出土的陶范进行详尽的收集。② 吴良宝《中国东周时期金属货币研究》按时间顺序，将东周时期的金属货币分为春秋、战国两大时期。其中对刀币的形制演变作了较为详细的研究。③

贾莹、周卫荣对 8 枚齐刀币（齐之大刀 1 枚、即墨之大刀 1 枚、齐大刀 6 枚），利用金相显微镜、扫描电子显微镜及 X 射线能谱仪检测齐大型刀币的金相结构和成分；④ 周卫荣《中国古代钱币合金成分研究》是对齐国货币科技检测的集大成，基本涵盖了齐国货币检测的各个方面的内容，对齐大型刀、齐明刀、齐圆钱及截首刀的检测数据都有收录。⑤

关于齐国的贸易方面，王青对齐国与海北的皮毛贸易进行了研究，⑥ 通过实证研究丰富了齐国经济贸易史研究。另外，Emura 对东周货币作了细致研究，根据发现的地点初步绘制了可能的贸易网络地图、不同类型货币的流通范围。⑦

总体而言，通过研究史的梳理可以发现，已有研究取得了丰硕的成果。清乾嘉之前钱币的著录大体仅属收录古物；乾嘉以来钱币成为金石学的重要分

---

① 孙敬明：《考古发现与齐币探索》，《山东金融研究》（钱币专刊二），1988 年，第 25—56 页。
② 黄锡全：《先秦货币通论》。
③ 吴良宝：《中国东周时期金属货币研究》，社会科学文献出版社，2005 年。
④ 贾莹、周卫荣：《齐国及明代钱币的金相学考察》，《文物保护与考古科学》2003 年第 3 期。
⑤ 周卫荣：《中国古代钱币合金成分研究》，中华书局，2004 年。
⑥ 王青：《〈管子〉"发、朝鲜之文皮"的考古学探索——兼论东周时期齐国与海北的贸易和交通》，《东方考古》第 11 集，科学出版社，2014 年，第 215—236 页。
⑦ Emura, H. *Syunju Sengoku Jidai Seido Kahei no Seisei to Tenkai*, Tokyo：Kyu ko-Shoin, 2011.

类，逐渐开始运用考据、类比方法进行分析研究；民国时期进一步延伸，注意将分析、综合、归纳、演绎的方法运用到钱币研究中；新中国成立以来，在吸收金石研究有益方法的基础上，钱币研究学会等研究团体的成立使研究队伍壮大，结合社会的调查，利用考古发掘的新发现，采用类型学、地层学，并加入自然科技检测的手段，使研究历史钱币逐步走向结合文、史、物的途径。因此，齐国货币的铸造、流通、贸易内容、路线等社会经济问题的讨论也逐渐展开。可以说目前的刀币研究已累积了丰富的资料，近年新材料的出土，如齐故城遗址西门外大批冶铸刀币范的发现，为齐国货币研究带来了新的材料，使齐国货币研究仍有较大的研究空间，这主要体现在以下几个方面。

第一，在社会经济网络研究下，新材料的出土使齐国货币类型学与金石、古文字研究的需要被重新审视整合。传统考古学研究主要依据地层学和类型学，侧重于器物本身形制演变及年代研究。就古货币这种单一的研究对象来说，考古学研究和金石学研究有相通之处。首先二者都重视钱币自身形制的演变。金石学研究已经注意到了一些货币的演变特征，比如"齐大刀"较"齐之大刀"等的周廓与刀柄相连（初尚龄）；考古类型学对器物形制观察和研究角度更多、范围更广。就刀币来讲，已注意到刀币大小、面文、背文字体、刀币元素分析等。但齐国货币是经济发展的产物，不应被孤零零划分，已有研究还未触及不同类型货币与经济贸易的关系问题。

第二，齐国不同类型钱范及铸造工艺流程有待综合分析。近年新发现的刀币范，有明确的出土背景，为东周齐国货币铸造管理、工艺等提供了新材料。

第三，齐国货币参与的经济贸易产品和形成的具体经济网络问题有待深化。虽然朱活、郝导华等学者的研究涉及了贸易和交通问题，但该问题是有关齐国国内乃至列国时期社会运行的大问题，需要从聚落的视野下进行专门探讨。

第三节　考古学视角下齐国货币研究的内容

对齐国货币的研究无可避免地要涉及钱币学和货币史的研究内容。钱币学是以研究货币实物为内容，货币本身已不再具有流通和交换功能。研究的主要内容包括钱币本身的形制、钱币铭文、钱币本身的真伪问题等，进一步关注钱币本身的铸造年代和制作技术等。钱币学是以研究具体的实物为主，兼顾其延伸出来的技术等相关问题。货币史是将钱币置于历史的流通领域背景下，考察其流通方式、价值与价格、储藏与信用、支付与比价等，通过对历代货币制度、货币理论、货币政策、货币购买力等的研究，探索货币历史发展的规律。

因此，研究齐国货币在古钱学和货币史两个方面都不可忽视，而且是研究的重要内容。齐国货币的研究主要涉及古钱学和货币史两个方面的内容。古钱学方面包括齐国货币的种类、货币形制（形制、尺寸、重量）、铭文（面文、背文）、铸造工艺（铸币范、铸造流程）、科技检测（合金成分、铅同位素分析、金属金相分析）等。货币史方面包括齐国货币的分布（出土地）、货币流通（流通方式）、流通线路（贸易交通路线）、货币购买力以及齐国经济方面的内容考察和研究。

本书拟在前人研究成果的基础上，从系统认识齐国金属铸币及社会经济的目标出发，结合新出土资料对齐国金属铸币的形制、铸造工艺、年代进行基础性研究，并在此基础上探讨齐国不同种类形制货币的流通区域、经济交换和国家经济治理等问题。以下是本书主体部分：

第二章主要进行齐国货币的类型学分析研究，从大类上分为刀币和圆钱两种，而刀币依据其自身形态又可以分为大型刀币和小型刀币，大型刀币和小型刀币依据其自身的特点又可以进一步细分。对每一型刀币详细考察其特征和演变规律，结合考古学和文献学的史料，对每一型刀币的出现时间和流通时间进行了详细的分析。第三章从钱范和铸造工艺角度对齐大型刀、齐小型刀、齐圆钱进行详细的分析，对钱范的出土情况进行详细的汇总和考察，从中可以看出齐国铸币的几个核心地点和齐国铸币的管理模式，以"齐大刀"为例，对"齐大刀"的铸造工艺流程进行了推测和复原。第四章从科技考古（理化检测、金相分析、铅同位素比值分析等）的角度全面梳理已有的齐国货币的成分检测数据，并结合刀币自身的特点，对各型刀币之间的年代早晚及其间关系进行了详细的考察。第五章对齐国货币的出土情况按种类和地域进行了详细的统计和梳理，并一一落实到地图上，从聚落考古的角度对齐国货币的流通与经济网络进行考察，主要涉及盐业、渔业、林业等方面，并通过货币考察齐国的经济网络。鉴于货币的产生、使用等依存于市场，二者间有天然的联系，故而对货币的研究离不开对当时"市场"和"市场经济"的考察，因此本书第六章从考古材料出发，对齐国的"市场"和齐国经济进行尝试性的考察。

第四节 考古学框架内齐国货币研究的路径与方法论

一、考古类型学

金石学和早期的货币考古学研究已经注意到刀币形制上的变化，比如刀币的重量、刀形大小、刀币周廓是否与柄部相连、面文字体的变化等，这为刀币年代的判断奠定了基础。受学术氛围传统和客观因素的影响，金石学家对刀币形制的研究仅限于个例的判断，没有进行系统性的整理和分析。早期的货币考古学研究在刀币形制上的考察确实下了一番功夫，但也存在很多遗漏的部分。本书首先对齐国货币进行基础的考古类型学研究，就刀币的重量和尺寸、面文背文字体变化、背文符号，结合铸造工艺、科技检测数据对齐国货币进行分型分式研究，再依据考古地层学和同出器物之间的年代早晚关系，来判定货币之间的年代早晚关系。货币的年代和铸造工艺之间存在紧密的关系，比如刀币周廓是否与柄部相连，一是从刀币形制上进行观察，另一方面是在铸造工艺上存在变化。再比如，早期"齐大刀"面文清晰精细，晚期"齐大刀"面文结构松散、字体粗大，单从字体结构上能够区分出两种形制，究其原因，在于晚期"齐大刀"在制范的过程中采用了更为简单的流程，整范过程不精细，导致刀范字体松散粗大。本书研究表明，刀币形制上的许多细节变化都和铸造工艺息息相关，同时表明形制变化和年代之间存在早晚对应关系。

二、科技考古方法

手工业考古是考古学研究的基本内容之一，白云翔率先在考古学界提出手工业考古概念，[1] 手工业考古是古代手工业各个门类的考古学研究。古代手工

---

[1] 白云翔：《手工业考古论要》，《东方考古》第9集，科学出版社，2012年，第561—578页；白云翔：《关于城市手工业考古问题》，《南方文物》2021年第2期。

业门类众多，制钱是其中重要一项，由于和古代国家经济息息相关，历来受到统治阶层的高度重视。其不仅反映了手工业的相关内容，更是国家政策和经济发展的重要体现。

本书重点关注齐国货币的铸造过程，重点考察之前研究较少涉及的刀币范，从刀币范的原料、制范、烘范、整范、刻模、刻铭、刻符、刷脱模剂、合范、烘范、浇铸等一整套流程来考察。结合刀币范和刀币上的铸造痕迹来尝试复原齐国货币制作的整个流程。

另外，齐刀和明刀是两种不同形制的刀币，因此，研究时着重考察：二者的使用群体或流通范围是否有所不同？在钱币制造过程中，齐刀范和明刀范二者是否会存在明显的区别？另一方面，货币制造业关系着国家经济命脉，国家层面对货币制造业的管理也是本书考察的一个重要内容。

三、聚落考古

聚落考古是一种行之有效的探索古代社会的考古学方法，自 20 世纪 80 年代从国外引入中国考古学研究以来，便迅速在史前考古领域得到推广并很快取得了成绩。无论布鲁斯·炊格尔（Bruce G. Trigger）还是张光直，都指出了聚落考古与"社会关系"的紧密关系。[1] 聚落考古关注人地关系和聚落层级关系，关注资源分配和社会治理体系。聚落考古作为一种考古学研究方法，应不限于史前考古研究，商周乃至秦汉及之后历史时期的考古都可以借鉴、采用。

货币是国家发展和治理的重要经济资源和命脉，其铸造和流通是两个重要环节。从考古资料来看，我们能从众多的刀币出土地点来判断货币的最后使用地或埋藏地，其出土地点的分布不仅仅和古代的交通路线有关，从聚落考古的理念出发，货币出土地点附近往往有同时期的遗址，有的是小型的村落，有的是城址，有的是都城。不单如此，有的货币出土地点附近有同时期的制盐遗址，二者之间有某种内在的联系。从资源分配和社会治理体系角度来考虑刀币的分布和流通，不失为研究古代社会的一种有效的方式。

---

[1] 栾丰实、方辉、靳桂云：《考古学理论方法技术》，文物出版社，2002 年，第 117 页。

四、历史文献分析法

本书以上述考古方法为主,并合理吸收历史文献记载及研究成果,综合分析战国时期齐国货币,并探讨其经济网络之下的资源流通、社会运行等问题。《管子》和《国语》等历史文献中有关齐国经济活动和管理的记载,也是我们在考古材料分析基础上,共同建构齐国社会经济网络的可行路径。

第二章
齐国货币的类型及年代

根据已有材料，齐国货币按其形状可分为刀币和圆钱两大类，刀币按其自身大小又可分为大型刀币和小型刀币。鉴于大型刀币和小型刀币差异显著，故而本书将齐国货币分为大型刀币、小型刀币和圆钱三大类（图2-1、图版一）。

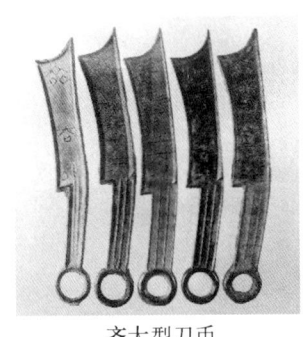

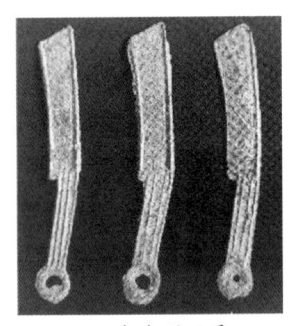

齐大型刀币　　　　齐小型刀币　　　　齐圆钱

图2-1　齐国典型货币举例

下文分别对齐大型刀币、小型刀币和圆钱的类型学分析展开研究。

第一节　大型刀币

齐大型刀币的长度基本为17—18厘米，重约40—60克，几乎都有面文和背文。在外形上基本为刀首出尖，刀身较宽，并且刀身边部出廓，刀柄较宽，刀环规整。鉴于齐大型刀币在外形上区别不大，而每枚大型刀币上基本都有面文，同类面文的刀币形态一样，故而齐大型刀的分类主要依据面文，并据具体的面文加引号定名，主要有"即墨之大刀""齐之大刀""安阳之大刀""齐大刀""齐拓邦之大刀"。① 此外，刀币面文还有"即墨大刀"，这类刀币大小介于大型刀币和小型刀币之间，但形制与大型刀币接近，故归入大型刀币。②

在对大型刀币进行分类研究之前，我们首先对大型刀币的释读、起源、年代及其存在的问题进行梳理。

（一）关于面文背文的释读。清代学者多关注货币上的文字释读，对于所属国别曾作尝试性解释，开后来研究之先河。齐大型刀币的面文释读，历来有不同的见解，主要集中于其中某几个字。

呑，此字旧释作"去"，读为"法"，王献唐《临淄封泥文字目录》首先释为"大"。裘锡圭《战国文字中的"市"》一文，作了进一步阐释，"古文字从'口'不从'口'往往无别"。③ 目前，此字释"大"在古文字研究学者中已形成共识。ㄓ过去大多释作"化"，读作货，很长时间大家无异议。吴振武《战国货币铭文中的"刀"》一文首先指出此字释作"化"是错误的，应释为"刀"。"刀"不仅可以作为货币的名称，而且还可以作为重量单位，如河北平山出土的舒蚤壶铭文"冢（重）一石三百三十九刀之冢（重）"。由此可以看出，ㄓ释为"刀"更合适，故所有刀币的面文"法化"均应读为"大刀"。

（二）关于齐国大刀币起源，大体有两种说法：

第一种是齐地本土起源说，如王献唐《中国古代货币通考》和朱活《古钱新探》中都主张齐地本土起源，并且认为齐国是最早铸行刀币的国家。王献唐在《中国古代货币通考》中结合文献记载对齐刀币产生的历史进程有过详细的论证，认为刀币起源于殷周以来日常佩用的小刀削。此外，他还提出刀币出于小刀，而不是战争或卫身之刀，"可由币形求之"。王先生得出"用真刀为财货，渊源虽古，造作刀币，则始于周之东齐"的结论，同时还指出非常重要的一点："前时齐都一带，莱人聚处。太公未封以前，归其统治，自商已然。刀币虽出于周初，用真刀为货币，则在周前。莱人统治时期，殆早如此。莱为

---

① 又称"六字刀"，这种命名方式是根据刀币面文字数来定的，鉴于刀币面文有6个字的仅此一种，目前具有唯一性，可以用六字刀指代该种刀币。同时该种刀币面文释读还存在争议，故而本书多用六字刀来称呼。

② 需要说明的是目前还见"莒邦"残刀头一枚和"莒邦大刀"完整大型刀币一枚，由于数量极少且真伪还存争议，故而本书不单列一类。

③ 裘锡圭：《战国文字中的"市"》，《考古学报》1980年第3期。

夷，疑所谓刀货币者，本东夷旧俗也。"①

第二种是刀币外来说，这种认识较为复杂，可以分为三种情况。

其一，王毓铨认为六字刀在带"齐"铭面文大刀中是最早的，"如果没有其他情况，这四种（造邦刀、齐法化刀、齐之法化刀、齐之化刀）之中应该以造邦刀为最早"。其主要依据是背文中的"造邦"二字，"造邦"即开邦建国。故而他推到"齐侯受封建国"的年代，"齐国造邦之日，不能晚至齐桓公"。他认为"即墨之大刀"的年代早于六字刀，并综合"即墨之大刀"刀币长、重量沉的特点，认为"即墨之大刀"在刀币中最为原始，应是山东地区刀币铸行最早的一种。即墨本来属于莱国故地，即墨刀为莱在即墨的铸币。齐灵公灭莱以后，将其纳入齐国的范围，齐国继承了莱国的铸钱形式。"齐建邦之后，采取了山东半岛古国-即墨安阳等地的货币形式进而铸造了刀货，这也是有可能的。"②

其二，郑家相认为齐国刀币不是本源的，自然就不是最早出现刀币的国家。他的《中国古代货币发展史》提到："齐刀之称，见于《管子》，《管子》虽为战国时人所作，而其曰先王用刀布为下币，则齐刀不始于田齐可知。今究其形制，面背文字整齐，式样大小一律，较之尖首刀，参差不一，其铸时必较晚。"齐国刀币是继承了春秋早期黄河下游地区郭、虢、鲜虞、鼓、肥等戎狄的铸钱形式。郑家相认为齐刀的铸造年代要晚于尖首刀一个阶段："尖首刀既开铸于春秋初期，则齐刀最早当开铸于春秋中期矣。盖春秋中期，齐之国势强大，其疆域北至于无棣，西至于聊城。而春秋初期之郭地，已为所并，与黄河下游刀化发源地，亦相接触，于是继尖首刀之制，而作齐刀。刀化势力，遂由黄河下游，而入济水下游区域矣。"③ "铸行尖首刀之地，均处于齐燕赵之间，至齐桓公称霸诸侯，国势强大，而聊城之郭地首并于齐，郭乃北迁，亦称北郭。齐因之刀化影响，乃改进其制作而作齐刀。继之灭莒而铸安阳刀，灭即墨而铸即墨刀，灭谭而铸谭邦刀，齐之刀化，于是大行。"④ 郑家相的观点代表了一大部分人的意见，影响深远。

其三，于嘉芳主张齐国刀币来源于春秋时期燕国北部一带戎狄使用的所谓

---

① 王献唐：《中国古代货币通考》，第 77 页。
② 王毓铨：《我国古代货币的起源和发展》，第 56—61 页。
③ 郑家相：《中国古代货币发展史》，第 74 页。
④ 郑家相：《中国古代货币发展史》，第 65 页。

鄂尔多斯式刀削。①

（三）关于大刀币断代，存在较大的争议，大体可分为四类。

第一，主张"即墨之大刀""安阳之大刀"早于"齐之大刀"和"齐大刀"说，以王献唐、王毓铨之说为代表，但二说也有区别。王献唐认为六字刀最早，始铸于周初，② 他认为"即墨大刀"的年代晚，"即墨小刀，制作极晚，或出乐毅破齐，即墨未下时也"。王毓铨认为"即墨之大刀"最早，早于六字刀，六字刀不晚至齐桓公时期。他认为"即墨之大刀""安阳之大刀""齐之大刀"同属"古刀"系统，意为早期的刀币，按先后顺序依次为"即墨之大刀""安阳之大刀""齐之大刀""齐大刀"，并认为后两种刀币"铸造时代大概前后相承，而且看来好像是齐古刀中的最晚出的"。③ 并且他认为尖首刀、明字刀是继"古刀货"以后而铸造的。

第二，认为"齐之大刀"年代最早，早于"即墨之大刀"，以郑家相、朱活、黄锡全等为代表。郑家相主张齐国铸行刀币始于桓公，初铸于齐都临淄，"安阳之大刀""即墨之大刀"为齐并二地后所铸，小型即墨刀（即墨大刀）铸于春秋时期。朱活观点与郑氏基本相同。黄锡全认为"齐之大刀"的年代为最早，极可能在齐桓公后期。即墨、安阳五字刀均为齐并即墨、安阳之后铸造的，处于春秋晚期。至于"齐大刀"的出现黄先生认同朱先生的意见，但更具体一些，认为是齐威王时期，齐国开始统一铸行齐大刀，将六字刀的年代定为田齐湣王时期，很可能在齐灭宋时（见表2-1）。

表2-1 黄锡全划分齐大型刀的分期与年代④

名　称	时　期	年　代
齐之大刀	春秋中晚期	齐灵公以前，极可能在齐桓公后期
即墨之大刀	春秋晚期	齐灵公十五年（前567年）后
安阳之大刀		齐庄公五年（前549年）后

---

① 于嘉芳：《齐刀币渊源初考》，《山东金融研究》（钱币专刊二），1988年，第68—74页。
② 王献唐：《中国古代货币通考》，第196—197页。
③ 王毓铨：《我国古代货币的起源和发展》，第51页。
④ 黄锡全：《先秦货币通论》，第299页。

续　表

名　称	时　期	年　代
莒大刀	战国早中期	约姜齐康公（前 404 年）—田齐桓公（前 375—前 357 年）前后
即墨大刀		
齐大刀	战国中晚期	田齐威王（前 356 年—前 321 年）时期
齐迓（返）邦长大刀		田齐湣王（前 301—前 284 年）时期，可能在齐灭宋（前 286 年）时

第三，主张齐国诸种大刀均为战国时期所铸，以汪庆正为代表，[①] 详见表 2-2。另外，杨宽《战国史》、李学勤《东周与秦代文明》等亦将大刀币列入战国时期。

表 2-2　汪庆正划分齐大型刀的分期与年代

种　类	铸造时间
安阳之大刀	前 412 年后铸
齐之大刀	稍早于六字刀
齐造（返）邦大刀	前 378 年田齐开国纪念币
即墨之大刀	前 348 年后铸
齐大刀	大量铸于临淄，铸行晚
即墨大刀	燕围即墨时（前 284—前 279 年）

第四，以何琳仪为代表，其核心观点将"六字刀"释为"齐返邦长大刀"，[②] 认为除了"齐大刀"三字刀外，其余均为齐襄王在位时铸。

到目前为止，关于刀币的认识还多局限在上述的几大类观点中，这些观点基本上形成于 20 年前，近 20 年内未见有新的观点提出，亦未见有重要材料发表，可以说是齐币研究到一个顶峰之后的空窗期。在没有新材料的情况下，想要有新的突破实在很难。我们尝试在全面检索材料的基础上，提出一点自己的看法。

---

① 马飞海主编：《中国历代货币大系·先秦货币》，第 28 页。
② 何琳仪：《返邦刀币考》，《中国钱币》1986 年第 3 期。

关于齐刀币尽管有不同的认识，但有两点共识：1."齐大刀"是齐大型刀币中最晚的形制。战国晚期"齐大刀"与齐国的圆钱（䝷类钱）同出，说明"齐大刀"延续至战国末期直至齐国灭亡。2. 刀币的形制可以大体分为两类，一类外廓不及刀柄，如"齐之大刀""即墨之大刀""安阳之大刀"；另一类外廓与刀柄相连，如"齐大刀"和六字刀。这两类刀币内部间存在共时关系，两大类之间存在前后相继的关系。即六字刀和"齐之大刀"的时代接近，"齐之大刀""即墨之大刀""安阳之大刀"时代接近，而"齐之大刀""即墨之大刀""安阳之大刀"要早于"齐大刀"和六字刀。这一点为众多学者所关注，如郑家相"以边缘断作隆起，制作较精者，属吕齐。边缘不断作隆起，制作率者，属田齐"。[1] 朱活也有类似的说法。

以上两点基本上是目前学界的共识，本书研究拟在此基础上再来讨论几个关键问题：1."齐之大刀""即墨之大刀""安阳之大刀"出现的年代问题。由于这三种刀币和"齐大刀"是前后相继的关系，这三种刀出现的年代确定了，那么"齐大刀"的铸行和流行时间也会变得清楚一些。2."齐之大刀""即墨之大刀""安阳之大刀"三种刀自身的早晚问题，特别是"齐之大刀"与"即墨之大刀""安阳之大刀"的早晚关系问题。一般认为"齐之大刀"是齐都临淄铸币，这涉及齐国刀币的初铸年代和来源问题。3."即墨大刀"铸行年代问题，"即墨大刀"和"即墨之大刀"的早晚关系问题。其中涉及的重要问题是，齐国是不是最早出现刀币的国家？齐国的刀币是本源的还是外来的？这些一直是刀币研究的难点问题，也是重点问题。

本书对齐刀币的讨论主要基于齐国刀币的出土资料。在材料的选择上，刀币研究有的摹本材料因原拓或实物不清而有漏笔、误笔，则不能作为讨论的依据，如《古钱大辞典》。现以能见到拓片的《中国历代钱币大系》和《齐币图释》两部著作为本，特别是《齐币图释》一书专注于考古出土材料，材料来源真实可靠，所附图样均为原拓原大，[2] 尽可能减小了失真情况，可以依据拓片测量刀币的尺寸，又因该书所列标本尽可能附上重量、出土时间和地点，因此资料较为详尽。《齐币图释》一书收录齐国货币及铸范的图版458件，也具有一定的代表性，基本上能够反映出齐国货币的一些特征而不至于偏差过大。

---

[1] 郑家相：《中国古代货币发展史》，第74页。
[2] 山东省钱币学会编：《齐币图释》，第3页，凡例四"图版中拓片均为原大"。

因此，本书在材料选择上以《齐币图释》所见齐国刀币的出土资料为主。

一、齐之大刀

前文介绍多位学者皆谓此刀币为桓公时代齐国初铸之刀币，乃齐都临淄所铸。其说初见于清人初尚龄，其《吉金所见录》云："齐法货、齐之法化，不著地名，盖建都之区，只需以国号统之也。其即墨、安阳为齐之大都会，则直以邑名记之。"《齐币图释》一书中著录"齐之大刀"27枚（编号009—035），为便于详细分析，现将其摘录并重新列表如下（表2-3）：

表2-3　《齐币图释》所见"齐之大刀"统计表

编号	背　文	部分面文	重量（克）	出土地	收藏地
《图释》009			46.5	1989年临沂大城后村	临沂市博物馆藏
《图释》010			48.2	1986年临淄区南仇村	齐国故城遗址博物馆藏
《图释》011			43.3	1986年寿光延庆寺村	寿光市博物馆藏
《图释》012			39.6	1972年海阳县汪格庄	烟台市博物馆藏
《图释》013			49.6	1972年海阳县汪格庄	青岛市博物馆藏
《图释》014			42.2		山东博物馆藏
《图释》015			48	1984年临淄区张王村	齐国故城遗址博物馆藏
《图释》016			45.3	1989年临沂大城后村	临沂市博物馆藏
《图释》017			45.4	1989年临沂大城后村	临沂市博物馆藏

续 表

编号	背 文		部分面文		重量（克）	出土地	收藏地
《图释》018					48.1	1974年益都东南河村	青州市博物馆藏
《图释》019						1972年海阳县汪格庄	烟台市博物馆藏
《图释》020					49		即墨市博物馆藏
《图释》021					45	1976年蒙阴下罗圈崖村	蒙阴县文物管理所藏
《图释》022					48.9	1989年临沂大城后村	临沂市博物馆藏
《图释》023					47.5	1989年临沂大城后村	临沂市博物馆藏
《图释》024					45.7		临朐县文物管理所藏
《图释》025					49.1	1986年寿光延庆寺村	寿光市博物馆藏
《图释》026						1972年海阳县汪格庄	烟台市博物馆藏
《图释》027					47.7	1989年临沂大城后村	临沂市博物馆藏
《图释》028					44.4	1989年临沂大城后村	临沂市博物馆藏
《图释》029						1986年寿光延庆寺村	寿光市博物馆藏
《图释》030						1972年海阳县汪格庄	烟台市博物馆藏
《图释》031					42.1		山东博物馆藏

续 表

编号	背 文	部分面文	重量（克）	出土地	收藏地
《图释》032			41	1989年临沂大城后村	临沂市博物馆藏
《图释》033			41.9	1989年临沂大城后村	临沂市博物馆藏
《图释》034			40.1	1972年海阳县汪格庄	烟台市博物馆藏
《图释》035			45.8	1974年益都东南河村	青州市博物馆藏

注：重量为39.6—49.6克，平均值45.4克。

这27枚"齐之大刀"刀币在刀形上一致，难以看出区别。唯有从面文和背文的文字入手，细查其痕，从文字笔画的角度入手，尝试性地将其分为两类。A类"齐"字"镞"带有小链，极其细小但仍然可见，以023、025、027、028等4例最具代表性。B类"齐"字"镞"无小链，明显有左右两笔交叉而不表示。

表2-4 A类和B类"齐之大刀"的"齐"字举例

A				B		
《图释》023	《图释》025	《图释》027	《图释》028	《图释》009	《图释》016	《图释》017

A类"齐"字刀币虽然少，但不是以个例出现，并且具有一定的共性。背文中仅见单字符号，如上、日等；背文三横与单字铭文之间的符号清晰，为一箭镞的形状。通过对春秋战国金文"齐"字的考察（表2-4），A类"齐"字与春秋晚期"齐侯作孟姜敦"中的"齐"接近，惟字体呈扁平状。A类"齐"字与春秋晚期阶段的"齐"较为接近，但有一定的差距，与战国早期陈逆簋中的"齐"字差距较大；B类"齐"字较A类"齐"字稍晚，与战国早期"齐"字接近。B类"齐"字更接近战国早期陈逆簋中的"齐"字。

表2-5 春秋战国时期金文中"齐"字

 齐趞父鬲	 齐侯敦	 庚壶	 齐侯作孟姜敦	 陈逆簠	 十四年陈侯午敦	 陈侯因𬥺敦
春秋早期	春秋	春秋晚期	春秋晚期	战国早期	战国晚期	战国晚期

再看"齐之大刀"中"之"的写法，"之"的写法较一致，仅举数例如下图所示（图2-2）。

《图释》009	《图释》016	《图释》017	《图释》022	《图释》025	《图释》027	《图释》028	《图释》032	《图释》033

图2-2 "齐之大刀"的"之"字举例

春秋战国时期齐国的金文、玺印中"之"字如下图所示（图2-3），"齐之大刀"中的"之"字与春秋时期"之"字写法不同，而与战国金文和印文中"之"字写法相似。

 归父敦	 左关铀	 故宫藏玺32	 故宫藏玺46
春秋	战国	战国	战国

图2-3 春秋战国金文、玺印所见"之"字举例

根据"齐之大刀"的面文"齐"和"之"的字形和结构，推测"齐之大刀"的年代上限为春秋末期，主体年代应为战国早期。通过对27枚标本的统计数据，"齐之大刀"刀体重量为39.6—49.6克，平均值45.4克。背文有"化（刀）、上、日、↑"等，背文三横和铭文之间的符号可以清晰地看出为一箭镞形，或认为是齐国国号标识。从出土地点来看，大多数为窖藏所出，如临沂大城后、海阳县汪格庄、寿光延庆寺、益都东南河、蒙阴下罗圈崖。还有个别零星出土，如临淄区南仇村和张王庄，类似于这样零星出土的个例却恰能反映出

更多的信息，或可认为这些个例表明了当时的流通或使用情况，进一步说即是春秋末期至战国早期，在齐都临淄周边已流通"齐之大刀"。

二、安阳之大刀

《齐币图释》中著录山东地区出土的"安阳之大刀"30枚（编号083—112），详见下表（表2-6）。

表2-6 《齐币图释》所见"安阳之大刀"统计表

编号	背 文	部分面文	重量（克）	出土地	收藏地
《图释》083			51.5	1989年临沂大城后村	临沂市博物馆藏
《图释》084			50.9	1989年临沂大城后村	临沂市博物馆藏
《图释》085			39.4	1989年临沂大城后村	临沂市博物馆藏
《图释》086			50.7	1972年海阳县汪格庄	烟台市博物馆藏
《图释》087			51.9	1989年临沂大城后村	临沂市博物馆藏
《图释》088			50.6	1989年临沂大城后村	临沂市博物馆藏
《图释》089			47	1972年海阳县汪格庄	烟台市博物馆藏
《图释》090			49.2	1976年蒙阴下罗圈崖村	蒙阴县文物管理所藏
《图释》091			50		即墨市博物馆藏
《图释》092			48.7	1989年临沂大城后村	临沂市博物馆藏

续 表

编号	背　文		部分面文		重量(克)	出土地	收藏地
《图释》093					40.3	1989年临沂大城后村	临沂市博物馆藏
《图释》094					48	1986年临淄南仇村	齐国故城遗址博物馆藏
《图释》095					45.2	1972年海阳县汪格庄	青岛市博物馆藏
《图释》096					42	1972年海阳县汪格庄	烟台市博物馆藏
《图释》097					51	1974年益都东南河村	青州市博物馆藏
《图释》098					49.7	1986年寿光延庆寺村	寿光市博物馆藏
《图释》099					50.75		临朐县文物管理所藏
《图释》100					49.7		山东博物馆藏
《图释》101					48.2	1989年临沂大城后村	临沂市博物馆藏
《图释》102					43.5	1989年临沂大城后村	临沂市博物馆藏
《图释》103					47.3	1972年海阳县汪格庄	烟台市博物馆藏
《图释》104					53.9	1984年寿光延庆寺村	寿光市博物馆藏
《图释》105					45	1972年海阳县汪格庄	青岛市博物馆藏
《图释》106					49.7	1989年临沂大城后村	临沂市博物馆藏

续 表

编号	背 文	部分面文	重量（克）	出土地	收藏地
《图释》107			43.8	1989年临沂大城后村	临沂市博物馆藏
《图释》108			44.1	1987年临沂大城后村	临沂市博物馆藏
《图释》109			44.9	1972年海阳县汪格庄	烟台市博物馆藏
《图释》110			50.5		山东博物馆藏
《图释》111			46.7	1987年莒县故城采集	莒县博物馆藏
《图释》112			51.5	1974年益都东南河村	青州市博物馆藏

注：重量为39.4—53.9克，平均值为47.86克。

"安阳之大刀"面文清晰，字样统一，刀形一致。背文有上、刀、日、丫、亻等几种，背文中间的符号据清晰的拓片可见为一箭镞的形状。未见有双字背文。刀币面文的"安"字在先秦时期的形体变化，如表2-7所示。金文中的"安"字西周、春秋多从宀，春秋时期青铜器铭文未见有从"厂"形者（参见容庚《金文编》增补本），而战国金文"安"多从"厂"形，齐刀币的"安"字皆从"厂"形，类似形体亦见于战国陶文。"安阳之大刀"刀币面文中的"之"字与"齐之大刀"中"之"字结构相同，时代接近。综上，"安阳之大刀"的年代应该处于战国早期。

表2-7　先秦时期"安"字形演变

安父鼎	公貿鼎	薛子仲安簠	国差𦉢	陈纯釜	六年安阳令矛
西周早期	西周中期	春秋早期	春秋	战国	战国

过去著家多根据"安阳"铭文及史料所见的几条材料来对其进行年代判断,安阳地望有三种说法。一是清人刘燕庭据《后汉书·赵彦传》注安阳近莒之说,认为"安阳"指的是莒地的安阳。二是丁福保《安阳刀考》认为安阳在山东曹县,其地本为鲁地,公元前412年为齐攻取,见《史记·六国年表》。三是杨宽认为安阳为今山东阳谷东北。① 现在看来,刀币文中的安阳,当以莒地为是,但其具体地点不见记载。莒国原来都于介根(或称计斤),春秋迁至山东莒县。据《左传·襄公二十三年》(齐庄公四年,前550年):"秋,齐侯伐卫……齐侯还自晋,不入,遂袭莒。"再据《左传·襄公二十四年》(齐庄公五年,前549年):"秋,齐侯闻将有晋师,使陈无宇从薳启疆如楚,辞,且乞师。崔杼帅师送之,遂伐莒,侵介根。"又据庚壶铭文记载,第二次伐莒大获全胜,并俘获车马众多,献于庄公之所。从两次战争来看,似是第二次齐军已经占据了介根、灵山卫一带。莒国疆域大概包括今之胶州、胶南、安丘、诸城、莒县、沂水、莒南、五莲、日照等市县,安阳应该就在其中。

三、即墨之大刀

"即墨之大刀"在清嘉庆年间的《古泉汇》中就有著录,《古泉汇》汇集"即墨之大刀"16枚。清代及近现代有不少著录,特别是对面文和背文的考释,各家均有涉及。对面文铭文的释读不一,造成了对"即墨之大刀"年代判定的分歧,故现将各家观点列表如下(表2-8)。

表2-8 "即墨之大刀"铭文释读汇总表

铭文	释读	著作	释义
		《古币丛考》	释邑,谓古地名多从邑旁。背上三横纹一星与齐刀同大小,制作均同《史记·田世家》齐威王九年即墨大夫云云。

---

① 杨宽:《战国史》,上海人民出版社,2017年,第130页。

续 表

铭文	释读	著作	释 义
	开邦	《古泉汇》	开邦者,乃开创时所铸,邦字与建邦刀同,为齐制无疑。
	开邦	《考古录》	即墨为齐之大都,今属莱州府。开邦乃开创时所铸。邦字与建邦刀,同为齐制无疑。
	闢封	《古钱大辞典》	闢字引说文虞书曰,闢四门,从门从𠦒。
	闢封	郑家相	1. 文曰闢封,取开辟封土之义。 2. 然建邦刀邦字从邑,此不从邑,篆法全异,安得谓之相同也。且即墨刀背有著安邦者,邦字亦从邑,与建邦刀相同,与此亦大异,岂同一时期与地点所铸之刀化,文字而有两种篆法耶。可决其非邦字。
	安邦	《钱汇》	背安字,与安邑安阳布略同。取安邦定国之义。
	安邦	郑家相	文曰安邦,取安定邦国之意。
	大行	《古泉汇》	大行亦取行用之义。
	大行	《钱汇》	大行,取行用之义。
	大行	郑家相	大字行字,均见空首布与尖首刀,此刀大行二字连列于背,取财货大行之义。
	厽廿	《山左金石志》	记法物次第也。
	合同	《文字考》	和合之谓也。
	鎔廿	《遗箧录》	标铜数也。
	厽其	郑家相	

《齐币图释》收录"即墨之大刀"47枚(编号036—082),详见下表(表2-9)。

表2-9　《齐币图释》所见"即墨之大刀"统计表

编号	背文	背文释文	面文"之"	重量（克）	出土地	收藏地
《图释》036		闢邦		42.8	1989年临沂大城后村	临沂市博物馆藏
《图释》037		闢邦		52.2	1972年海阳县汪格庄	青岛市博物馆藏
《图释》038		闢邦		46.9	1972年海阳县汪格庄	烟台市博物馆藏
《图释》039		安邦		48.3	1989年临沂大城后村	临沂市博物馆藏
《图释》040		安邦		42.2	1972年海阳县汪格庄	青岛市博物馆藏
《图释》041		安邦		54.6	1958年牟平东邓格庄	牟平县文物管理所藏
《图释》042		安邦		54.3		山东博物馆藏
《图释》043		大行		56.4	1989年临沂大城后村	临沂市博物馆藏
《图释》044		大行		62.1	1989年临沂大城后村	临沂市博物馆藏
《图释》045		大行		50		即墨市博物馆藏
《图释》046		大行		60.3	1972年海阳县汪格庄	青岛市博物馆藏
《图释》047		大昌		61.9	1989年临沂大城后村	临沂市博物馆藏
《图释》048		大昌		56.95	1972年海阳县汪格庄	烟台市博物馆藏

续　表

编号	背　文	背文释文	面文"之"	重量（克）	出土地	收藏地
《图释》049		吉		55.7	1989年临沂大城后村	临沂市博物馆藏
《图释》050		吉				齐国故城遗址博物馆藏
《图释》051		吉		52.2	1976年蒙阴下罗圈崖村	蒙阴县文物管理所藏
《图释》052		刀		52.4	1989年临沂大城后村	临沂市博物馆藏
《图释》053		刀		48.9	1989年临沂大城后村	临沂市博物馆藏
《图释》054		刀		61		潍坊市博物馆藏
《图释》055		刀				烟台市博物馆藏
《图释》056		刀		46.2		山东博物馆藏
《图释》057		上		61.7	1989年临沂大城后村	临沂市博物馆藏
《图释》058		上		60	1989年临沂大城后村	临沂市博物馆藏
《图释》059		上		46	1972年海阳县汪格庄	烟台市博物馆藏
《图释》060		上		56	1986年寿光延庆寺村	寿光市博物馆藏
《图释》061		工		54.2	1989年临沂大城后村	临沂市博物馆藏
《图释》062		工			1972年海阳县汪格庄	烟台市博物馆藏

第二章　齐国货币的类型及年代　35

续　表

编号	背　文	背文释文	面文"之"	重量（克）	出土地	收藏地
《图释》063		日		43.3	1989年临沂大城后村	临沂市博物馆藏
《图释》064		日		47.6	1989年临沂大城后村	临沂市博物馆藏
《图释》065		日		52.5	1989年临沂大城后村	临沂市博物馆藏
《图释》066		日		51.3	1989年临沂大城后村	临沂市博物馆藏
《图释》067		日		56.2	1974年益都东南河村	青州市博物馆藏
《图释》068		日		54.9		临朐县文物管理所藏
《图释》069		日		63	1986年寿光延庆寺村	寿光市博物馆藏
《图释》070		日		50	1978年平度县大城西村	平度市博物馆藏
《图释》071		日			1972年海阳县汪格庄	烟台市博物馆藏
《图释》072				50.9	1989年临沂大城后村	临沂市博物馆藏
《图释》073				53.9	1989年临沂大城后村	临沂市博物馆藏
《图释》074				55	1982年临淄西关北村	齐国故城遗址博物馆藏
《图释》075				53	1990年莒县库山乡	莒县博物馆藏
《图释》076				56	1978年平度县大城西村	平度市博物馆藏

续　表

编号	背文	背文释文	面文"之"	重量（克）	出土地	收藏地
《图释》077					1972年海阳县汪格庄	烟台市博物馆藏
《图释》078				52.8	1989年临沂大城后村	临沂市博物馆藏
《图释》079				53		即墨市博物馆藏
《图释》080				53	1972年海阳县汪格庄	青岛市博物馆藏
《图释》081					1972年海阳县汪格庄	烟台市博物馆藏
《图释》082				55	1978年平度杜家村	平度市博物馆藏

依据上表统计，"即墨之大刀"的重量为42.2—63克，平均值为53.3克。

"即墨之大刀"面文基本一致，唯"之"的写法存在多种形式，通过上表分析，可以发现，"即墨之大刀"的"之"字可以分为三式（图2-4）。Ⅰ式"之"字除了一横笔外，其余均为曲线，与春秋金文"之"字接近，"之"字中间有竖笔。Ⅱ式"之"字处于Ⅰ式和Ⅲ式的过渡期，个别笔画还有曲线，已慢慢向直线转变。Ⅲ式"之"字笔画均为直线，与战国"之"字接近。

Ⅰ式			Ⅱ式		Ⅲ式	
	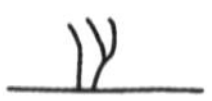	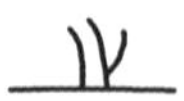				
050	073	074	048	049	036	043

图2-4　"即墨之大刀"所见"之"字分类示意图

首先，带Ⅰ式"之"字的刀币见下表（表2-10）。

表2-10 Ⅰ式"之"字"即墨之大刀"统计表

编号	背 文	背文释文	面文"之"	重量（克）	出土地	收藏地
《图释》050		吉		/	/	齐国故城遗址博物馆藏
《图释》051		吉		52.2	1976年蒙阴下罗圈崖村	蒙阴县文物管理所
《图释》053		刀		48.9	1989年临沂大城后村	临沂市博物馆藏
《图释》058		上		60	1989年临沂大城后村	临沂市博物馆藏
《图释》073				53.9	1989年临沂大城后村	临沂市博物馆藏
《图释》074				55	1982年临淄西关北村	齐国故城遗址博物馆藏
《图释》075				53	1990年莒县库山乡	莒县博物馆藏

带Ⅰ式"之"字的刀币的背文为"吉、刀、上、"等，不见两字背文。其中一枚（《图释》050）较特殊，制作规整，背文为"吉"字，未见三横纹，这样的情况不是孤例，1976年蒙阴县下罗圈崖村出土的一枚"即墨之大刀"（《图释》051），背文为吉字，也未见三横纹。因此，这种形式的"即墨之大刀"（《图释》050、051）可能为"即墨之大刀"出现的早期形式。这一阶段"即墨之大刀"的重量为48.9—60克。

其次，带Ⅱ式"之"字的刀币见下表（表2-11）。

表2-11 Ⅱ式"之"字"即墨之大刀"统计表

编号	背 文	背文释文	面文"之"	重量（克）	出土地	收藏地
《图释》047		大昌		61.9	1989年临沂大城后村	临沂市博物馆藏

续　表

编号	背　文	背文释文	面文"之"	重量（克）	出土地	收藏地
《图释》048		大昌		56.95	1972年海阳县汪格庄	烟台市博物馆藏
《图释》049		吉		55.7	1989年临沂大城后村	临沂市博物馆藏
《图释》055		刀		/	/	烟台市博物馆藏
《图释》056		刀		46.2	/	山东博物馆藏
《图释》057		上		61.7	1989年临沂大城后村	临沂市博物馆藏
《图释》061		工		54.2	1989年临沂大城后村	临沂市博物馆藏

通过统计发现，带Ⅱ式"之"字的刀币的背文有"大昌、吉、刀、上、工"等，不见"阚邦、安邦、大行"两字背文。"即墨大刀"有"大昌"背文，相互印证可知带"大昌"背文的"即墨之大刀"的年代要早一些。另外，单字背文的"吉、刀、上"等见于带Ⅰ式"之"字的刀币。这一阶段即墨之大刀的重量为46.2—61.9克。

其次，带Ⅲ式"之"字的"即墨之大刀"刀币见下表（表2-12）。

表2-12　Ⅲ式"之"字"即墨之大刀"统计表

编号	背　文	背文释文	面文"之"	重量（克）	出土地	收藏地
《图释》036		阚邦		42.8	1989年临沂大城后村	临沂市博物馆藏
《图释》037		阚邦		52.2	1972年海阳县汪格庄	青岛市博物馆藏
《图释》038		阚邦		46.9	1972年海阳县汪格庄	烟台市博物馆藏

续　表

编号	背文	背文释文	面文"之"	重量（克）	出土地	收藏地
《图释》039		安邦		48.3	1989年临沂大城后村	临沂市博物馆藏
《图释》040		安邦		42.2	1972年海阳县汪格庄	青岛市博物馆藏
《图释》041		安邦		54.6	1958年牟平东邓格庄	牟平县文物管理所藏
《图释》042		安邦		54.3		山东博物馆藏
《图释》043		大行		56.4	1989年临沂大城后	临沂市博物馆藏
《图释》044		大行		62.1	1989年临沂大城后	临沂市博物馆藏
《图释》045		大行		50		即墨市博物馆藏
《图释》046		大行		60.3	1972年海阳县汪格庄	青岛市博物馆藏
《图释》052		刀		52.4	1989年临沂大城后村	临沂市博物馆藏
《图释》054		刀		61		潍坊市博物馆藏
《图释》059		上		46	1972年海阳县汪格庄	烟台市博物馆藏
《图释》060		上		56	1986年寿光延庆寺村	寿光市博物馆藏
《图释》062		工			1972年海阳县汪格庄	烟台市博物馆藏
《图释》063		日		43.3	1989年临沂大城后村	临沂市博物馆藏
《图释》064		日		47.6	1989年临沂大城后村	临沂市博物馆藏

续 表

编号	背文	背文释文	面文"之"	重量（克）	出土地	收藏地
《图释》065		日		52.5	1989年临沂大城后村	临沂市博物馆藏
《图释》066		日		51.3	1989年临沂大城后村	临沂市博物馆藏
《图释》067		日		56.2	1974年益都东南河村	青州市博物馆藏
《图释》068		日		54.9		临朐县文物管理所藏
《图释》069		日		63	1986年寿光延庆寺村	寿光市博物馆藏
《图释》070		日		50	1978年平度县大城西村	平度市博物馆藏
《图释》071		日			1972年海阳县汪格庄	烟台市博物馆藏
《图释》072				50.9	1989年临沂大城后村	临沂市博物馆藏
《图释》076				56	1978年平度县大城西村	平度市博物馆藏
《图释》077					1972年海阳县汪格庄	烟台市博物馆藏
《图释》078				52.8	1989年临沂大城后村	临沂市博物馆藏
《图释》079				53		即墨市博物馆藏
《图释》080				53	1972年海阳县汪格庄	青岛市博物馆藏
《图释》081					1972年海阳县汪格庄	烟台市博物馆藏
《图释》082				55	1978年平度杜家村	平度市博物馆藏

通过统计表可以发现，带Ⅲ式"之"字的"即墨之大刀"有"阘邦、安邦、大行"两字背文，为新出现的背文种类，之前未见。单字背文有"刀、上、日、Ψ、十"等，较之前种类多一些。这一阶段"即墨之大刀"的重量为42.2—63克。

式别	面文"之"	背 文
Ⅰ式	 Ψ Ψ Ψ	吉、刀、上、Ψ 
Ⅱ式	 Ψ Ψ	大昌、吉、刀、上、工
Ⅲ式	 Ψ Ψ	阘邦、安邦、大行、刀、上、日、Ψ、十 

图2-5　Ⅰ、Ⅱ、Ⅲ式"即墨之大刀"的面文与背文对照

关于"之"的字形变化，前文已有说明。Ⅰ式"之"和Ⅱ式"之"字与春秋晚期金文"之"的字形和结构近似，推测Ⅰ式和Ⅱ式"即墨之大刀"的年代处于春秋晚期或末期。Ⅲ式"之"字"即墨之大刀"的年代可能为战国早期，背文开始出现"阘邦""安邦"字样。

这里就"即墨之大刀"和"齐之大刀"初铸时间早晚问题略作讨论。从"之"字铭文来看，"即墨之大刀"多见Ⅰ式"之"字，而从目前的材料来看"齐之大刀"未见Ⅰ式"之"字，"齐之大刀"的"之"字多为Ⅱ式或Ⅲ式，所以从这一点上来看，"即墨之大刀"要早于"齐之大刀"。另外，从刀形特征来看，"即墨之大刀"刀形更长，刀体更重，据初步统计，"齐之大刀"的重量为39.6—49.4克，平均重量为45.6克。"即墨之大刀"的重量为42.3—63克，平均重量为53.3克。正如王毓铨先生所说"刀币长、重量沉"，"即墨之大刀"的年代要早于"齐之大刀"。

四、即墨大刀

《古泉汇》著录"即墨大刀"10枚，释为"節墨巴去化"，背文有"一""七""八""十"等（图2-6），"此刀厚重与前品（即墨之大刀）同而制狭

小，面五字减去之字，背上减去三横画。一无文，余皆纪数。七字传形横书。金石志尚有九字者，想皆纪范次第，自一至十，应俱全。特今未见耳。又有作鱼鳞纹及日字重轮者亦未见"。《古泉汇》认为背文符合为范号"想皆纪范次第，自一至十"。① 《古钱大辞典》中著录共计22枚（编号1012—1033），其中仅从拓片就能看出不少"惊奇"伪作。如背文为鱼鳞的1030号、背文为双重环为1029号。鉴于"即墨大刀"出土情况较少，为了较全面地考察这一币种，在材料的选择上又增加了一些博物馆的藏品。

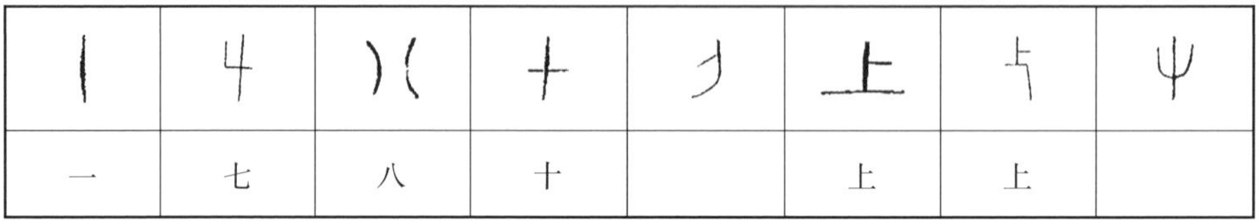

一	七	八	十		上	上	

图2-6 《古泉汇》所见"即墨大刀"背文

（一）"即墨大刀"出土或收藏情况

《大系》收藏"即墨大刀"的编号为2552—2574，共计23枚。《齐币图释》著录5枚。其出土和收藏情况见表2-13。

表2-13 "即墨大刀"出土及收藏信息统计表

编　号	面　文	背　文	重（克）	收藏地
《图释》287	即墨大刀	□	51.2	烟台市博物馆藏
《图释》288	即墨大刀	□	44.6	烟台市博物馆藏
《图释》289	即墨大刀	□	50.3	齐国故城遗址博物馆藏
《图释》290	即墨大刀	□		崂山区文物管理所藏
《图释》291	即墨大刀	工	36	即墨市博物馆藏
《大系》2552	即墨大刀	无	41	上海博物馆藏

---

① （清）李佐贤：《古泉汇》，北京出版社，1993年，第676—677页。

续　表

编　号	面　文	背　文	重（克）	收藏地
《大系》2553	即墨大刀	三		上海博物馆提供
《大系》2554	即墨大刀	六	33.9	上海博物馆藏
《大系》2555	即墨大刀	七	35.8	上海博物馆藏
《大系》2556	即墨大刀	七	38	上海博物馆藏
《大系》2557	即墨大刀	九	42.2	上海博物馆藏
《大系》2558	即墨大刀	七	35.5	上海博物馆藏
《大系》2559	即墨大刀	七		上海博物馆提供
《大系》2560	即墨大刀	七		上海博物馆提供
《大系》2561	即墨大刀	七		上海博物馆提供
《大系》2562	即墨大刀	□	36	上海博物馆藏
《大系》2563	即墨大刀	□	39	上海博物馆藏
《大系》2564	即墨大刀	上	42	上海博物馆藏
《大系》2565	即墨大刀	上		上海博物馆提供
《大系》2566	即墨大刀	工	32.7	上海博物馆藏
《大系》2567	即墨大刀	工	23	上海博物馆藏
《大系》2568	即墨大刀	□	39.5	上海博物馆藏
《大系》2569	即墨大刀	日	29	上海博物馆藏
《大系》2570	即墨大刀	昌		上海博物馆提供
《大系》2571	即墨大刀	昌		上海博物馆提供
《大系》2572	即墨大刀	大昌		上海博物馆提供
《大系》2573	即墨大刀	大昌		沐园泉拓
《大系》2574	即墨大刀	昌	33	上海博物馆藏

目前所见"即墨大刀"的重量为 23—51.2 克,以 32—40 克为多,平均重量为 37.93 克。

此外,山东还有明确出土地点的"即墨大刀"未见于上表,仅记述如下:

1. 1979 年山东日照县城关乡后山前村出土刀币 18 枚,其中有"即墨大刀"1 枚。

2. 1980 年春,高青县高城镇付家村村民在距地表 2.5 米深的一干涸池塘中挖土发现刀币 20 余枚,上交至当时的高青县图书馆。"即墨大刀"5 枚,通长 15—16 厘米,重 38—45 克。刀币出土地点距汉之狄城(春秋战国为齐邑,发现春秋战国时期的城址,东西长约 800 米,南北宽约 700 米)遗址仅百余米。其中还包含一枚面幕无文的刀币,从形态看和"即墨大刀"接近。

(二)"即墨大刀"特征

第一,面文有"即墨大刀"四字,字形前文已有叙述。

第二,背文有"三""六""七""九""十""工""上""匕""日""昌""大昌"等数字符号、吉祥符号等(图 2-7)。

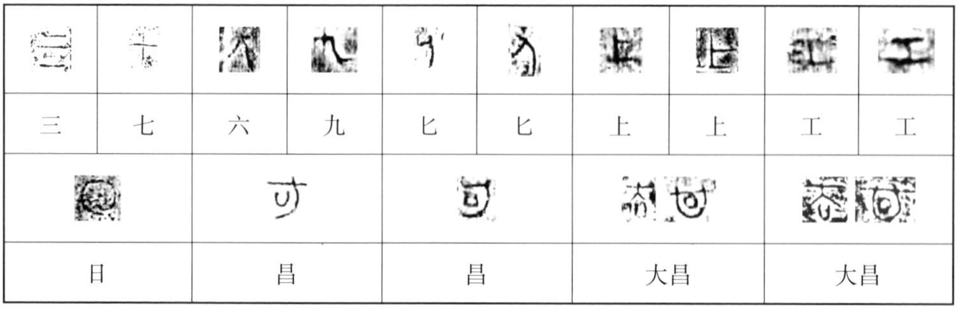

三	七	六	九	七	匕	上	上	工	工
日		昌		昌		大昌		大昌	

图 2-7 即墨大刀背文举例

第三,关于刀体形态。弧背、刀身基本等宽,正面"即墨大刀"四字,幕部中心位置有"十"背文,上部无三横。刀首出尖不明显。刀柄约占刀身一半。

"即墨大刀"按自身的演变可分为 I 式和 II 式(图 2-8),I 式刀首出尖不明显,背文不见三横,多见" "" "等早期尖首刀上类似的背文;II 式刀首出尖明显,背文除了 I 式的单字背文外,还见有"大昌"二字背文。

I式		II式		
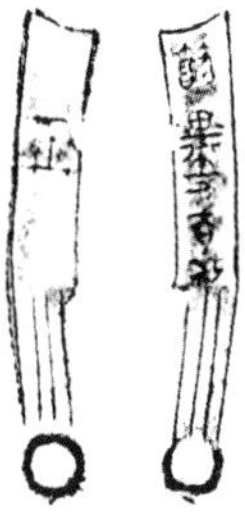 《图释》291	 《图释》288	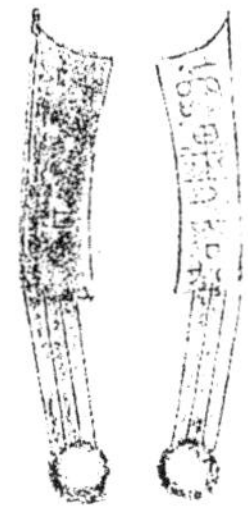 《大系》2565	 《大系》2555	 《大系》2572
即墨市博物馆藏	烟台市博物馆藏	上海博物馆提供	上海博物馆藏	上海博物馆提供

图 2-8 即墨大刀形制演变

（三）年代讨论

王献唐认为"若即墨小刀，制作极晚，或出乐毅破齐，即墨未下时"。王毓铨认为"即墨法化"刀书法无力，背无纹饰，铸造技术和铜质均极粗劣。朱活认为是"姜齐田齐之间民间私铸"，其中包括两层含义，一是"即墨大刀"的时间为姜齐田齐之间，二是"即墨大刀"是民间私铸。但"即墨大刀"与"即墨之大刀""齐之大刀""安阳之大刀"共出，而如果认可"即墨之大刀""齐之大刀"等都不是民间私铸，而民间私铸钱与非私铸钱共用共出，估计不是执政者愿意看到的，而这样共出的案例不是个例，故对于"即墨大刀"属于"民间私铸"的说法不予认可。

我们认为判定"即墨大刀"的年代应首先确定"即墨大刀"和"即墨之大刀"的前后关系，二者面文基本相同，背文铭文种类相近，常见共出关系，可以确定属于同一系统。"即墨大刀"的一个重要特征是背文无三横，并且"即墨大刀"背文的位置和种类与尖首刀类似，即墨大刀的背文有"三""六""七""九""十""工""上""匕""日""昌""大昌"数字和吉祥符号等，与尖首刀的背文特点更接近。"即墨之大刀"背文有"辟邦、安邦、大行、大昌、吉、化、上、工、日"等，二者有前后相继的关系。故推测"即墨大刀"的年代早于"即墨之大刀"。

五、齐大刀

齐大刀的出土数量很多，其中《齐币图释》中收录有 158 枚（编号 113—270），详见下表（表 2-14）。下文主要就集中出土齐大刀的情况，对其形制进行分析。

表 2-14　《齐币图释》所见"齐大刀"信息统计表

编号	背　文		部分面文		重量（克）	出土地	收藏地
《图释》113					46.7	1989 年临沂大城后村	临沂市博物馆藏
《图释》114					44.1	1989 年临沂大城后村	临沂市博物馆藏
《图释》115					46.5	1974 年益都东南河村	青州市博物馆藏
《图释》116					58.25	1974 年益都东南河村	青州市博物馆藏
《图释》117					41.8	1972 年海阳县汪格庄	烟台市博物馆藏
《图释》118					41	1972 年海阳县汪格庄	青岛市博物馆藏
《图释》119					50	1984 年平度温家村	平度市博物馆藏
《图释》120					48.3	1989 年临沂大城后村	临沂市博物馆藏
《图释》121					45.7	1989 年临沂大城后村	临沂市博物馆藏
《图释》122					47.7	1974 年益都东南河村	青州市博物馆藏
《图释》123					51.5	1974 年益都东南河村	青州市博物馆藏

第二章　齐国货币的类型及年代　　47

续　表

编号	背　文		部分面文		重量（克）	出土地	收藏地
《图释》124					46.75	1974年益都东南河村	青州市博物馆藏
《图释》125					49.2		潍坊市博物馆藏
《图释》126					40.1	1972年海阳县汪格庄	烟台市博物馆藏
《图释》127					40.9	1972年海阳县汪格庄	烟台市博物馆藏
《图释》128					47.2	1989年临沂大城后村	临沂市博物馆藏
《图释》129					46.25	1974年益都东南河村	青州市博物馆藏
《图释》130					44.7	1989年临沂大城后村	临沂市博物馆藏
《图释》131					47.2	1989年临沂大城后村	临沂市博物馆藏
《图释》132					47	1974年益都东南河村	青州市博物馆藏
《图释》133					46.9	1974年益都东南河村	青州市博物馆藏
《图释》134					45.75	1974年益都东南河村	青州市博物馆藏
《图释》135					44.7	1972年海阳县汪格庄	烟台市博物馆藏
《图释》136					41.2	1978年平度洪兰村	平度市博物馆藏
《图释》137					47.3	1963年莒县王家坪	莒县博物馆藏

续 表

编号	背 文	部分面文	重量（克）	出土地	收藏地
《图释》138			44.3	1963年莒县王家坪	莒县博物馆藏
《图释》139			47.5	1976年蒙阴下罗圈崖村	蒙阴县文物管理所藏
《图释》140			49.9	1989年临沂大城后村	临沂市博物馆藏
《图释》141			43.5	1972年海阳县汪格庄	烟台市博物馆藏
《图释》142			44.2	1989年临沂大城后村	临沂市博物馆藏
《图释》143			44	1982年海阳县汪格庄	烟台市博物馆藏
《图释》144			51.3	1963年莒县王家坪	莒县博物馆藏
《图释》145			39.9	1954年烟台三十里堡	牟平县文物管理所藏
《图释》146				1978年平度洪兰村	平度市博物馆藏
《图释》147			56.25		潍坊市博物馆藏
《图释》148			39.6	1954年烟台三十里堡	牟平县文物管理所藏
《图释》149			43.2	1978年平度杜家村	平度市博物馆藏
《图释》150			42.5	1963年莒县王家坪	莒县博物馆藏
《图释》151			51.5	1954年即墨孟庄出土	青岛市博物馆藏

第二章 齐国货币的类型及年代　49

续　表

编号	背　文		部分面文		重量（克）	出土地	收藏地
《图释》152					38.8	1954年烟台三十里堡	牟平县文物管理所藏
《图释》153					40.6	1954年烟台三十里堡	牟平县文物管理所藏
《图释》154					50.8	1984年平度北温村	平度市博物馆藏
《图释》155					41.7	1954年烟台三十里堡	牟平县文物管理所藏
《图释》156					48.8	1986年临淄三中	齐国故城遗址博物馆藏
《图释》157					34.6	1954年烟台三十里堡	牟平县文物管理所藏
《图释》158					39.9	1954年烟台三十里堡	牟平县文物管理所藏
《图释》159					46	1990年即墨毛家岭四村	即墨市博物馆藏
《图释》160					45	/	即墨市博物馆藏
《图释》161					43.8	1984年平度北温家村	平度市博物馆藏
《图释》162					45.2	1963年莒县王家坪	莒县博物馆藏
《图释》163					43.9	1989年临沂大城后村	临沂市博物馆藏
《图释》164					48.1	1985年临淄区西关	齐国故城遗址博物馆藏
《图释》165					47	1974年益都东南河村	青州市博物馆藏

续　表

编号	背　文		部分面文		重量（克）	出土地	收藏地
《图释》166					48.75		临朐县文物管理所藏
《图释》167					42.5	1972年海阳县汪格庄	烟台市博物馆藏
《图释》168					48.8	1963年莒县王家坪	莒县博物馆藏
《图释》169					45.8	1972年海阳县汪格庄	烟台市博物馆藏
《图释》170					47	1989年临沂大城后村	临沂市博物馆藏
《图释》171					46.9	1986年临淄区南仇村	齐国故城遗址博物馆藏
《图释》172					50	1974年益都东南河村	青州市博物馆藏
《图释》173					46	1974年益都东南河村	青州市博物馆藏
《图释》174					46.5	1988年平度张舍村	平度市博物馆藏
《图释》175					46.6	1963年莒县王家坪	莒县博物馆藏
《图释》176					44.3	1963年莒县王家坪	莒县博物馆藏
《图释》177					44.7		山东博物馆藏
《图释》178					46.7	1989年临沂大城后村	临沂市博物馆藏
《图释》179					47.5	1974年益都东南河村	青州市博物馆藏

第二章　齐国货币的类型及年代　51

续　表

编号	背　文		部分面文		重量（克）	出土地	收藏地
《图释》180					45.25	1974年益都东南河村	青州市博物馆藏
《图释》181					48.5	1974年益都东南河村	青州市博物馆藏
《图释》182					39.4	1972年海阳县汪格庄	烟台市博物馆藏
《图释》183					/	1978年平度大城西村	平度市博物馆藏
《图释》184					48.8	1982年博兴县桥子村	滨州地区文物处藏
《图释》185					44.7	1954年烟台三十里堡	牟平县文物管理所藏
《图释》186					43.8	1989年临沂大城后村	临沂市博物馆藏
《图释》187					40.7	1972年海阳县汪格庄	烟台市博物馆藏
《图释》188					37.9	1954年烟台三十里堡	牟平县文物管理所藏
《图释》189					38.85	1954年烟台三十里堡	牟平县文物管理所藏
《图释》190					49.6	1978年平度杜家村	平度市博物馆藏
《图释》191					34.7	1954年烟台三十里堡	牟平县文物管理所藏
《图释》192					46.7	1986年淄博市临淄三中	齐国故城遗址博物馆藏
《图释》193					48.6	1954年烟台三十里堡	牟平县文物管理所藏

续表

编号	背文		部分面文		重量(克)	出土地	收藏地
《图释》194					50		即墨市博物馆藏
《图释》195					46	1963年莒县王家坪	莒县博物馆藏
《图释》196					38.1	1954年烟台三十里堡	牟平县文物管理所藏
《图释》197					46.7	1986年淄博市临淄三中	齐国故城遗址博物馆藏
《图释》198						1954年烟台三十里堡	牟平县文物管理所藏
《图释》199					48.2	1989年临沂大城后村	临沂市博物馆藏
《图释》200					46.4	1989年临沂大城后村	临沂市博物馆藏
《图释》201					49.6	1984年临淄区张王村	齐国故城遗址博物馆藏
《图释》202					45	1986年临淄区南仇村	齐国故城遗址博物馆藏
《图释》203					45.75	1974年益都东南河村	青州市博物馆藏
《图释》204					44.9	1972年海阳县汪格庄	烟台市博物馆藏
《图释》205					43.4	1963年莒县王家坪	莒县博物馆藏
《图释》206					49.4	1963年莒县王家坪	莒县博物馆藏
《图释》207					43.8	1963年莒县王家坪	莒县博物馆藏

续　表

编号	背　文	部分面文	重量（克）	出土地	收藏地
《图释》208			43.5	1989年临沂大城后村	临沂市博物馆藏
《图释》209			37.2	1954年烟台三十里堡	牟平县文物管理所藏
《图释》210			48.15	1963年莒县王家坪	莒县博物馆藏
《图释》211			47.5		山东博物馆藏
《图释》212			67.5		潍坊市博物馆藏
《图释》213			41.8	1954年烟台三十里堡	牟平县文物管理所藏
《图释》214				1991年临淄区大杨村	齐国故城遗址博物馆藏
《图释》215			52.8	1986年淄博市临淄三中	齐国故城遗址博物馆藏
《图释》216			49.4		潍坊市博物馆藏
《图释》217			34.4	1954年烟台三十里堡	牟平县文物管理所藏
《图释》218			47.2	1954年即墨孟庄	青岛市博物馆藏
《图释》219			49.25	1963年莒县王家坪	莒县博物馆藏
《图释》220			45.5	1968年青岛市女姑口	青岛市博物馆藏
《图释》221			46.1	1989年临沂大城后村	临沂市博物馆藏

续　表

编号	背　文		部分面文		重量（克）	出土地	收藏地
《图释》222					48.4	1989年临沂大城后村	临沂市博物馆藏
《图释》223					47.2	1989年临沂大城后村	临沂市博物馆藏
《图释》224					47.5	1989年临沂大城后村	临沂市博物馆藏
《图释》225					46	1972年海阳县汪格庄	烟台市博物馆藏
《图释》226					44.1	1963年莒县王家坪	莒县博物馆藏
《图释》227					46	1974年益都东南河村	青州市博物馆藏
《图释》228					45		临朐县文物管理所藏
《图释》229					44.5	1989年临沂大城后村	临沂市博物馆藏
《图释》230					53.9	1963年莒县王家坪	莒县博物馆藏
《图释》231					48	1989年临沂大城后村	临沂市博物馆藏
《图释》232					47.3	1963年莒县王家坪	莒县博物馆藏
《图释》233					48.5	1989年临沂大城后村	临沂市博物馆藏
《图释》234					48.7	1989年临沂大城后村	临沂市博物馆藏
《图释》235					47.1	1989年临沂大城后村	临沂市博物馆藏

续　表

编号	背　文		部分面文		重量(克)	出土地	收藏地
《图释》236					47.6	1989年临沂大城后村	临沂市博物馆藏
《图释》237					46.7	1974年益都东南河村	青州市博物馆藏
《图释》238					46.9		潍坊市博物馆藏
《图释》239					46.7		潍坊市博物馆藏
《图释》240					47.45		临朐县文物管理所藏
《图释》241					46.6	1989年临沂大城后村	临沂市博物馆藏
《图释》242					42.6	1989年临沂大城后村	临沂市博物馆藏
《图释》243					45.6	1989年临沂大城后村	临沂市博物馆藏
《图释》244					50.3	1963年莒县王家坪	莒县博物馆藏
《图释》245					42	1989年临沂大城后村	临沂市博物馆藏
《图释》246					45.1	1974年益都东南河村	青州市博物馆藏
《图释》247					45.4	1972年海阳县汪格庄	烟台市博物馆藏
《图释》248					57.3	1972年海阳县汪格庄	烟台市博物馆藏
《图释》249					45.8	1963年莒县王家坪	莒县博物馆藏

续　表

编号	背　文		部分面文		重量（克）	出土地	收藏地
《图释》250					44	1963年莒县王家坪	莒县博物馆藏
《图释》251					43.6	1963年莒县王家坪	莒县博物馆藏
《图释》252					48	1984年临淄区张王村	齐国故城遗址博物馆藏
《图释》253						1988年平度张舍村	平度市博物馆藏
《图释》254					45.7	1954年烟台三十里堡	牟平县文物管理所藏
《图释》255					36.2	1954年烟台三十里堡	牟平县文物管理所藏
《图释》256					37.8	1954年烟台三十里堡	牟平县文物管理所藏
《图释》257					37.8	1954年烟台三十里堡	牟平县文物管理所藏
《图释》258					43.6	1989年临沂大城后村	临沂市博物馆藏
《图释》259					47.7	1989年临沂大城后村	临沂市博物馆藏
《图释》260					41.1	1954年烟台三十里堡	牟平县文物管理所藏
《图释》261					52	1972年海阳县汪格庄	烟台市博物馆藏
《图释》262					49.8	1963年莒县王家坪	莒县博物馆藏
《图释》263					42.1	1989年临沂大城后村	临沂市博物馆藏

续 表

编号	背文	部分面文	重量（克）	出土地	收藏地
《图释》264	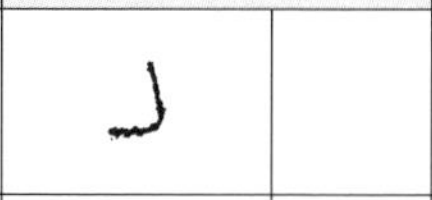	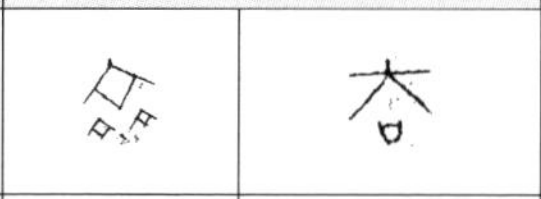	44.7	1989年临沂大城后村	临沂市博物馆藏
《图释》265	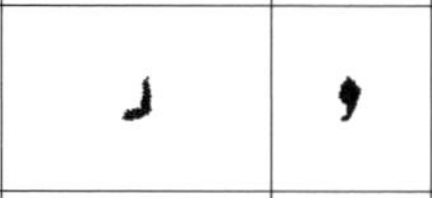	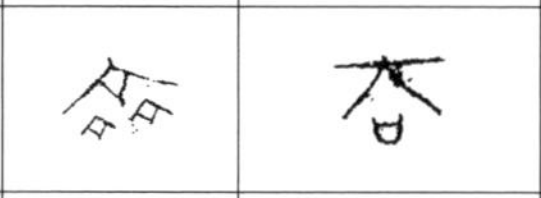	47.7	1989年临沂大城后村	临沂市博物馆藏
《图释》266		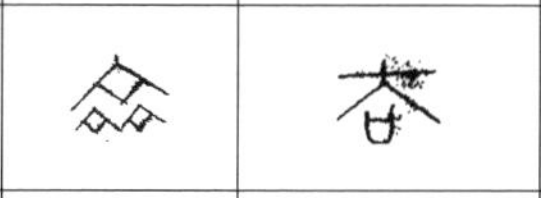	39.9	1989年临沂大城后村	临沂市博物馆藏
《图释》267	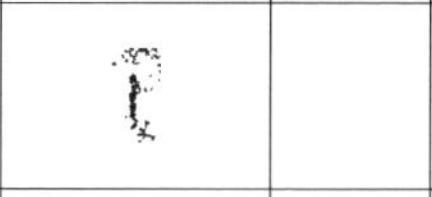	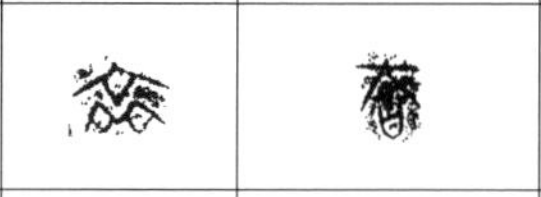	44.4	1973年无棣信阳城南	无棣县文物管理所藏
《图释》268	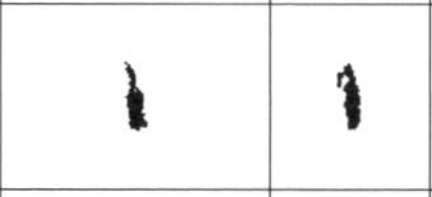	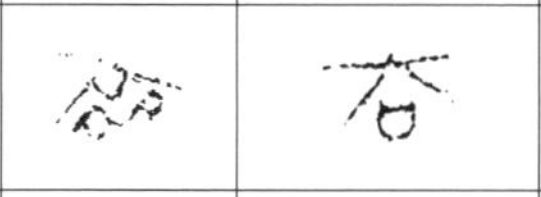	50.5	1963年莒县王家坪	莒县博物馆藏
《图释》269	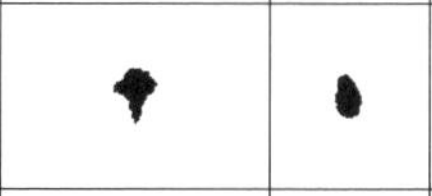	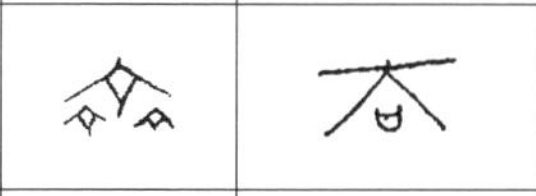	49.5	1989年临沂大城后村	临沂市博物馆藏
《图释》270	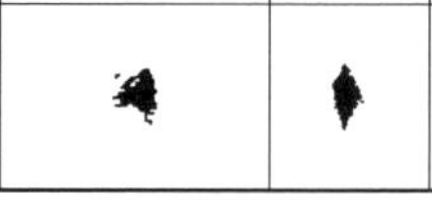	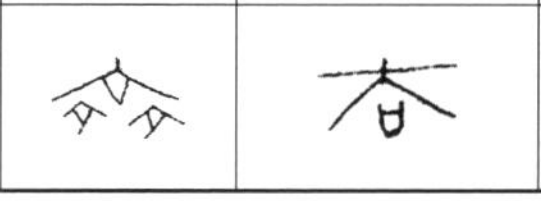	47.9	1989年临沂大城后村	临沂市博物馆藏

（一）"齐大刀"的分类及年代

根据"齐大刀"的铭文特点，按照"齐"字体结构，可以分为以下三类（图2-9）：

一类			二类		三类		
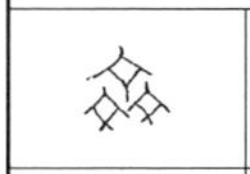				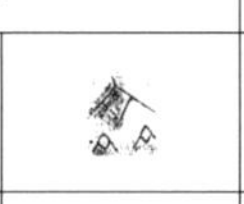			
199	221	243	135	167	217	129	122
前期					后期		

图2-9 "齐大刀"中"齐"字的分类及分期

第一类"齐"字，笔画清晰纤细，三"镞"形两翼展开，上部"镞"形两翼展开较大，个别"镞"形尾部较长，有的为交叉形，有的单边突出，个别甚至表现镞铤式样,字形结构呈扁方形。与"齐之大刀"第二类"齐"字结构接近。第二类"齐"字,笔画较纤细清晰,但字形结构不如第一类规整,多为方形,字形松散,"镞"形尾部不突出。第三类"齐"字,笔画粗而不清晰,字形变大,结构松散,有的甚至简化成三个菱形(◇)。

总体而言,依照字形结构,我们可以把"齐大刀"的年代大体分为两段,即以乐毅伐齐为界的前后两期。[①]

(二)"齐大刀"集中出土情况及年代

"齐大刀"集中出土于海阳县汪格庄、日照竹园、临沂大城后村、青州东南河村、莒县王家坪、烟台三十里堡、济南市天桥区山东化工总厂西。

1. 海阳县汪格庄出土"齐大刀"

1972年海阳县汪格庄出土"齐大刀"1 469枚,《齐币图释》中收录了16枚(表2-15),其中"齐"字结构主要属于第二类,未见赙化(刀)钱,说明这批刀币的贮藏时间较早,推测为战国晚期乐毅伐齐之前。

表2-15 《齐币图释》中海阳县汪格庄出土齐大刀统计表

编号	背　文	部分面文	重量(克)	出土地	收藏地
《图释》117			41.8	1972年海阳县汪格庄	烟台市博物馆藏
《图释》118			41	1972年海阳县汪格庄	青岛市博物馆藏
《图释》126			40.1	1972年海阳县汪格庄	烟台市博物馆藏
《图释》127			40.9	1972年海阳县汪格庄	烟台市博物馆藏
《图释》135			44.7	1972年海阳县汪格庄	烟台市博物馆藏

---

① 陈旭:《从齐刀范看齐刀的分期及相关问题研究》,《中国钱币论文集》第六辑,中国金融出版社,2016年,第92—95页。

续　表

编号	背　文		部分面文		重量(克)	出土地	收藏地
《图释》141					43.5	1972年海阳县汪格庄	烟台市博物馆藏
《图释》143					44	1972年海阳县汪格庄	烟台市博物馆藏
《图释》167					42.5	1972年海阳县汪格庄	烟台市博物馆藏
《图释》169					45.8	1972年海阳县汪格庄	烟台市博物馆藏
《图释》182					39.4	1972年海阳县汪格庄	烟台市博物馆藏
《图释》187					40.7	1972年海阳县汪格庄	烟台市博物馆藏
《图释》204					44.9	1972年海阳县汪格庄	烟台市博物馆藏
《图释》225					46	1972年海阳县汪格庄	烟台市博物馆藏
《图释》247					45.4	1972年海阳县汪格庄	烟台市博物馆藏
《图释》248					57.3	1972年海阳县汪格庄	烟台市博物馆藏
《图释》261					52	1972年海阳县汪格庄	烟台市博物馆藏

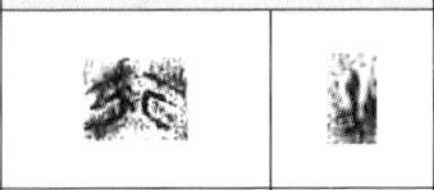

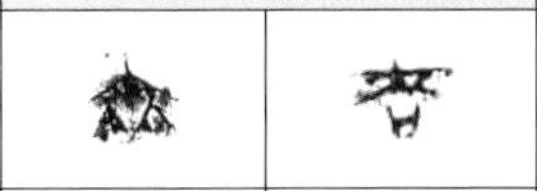

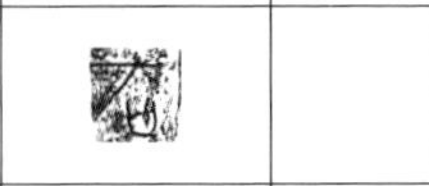

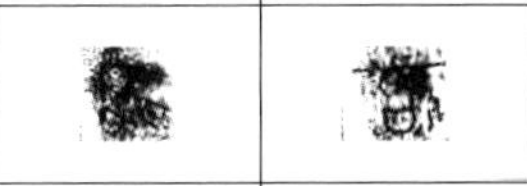

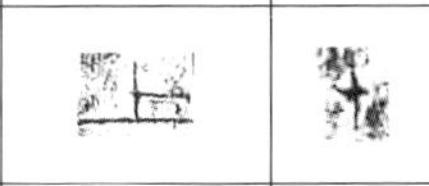

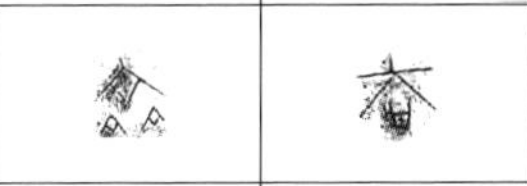

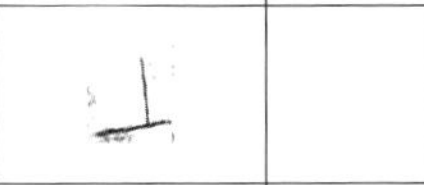

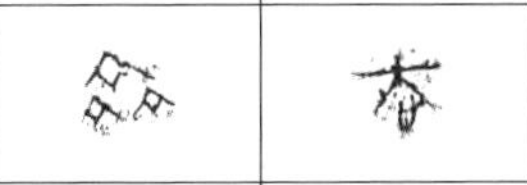

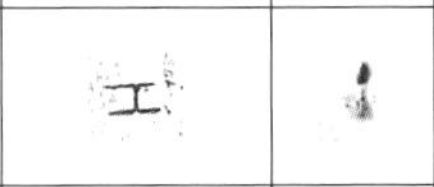

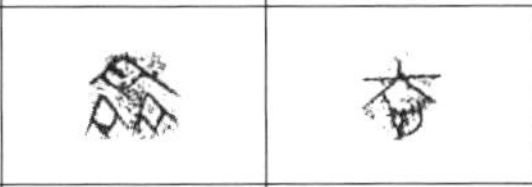

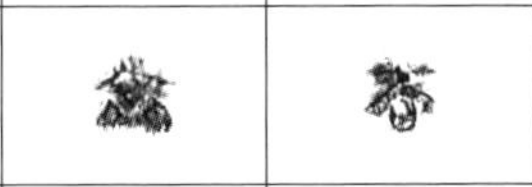

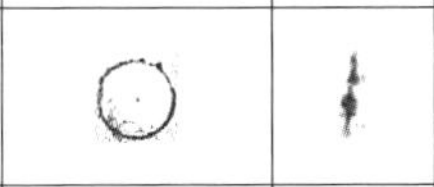

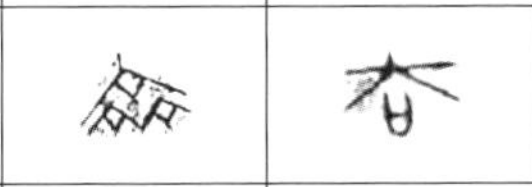

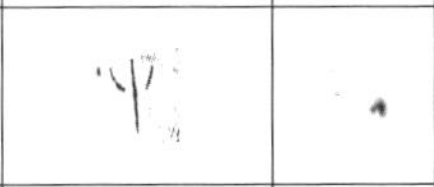

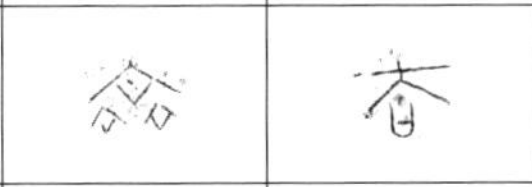

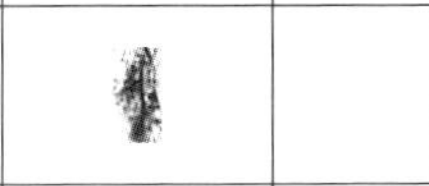

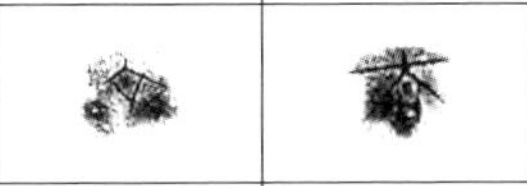

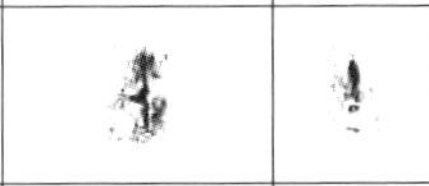

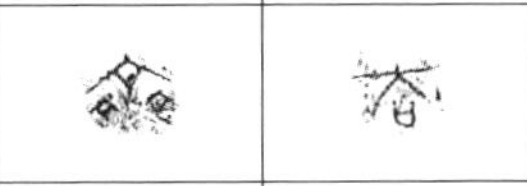

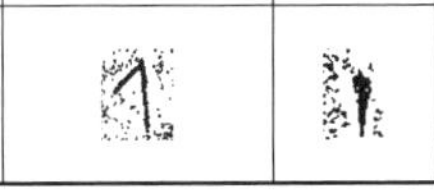

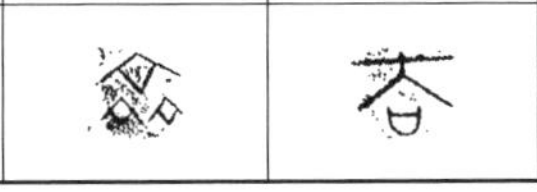

海阳县汪格庄出土"齐大刀"的背文有（图2-10）：

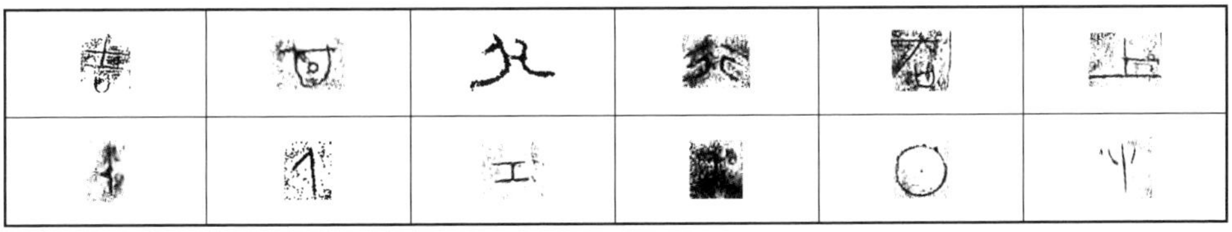

图2-10　海阳县汪格庄出土"齐大刀"背文

2. 日照竹园出土"齐大刀"

1979年日照竹园发现"齐大刀"188枚，伴出赗化（刀）122枚，窖藏时间应在战国晚期了。

3. 临沂大城后出土"齐大刀"

1988年临沂大城后发现"齐大刀"1 612枚，《齐币图释》收录38枚（表2-16），"齐"字结构均属第一类和第二类，未见晚期的第三类，同时未见赗化（刀）钱，说明这批刀币的窖藏时间在战国晚期之前，这批刀币字迹清晰、币质精良，在齐刀币中属于上乘之作。

表2-16 《齐币图释》中临沂大城后出土"齐大刀"统计表

编号	背　文	部分面文	重量（克）	出土地	收藏地
《图释》113			46.7	1989年临沂大城后村	临沂市博物馆藏
《图释》114			44.1	1989年临沂大城后村	临沂市博物馆藏
《图释》120			48.3	1989年临沂大城后村	临沂市博物馆藏
《图释》121			45.7	1989年临沂大城后村	临沂市博物馆藏
《图释》128			47.2	1989年临沂大城后村	临沂市博物馆藏
《图释》130			44.7	1989年临沂大城后村	临沂市博物馆藏
《图释》131			47.2	1989年临沂大城后村	临沂市博物馆藏
《图释》140			49.9	1989年临沂大城后村	临沂市博物馆藏
《图释》142			44.2	1989年临沂大城后村	临沂市博物馆藏
《图释》163			43.9	1989年临沂大城后村	临沂市博物馆藏

第二章 齐国货币的类型及年代　61

续　表

编号	背　文		部分面文		重量（克）	出土地	收藏地
《图释》170					47	1989年临沂大城后村	临沂市博物馆藏
《图释》178					46.7	1989年临沂大城后村	临沂市博物馆藏
《图释》186					43.8	1989年临沂大城后村	临沂市博物馆藏
《图释》199					48.2	1989年临沂大城后村	临沂市博物馆藏
《图释》200					46.4	1989年临沂大城后村	临沂市博物馆藏
《图释》208					43.5	1989年临沂大城后村	临沂市博物馆藏
《图释》221					46.1	1989年临沂大城后村	临沂市博物馆藏
《图释》222					48.4	1989年临沂大城后村	临沂市博物馆藏
《图释》223					47.2	1989年临沂大城后村	临沂市博物馆藏
《图释》224					47.5	1989年临沂大城后村	临沂市博物馆藏
《图释》229					44.5	1989年临沂大城后村	临沂市博物馆藏
《图释》231					48	1989年临沂大城后村	临沂市博物馆藏
《图释》233					48.5	1989年临沂大城后村	临沂市博物馆藏
《图释》234					48.7	1989年临沂大城后村	临沂市博物馆藏

续 表

编号	背文		部分面文		重量（克）	出土地	收藏地
《图释》235	⅃	・	个个	杏	47.1	1989年临沂大城后村	临沂市博物馆藏
《图释》236	⅃	・	个个	杏	47.6	1989年临沂大城后村	临沂市博物馆藏
《图释》241	ヒ	・	个个	杏	46.6	1989年临沂大城后村	临沂市博物馆藏
《图释》242	⊂	・	个个	杏	42.6	1989年临沂大城后村	临沂市博物馆藏
《图释》243	1	・	个个	杏	45.6	1989年临沂大城后村	临沂市博物馆藏
《图释》245	・	・	个个	杏	42	1989年临沂大城后村	临沂市博物馆藏
《图释》258	十	・	个个	杏	43.6	1989年临沂大城后村	临沂市博物馆藏
《图释》259	↓	・	个个	杏	47.7	1989年临沂大城后村	临沂市博物馆藏
《图释》263	∧	・	个个	杏	42.1	1989年临沂大城后村	临沂市博物馆藏
《图释》264	⅃		个个	杏	44.7	1989年临沂大城后村	临沂市博物馆藏
《图释》265	⌐	・	个个	杏	47.7	1989年临沂大城后村	临沂市博物馆藏
《图释》266	｜		个个	杏	39.9	1989年临沂大城后村	临沂市博物馆藏
《图释》269	・	・	个个	杏	49.5	1989年临沂大城后村	临沂市博物馆藏
《图释》270	・	・	个个	杏	47.9	1989年临沂大城后村	临沂市博物馆藏

临沂大城后出土"齐大刀"的背文有（图 2-11）：

图 2-11　临沂大城后出土"齐大刀"背文

4. 青州东南河出土"齐大刀"

1974 年青州东南河遗址出土刀币 470 枚，盛于陶罐中，《齐币图释》收录 19 枚（表 2-17）。"齐"字结构属于二类，同样未见赙化（刀）钱，说明贮藏的时间也较早，应在战国晚期之前。

表 2-17　《齐币图释》中青州东南河出土"齐大刀"统计表

编号	背文	面文	重量(克)	出土地	种类
《图释》115			46.5	1974 年益都东南河村	二类
《图释》116			58.25	1974 年益都东南河村	二类
《图释》122			47.7	1974 年益都东南河村	二类
《图释》123			51.5	1974 年益都东南河村	二类
《图释》124			46.75	1974 年益都东南河村	二类
《图释》129			46.25	1974 年益都东南河村	二类
《图释》132			47	1974 年益都东南河村	二类
《图释》133			46.9	1974 年益都东南河村	二类
《图释》134			45.75	1974 年益都东南河村	二类

续表

编号	背文		面文		重量（克）	出土地	种类
《图释》165	上	!			47	1974年益都东南河村	二类
《图释》172	土	!			50	1974年益都东南河村	二类
《图释》173	土	!			46	1974年益都东南河村	二类
《图释》179	工	•			47.5	1974年益都东南河村	二类
《图释》180	工	丿			45.25	1974年益都东南河村	二类
《图释》181	干	ヽ			48.5	1974年益都东南河村	二类
《图释》203	○	•			45.75	1974年益都东南河村	二类
《图释》227	屮				46	1974年益都东南河村	二类
《图释》237	勹	丨			46.7	1974年益都东南河村	二类
《图释》246					45.1	1974年益都东南河村	二类

东南河村这批刀币处在"齐大刀"早期和晚期之间，一个显著的特点是字形已经变得松散，但字迹笔画还是比较纤细，未出现后期笔画粗厚的特点，这可能与范的制作有关，其能保证笔画纤细。东南河村出土"齐大刀"的背文有（图2-12）：

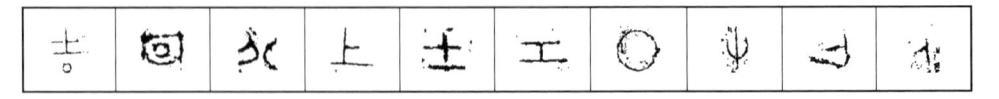

图2-12 青州东南河村出土"齐大刀"背文

5. 莒县王家坪出土"齐大刀"

1963年莒县王家坪出土不少"齐大刀"，有不少错范，边缘不整齐。这批刀币之前未见详细报道，刀币的具体数量、是否有圆钱等均不清楚。见著录的统计情况见下表（表2-18）。

表2-18 《齐币图释》中莒县王家坪出土"齐大刀"统计表

编 号	背 文		面 文		重量（克）	出 土 地	种类
《图释》137					47.3	1963年莒县王家坪	三类
《图释》138					44.3	1963年莒县王家坪	三类
《图释》144					51.3	1963年莒县王家坪	三类
《图释》150					42.5	1963年莒县王家坪	三类
《图释》162					45.2	1963年莒县王家坪	三类
《图释》168					48.8	1963年莒县王家坪	三类
《图释》175					46.6	1963年莒县王家坪	三类
《图释》176					44.3	1963年莒县王家坪	三类
《图释》195					46	1963年莒县王家坪	三类
《图释》205					43.4	1963年莒县王家坪	二类
《图释》206					49.4	1963年莒县王家坪	三类
《图释》207					43.8	1963年莒县王家坪	三类

续 表

编 号	背 文		面 文		重量（克）	出 土 地	种类
《图释》210					48.15	1963年莒县王家坪	三类
《图释》219					49.25	1963年莒县王家坪	三类
《图释》226					44.1	1963年莒县王家坪	二类
《图释》230					53.9	1963年莒县王家坪	三类
《图释》232					47.3	1963年莒县王家坪	二类
《图释》244					50.3	1963年莒县王家坪	二类
《图释》249					45.8	1963年莒县王家坪	三类
《图释》250						1963年莒县王家坪	二类
《图释》251					43.6	1963年莒县王家坪	三类
《图释》262					49.8	1963年莒县王家坪	三类
《图释》268					50.5	1963年莒县王家坪	二类

莒县王家坪这批刀币周边有毛边，不甚光滑，未经打磨，面文字体笔画粗大，字体结构松散，如"齐"字菱形方块明显加大，"大"字上下结构拉大，有的变成竖长形，背范刀形明显小面范一周，利于合范方便，加快合范流程。由于背范刀形较面范刀形明显小一圈，刀背（幕）柄部便不再是两道脊线，而成三道甚至四道脊线。背文三横和铭文之间的符号已简化成点状、竖条状或十字状，失去原来箭镞的形状。背文符号变得更加多样，图例如下（图2-13）：

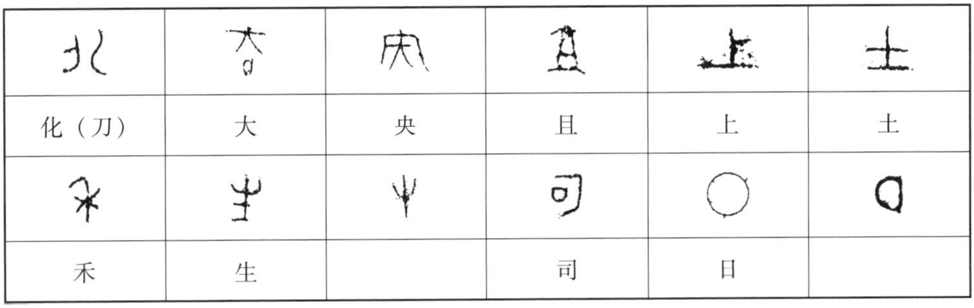

化（刀）	大	央	且	上	土
禾	生		司	日	

图 2-13 莒县王家坪出土"齐大刀"背文

6. 烟台三十里堡出土"齐大刀"

1954 年烟台三十里堡出土不少"齐大刀"，藏于牟平县文物管理所，这批刀币具有较强的同一性，应为战国晚期的铸币，具体见表 2-19。刀币质量主体小于 40 克，个别超过 40 克。

表 2-19 《齐币图释》中烟台三十里堡出土"齐大刀"统计表

编号	背文		面文		重量（克）	出土地	种类
《图释》145					39.9	1954 年烟台三十里堡	三类
《图释》148					39.6	1954 年烟台三十里堡	三类
《图释》152					38.8	1954 年烟台三十里堡	三类
《图释》153					40.6	1954 年烟台三十里堡	三类
《图释》155					41.7	1954 年烟台三十里堡	三类
《图释》157					34.6	1954 年烟台三十里堡	三类
《图释》158					39.9	1954 年烟台三十里堡	三类
《图释》185					44.7	1954 年烟台三十里堡	三类
《图释》188					37.9	1954 年烟台三十里堡	三类

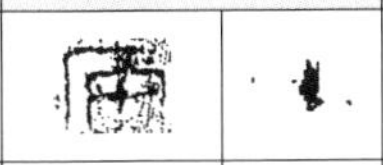

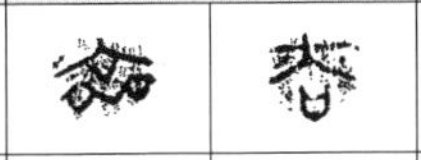

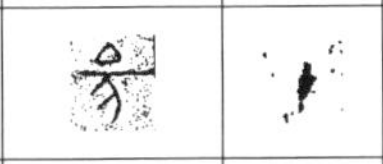

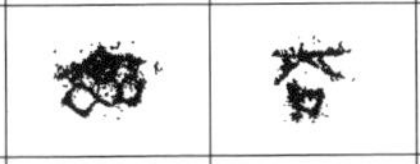

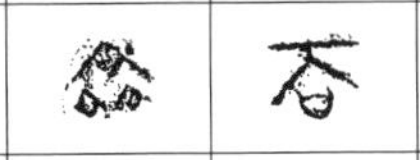

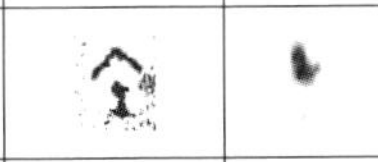

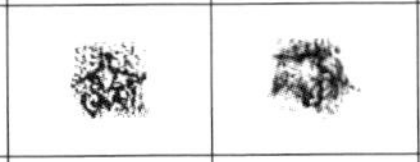

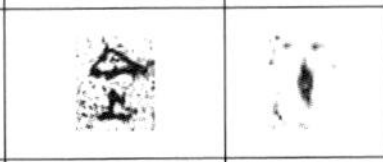

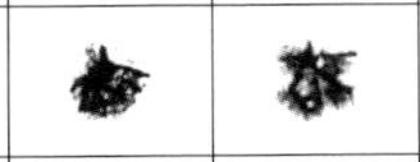

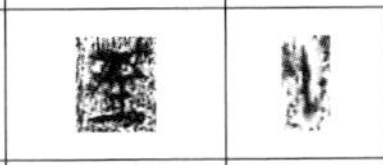

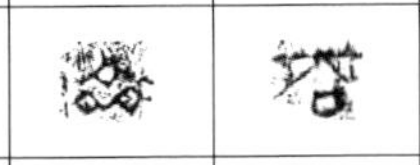

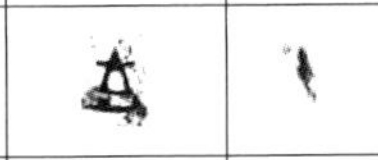

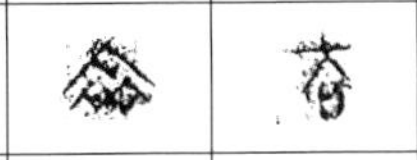

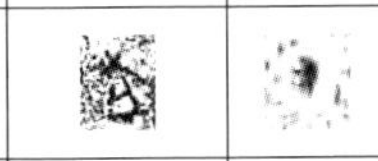

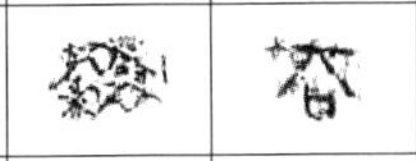

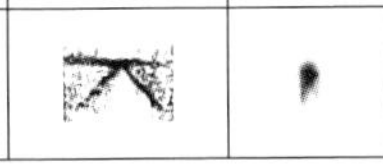

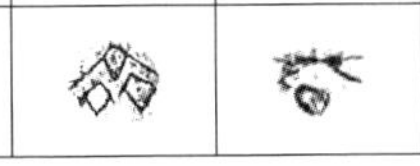

续 表

编 号	背 文	面 文	重量（克）	出 土 地	种类
《图释》189			38.85	1954年烟台三十里堡	三类
《图释》191			34.7	1954年烟台三十里堡	三类
《图释》193			48.6	1954年烟台三十里堡	三类
《图释》196			38.1	1954年烟台三十里堡	三类
《图释》198			/	1954年烟台三十里堡	三类
《图释》209			37.2	1954年烟台三十里堡	三类
《图释》213			41.8	1954年烟台三十里堡	三类
《图释》217			34.4	1954年烟台三十里堡	三类
《图释》254			/	1954年烟台三十里堡	三类
《图释》255			36.2	1954年烟台三十里堡	三类
《图释》256			37.8	1954年烟台三十里堡	三类
《图释》257			37.8	1954年烟台三十里堡	三类
《图释》260			41.1	1954年烟台三十里堡	三类

烟台三十里堡出土的这批刀币与莒县王家坪出土刀币十分接近，周边有毛边，不甚光滑，未经打磨，面文字体笔画粗大，字体结构松散，如"齐"字菱形方块明显加大，"大"字上下结构拉大，有的变成竖长形，背范刀形明显小面范一周，利于合范方便，加快合范流程，有的刀币错范非常明显。由于背范刀形较面范刀形明显小一圈，刀背（幕）柄部便不再是两道脊线，而成三道甚至四道脊线。背文三横和铭文之间的符号已简化成点状或竖条状，失去原来箭镞的形状。背文符号变得更加多样（图2-14）。三十里堡这批刀币具有明显的晚期特征，可以作为晚期刀币的代表。

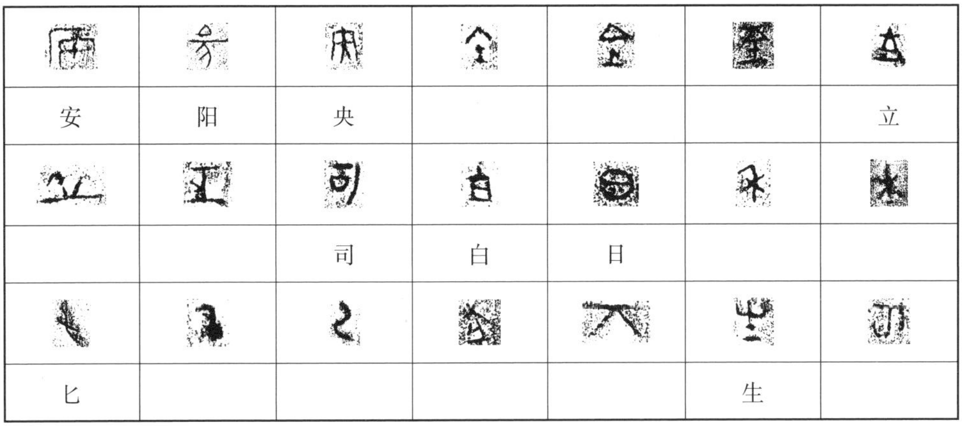

安	阳	央					立
		司	白	日			
匕						生	

图 2-14 烟台三十里堡出土"齐大刀"的背文

7. 济南天桥区出土"齐大刀"

2005 年济南市天桥区山东化工总厂西侧 1 公里处建筑回填土内发现"齐大刀" 1 000 余枚，其出土地点应是化工厂 1 500 米赵家庄西边的一处建筑工地。[①] 据陈旭调查，这批刀币经文物贩子买卖流向济南地区约 400 枚，潍坊地区约 200 枚，泰安地区约 200 枚，莱芜地区约 100 枚，济南市文物部门收回 79 枚，全部为"齐大刀"，背文符号有（图 2-15）：

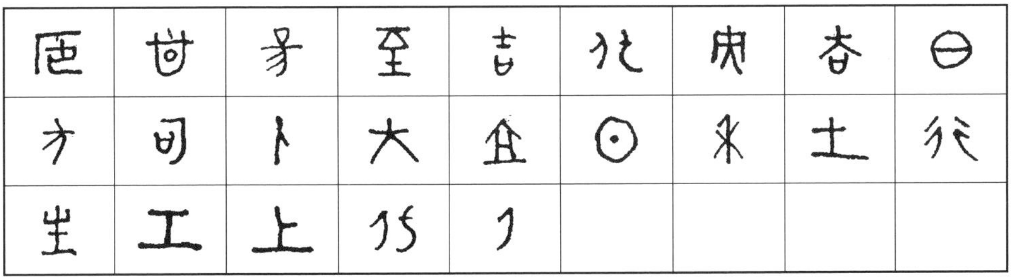

图 2-15 济南天桥区出土"齐大刀"的背文

这批刀币均带毛边，未经打磨处理。有的刀币文字有些模糊，面文粗劣，有的笔画粗糙，有的文字突出。这批刀币重量在 43—52 克之间，个别轻者 31 克、重者 65 克，平均重量 45.3 克。刀币长度在 17—18.5 厘米之间，最短者 16.6 厘米，最长者 19.5 厘米。刀体较厚，刀身较宽，最宽者 2.5 厘米，最窄

---

① 陈旭：《山东济南出土的齐国刀币》，《中国钱币》2007 年第 2 期。

1.9 厘米。将济南天桥出土的"齐大刀"和烟台三十里堡出土的"齐大刀"两相比较（图 2-16）：

图 2-16　济南天桥、烟台三十里堡和莒县王家坪出土"齐大刀"的背文比较

六、六字刀

齐刀币中有一种面文为六个字的，该种齐刀币习惯称为六字刀，由于对个别铭文释读不同，这种刀币又称为"造邦刀""建邦刀""返邦刀""拓邦刀"等。鉴于在铭文释读上还存在争议，故而本书多用"六字刀"来称呼。对于六字刀，古钱币学者和古文字学者关注较多，成果也较为丰富，主要集中在铭文释读，其中争议较大的为第二个字（图 2-17）。

图 2-17　六字刀中面文第二字举例

此字旧有释"通""徙""进"（详见《古钱大字典》），还有释"建"（《古泉汇》）、释"造"（《奇觚室吉金文述》）等观点。关于其年代，有齐太公、齐桓公、田齐太公等多种说法。六字刀中的第二字与"建"在字形上有明显不同，释为"建"缺乏字形依据，应当排除。关于释"造"之说，甲骨文、金文中的"告"或"造"确有从 ᵰ、ᵰ，或从 ∩ 之遣、㝢者，但"告"形绝不省去"口"形（见图 2-18）。①

 甲骨文	 金文
告告告告告	告告告告㝢㝢㝢徣徣㝢㝢

图 2-18　甲骨文、金文"告"字形举例

从齐系铜器铭文和陶文来看，"造"字均不省口，如齐公孙造壶、高密戈和齐陶文上也是如此（图 2-19）。因此，六字刀的第二个字释为"造"字也缺乏字形上的依据。

 齐公孙造壶	 高密戈	 齐陶文

图 2-19　齐系青铜器、陶器上"造"字形举例

何琳仪在 1984 年中国古文字研究会第五届年会上提出此字应释读为"返"，他所依据的字形为"㢟"（《古钱大辞典》857），"此字当以 A 式为正体，从辵从反"。黄锡全指出其立论的依据有问题。

总体来说，对于第二字的铭文释读和年代判断大体有以下几种观点：

第一种释读为"造""建"等，以早期学者为多。李佐贤《古泉汇》释为"建"、刘心源《奇觚室吉金文述》释为"造"，两说在货币著作中影响深远。并据"建邦""造邦"与齐国历史相联系。如郑家相认为"造邦"应指齐桓公称霸。② 王毓铨认为造邦是开邦建国的意思，其铸造时间为"齐国造邦之日，不能晚至齐桓公"。③

---

① 黄锡全：《先秦货币研究》，中华书局，2001 年，第 314 页。
② 郑家相：《上古货币的推究》，《泉币》第四期，1941 年，第 34 页。
③ 王毓铨：《我国古代货币的起源和发展》，第 59 页。

第二种释为"返",释返之说最早见于民国九年石印本《临淄县志》卷四《金石志》,但"出处偏僻,不为学者所重"。产生广泛影响的是何琳仪在第五届古文字年会上的论文《返邦刀币考》,何琳仪将六字刀第二个字释为"返",认为六字刀是田齐襄王复国所造货币。① 李学勤《东周与秦代文明》一书也释之为"返"。

第三种,将第二个字隶定为"遮",释为"近"或"趀",读为"拓"。持该种说法的有裘锡圭、黄锡全、秦宝瓒、王辉、翟胜利,以黄锡全、翟胜利解说最详。秦宝瓒在《古钱大辞典》中首提释为"趀",② 裘锡圭曾致函王毓铨表示"断非造字,斥《说文》作 厈,古文字学家一般认为迉是近字,似可信。柝、橐字通,橐从石声,则近似可读为开拓之拓"。③ 黄锡全在 20 世纪 90 年代末释"返"说"近期似有一边倒之趋势"的情形下,详论此字非"返"而是"近"或"趀"。黄锡全认为其"厂"形下所从当为倒人形,写为"屰",该字可隶定为"遮"。又根据《说文》"诉"字大徐本作 䜣,小徐本作 諎,分别从斥、从屋,故可释为"近"。④ 王辉释为"趀"。⑤ 翟胜利在黄说的基础上全面检索字形,"不能仅以某种字形为例进行简单对比、推测",分为三种字形,认为不能释为"造",释"返"难以成立,综合字形来看,可隶定为"遮",释为"近"或"趀",读为开拓之"拓"。⑥

关于六字刀的年代问题,学界大体有春秋说和战国说。其差异的主要原因在于对六字刀第二个字的不同释读。郑家相、王献唐、王毓铨、汪庆正等均释为"造",故而与"造邦"相联系。郑家相认为六字刀属于田太公建国时初铸。⑦ 王献唐认为"造邦"为地名,属于和"安阳之大刀""即墨之大刀"一样的仅署邑名的作法,时代上应早于专属国名的"齐之大刀"和"齐大刀"。⑧ 王毓铨认为"造邦"为"开邦建国"之意,该刀币不能晚至齐桓公时期。⑨ 汪

---

① 何琳仪:《返邦刀币考》,《中国钱币》1986 年第 3 期。
② 秦宝瓒《遗箧录》之说见于《古钱大辞典》下编第 52 页。
③ 王毓铨:《中国古代货币的起源和发展》附"裘锡圭先生来函",中国社会科学出版社,1990 年;黄锡全:《齐"六字刀"铭文释读及相关问题》,《先秦货币研究》,第 320 页;裘锡圭:《致王毓铨先生函》,《裘锡圭学术文集》第三卷,复旦大学出版社,2012 年,第 233 页。
④ 黄锡全:《齐"六字刀"铭文释读及相关问题》,《先秦货币研究》,第 315 页。
⑤ 王辉:《也谈齐"六字刀"的年代》,《中国钱币》2003 年第 2 期。
⑥ 翟胜利:《齐国"六字刀"铭文及相关问题再论》,《中国国家博物馆馆刊》2021 年第 3 期。
⑦ 郑家相:《中国古代货币发展史》,第 151 页。
⑧ 王献唐:《中国古代货币通考》,第 85 页。
⑨ 王毓铨:《我国古代货币的起源和发展》,第 56—72 页。

庆正认为六字刀属于田齐太公建国之时铸造。① 朱活认为第二字为"建",属"建邦"说,认为其属田齐在战国时期的铸币。② 何琳仪、李学勤、张弛等持"返邦"说,何琳仪认为"返邦长"即田齐复国之君齐襄王,认为六字刀与即墨刀、莒邦刀等均为齐襄王在位十八年(公元前 283—前 265 年)内铸造,因而数量较少。③ 吴良宝认为从铭文、形制、合金成分等因素看,六字刀与"齐大刀"均大致铸行于战国晚期,但在释文存疑的情况下不宜与襄王复国、田齐开国等事件相比附。④ 黄锡全、陈隆文持"近邦"说,黄锡全释读为"拓邦",认为"六字刀"的铸行时间应在齐开拓封疆的威王、湣王之际,尤其可能在齐湣王灭宋之时(前 286 年);⑤ 陈隆文释读为"斥邦""作邦",即开邦建国之意,刀币为齐桓公所铸。⑥ 王辉将刀铭第二字释为"赶",读为"斥""拓",解释为开国,认为其时代应在太公建国后不久。⑦

因"造邦""建邦"二说从文字释读方面难以成立,立足于其说的时代判断也不攻自破。目前较为流行的"返邦""拓邦"说均认为"六字刀"的铸行年代大约在战国中晚期。其中"返邦"说将其年代定为齐襄王复国之后,持"拓邦"说的黄锡全将其认定在威王、湣王之际,尤其可能在齐湣王灭宋之时(前 286 年)。二说均认为处在战国晚期。翟胜利认为"长"属一字多音,包括君长之长和长远之长两种含义和读法。若为"君长之长"则属齐威王称王之前,或为"长远之长",或在齐威、宣、湣王之际。

从《齐币图释》(以下简称《图释》)中有明确出土地点的六字刀来看,可以分为三型。

A 型,《图释》编号 279—284(表 2-20),六字在字形上非常接近,不细看还以为是一范所出,实际上字体在细微处均有差异。如非常清晰的 280 和 281,"邦"字作 𨝨、𨝨,"化"字作 𠃓、𠃓。"张"字左侧的"立"均只有一横。面文六字字迹清晰,笔画未见粗者,背部刀形略小于面部刀形,背文中间符号有的可见清晰的箭镞形,背部刀柄脊线有的为 2 道,有的为 3 道。

---

① 马飞海主编:《中国历代货币大系·先秦货币》,第 28 页。
② 朱活:《古钱新探》,第 104—105 页。
③ 何琳仪:《返邦刀币考》,《中国钱币》1986 年第 3 期。
④ 吴良宝:《中国东周时期金属货币研究》,第 102—110 页。
⑤ 黄锡全:《齐"六字刀"铭文释读及相关问题》,《先秦货币研究》,第 318 页。
⑥ 陈隆文:《再论齐六字刀的铸行年代及相关问题》,《管子学刊》2008 年第 3 期。
⑦ 王辉:《也谈齐"六字刀"的年代》,《中国钱币》2003 年第 2 期。

表2-20　A型六字刀

编号	面文文字						背文符号	
《图释》279								
《图释》280								
《图释》281								
《图释》283								
《图释》284								

B型，《图释》编号271—274（表2-21），为临沂市大城后遗址出土和莒县故城采集，面文字体有的非常纤细，有的略粗，面背刀形基本等大，合范较好，背部刀柄脊线基本为两道脊线。背文中间符号如272、273基本可见为箭镞形。

表2-21　B型六字刀

编号	面文文字						背文符号	
《图释》271								
《图释》272								
《图释》273								
《图释》274								

从A型和B型来看，刀币在刀形上差异不大，在制范工艺上存在A型背范刀形略小的情况。刀币面文写法差异较大，但同一背文符号内部写法基本相

同，个别字上略有差异。可以大胆推测一下，带不同背文符号（上、丨）的刀币可能分属于专门的书写者或书写人群，根据同一组内部个别文字写法不同，理解为其背后有不同的书写人群更为合理，与之相对应的，可能还有固定的冶铸场所或具体的炉号。

C 型（类），《图释》编号 276、278、286（表 2-22）。

表 2-22　C 型六字刀

编号	面文文字						背文符号	
《图释》276								
《图释》278								
《图释》286								

统观 A、B、C 三型六字刀币，在刀形上三者之间有差异但不明显，A、C 型刀币背部刀形略小。从刀形上难以看出明确的早晚关系。从字体上看，A、B、C 三型刀存在明显的不同，这也是我们划分类型的依据，但这种差别是早晚的差别还是人群的差别，目前难以判断。仅据刀形上差别较小来看，可能更多是人群的差别，时间上略有早晚。编号 275 这枚刀币整体币形偏小偏窄，边缘不光滑未经打磨，面背文字字样显得较粗，字体偏大松散。背（幕）部可见刀形较面部明显小一圈，以至于背部刀柄见到 4 根脊线。背文为　，与 1954 年烟台三十里堡出土的编号 188 的"齐大刀"背文相同，为晚期新出的背文符号。这些都说明了编号 275 的这枚六字刀的年代很晚，属于战国晚期。编号 275 这枚刀币很特殊，与之前所见皆不相类，目前只见到个例，出土于烟台三十里堡。目前所见材料不全，只能推测属于个案，烟台三十里堡出土的其他刀币明显小于同类刀形，比如上文介绍的"齐大刀"，这种差别可能是年代上的差别，年代越晚同类刀形越小。但也存在私铸的可能，虽然年代上应该是战国晚期，但由于是私铸或仿铸六字刀，不影响六字刀本体的铸行时间和性质。

小结

综合前文分析，齐大型刀币主要流通于战国时期，主要币类上，"即墨之大刀""齐之大刀""安阳之大刀"早于"齐大刀"和六字刀，同时这两大类又有前后相继的关系。"即墨之大刀"是这几种刀币中产生年代最早的，"齐之大刀"和"安阳之大刀"稍晚。"即墨之大刀"从刀币面文分析可能早到春秋末期甚至晚期。"即墨之大刀""齐之大刀""安阳之大刀"三种刀币种中，"即墨之大刀"的出现年代稍微早一些。从"之"字分析，"即墨之大刀"的年代要稍早于"齐之大刀"，"齐之大刀"最早出现的时间可能在春秋末期。"安阳之大刀"出现在战国早期。"即墨之大刀""齐之大刀""安阳之大刀"三种刀币主要铸造于战国早中期。考虑到"齐大刀"出现时间本人暂定为齐威王时期，而"即墨之大刀""齐之大刀""安阳之大刀"三种刀币与"齐大刀"又有前后相继的时间关系，故而推定"即墨之大刀""齐之大刀""安阳之大刀"三种刀币最晚铸币时间为齐威王时期。六字刀是最为特殊的一种刀币，铸造时间说法较多，集中于齐湣王（前301—前284年）时期，很可能在齐灭宋时（前286年）。对于"即墨大刀"出现和铸造的时间，考虑到刀币形制和刀背铭文的情况，暂定早于"即墨之大刀"，是齐大型刀币的形制来源。具体分期年代见表2－23，目前相关材料缺乏，有待后期资料的验证。

表2－23 齐大型刀币的主要铸币时间

币　　种	主要铸币时间
即墨大刀	春秋晚期（暂定）
即墨之大刀	春秋末期至战国早中期（最晚至齐威王时）
齐之大刀	战国早中期（最晚至齐威王时）
安阳之大刀	战国早中期（最晚至齐威王时）
齐大刀（早期）	齐威王至齐湣王
齐大刀（晚期）	齐襄王至齐灭亡
六字刀	田齐湣王（前301—前284年）时期，很可能在齐灭宋时（前286年）

（一）即墨之大刀

从"即墨之大刀"面文"之"字分析，带Ⅰ式"之"字"即墨之大刀"的年代可能处于春秋晚期或春秋末期，带Ⅲ式"之"字"即墨之大刀"的年代为战国早期，背文开始出现"辟封""安邦"字样，结合史料分析，很有可能是陈氏专权后，割齐自安平以东至琅琊，自为封邑，在东部最大的城邑（即墨邑）铸造货币（即墨之大刀），背文铸"辟封""安邦"。

陈氏专权事在春秋晚期，梳理齐国陈（田）氏代齐的过程有助于理解"即墨之大刀"产生的相关政治环境。"即墨之大刀"中"即墨"一词当为地名，应即齐国即墨故城所在。据山东省文物考古研究所调查和勘探，可以明确齐国的即墨故城遗址就位于山东省平度市古岘镇东南大朱毛村一带，位于小沽河的西岸。唐《元和郡县志》谓"城临墨水，故曰即墨"。今小沽河即古之墨水。"即墨"之名，《左传》未见，但记有"晏弱围棠"之事。《后汉书·郡国志》："北海国，即墨侯国有棠乡。"依此，棠可能就是即墨，也可能棠属于即墨的一部分，甚或棠、即墨相距不远。《左传·襄公六年》："齐侯灭莱……晏弱围棠。"杜注云："棠，莱邑也。"因此推断即墨其地春秋初为莱之棠邑，鲁襄公六年，齐灭莱，此地入于齐。襄公六年"四月，晏弱城东阳，遂围莱，……丁未，入莱。莱共公浮柔奔棠。……晏弱围棠，十一月丙辰而灭之，迁莱于郳。高厚、崔杼定其田"。即墨入齐之初，可能在晏氏统治之下。齐灭莱之事还见于传世叔夷钟和庚壶。庚壶铭文有："齐三军围釐（莱），冉子执鼓……执者献于灵公之所。"张政烺考证，釐即莱，冉子即晏弱。[①]

陈氏参与齐国的重大事项见于齐灵公灭莱。在灭莱时，陈氏是重要的参与者，陈桓子参与了齐国对莱的战争，并在战争结束后"献莱宗器于襄宫"（《左传·襄公六年》）。齐景公时，陈氏已显现出自己的野心，改变家量，行阴德于民。在经济相关的度量衡方面也做出改变，形成自己的一套体系。陈（田）桓子用大的"家量"借贷粮食，而用小的"公量"收回，同时在自己管辖区内控制物价，使得木料和鱼盐海产的价格不超过产地价格。民众归向陈（田）氏，"其爱之如父母而归之如流水"（《左传·昭公三年》）。同时陈（田）桓子利用"国人"对栾氏、高氏的"多怨"，联合鲍氏，打败了栾氏和

---

① 张政烺：《庚壶释文》，《出土文献研究》，文物出版社，1985 年，第 126—133 页。

高氏。他又召回群公子，向公族讨好，齐景公赏给高唐（今山东高唐东北），于是田氏进一步强大。继陈（田）桓子之后的陈僖子（一作田釐子，即田乞）继续争取民众支持，联合鲍氏和诸大夫，打败消灭了高氏、国氏和晏氏，并且杀死了高、国二氏所拥立的国君荼而拥立阳生为君，即齐悼公，从此"田乞为相，专齐政"（《史记·田世家》）。公元前485年，田乞杀悼公，立其子壬为君，即齐简公。齐简公时企图削弱田氏的权利，任用监止为右相，而让田成子（即田恒，一作田常）为左相。陈（田）氏继续用大斗出小斗进的办法争取平民支持，民间流传着"妪乎采芑，归乎田成子"的歌谣（《史记·田世家》）。公元前481年，田成子杀死监止，齐简公也被杀，从此陈（田）氏"专齐之政"，取得了齐国的政权。《史记·田世家》载，齐平公时，田常为相，"尽诛鲍、晏、监止及公族之强者，而割齐自安平以东至琅邪，自为封邑。封邑大于平公之所食"。自安平以东至琅琊，最大的邑当为即墨，此时（春秋末期）即墨已在陈（田）氏控制之下。

综上，即墨本属莱国，春秋晚期被齐国所灭，地入齐国，归晏弱统治。晏氏统治即墨期间始出现"即墨大刀"，春秋末期，齐国统治阶层根据已有刀币创造"某之大刀"大型刀币，在"即墨之大刀""齐之大刀""安阳之大刀"三种刀币中，"即墨之大刀"的出现年代稍微早一些。从"之"字分析，"即墨之大刀"的年代要稍早于"齐之大刀"，出现的时间应在春秋晚期或春秋末期。至平公即位，田常为相，"齐国之政皆归田常。田常于是尽诛鲍、晏、监止及公族之强者，而割齐自安平以东至琅琊，自为封邑，封邑大于平公之所食"。实际上，对于田氏来说，这就是"开封""安邦"。所以"即墨之大刀"背文中的"开封""安邦"出现于战国初期。这也和"即墨之大刀"第三期"之"字背文出现"开封""安邦"相符，另外"即墨之大刀"三期"之"相差微小，整体上时间很接近。

（二）"齐大刀"始铸与六字刀

"齐大刀"出现于齐威王时期，铸币统一归为临淄齐都，并将这些铸币由原来的"即墨之大刀""齐之大刀""安阳之大刀"统一为"齐大刀"，在币形上刀币稍微变短变窄，重量稍轻，背上廓线和刀柄相连。根据"齐大刀"的铭文特点，可以分为前后两期，以乐毅伐齐为界，前期笔画清晰纤细，后期笔画粗而不清晰，字形变大，结构松散。

田齐威、宣之时，列国均崇尚变法改革，秦用商鞅，行郡县。孙敬明认为此制在齐国实行更早。孙氏以《史记·滑稽列传》中载齐威王受谏于淳于髡，"于是乃朝诸县令七十二人，赏一人诛一人，奋兵而出"，认为这时齐国加强和巩固了中央集权制，分设七十余县，县令则直接受命于中央，国王对其有生杀予夺的权利。经济上也由国家统一掌握，威王时，"齐国大治"，"齐最强于诸侯，自称为王，以令天下"（《史记·田世家》）。

齐国在威、宣、湣之世，国势达到了顶峰，不断开疆拓土，直至湣王时期，齐灭宋国，此时可能铸六字刀。但不久发生了乐毅伐齐，铸币行为中断，故而六字刀铸量很少。将六字刀定在湣王之世，不仅有文字和史料上的依据，从刀币本身来说，六字刀的背文全部和早期"齐大刀"的背文相同，少见（个例）晚期"齐大刀"的背文。从另一个方面看，所有六字刀均和"某之大刀"共存，未见六字刀和"齐大刀"单独共存，所以将六字刀断在乐毅伐齐之前更为合适。

齐国大型刀币的来源，目前难有定论，可能参考了尖首刀的形制，更多地体现了一种经过严格规划设计的刀币形制，从最早的"即墨之大刀""齐之大刀"直至齐灭亡，大型刀币在外形上变化甚小。有学者比附《考工记》中"合六而成规"的记载，认为齐刀币源出周代之小刀削，这种观点值得重视。目前的情况下讨论齐大型刀币的来源还难以说清，有待更多材料的证实。

第二节 小型刀币

齐国小型刀币可分为博山刀和方折"明"刀，下文分别就这两种小型刀币形制相关问题展开论述。

一、博山刀

关于博山刀形制相关问题研究成果较多，下文分别从发现情况、数量、铭文、形制和年代及国别情况进行综合分析。

（一）发现和研究概述

清朝嘉庆年间，山东省博山县香峪村出土了一批圆折刀币，幕文多字，字

样特殊,旧称为"博山刀"。依据其发现和研究情况可以分为两个阶段:

第一个阶段,从最初的发现至20世纪60年代。

最早的著录见于清朝道光时期,道光元年(1821年)刊刻的冯云鹏、冯云鹓二人《金石索》一书中著录二枚(图2-21)。"此滋邑广文、博山孙星舫所贻,云博山之香峪村刨出一窖,数百枚,文不能辨。惟'卅'字可识……此二种,字迹奇古,式亦各别,似更在齐莒刀前。"同时期的初尚龄《吉金所见录》、马昂《货布文字考》等著作均据冯氏记载进行叙述。咸丰年间的李佐贤《古泉汇》中对此也有著述。1938年丁福保编印了一部《古钱大辞典》,这部书把当时几乎所有已经著录的古钱品种都收录进去了,还把未见著录的一些私人收藏品也收录其中。在《古钱大辞典》工具书中增加一枚,但字文为勾摹,有失真情况(图2-20)。

《古化杂咏》　　　　　《古钱大辞典》

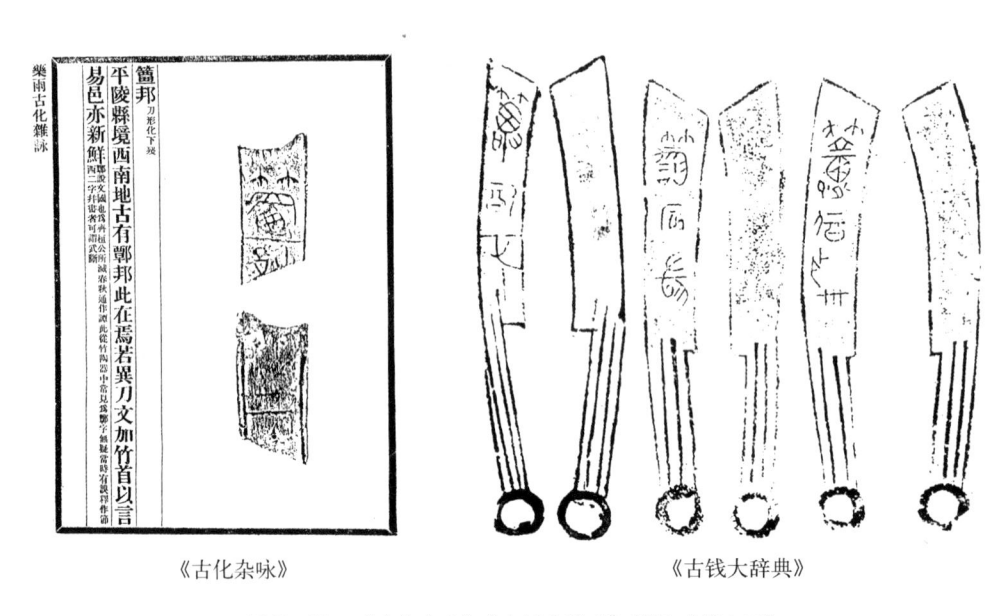

图2-20　《古化杂咏》《古钱大辞典》所见"博山刀"

方若《言钱补录》把这个字释作"簟",① 马昂《货布文字考》载:"按二种之文,有土□剥蚀,互校之,乃文同而迹异。从上一字从竹从豸从里,为簏字,即篆隶作簏字之古文。凡字从竹建首,取节约之义者,通可从艹,盖竹

---

① 丁福保:《古钱大辞典》下册,文物出版社,1982年影印,第1304—1306页。

艸同有支节也……"作为山东的金石学大家,王献唐对此也有关注。依《王献唐年谱》,王先生病逝于1960年,《中国古代货币通考》完稿于民国三十五年(1946年)。① 王献唐先生的遗著《中国古代货币通考》曾提到相关内容。1957年科学出版社出版的王毓铨著《我国古代货币的起源和发展》将第一个字释读为"谭",刀形属于"谭明字刀","弧背,面文明字多剥落不清"。② 王毓铨在描述刀币时已注意刀币的形制和刀币面部文字。1958年由三联书店出版的郑家相的《中国古代货币发展史》一书著录三枚,仅一枚有图版,且文字不清。郑家相认为此刀铸于燕占齐地之时,即乐毅伐齐之五年,认为是乱世,所以铸造大币值的刀币。郑家相的《中国古代货币发展史》出版较晚,其对刀币的认识散见于1938年丁福保编印的《古钱大辞典》中,可见郑家相先生对刀币一直都有关注。

总体来看,这一时期博山刀出土发现极少,从相关著录看,仅见到三枚拓片。冯云鹏、冯云鹓、李佐贤、初尚龄、马昂、方若等金石学家更关注刀币背(幕)部铭文的释读和阐释。对于博山刀所属国别或多或少均有推断。王毓铨首次将货币与马克思唯物史观相联系,更是注意到刀币的形制,已具备现代考古学的方法雏形。其中有些观点,在今天看来仍具有启发意义。

第二个阶段,20世纪70年代至今。

第二个阶段以裘锡圭对博山刀背文第一个字的正确释读为先声。1978年裘锡圭等发表《战国货币考(十二篇)》将博山刀背文第一个字释读为从"邑"从"竹"之字,认为所谓簟字实际上是从"竹""虘"声的一个字,应释作"莒"。③ 并指出旧释"谭邦"残刀的"谭"字也应释为"莒"。

1981年朱活在《文物》期刊《古钱》一文的介绍中提到:山东省莒县出土籚(莒)刀范,均为陶质。④ 可见这种刀币即为谱家所说的博山刀的刀范,这是第一次著录此类范的报道,但文中并没有对此类刀范附图。1991年出版的《古钱新典》有刀范拓片,⑤ 1996年出版的《齐币图释》中进行了转录,

---

① 见王献唐《中国古代货币通考》整理说明。
② 王毓铨:《我国古代货币的起源和发展》,第53页。
③ 裘锡圭:《战国货币考(十二篇)》,《北京大学学报(哲学社会科学版)》1978年第2期,第80页。
④ 朱活:《古钱》,《文物》1981年第4期,第90页,该文提到莒县出土陶质莒刀范。
⑤ 朱活:《古钱新典》下册,第114页。

可参见图 2-21。

1985 年汪庆正在《中国钱币》上报道了《日本银行及上海博物馆所藏博山刀考略》一文，又掀起了一小阵研究高潮。汪先生介绍在他在日本访问期间，曾有很多人问及"博山刀"在中国的收藏和研究情况，因此，汪先生专门撰文介绍日本银行收藏的两枚及上海博物馆收藏的三枚博山刀，这五枚刀币（图 2-22）拓本是继清代最早著录的三枚拓片外，百年来少有的新资料，当时对"博山刀"的研究起到了很大的推动作用。

图 2-21 《古钱新典》和《齐币图释》中的博山刀范拓片

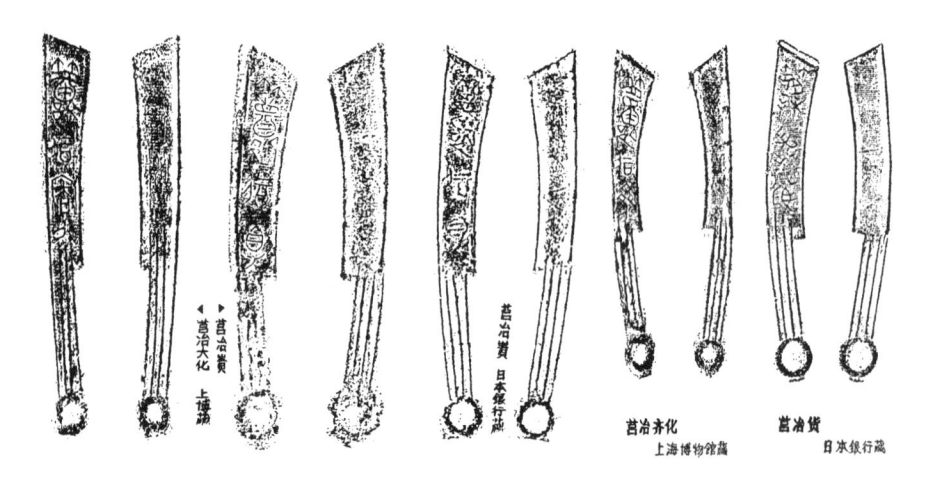

图 2-22 《日本银行及上海博物馆所藏博山刀考略》介绍的五枚刀币

汪先生认为这一刀币的出现是"围城莒邑为了和周围地区进行贸易，铸造和燕易刀相同形制的货币"，并对刀币幕文第二个字进行释读。他根据清晰的拓本认为当作"后"或"后"字，并根据李学勤和王人聪对"佁"的释读定为"冶"字。① 对于"旱"，汪先生认为可以作"省"，可作"省"，和毛公鼎"取賸卅锊"的"賸"字基本相同，是一种从西周开始出现的金属称量货币单位名称。

---

① 汪庆正:《日本银行及上海博物馆所藏博山刀考略》,《中国钱币》1985 年第 3 期，第 3—5 页。

1986年李学勤结合当时最新的考古发掘材料,[1] 依据丁福保《古钱大辞典》中三枚和汪庆正《日本银行及上海博物馆所藏博山刀考略》中五枚钱币的附图对钱币幕文进行了释读,对"莒""冶"的字体结构进行了详细的解读。该文还记载了李先生在海外见到的一枚"明"字方折的弧背明刀,幕文可能为"莒冶□"。李先生认为"莒冶"为"莒地冶造之义",并认为幕文的释读应参照对比其他弧背明刀,提出许多值得重视的意见。[2]

1988年《中国历代货币大系》的出版,又补充了许多新的资料。

1994年苏兆庆在《考古》杂志报道了1979年和1987年在莒国故城两次发现刀币陶范,[3] 并对第二次发现进行了详细的报道。这是第一次有出土地点、详细报道的钱币陶范。第二次发现了一座刀币范坑,出土了一些完整的陶范。以第二次的材料为主。第二次出土陶范64块,完整者13块,面范6块,背范7块。不过通览全文,并未见到幕文为"莒冶"的相关陶范。

朱活认为"博山刀"是莒地铸的匽刀,是燕军占领齐境的铸币。鉴于文献记载燕攻齐,"唯独莒、即墨未服"与莒县莒国故城东发现莒刀范的考古发现之间的矛盾,朱先生将燕未攻下之"莒"定为诸城附近的莒,而非山东莒县。[4] 在《古钱新谭》一书中朱先生介绍了1979年山东莒县出土的莒刀砖范,"其面文仍为匽字,背文多无字,无纹,少数的背文为'鄘冶化'"。

1996年出版的《齐币图释》是山东钱币学会主编的关于齐国刀币的图集,是迄今收集"博山刀"材料最全的著作,分别从著录概略、新获资料、背文考释综述、形制、面文与定名、铸地、年代等几个大的方面进行综述,对于研究大有裨益。《齐币图释》又补充了3枚新的资料。

此外《上海博物馆藏钱币》中著录有9枚,《中国历代货币大系·先秦货币》中著录上海博物馆藏13枚。

1995年初,董留根收集到20余枚明刀,[5] 据说出土于洛阳西新安县五头乡一砖窑场。刀币均残碎,计有仅缺环的11枚,刀首2枚、刀柄8枚。从该文所附图片来看,内有不少博山刀。

---

[1] 《考古》1973年第1期报道了《河北沧县肖家楼出土的刀币》。
[2] 李学勤:《论博山刀》,《中国钱币》1986年第3期,第2—4页。
[3] 苏兆庆:《山东莒县出土刀币陶范》,《考古》1994年第5期。
[4] 朱活:《古钱新典》,第30页。
[5] 董留根:《洛阳新安县发现博山刀》,《中国钱币》1996年第2期。

(二) 新见博山刀材料

新见的博山刀材料见于青州桃园乡、莱州程郭乡、上海博物馆藏、南宋钱币博物馆藏等。

1. 青州地区出土"莒冶"刀币1枚，见于1975年山东省青州市桃园乡拾甲村出土17枚齐明刀[①]中，其幕部有铭文，似为"莒冶□"。刀首斜直，刀首宽于刀尾。面部有方折"明"字，约占刀身一半。幕部有错范痕迹。刀柄正反两面脊线伸入刀身。

2. 莱州地区出土"莒冶"齐明刀3枚，其中2枚出土时间地点明确，为1989年莱州市程郭乡出土。[②]

《图释》374，莱州市程郭乡出土，长13.28厘米，刀首宽1.68、刀尾宽1.25、刀柄宽0.9厘米，刀身长7.35、刀柄长4.24厘米。重13.3克。刀首斜直较矮，刀首略宽于刀尾，刀背、刀刃处出廓，刀柄脊线略伸入刀身。面部"明"字方折细长，约占刀身一半，幕部有铭文"莒冶□"。

《图释》375，莱州市程郭乡出土，长13.52厘米，刀首宽1.5、刀尾宽1.25、刀柄宽0.9厘米，刀身长7.58、刀柄长4.56厘米。重12.25克。刀首斜直较矮，刀首略宽于刀尾，刀背及刀刃出廓。面部"明"字方折狭长，幕部有铭文"莒冶□"。

《图释》376，具体出土地点不明，烟台史庭耀提供，长14.46厘米，刀首宽1.97、刀尾宽1.63、刀柄宽0.9厘米，刀身长8.81、刀柄长3.93厘米。重量不明。刀首弧尖，刀首宽于刀尾，刀身略宽。刀柄两道脊线未伸入刀身。面部有一铭文"ㄎ"，幕部有铭文"莒冶得"。刀柄较刀身短小，仅为一半左右。

莱州市程郭乡出土的2枚"莒冶"齐明刀形制接近，当为同批出土，时代接近。而《图释》376"莒冶"刀币刀首较高宽，呈斜弧状，刀身较宽，形制上有点类似于尖首刀，时代上当较出土的其他2枚刀币早。从刀币面部的铭文来看，《图释》376刀币面部的铭文"ㄎ"与早期的面部铭文符合，较莱州其他两枚刀币的面部的"明"字早。总体来看，莱州市所见的3枚"莒冶"刀币虽然数量较少，但有早晚之分，时间跨度相对较长。

[①] 朱活：《古钱新典》下册，第110页。
[②] 山东省钱币学会编：《齐币图释》，第460、461页。由烟台市史庭耀提供。

3. 上海博物馆藏有十几枚博山刀，① 出土地点均不明。《上海博物馆藏钱币》（以下简称《上博》）中著录有 9 枚，《大系》著录上海博物馆藏 13 枚，《图释》全部转录，其中 11 枚背文清晰，以下介绍 10 枚。

《图释》326（《上博》1249、《大系》3784），全长 13.3 厘米，刀首宽 1.45、刀尾宽 1.18、刀柄宽 0.8 厘米，刀身长 7.68、刀柄长 3.94 厘米，重 12.3 克（《上博》注明 15 克）。斜直短首尖，刀首略宽于刀尾，刀身略弧，面部刀背及刀刃出廓明显，"明"字方折细长，位于刀身下部。幕部刀身与刀刃出廓不明显，幕部铭文为"莒冶囗"。刀柄两面均有两道脊线，伸入刀身。刀环呈圆形。

《图释》327（《上博》1251、《大系》3785），全长 13.61 厘米，刀首宽 1.63、刀尾宽 1.26、刀柄宽 0.9 厘米，刀身长 7.39、刀柄长 4.52 厘米，重 11.9 克。刀首斜直短首尖，刀首略宽于刀尾，刀身略弧。面部刀背及刀刃出廓明显，"明"字方折细长，位于刀身下部，约占一半。幕部上部错范明显，铭文为"莒冶囗"。刀柄两面均有两道脊线，略伸入刀身。刀环为圆形。

《图释》328（《大系》3786），残缺刀环和部分刀柄，残长 10.48 厘米，刀首宽 1.59、刀尾宽 1.19 厘米，刀柄宽 0.85 厘米，刀身长 7.3 厘米。刀首斜直短首尖，刀首略宽于刀尾，刀身略弧。面部刀背及刀刃出廓明显，"明"字方折细长，占刀身一半以上。幕部铭文为"莒冶囗"，幕部上面略有错范。

《图释》329（《大系》3787），全长 13.61 厘米，刀首宽 1.64、刀尾宽 1.21、刀柄宽 0.93 厘米，刀身长 7.51、刀柄长 4.53 厘米，重量不明。刀首斜直短首尖，刀首略宽于刀尾，刀身略弧。面部刀背及刀刃出廓明显，"明"字方折细长，约占刀身一半。幕部铭文为"莒冶囗"，有错范痕迹。刀柄两道脊线伸入刀身，刀环圆形，尾部粘有铜液，未经打磨。

《图释》330（《大系》3788），全长 13.51 厘米，刀首宽 1.74、刀尾宽 1.41、刀柄宽 0.91 厘米，刀身长 7.54、刀柄长 4.64 厘米，重 16.5 克。刀首斜直短首尖，刀首略宽于刀尾，刀身略弧。面部"明"字圆折呈圆形，刀身及刀刃出廓明显。幕部铭文为"莒冶囗"，刀背出廓明显，错范明显。刀柄两面均有两道脊线，伸入刀身。刀环呈圆形。

---

① 山东省钱币学会编：《齐币图释》，第 442—449 页。

《图释》332（《上博》1244、《大系》3790），全长 13.62 厘米，刀首宽 2、刀尾宽 1.41、刀柄宽 0.97 厘米，刀身长 8.11、刀柄长 3.76 厘米，重 19.2 克。刀首斜直短首尖，刀首宽于刀尾，刀身宽而略弧。面部刀背及刀刃出廓明显，是否有铭文不清。幕部刀背和刀刃出廓明显，铭文为"莒冶得"，错范明显。

《图释》333（《大系》3791），全长 13.56 厘米，刀首宽 1.67、刀尾宽 1.16、刀柄宽 0.8 厘米，刀身长 7.64、刀柄长 4.31 厘米，重 15 克。刀首斜直短首尖，刀首略宽于刀尾，刀身偏瘦略弧。面部刀背、刀尖及刀刃出廓，"明"字方折细长，位于刀身下部。幕部出廓不明显，铭文"莒冶得"三字。

《图释》334（《上博》1246，《大系》3792），全长 13.69 厘米，刀首宽 1.71、刀尾宽 1.29、刀柄宽 0.9 厘米，刀身长 8.04、刀柄长 4.32 厘米，重 13.3 克。刀首斜直短首尖，刀首宽于刀尾，刀背近直，刀刃内弧。面部不清，幕部铭文"莒冶得"。刀身出廓。刀柄脊线伸入刀身。

《图释》335（《上博》1245，《大系》3793），全长 13.88 厘米，刀首宽 1.56、刀尾宽 1.2、刀柄宽 0.82 厘米，刀身长 8.14、刀柄长 4.32 厘米，重 12.6 克。刀首斜直短首尖，刀首宽于刀尾，刀背近直，刀刃近弧。刀身出廓明显。刀柄脊线深入刀身。面部模糊，幕部铭文为"莒冶大刀"。[①] 这枚刀币见于汪庆正的介绍。[②] 汪先生隶定为"容"，并将"容"释读为"大"。李学勤先生隶定为"內"，从"内"从"口"，释读为"内"。

《图释》336（《上博》1243，《大系》3794），全长 13.47 厘米，刀首宽 1.65、刀尾宽 1.22、刀柄宽 0.83 厘米，刀身长 7.41、刀柄长 4.73 厘米，重 13.8 克。刀首斜直短首尖，刀首宽于刀尾，刀背近直，刀刃近弧。刀身出廓明显。面部铭文"明"字方折细长，位于刀身下部，约占刀身一半。幕部铭文为"莒冶齐刀"。[③]

4. 南宋钱币博物馆还收藏一枚，面文似无字，背有"莒冶退（？）"三字，黄锡全先生曾亲自目验。[④]

---

① 汪庆正释作"莒冶大化"，李学勤释作"莒冶内刀"，吴振武释作"莒冶大刀"，《齐币图释》释作"莒冶大匕"。

② 汪庆正：《日本银行及上海博物馆所藏博山刀考略》，《中国钱币》1985 年第 3 期。

③ 汪庆正释作"莒冶齐化"，李学勤和吴振武释作"莒冶齐刀"，《齐币图释》释作"莒冶齐匕"。

④ 黄锡全：《先秦货币通论》，第 254 页。

（三）数量、铭文

经初步统计，目前所见博山刀共有刀币约40枚（表2-24）。在刀币形制、面文、背文上均有一定的差异，但主要体现在背文铭文上。正如李学勤所说，"博山刀的难点，在于幕文的释读"。[1]

表2-24 博山刀出土和收藏数量统计表

时间	地点	藏品来源	数量（枚）	文献来源
清嘉庆	博山香峪村	不明	不明，见2	《金石索》
不明	不明	不明	1	《古钱大辞典》
不明	不明	上海博物馆	13	《中国历代货币大系》
不明	不明	不明	1	《沐园泉拓》《中国历代货币大系》
不明	不明	日本	12	《中国历代货币大系》、《先秦货币通论》第254页
1975年	益都（青州）拾甲村	不明	1	《图释》397
1988年	益都（青州）郊区	不明	1	《中国钱币》1990年第3期《图释》393
1989年	莱州市程郭乡	史庭耀	2	《图释》374、375
不明	不明	史庭耀	1	《图释》376
不明	不明	毛公强	1	《图释》377
不明	不明	南宋钱币博物馆	1	《先秦货币通论》第254页
1995	洛阳西新安县五头乡	董留根	约3	《中国钱币》1996年第2期

---

[1] 李学勤：《论博山刀》，《中国钱币》1986年第3期。

对于博山刀背文（幕文）的释读，部分文字已取得共识，如背文的第一个字和第二个字。

背文第一个字，有 ※、※、※ 等多种写法，笔画大同小异。旧说（第一个阶段）多从"簟"，裘锡圭首定为"莒"，已为学界共识。实际上在第一个阶段，已有学者注意到博山刀的出土地和铭文上的个别迹象与莒有关。《金索》"或谓《路史》载莒国有箸邱山""似更在齐莒刀前"，暗指此刀与莒有关。王献唐在《中国古代货币通考》中认为刀背文"第一字似盧"，可见王先生识见之高。

博山刀背文第二字作 佀（佀、佀、佀），旧释为"侃"，郑家相释"佰"，裘锡圭释"洒"，朱活释"倍"。李学勤 1959 年在《战国题铭概述（下）》一文中首先提出"佀"是"冶"字。① 王人聪 1972 年在《关于寿县楚器铭文中"佀"字的解释》一文中深化了"佀"释为"冶"的理由。② 黄盛璋先生《战国"冶"字结构类型与分国研究》对东周"冶"字做过研究，征引丰富，可参考。③

博山刀幕文前两字现已达成共识，即"莒冶"二字，后面几字略有差别，依其不同，可以分为：

1. 莒冶 ※（图 2-23）

※，首见于汪庆正《日本银行及上海博物馆所藏博山刀考略》一文的报道，汪先生认为 ※ 可写作 ※，可作"省"解，和毛公鼎"取賚卅锊"的"賚"字基本相同，并认为是一种西周开始出现的金属称量货币单位名称。李学勤《论博山刀》释为"得"。《中国历代货币大系》隶定为"寻"。

2. 莒冶 ※ （图 2-24）

※，最早见于《金索》，认为"惟卅可识"，《沐园泉拓》提供拓片背文与《金索》几近相同，首两字略有差异，可见非同一枚刀币拓片，实知为两件实物。※ 应是 ※ 变体。※ 有人认为是两个字，但也有可能为一个字。

---

① 李学勤：《战国题铭概述（下）》，《文物》1959 年第 9 期。
② 王人聪：《关于寿县楚器铭文中"佀"字的解释》，《考古》1972 年第 6 期。
③ 黄盛璋：《战国"冶"字结构类型与分国研究》，《古文字学论集》（初编），香港中文大学出版社，1983 年，第 425—439 页。

第二章 齐国货币的类型及年代 89

编号	《图释》376	《图释》332	《图释》333	《图释》334	《图释》346
拓片			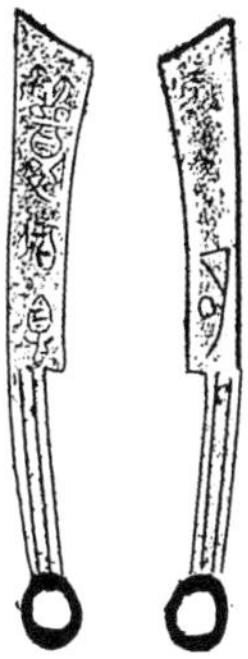	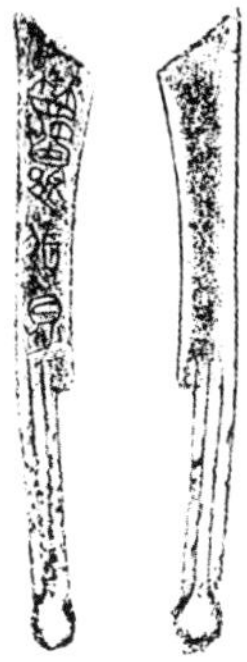	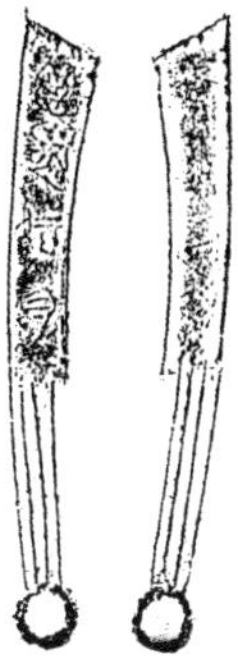
面文		不清		不清	
背文（幕文）				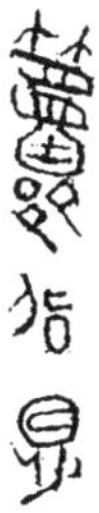	
重量（克）	不明	19.2	15	13.3	不明

图 2-23 "莒冶"铭文博山刀

《图释》330	《图释》331	《金索》
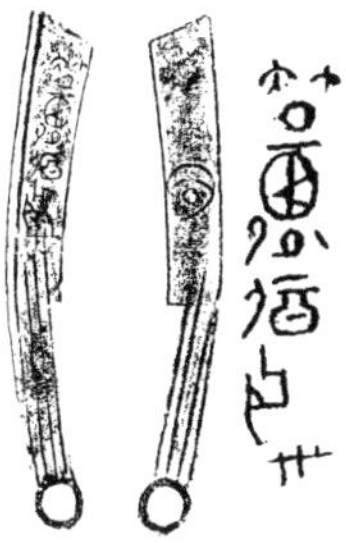 16.5 克	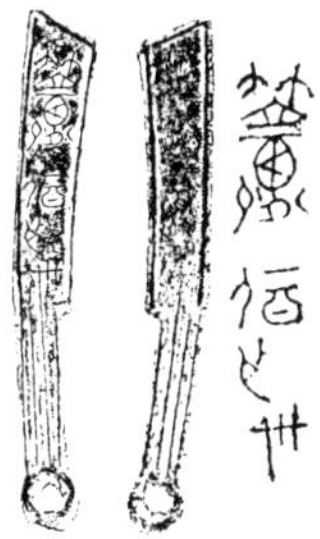	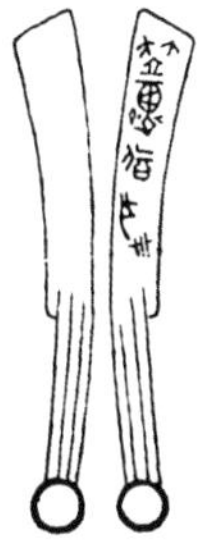

图 2-24 "莒冶"铭文博山刀

3. 莒冶[图] (图 2-25)

仅见《金索》记录,《大系》3796 所见为马定祥提供拓片,《图释》338 转录。马先生是 1940 年成立的"中国泉币学社"的创始人之一,毕生从事钱币的收集和研究,有"钱币全才"之称。①

[图],《金索》释为"长",《货布文字考》《古泉汇》均释为"物",皆文意不通。李学勤认为也可读为扬字。王献唐认为"第二字似辰"。

4. 莒冶[图] (图 2-25)

见于《大系》3795,《图释》337 进行转录,铭文最后一个字不识。

5. 莒冶[图] (图 2-25)

上海博物馆收藏,见于《大系》3784,《图释》326 转录,铭文最后一个字不识。

编号	《图释》326	《图释》328	《图释》335	《图释》336	《图释》337	《图释》338	《图释》347
拓片			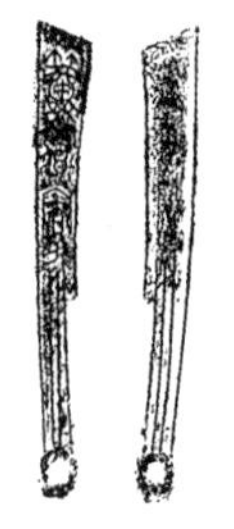	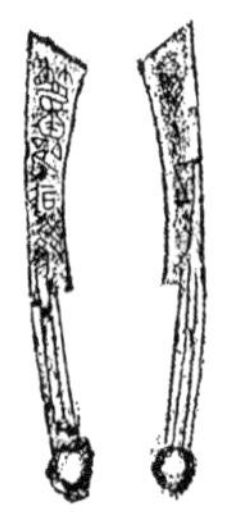	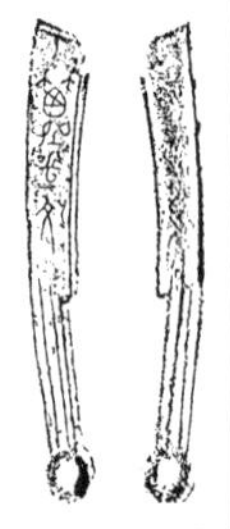	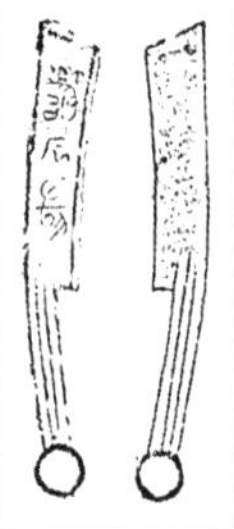	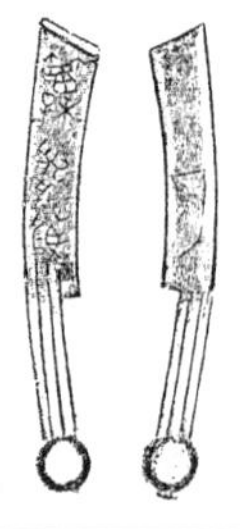
面文	 刀	 刀	明字方折	 刀	不清	不清	 刀
背文(幕文)	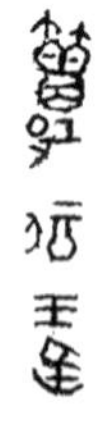	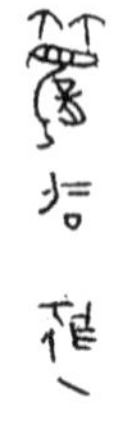		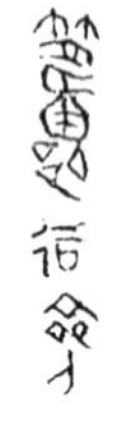	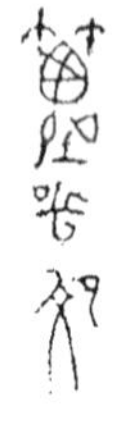		
重量(克)	12.3			12.6	13.8		

图 2-25 "莒冶"铭文相关博山刀

① 程京生:《著名钱币学家马定祥先生家属捐献珍贵钱币资料》,《东南文化》1991 年第 6 期。

第二章　齐国货币的类型及年代　　91

6. 莒冶󰀀（图 2-25）

见于《大系》3786,《图释》328 转录,铭文最后一个字不识。

7. 莒冶󰀀（图 2-25）

日本银行收藏,首见于汪庆正《日本银行及上海博物馆所藏博山刀考略》一文,《图释》347 转录,最后一字李学勤释为"眉"。

8. 莒冶齐刀（图 2-25）

上海博物馆藏,首见于汪庆正《日本银行及上海博物馆所藏博山刀考略》一文,见于《大系》3794,《图释》336 转录。最后两字李学勤释为"齐刀"。

9. 莒冶󰀀刀（图 2-25）

上海博物馆藏,首见于汪庆正《日本银行及上海博物馆所藏博山刀考略》一文,见于《大系》3793,《图释》335 转录。最后两字李学勤释为"齐刀"。

10. 刀币背文模糊不清（图 2-26）

编号	《图释》327	《图释》329	《图释》374	《图释》375	《图释》377	《图释》393	《图释》397
拓片	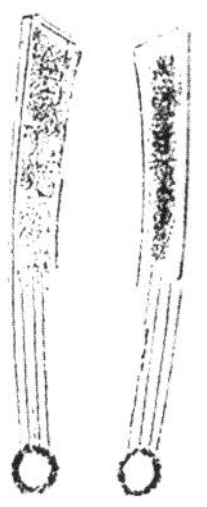	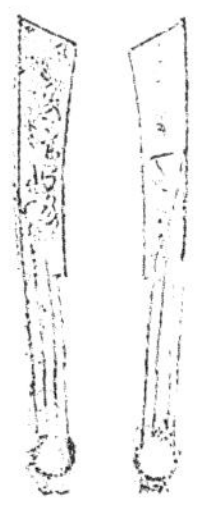	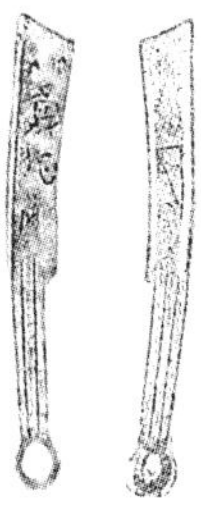	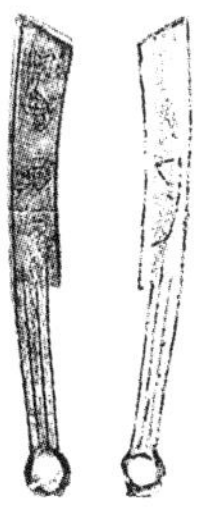	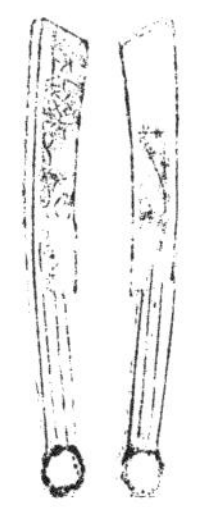	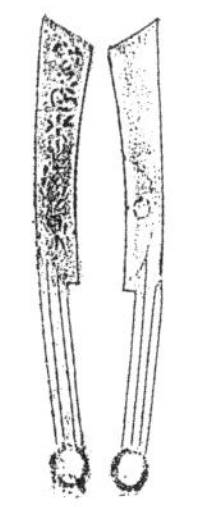	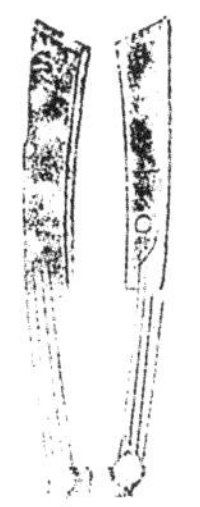
面文							
背文（幕文）	不清	不清				不清	不清
重量（克）	11.9			13.3	12.25		

图 2-26　背文不清的博山刀

（四）形制划分和年代判定

上文按照背文（幕文）铭文，把内容可释者分为九小类。但从刀币形制来看，因为刀币数量较少，每一个小类内部难以区分出更多的形制变化，并且小类类别之间形制多相同。因此，我们选择刀币数量较多、形制变化较大的第一个小类进行形制划分，其他刀币按形制归入，可分为四式（图2-27）。

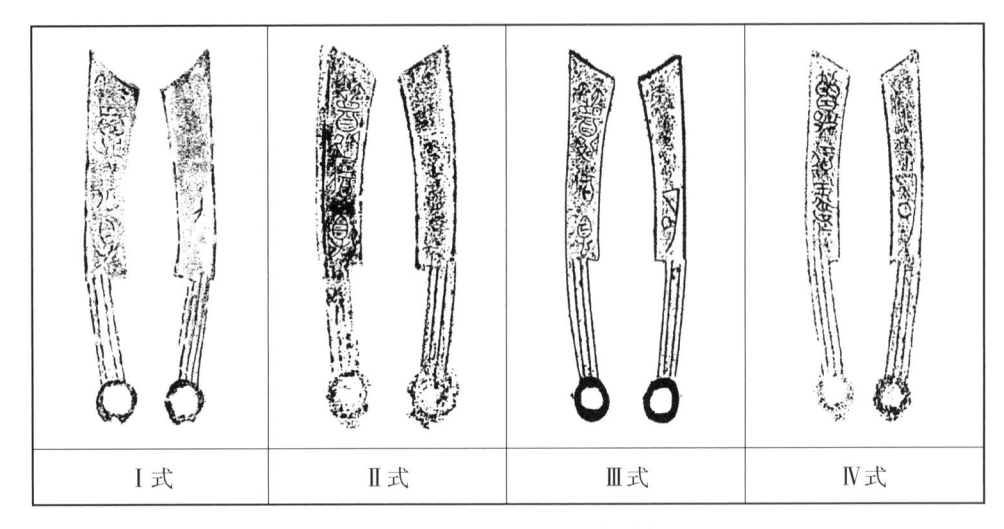

图2-27 博山刀形制型式划分

Ⅰ式，刀首为尖首，弧背，刀身宽，刀首宽于刀尾，刀柄不及刀身一半，具有尖首刀的形态。刀柄脊线未伸入刀身。面部铭文为非"明"单字符号，幕部铭文为"莒冶得"等多字。重量应在20克左右或更重。标本《图释》376，刀面铭文为单符"刂"，刀柄宽约0.9厘米，重量不明。

Ⅱ式，弧背，刀身较宽，刀首宽于刀尾。刀首斜直较长，刀柄不及刀身一半，刀身出廓明显，刀柄脊线未伸入刀身。幕部铭文为"莒冶得"等多字铭文。重量在20克左右。标本《图释》332，刀面似有方折"明"字，刀柄宽约1厘米，重19.2克。

Ⅲ式，弧背或弧背近直，刀首斜直较矮，刀身偏窄，刀首宽于刀尾，刀身出廓明显，刀柄脊线未伸入刀身。面部有一铭文"明"字，方折细长，位于刀身下部，约占三分之一。幕部铭文为"莒冶得"等多字铭文。刀环略呈扁圆形。重量在 15 克左右。标本《图释》333，刀长 13.5 厘米，刀宽 0.75 厘米，重 15 克。标本《图释》330，弧背，面文铭文为圆折"明"字，重 16.5 克。

Ⅳ式，背近直，刀首斜直矮首，刀身窄，刀首略宽于刀尾，基本等宽，刀身近直，刀身出廓明显，刀柄脊线伸入刀身。面部有一铭文"明"字，方折细长，位于刀身下部，约占三分之一。幕部铭文为"莒冶""莒冶大刀"等多字铭文。重量约 11—12 克。标本《图释》326，重 12.3 克。

通过以上形制的划分，发现刀币背文铭文依型式划分也能看出前后的变化（图 2-28）。

式别	Ⅰ式	Ⅱ式	Ⅲ式	Ⅳ式
背文			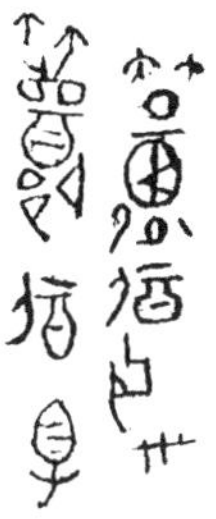	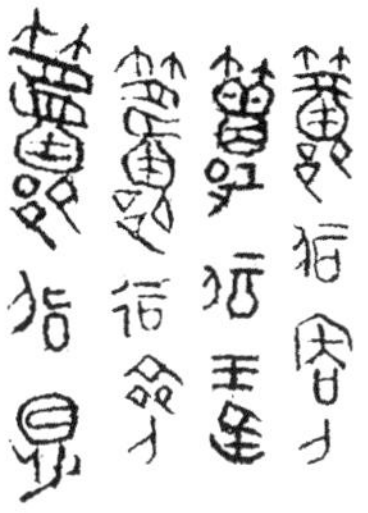
面文		似方折"明"		

图 2-28 不同式别博山刀背文、面文对照图

综上所述，Ⅰ式到Ⅳ式的变化主要有：①刀背由弧背、弧背近直向背近直转变；②刀首由尖首向斜直转变；③刀身由宽变窄，刀身占整个刀币的长度比由大变小，相应地刀柄占整个刀币的比例逐渐增大；④重量由大到小，呈规律性递减；⑤面文由尖首刀类型的单字符向方折"明"字转变，出现个例圆折"明"字。可以发现，非方折"明"字符号主要出现在早期，晚期均是方折"明"字；⑥背部铭文似有规律性变化，早期以"莒冶得"为主，晚期出现"莒冶齐刀"等铭文。"冶"字早期多写作 、 ，晚期多写作 、 。

由于刀币普遍缺失出土单位，长期以来对于博山刀年代的判定一直是个难点。以往缺乏对博山刀进行考古学的型式划分，多把博山刀作为一个整体，主要依据铭文内容和历史背景来进行年代判定，多认为是乐毅伐齐之五年期间铸

造的。笔者通过对博山刀进行考古学的类型学排比，认为博山刀型式变化较大且成体系，绝非在五年内就能出现这么多种不同型式，具体分析如下：

在博山刀五式的类型中，Ⅰ式和Ⅲ式博山刀形制和面文有可以参考的资料。Ⅰ式博山刀刀形呈尖首刀类型，并且面文为尖首刀的单符铭文，与黄锡全所定丙型Ⅰ式尖首刀类同，① 一般通长 14—16.2、首宽 1.8—2.3、环径 1.24—1.9 厘米，重 11.6—21.9 克。这一型式与黄锡全所定"类明刀"也相近，黄锡全所定丙型Ⅰ式尖首刀的年代为战国早期中段，② "类明刀"的年代定为战国早期晚段，③ 因此将Ⅰ式博山刀的年代定为战国早期晚段比较合适。

Ⅲ式博山刀刀身为弧形，个别面文为圆折"明"字。Ⅲ式博山刀面文为圆折"明"字者与燕下都Ⅳ式匽字刀形制接近，圆折"明"字相同。④ Ⅳ式匽字刀刀身较直，刀身与刀柄相交处略呈微折。所以Ⅲ式圆折"明"文博山刀的时间应与Ⅳ式匽字刀接近，考虑到匽字刀的流通，齐地出现的时间可能会略晚一些。Ⅳ式匽字刀约铸行于战国中期前段，⑤ 故Ⅲ式圆折"明"文博山刀的年代应为战国中期晚段。实际上，石永士所定的燕下都Ⅳ式匽字刀与黄锡全先生所定乙型燕明刀属于同一类型，黄锡全定为战国中期晚段，吴良宝有相同的意见。⑥ 1995 年初，董留根收集到 20 余枚明刀，据说出土于洛阳西新安县五头乡一砖窑场。刀币均残碎，计有仅缺环的 11 枚，刀首 2 枚、刀柄 8 枚。从该文所附图片来看，Ⅲ式博山刀与黄锡全所定乙型燕明刀共出，⑦ 黄锡全所定乙型燕明刀为战国中期晚段至战国晚期早段（约公元前 332—前 279 年），⑧ 所以Ⅲ式博山刀的年代也应该为战国中期晚段至战国晚期早段（约公元前 332—前 279 年）。

从整体来看，Ⅳ式博山刀刀身有的近直，刀身变窄，在型式上晚于Ⅲ式博山刀一个阶段。Ⅳ式博山刀应处于战国晚期。整个博山刀的年代分期见表 2-25。

---

① 黄锡全：《先秦货币通论》，第 205 页。
② 黄锡全：《先秦货币通论》，第 214 页。
③ 黄锡全：《先秦货币通论》，第 244 页。
④ 石永士、石磊：《燕下都东周货币聚珍》，文物出版社，1996 年，第 67—94 页。
⑤ 石永士、石磊：《燕下都东周货币聚珍》，第 179 页。
⑥ 吴良宝：《中国东周时期金属货币研究》，第 100 页。
⑦ 黄锡全：《先秦货币通论》，第 238 页。
⑧ 黄锡全：《先秦货币通论》，第 244 页。

表2-25　博山刀各式年代表

式别	战国早期早段	战国早期晚段	战国中期早段	战国中期晚段	战国晚期早段	战国晚期晚段
Ⅰ式	——					
Ⅱ式		——————				
Ⅲ式			——————			
Ⅳ式					——————	

（五）国别判定

由于1979年在莒县莒国故城遗址发现有"莒"刀范出土，可证莒县为"博山刀"的一个重要的铸币地点，并且根据已知材料，莒国故城可以称之为唯一已知的铸币地点。然而对于"博山刀"的国别，目前有多种判断。

一是燕占齐五年期间由燕人铸造。博山刀的面文有"明"字，与燕国铸"明"刀类似，故将其归为燕国所铸。而燕国在齐国铸币的可能只有一种，那就是在燕占齐地的五年时间内铸造。持这种观点的学者有朱活。朱活认为"博山刀"是莒地铸的匽刀，是燕军占领齐境的铸币。鉴于文献记载燕攻齐"唯独莒、即墨未服"与莒县莒国故城发现莒刀范的考古发现之间的矛盾，朱先生将燕未攻下之"莒"定为诸城附近的莒，而非山东莒县。[①] 郑家相比较了"齐易刀"与"燕易刀"（郑释刀币面文为"易"）之差别异同，认为"齐易刀"仿"燕易刀"，"面文从燕制，背文从齐规"，"铸行虽在齐，而铸之者则为燕人也"。

二是燕占齐五年期间由齐人铸造。持这种观点的学者有汪庆正。汪庆正认为"博山刀"为"莒邑易刀"，是"燕刀的形制"。"莒邑在燕兵包围中，采用燕刀形制，但仍标明是齐国的货币。"[②]

三是莒国铸造。苏兆庆旗帜鲜明地认为这种刀币应为莒国铸造。[③]

四是燕国铸造。持这种观点的学者有王献唐，王先生认为："形制与明刀

[①] 朱活：《古钱新谭》，第30页。
[②] 汪庆正：《日本银行及上海博物馆所藏博山刀考略》，《中国钱币》1985年第3期。
[③] 苏兆庆：《山东莒县出土刀币陶范》，《考古》1994年第5期。

全同，又署'明'字，当为明刀一类，铸于异地，别易他名，虽散出齐境，不能目为齐刀或别立品类也。"王先生认为此刀归于"明刀一类"。王先生没有明确说明这种刀的国属，但从文字描述中推断应有这层意思。

五是齐国铸造。裘锡圭对博山出土的刀币究竟是莒国所铸的货币还是齐国占莒地时铸造的货币有所关注。曾有学者认为"博山刀"（即"莒冶"刀币）为燕占齐的五年内铸造的，但根据 A 型"莒冶"刀币从战国早期到战国晚期的时代跨度很大，排除了"莒冶"刀币为燕占齐地时短期铸造发行货币的可能。陈旭 2000 年在临淄齐国故城北 0.5 公里处发现的数十块燕明刀的陶范，[①] 陶范的时代在战国晚期早段，形制上与在燕国发现的燕刀币的范一致，推测为燕国形制的铸币刀范。从出土地为临淄齐国故城来看，它们当与燕乐毅伐齐（前 284—前 279 年）有关，当是在这五年时间内燕占齐地并铸造发行的燕明刀货币。并推定燕占齐地的五年期间在齐地铸造"燕明刀"进行交易流通。这批刀范的出土明确了燕占齐地的五年期间所铸造货币的形制为燕明刀形制，而以前认为"博山刀为燕占齐地的五年期间所铸的刀币"的观点是不正确的。这也从另一侧面验证了"莒冶"齐明刀当为齐地自铸刀币形制。很大的可能是齐占莒地后，莒仍然有很大的地方权，包括地方铸币权。

根据《史记·六国年表》楚简王元年（公元前 431 年），莒被楚灭。莒入楚以后，又被齐占有。齐占领莒地的确切年代无法断定，《史记·六国年表》有齐宣公四十四年（公元前 412 年）齐伐鲁莒及安阳的记载。

综合来看，我们认为这种刀币出现时应为莒国的自铸货币，铸造时间为从战国早期直至战国中期，受燕刀影响而简易模仿铸造的莒国地方币，这也是莒明刀数量少的一个原因。后来莒地归入齐国，仍有很大的地方自主权，即拥有地方铸币权。

（六）流通区域

从目前"博山刀"的出土地点博山、莒县、莱州等地来看（图 2-29），其多位于齐国的东境，稍微特殊一些的是博山，位于都城临淄的南部区域。从仅有的几个出土地点来看，流行区域比较集中，位于东部经济圈。东部区域为

[①] 陈旭：《山东临淄出土燕明刀范》，《中国钱币》2001 年第 2 期。

齐国新拓区域，文化具有相似性，且彼此之间存在交流。莱州位于平度北，历史记载"营丘边莱"，是去往龙口的交通要道。莱州出土的刀币为Ⅰ式、Ⅳ式，时代为战国早期至战国晚期，流行的时间较长。

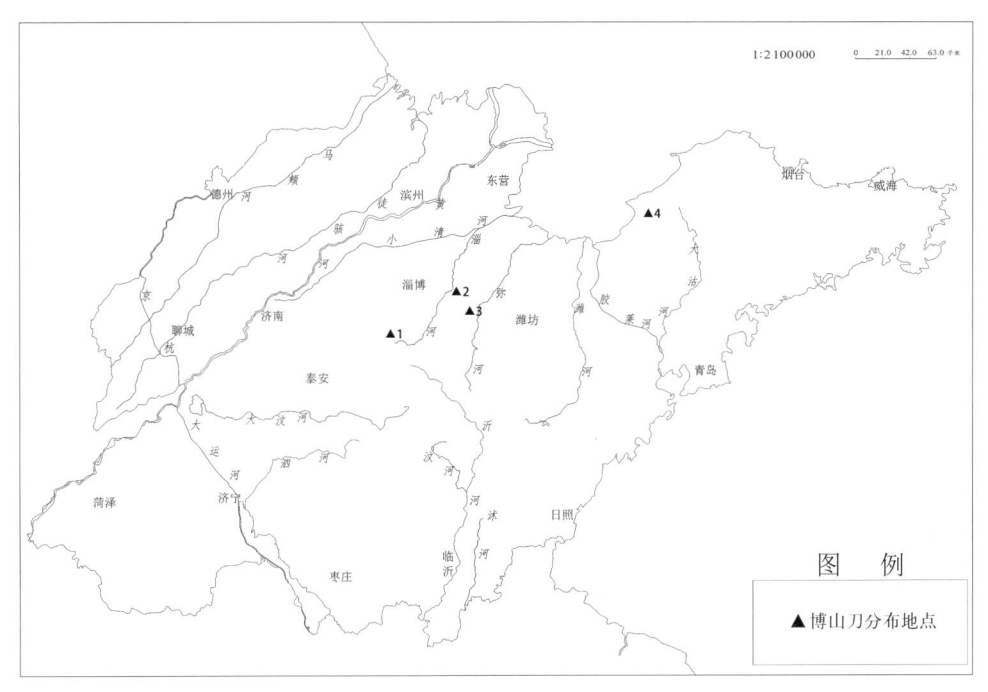

1. 博山香峪村 2. 青州拾甲村 3. 青州郊区 4. 莱州程郭乡
图2-29 博山刀出土位置空间分布示意图

由此可见，"博山刀"主要流通于齐国临淄东部区域，即青州、青岛、莱州、莒县等地。与济南、肥城等地流行的单字齐明刀具有很大的区别。莒县、新泰西北、博山一线，是莒地与齐国一条重要的经济线，另一条是通过胶东半岛，与燕地发生的间接联系。从刀币形制和地理位置来看，莒与齐关系最为密切，与燕的经济来往也较紧密。但莒刀更似燕刀，这从另一方面证明了燕刀应早于齐刀，故而莒刀似燕刀而非齐刀。

二、方折"明"刀

刀币面部铭文为方折的"明"字，谱家一般称为齐明刀。其中有一类背部带有"莒冶"类铭文前文已列为博山刀，所以下文对齐明刀讨论时就不再对博山刀进行仔细分析。

(一) 发现和研究综述

第一个阶段,初尚龄《吉金所见录》有记载,《吉金所见录》嘉庆廿四年(1819)定稿付梓,道光五年(1825)莱阳初氏古香书屋刻本印成刊行。[1] 可见,嘉庆廿四年(1819)之前此类刀已不少,"向来多而易得",方折"明"刀和圆折"明"刀并未严格区分考释,统以类称。清嘉庆廿四年之前,有古泉鉴赏家称为莒刀。大概因为《通考》中有"齐莒谓刀"的记载,"故大者属之齐,小者直以莒刀"。初尚龄认为春秋战国时期,各国都有鼓铸,他认为此类面文为"明",并非"莒"字,也并非莒刀。[2] 马昂《货布文字考》首对此类刀面文进行隶定:"按㾗从日月为文,即明字。以此为货刀之识,必地名也。"马昂认为"明"为"赵之明邑"。[3]

李佐贤《古泉汇》一书,始编于咸丰九年(1859),时经六载,至同治三年(1864)完成。[4]《古泉汇》中收录方折"明"刀1枚,圆折"明"刀329枚。清末时通称此类刀为明刀,但大多为圆折"明"字,李佐贤当时已经注意到形制与面文的不同。此时,并没有将方折"明"刀和圆折"明"刀过多地进行区分,均认为属于"赵之明邑",即赵刀。方若《古化杂咏》中著录了一枚(图2-30),刀背近直,面部为方折"明"文,幕部为"齐化"二字:"考正明刀出明邑,书成方折博山多。齐文赵样存鄢化。我论如斯人谓何。(注:此类形制似赵明刀而细审却不同,背文多篆字,说见鄢邦化,盖鄢国为齐灭后,鄢地所行,故并著齐化以别之也。)"方若认为此类面文不同于圆折"明"文(方若认为圆折"明"

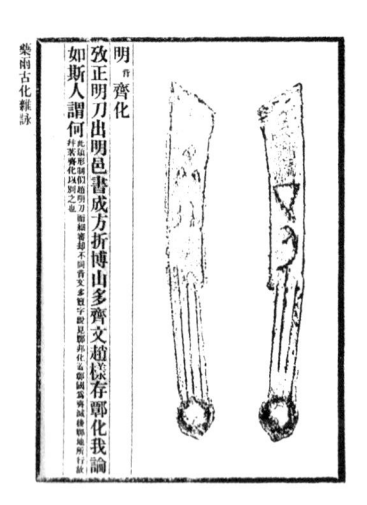

图2-30 方若《古化杂咏》中著录方折"明"刀

---

[1] 关汉亨:《初尚龄和他的〈吉金所见录〉》,《中国钱币》2014年第1期。
[2] 丁福葆:《古钱大辞典》下册,第62页。
[3] 丁福葆:《古钱大辞典》下册,第61页。
[4] 吕健:《李佐贤和他的〈古泉汇〉》,《辽海文物学刊》1994年第2期;又收于《辽宁省博物馆学术论文集(1999—2008)》第3册,辽海出版社,2009年,第2054—2058页。

刀是赵刀），和博山刀同属一类，为"齐文赵样"，属于齐国灭谭国后在谭地铸行的刀币，背文加"齐化"字样加以区别。

《古钱大辞典》收录"明"刀币共计85枚（编号1061—1145），其中"明"字方折的有5枚（图2-31）。

《古泉汇》中记录　　　　　　　　　　　　《古钱大辞典》中收录的5枚

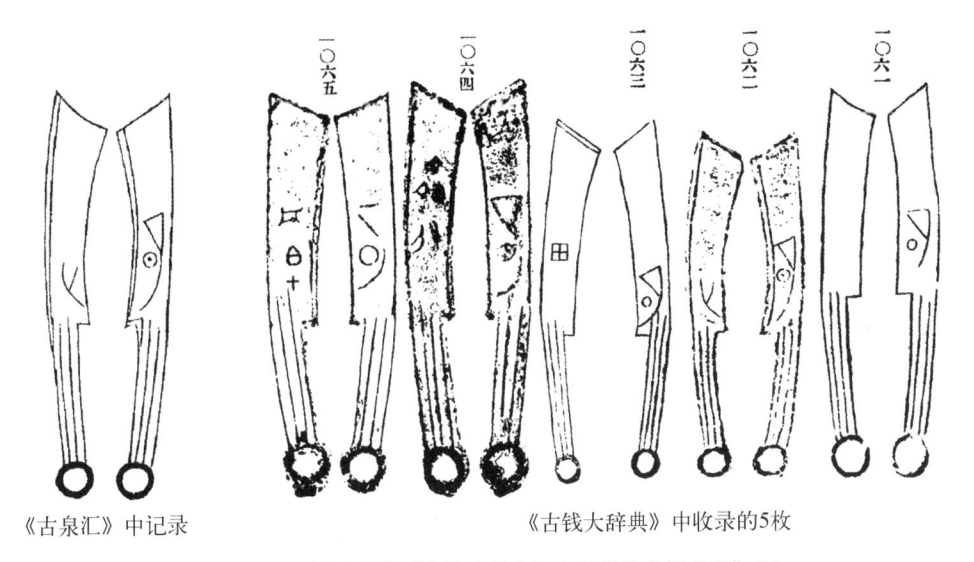

图2-31　《古泉汇》《古钱大辞典》中收录的方折"明"刀

《古钱大辞典》编号1061见载于倪模《古今钱略》，认为"日月内均有点者，灼为明字无疑"。反对朱枫《吉金待问录》训为"莒"字，认为"恐非其刀背中有两口相承为莒字，应即莒省"。[①]

第二个阶段，是郑家相在20世纪40年代发表一篇《明刀之研究》，[②] 开启了明刀研究的先河。他指出圆折"明"刀出土在京师、易州与辽阳，为战国时燕地，当属燕铸；方折"明"刀唯见出土于博山、为战国时齐地，且刀之背文有铸"齐"字者，当属齐地所铸。于是提出了一为燕"明"刀、一为齐"明"刀的概念。王毓铨《我国古代货币的起源和发展》一书将"明"字刀分甲、乙、丙三型。齐明刀属甲型，燕弧背明刀为乙型，折背明刀为丙型，认为甲型铸行于齐、赵（以齐为主）。乙型、丙型铸行于燕、赵，乙型是受甲型的影

---

① 倪模：《古今钱略》，《中国钱币文献丛书》第七辑，第630—632页。
② 郑家相：《明刀之研究》，《泉币》第一期，1940年。

响。① 石永士、王素芳认为，齐明刀是"齐国仿甲型 ⊙) 字刀化而铸行的齐国货币"，其开始铸行时期在春秋晚期。② 李学勤有多篇文章论及博山刀，认为博山刀背文"莒"字的释读是正确的，标有"莒冶某"的刀币即铸于莒城内；博山刀确是"明"字方折"明"刀的一种类型，是齐人受到燕国货币的影响自铸的，其时间与乐毅伐齐相当。③ 汪庆正认为："在燕占领区内，行使燕国的货币，是理所当然的，而围城莒邑为了和周围地区进行贸易，铸造和燕易刀相同形式的货币，也是可以理解的。"④ 苏兆庆根据莒国故城内出土有齐明刀陶范，认为是"莒国的刀范，而且时代也是较早的"。⑤ 1998 年《中国钱币论文集》第三辑刊登了张光明、贺传芬《齐明刀考古发现与研究》一文，从几批齐明刀和齐明刀范的出土情况，对相关问题进行了探讨。张光明认为："无论是尖首刀、齐成白刀、还是齐明刀，均是齐地商人为了与燕、中山诸国进行贸易交换便利在民间私铸的一种特殊货币。"其铸行时间在乐毅伐齐前之威王、湣王时期。⑥ 周卫荣主张"齐明刀"为燕国铸币，并就有关问题进行了阐述。⑦ 黄锡全《先秦货币通论》中将齐明刀分为甲、乙、丙、丁四型，认为所谓"齐明刀"应是战国时期广义齐国境内的地方铸币，多在莒国或莒地铸行，既不同于齐大刀，又有别于燕明刀，具有较强的地方特色。⑧ 周祥《齐明刀相关问题研究》一文根据莒地出土有齐明刀范，平度即墨故城也有齐明刀范，并与史书中记载乐毅伐齐时惟莒、即墨未下相合，认为"这绝非是一种偶然的巧合，正说明齐明刀的铸作时间只能在此时，即公元前 284—前 279 年"。⑨ 周文提到《中国历代货币大系·先秦货币》中的图 3784、3790、3791、3792、3793、3794 和 3788 有作伪的可能，值得重视。吴良宝《中国东周时期金属货币研究》一书认为根据今山东莒县、平度出土的刀币范可知，背文为"莒冶

---

① 王毓铨：《我国古代货币的起源和发展》，第 62—63 页。
② 石永士、王素芳：《试论"⊙)"字刀化的几个问题》，《中国钱币论文集》，中国金融出版社，1985 年，第 124—138 页。
③ 李学勤：《论博山刀》；《重论博山刀》，《中国钱币论文集》第三辑，第 83—85 页。
④ 汪庆正：《日本银行及上海博物馆所藏博山刀考略》，《中国钱币》1985 年第 3 期。
⑤ 苏兆庆：《莒县故城出土的刀币陶范再议》，《山东金融研究》增刊（钱币专辑），1991 年，第 111—116 页。
⑥ 张光明、贺传芬：《齐明刀考古发现与研究》，《中国钱币论文集》第三辑，第 47—69 页。
⑦ 周卫荣：《再论"齐"明刀》，《中国钱币》1996 年第 2 期。
⑧ 黄锡全：《先秦货币通论》，第 271—273 页。
⑨ 周祥：《齐明刀相关问题研究》，《中国钱币论文集》第四辑，第 116—126 页。

某"、尖首束腰的齐"明"刀应当是乐毅伐齐期间莒、即墨两地的齐人铸造的。至于形制上与尖首刀币、燕弧折"明"刀相似的齐"明"刀，其铸造时间肯定早于乐毅伐齐，铸造者是谁目前还难以判定。从其出土地范围来看，由齐人铸造的可能性还是比较大的。[1]

（二）出土新资料

方折"明"刀出土的范围较广，涉及山东、河北、河南、江苏等地。

1. 山东地区

（1）1958年青岛市城阳区出土1枚齐明刀，面文有"明"字，字体方折，光背。[2] 长13.61厘米，刀首宽1.7、刀尾宽1.47厘米，刀身长7.93、刀柄长4.35厘米。面部"明"文狭长，位于刀身中部。刀币现藏于崂山区文物管理委员会。

（2）1972年济南市千佛山柴油机厂发现一座战国墓，墓葬中出土186枚齐明刀，157枚刀币面文有"明"字，现存比较完整者122枚。其中面背都无文29枚，有背文23枚。这批刀币长13—14.55厘米，重8.15—20.35克。[3]

（3）1974年山东省肥城张店村出土100多枚齐明刀，《古钱新典》著录1枚。[4]

（4）1975年山东省青州市桃园乡拾甲村出土17枚齐明刀，背文不清，重11.8—12克。[5]

（5）山东省牟平县绣花厂及西半城村共出土7枚齐明刀，其中幕部有铭文6枚。[6]

《图释》379，刀币长14厘米，刀首宽1.78、刀尾宽1.32厘米，刀身长8.3、刀柄长4厘米。重14.4克。面部"明"字占刀身约一半，幕部无文，刀柄脊线伸入刀身，幕部略见有铜液溢出。刀身四周出廓明显。此刀币制作较为精良。

---

[1] 吴良宝：《中国东周时期金属货币研究》，第125—126页。
[2] 山东省钱币学会编：《齐币图释》，第468页。
[3] 李晓峰：《济南柴油机厂出土的"明"刀化》，《山东金融研究》增刊（钱币专辑），1991年，第104—110页；李晓峰、伊沛扬：《济南千佛山战国墓》，《考古》1991年第9期。
[4] 朱活：《古钱新典》下册，第110页。
[5] 朱活：《古钱新典》下册，第110页。
[6] 山东省钱币学会编：《齐币图释》，第463—466页。

《图释》380，略残，刀币长 12.8 厘米，刀首宽 1.71、刀尾宽 1.13 厘米，刀身长 7.03、刀柄长 4.29 厘米。重 12.1 克。刀身稍瘦。面部"明"字细狭长，幕部有一铭文 土。刀身出廓，刀柄脊线伸入刀身。

《图释》381，刀币长 13.3 厘米，刀首宽 1.46、刀尾宽 1.2 厘米，刀身长 7.69、刀柄长 3.95 厘米。重 13.2 克。面部有一"明"字，幕部有一铭文 合。刀身四周出廓明显，刀柄脊线伸入刀身。

《图释》382，刀币长 13.28 厘米，刀首宽 1.7、刀尾宽 1.22 厘米，刀身长 7.42、刀柄长 4.37 厘米。重 11.3 克。面部"明"字细长，幕部铭文"丁"。刀身出廓明显，刀柄脊线伸入刀身。

《图释》383，刀首稍残，长 13 厘米，刀首宽 1.54、刀尾宽 1.2 厘米，刀身长 7.01、刀柄长 4.58 厘米。重 13.3 克。面部"明"字狭长，幕部有铭文 〇。刀柄偏长。

《图释》384，刀币长 13.82 厘米，刀首宽 1.65、刀尾宽 1.27 厘米，刀身长 7.9、刀柄长 4.29 厘米。重 11.9 克。面部"明"字狭长，约占刀身一半，幕部有一铭文。刀身偏直。

《图释》385，刀币长 13.85 厘米，刀首宽 1.66、刀尾宽 1.3 厘米，刀身长 7.46、刀柄长 4.5 厘米。重 13.2 克。面部"明"字狭长，约占刀身一半。幕部有一铭文。刀柄脊线伸入刀身。

（6）1982 年山东省昌邑县邹家村出土齐明刀 96 枚，背文模糊不清。

（7）1988 年山东省青州市出土一批齐明刀和截首刀，保存完整的有 103 枚，[①] 其中 11 枚为齐明刀，92 枚为截首刀。11 枚齐明刀，7 枚与《大系》3800 和 3801 的两种刀相似，面部"明"字方折细长，背面无铭文。

另外 4 枚与《大系》3802 的刀相似，狭窄如韭叶，质量轻薄，面部"明"字方折细长。其中一枚残长 10.56 厘米，刀首宽 1.09、刀尾宽 0.7 厘米，刀柄宽 0.41 厘米，刀首残长 7.05 厘米。面部"明"字狭长，位于刀身中部，刀身两边出廓明显，刀柄有一道脊线。刀环缺失。

（8）1988 年冬，河北省雄县农民从山东某地携带一批截首尖首刀和齐明刀在北京市古钱币商店寄售，其中齐明刀有 10 余枚，[②] 推测可能为青州出土。丁

[①] 丁昌五、程纪中：《山东青州发现一批截首刀和博山刀》，《中国钱币》1990 年第 3 期。

[②] 丁昌五、程纪中：《山东青州发现一批截首刀和博山刀》，《中国钱币》1990 年第 3 期。

昌五和程纪中曾拓过数枚齐明刀拓片。

《图释》394，刀币长 13.42 厘米，刀首宽 1.9、刀尾宽 1.22 厘米，刀身长 7.78、刀柄长 3.91 厘米，刀柄宽 0.72 厘米。面部"明"字居下部，笔画圆折。幕部无纹。刀身面部刀背和刀刃出廓明显，刀柄一侧为两道脊线，一侧为一道脊线，均伸入刀身。

《图释》395，刀币长 14.07 厘米，刀首宽 2、刀尾宽 1.56 厘米，刀身长 7.86、刀柄长 4.34 厘米。刀身"明"字方折，字体略胖，位于刀身下部，幕部上部有一铭文"十"。刀柄正反两面两道脊线基本没有伸入刀身。刀环较大。

此外有一枚刀币（图 2-32 左、图版二）形制与此类似，仅见照片。刀币形制和"明"字体相同，只是幕部铭文不同。尖首斜直，刀首明显宽于刀尾，弧背，刀身面部刀背出廓明显，刀刃及刀尾处出廓，刀身幕部基本未见出廓。刀柄正面两道脊线略伸入刀身，反面两道脊线伸入刀身明显。刀环较为宽大。刀身幕部上部有一铭文"▨"。刀柄长度约为刀身的一半。

还有一枚刀币也仅见照片（图 2-32 右、图版二），尖首，刀首明显宽于刀尾，面部刀背出廓明显，刀刃稍微出廓，刀尖和刀身末端未见出廓。幕部刀背处稍微出廓，其他刀身处未见出廓。刀柄较短，不及刀身长度一半，刀柄两面两道脊线均未伸入刀身。面部"明"字居于刀身面部下部，字体较宽，

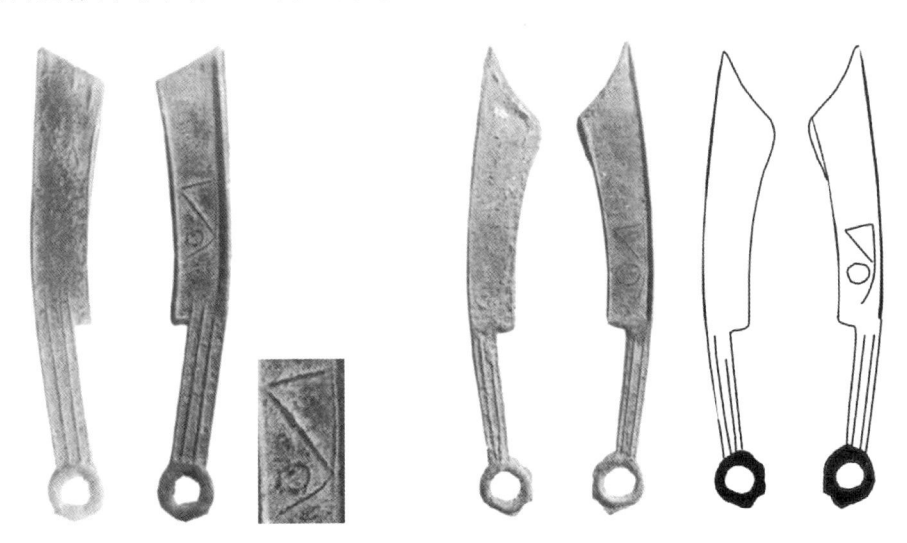

图 2-32 传青州出土方折"明"刀

"明"字"日"旁较大,"月"旁方折。刀环宽大。这一枚齐明刀具有早期尖首刀的遗存特征,应属于齐明刀的早期形制,值得重点关注。

(9) 1988 年山东省莱州市程郭乡出土 100 余枚齐明刀,烟台史庭耀收集了 15 枚。① 其中有背文者 5 枚,2 枚背文中有"莒冶"字样,资料极其珍贵。

(10) 1987 年在莒县故城南面残垣中段北侧,发现一刀币陶范作坊,出土了一批完整的陶范。共出土刀币范 64 块,其中完整的 12 块,分面文范和背文范两种。每范并列 5 个刀模,面部刻有反文方折"明"字,背面上半部多刻有"中"字,也有少数刻有一个文字或符号。1990 年山东莒县于家庄发现齐明刀 1 枚,刀首缺失,面文"明"字方折,与莒国陶范一致。②

(11) 1993 年淄博陈旭在周村一农民手中收得铅质方折"明"刀币 11 把,据估计碎片有一二百枚左右。刀身全长约 13.7、刀首宽约 1.7、刀首长 8 厘米,刀柄长 5.5、宽 1、厚 0.2 厘米。重 25 克左右。③

(12) 1994 年 4 月临淄区路山乡出土齐明刀 100 余枚,其中 12 枚形体较大,铸造较精,面部"明"字方折,幕部多为一字或一符号,也有四字,为"齐刀共金"。④

2. 河北地区

(1) 1960 年河北省沧县萧家楼出土刀币 10 339 枚,其中 10 338 枚刀币面文为"明"字。圆折"明"字刀 1 546 枚,方折"明"字刀 8 793 枚。⑤ 背文复杂,种类多达 465 种,有记数、符号、单字、干支、象形图案等类别,无齐国地名。背文多潦草无规则。经实际测量和检验,刀币长 13.8—14.5 厘米,重 12.7—25.3 克。其含铜量除了极少数超过 50%,绝大多数不及 40%,而含铅量大多超过 50%。

(2) 天津静海西钓台出土两枚,背文锈蚀不清。宝坻歇马台出土两枚,残。⑥

---

① 史庭耀:《试谈博山刀与齐明刀的关系》,《山东金融研究》增刊(钱币专辑),1991 年,第 100—103 页。
② 苏兆庆:《莒县故城出土的刀币陶范再议》,《山东金融研究》增刊(钱币专辑),1991 年,第 111—116 页。
③ 陈旭:《淄博发现铅"ϟ"字刀币》,《中国钱币》1996 年第 2 期。
④ 张光明、贺传芬:《齐明刀考古发现与研究》,《中国钱币论文集》第三辑,第 47—69 页。
⑤ 天津市文物管理处:《河北沧县肖家楼出土的刀币》,《考古》1973 年第 1 期。
⑥ 韩嘉谷:《天津地区出土的刀币》,《中国考古学会第五次年会论文集》,文物出版社,1988 年,第 180 页。

（3）天津静海王口出土约 500 枚（图 2-33），完整者较少，通长 12.6、首宽 1.4 厘米，无背文，铸造粗劣。① 形制与《大系》3800 和 3801 的两种刀相似。

3. 江苏地区

1965 年江苏省淮安市涟水县三里墩一座古墓墓室西南角出土小刀币，重 5 斤，数量在 300 个左右，多已破碎不堪。小刀弧背凹刃，刀柄有两道脊线。长 13.5、中宽 1.2 厘米。边缘参差不齐。刀面刀背都没有文字。② 此墓为封于齐地的汉初齐悼惠王的后代，墓中遗物有战国时期齐国的错金银铜器，所出刀币从形制上看也应属于战国齐地刀币。

图 2-33 天津静海王口出土方折"明"刀

4. 河南地区

（1）1995 年初，董留根收集到 20 余枚"博山刀"（图 2-34），据说出土于洛阳西新安县五头乡一砖窑场。刀币均残碎，计有仅缺环的 11 枚，刀首 2 枚、刀柄 8 枚。③

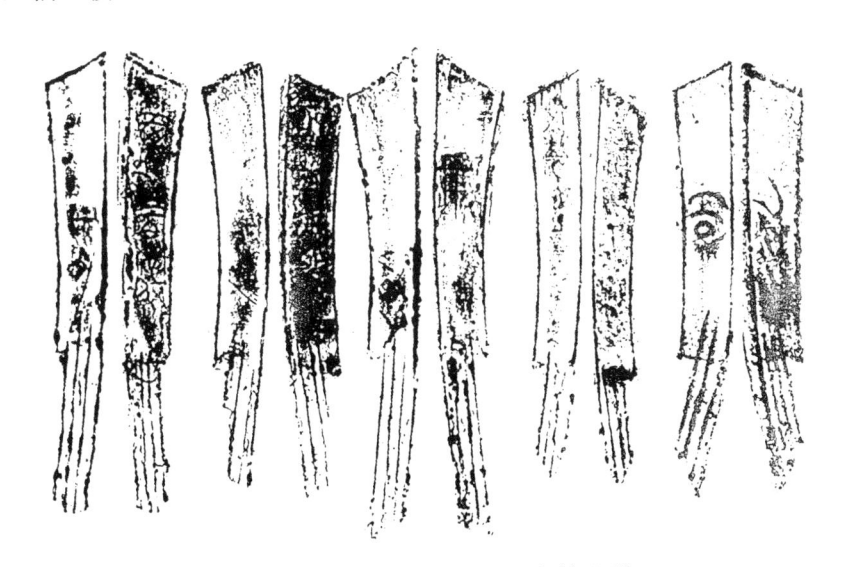

图 2-34 洛阳西新安县五头乡出土方折"明"刀

---

① 韩嘉谷：《天津地区出土的刀币》，《中国考古学会第五次年会论文集》，第 180 页。
② 南京博物院：《江苏涟水三里墩西汉墓》，《考古》1973 年第 2 期。
③ 董留根：《洛阳新安县发现博山刀》，《中国钱币》1996 年第 2 期。

（2）郑州岗杜墓葬群

郑州岗杜墓葬群 M112 出土残方折"明"刀币 1 枚（图 2-35 右），同出还有 4 枚空首布，3 枚方足布。① 据发掘者推断 M112 为战国晚期的竖穴空心砖墓。

（三）形式划分和年代判断

方折"明"刀可以分为 7 式，见图 2-36。

Ⅰ式，刀币刀首为尖首，刀身宽，刀首远宽于刀尾，刀柄不及刀身一半，具有尖首刀的形态，时代与尖首刀的时代相近。标本见《中国钱币》1990 年第 3 期中尖首方折"明"刀。

图 2-35 郑州岗杜墓葬群出土方折"明"刀

Ⅱ式，刀币刀首斜直较长，刀身宽，刀首明显宽于刀尾，刀柄约占刀身一半，具有刀币的早期形态。标本《图释》395，刀币长 14.07 厘米，刀首宽 2、刀尾宽 1.56 厘米，刀身长 8.14、刀柄长 4.34 厘米。环径 1.5—1.6 厘米。

Ⅲ式，刀币刀首斜直，刀身略宽，刀首宽于刀尾，刀柄约占刀身一半，"明"字"日"旁明显变小，"月"旁左撇先竖直，在收尾处斜撇明显，与Ⅱ式相比，"月"旁竖直较长，铭文位置更偏上。重量约 15 克。标本《图释》379，刀币长 14 厘米，刀首宽 1.78、刀尾宽 1.5 厘米，刀身长 8.45、刀柄长 4 厘米（刀身与刀柄之比为 2.11∶1）。环径 1.55 厘米，重 14.4 克。

Ⅳ式，刀币刀首斜直较矮，刀身略窄，刀首略宽于刀尾。刀柄约占刀身一半以上，面部"明"字细长，"月"旁方折三角形明显变小。幕部中部有铭文。刀柄脊线伸入刀身明显。标本《图释》381，刀币长 13.3 厘米，刀首宽 1.46、刀尾宽 1.2 厘米，刀身长 7.7、刀柄长 4.2 厘米（刀身与刀柄之比为 1.83∶1）。环径 1.3—1.4 厘米，重 13.2 克。面部有一"明"字，幕部有一铭文"公"。刀身四周出廓明显，刀柄脊线伸入刀身。

Ⅴ式，刀身近直，刀身为斜直矮首，刀首略宽于刀尾，刀柄脊线伸入刀身，刀身近直，刀柄约刀身一半以上，重量上多在 12 克左右。标本《图释》380，刀币长 13.28 厘米，刀首宽 1.71、刀尾宽 1.13 厘米，刀身长 7.34、刀柄

---

① 河南文物工作队第一队：《郑州岗杜附近古墓葬发掘简报》，《文物参考资料》1955 年第 10 期。

长 4.56 厘米（刀身与刀柄之比为 1.6∶1）。重 12.1 克。刀身稍瘦。面部"明"字细狭长，幕部有一铭文 土。刀身出廓，刀柄脊线伸入刀身。

Ⅵ式，刀币形制上略同于Ⅴ式刀币，重量上略轻一些。标本《图释》354，济南柴油机厂墓葬出土，面文"明"字方折，重 8.15 克。标本《图释》353，济南柴油机厂墓葬出土，面文"明"字方折，重 11.05 克。标本江苏涟水出土刀币，长 13.5、中宽 1.2 厘米。重量未标明，但从总数约 300 个，重 2 500 克（5 斤）推算每枚刀币 8.33 克。

Ⅶ式，刀币形制上略同于Ⅴ式刀币，重量上比Ⅵ式还轻，年代上略晚一些。标本《大系》3802 为马定祥提供的拓片。标本《图释》396，1988 年山东益都县郊区发现，面文"明"字方折，柄环残缺。标本天津静海王口出土，通长 12.6、首宽 1.4 厘米。

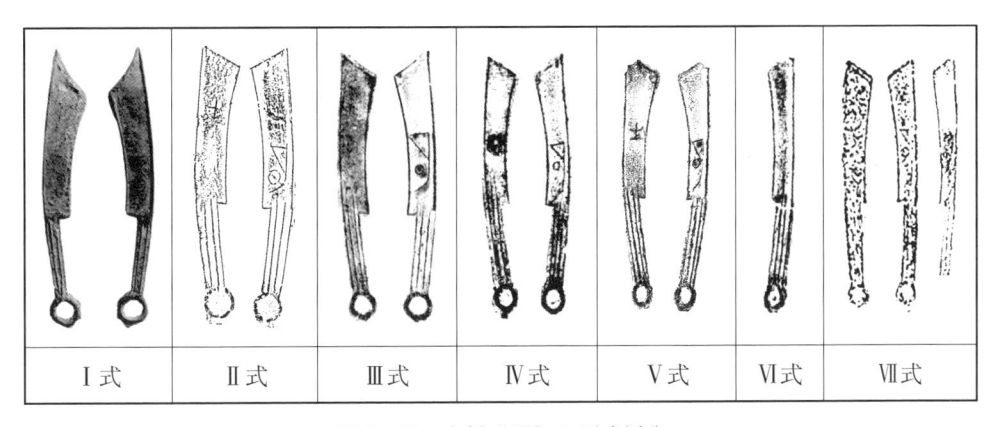

图 2-36 方折"明"刀型式划分

对于方折"明"刀的年代判断，Ⅲ式方折"明"刀（齐明刀）与黄锡全所定甲型燕明刀[①]同出，见于沧州肖家楼和满城柳佐镇出土的两批明刀，[②] 并且两批刀币都未见黄锡全所定乙型燕明刀，所以Ⅲ式方折"明"刀的时代与甲型燕明刀的时代接近，黄锡全所定甲型燕明刀的年代为战国中期前段（按黄文所定年代为公元前 372—前 333 年），[③] 所以Ⅲ式方折"明"刀（齐明刀）的年代应为战国中期早段至晚段，约有 50 年的时间跨度。

---

① 黄锡全：《先秦货币通论》，第 244 页。
② 天津市文物管理处：《河北沧县肖家楼出土的刀币》，《考古》1973 年第 1 期；田光（黄锡全）、周卫荣、赵仁久：《满城、迁西出土的明刀、尖首刀》，《中国钱币》2000 年第 2 期。
③ 黄锡全：《先秦货币通论》，第 244 页。

Ⅳ式方折"明"刀（齐明刀）与黄锡全所定乙型燕明刀同出，见于1995年初洛阳西新安县五头乡一砖窑场，① 同出还有Ⅲ式博山刀，并且未见黄锡全所定丙型燕明刀，所以Ⅳ式方折"明"刀与乙型燕明刀、Ⅲ式博山刀的年代基本相同。黄锡全所定乙型燕明刀的年代为战国中期后段（按黄文所定为公元前332—前279年，已经进入战国晚期早段），② 所以Ⅳ式方折"明"刀（齐明刀）的年代应为战国中期晚段至战国晚期早段，也约有50年的时间跨度。Ⅴ式方折"明"刀（齐明刀）见于济南千佛山战国墓出土的一批刀币，千佛山墓被破坏严重，从残存器物来看，出土铜鼎和铜壶与长清岗辛墓地出土的同类器（图2-37）类似，王恩田认为长清岗辛墓为典型的齐国战国晚期墓葬，③ 同出的铜鼎和陶豆具有明显的战国晚期风格，所以Ⅴ式方折"明"刀（齐明刀）应处于战国晚期，具体来说是战国晚期早段。

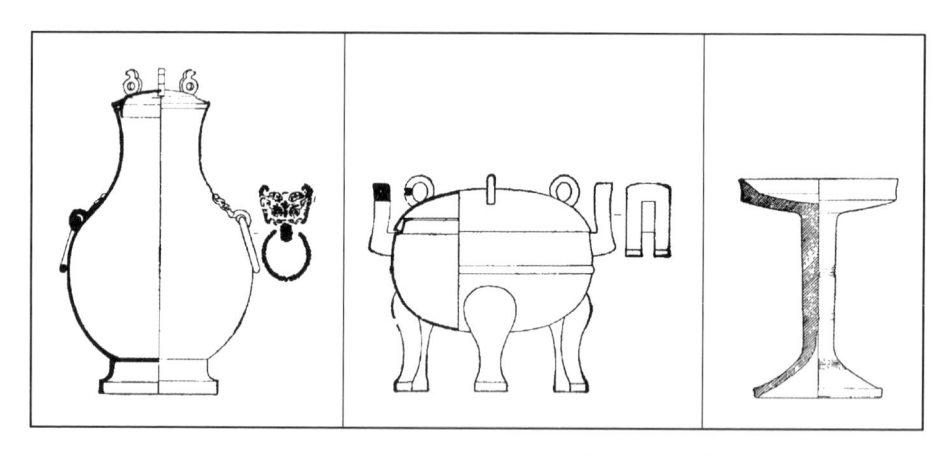

图2-37 千佛山战国墓与方折"明"刀同出器物

Ⅵ式方折"明"刀（齐明刀）见于江苏涟水三里墩西汉墓，④ 该墓虽属西汉墓，却出土不少战国晚期的青铜器。有学者甚至直接将该墓定为战国晚期的墓葬。⑤ 所以Ⅵ式刀的年代应是战国晚期，比Ⅴ式方折"明"刀的年代略晚一些，应处于战国晚期晚段。Ⅶ式方折"明"刀（齐明刀）的年代比Ⅵ式晚，

---

① 董留根：《洛阳新安县发现博山刀》，《中国钱币》1996年第2期。
② 黄锡全：《先秦货币通论》，第244页。
③ 王恩田：《莒公孙潮子钟考释与臧家庄墓年代》，《远望集》，陕西人民美术出版社，1998年，第313—318页。
④ 南京博物院：《江苏涟水三里墩西汉墓》，《考古》1973年第2期。
⑤ 王恩田：《对三里墩出土齐小刀币铸行年代的讨论》，《中国钱币》1993年第3期。

秦统一六国后便不再允许铸刀币，所以Ⅶ式方折"明"刀（齐明刀）的年代应处于战国晚期末端。

综上所述，方折"明"刀（齐明刀）的具体分期可见表2-26。

表2-26 方折"明"刀分期表

式别	战国早期早段	战国早期晚段	战国中期早段	战国中期晚段	战国晚期早段	战国晚期晚段
Ⅰ式	——					
Ⅱ式		————————				
Ⅲ式			————————			
Ⅳ式			————————			
Ⅴ式					——	
Ⅵ式					——	
Ⅶ式						——

（四）出土情况分析

方折"明"刀的出土情况见前文，此处仅列出统计表（表2-27）和分布图（图2-38）。

表2-27 方折"明"刀出土情况统计表

时间	出土地	博山刀	方折"明"刀	截首尖首刀	备注
1958年	青岛市城阳区		1		
1972年	济南千佛山		186		战国晚期墓中出土。
1974年	肥城张店村		100余		
1975年	青州市桃园乡拾甲村		17		
	牟平县绣花厂		7		
	牟平县西半城村				

续 表

时　间	出土地	博山刀	方折"明"刀	截首尖首刀	备　　注
1982年	昌邑县邹家村		96		背文模糊不清。
1988年	青州	1①	10	92	7枚与《大系》3800和3801的两种刀相似，面部"明"字方折细长，背面无铭文。
1988年	青州		10余	30余	
1988年	莱州程郭乡	2	100余		
1990年	莒县于家庄		1		
1994年	临淄区路山乡		12		齐明刀100余枚，有四字"齐刀共金"。
	即墨故城				
	临淄				
	平阳				有"平阳冶宋"。
1960年	河北省沧县萧家楼		8 793		1 546枚燕明刀，战国中期。
	天津静海西钓台		2		
	天津宝坻歇马台		2		
	天津静海王口		约500		
1965年	江苏涟水		约300		此墓为封于齐地的汉初齐悼惠王的后代，墓中遗物有战国晚期的齐国错金银铜器，所出刀币从形制上看也应属于战国晚期齐地刀币。
1995年	洛阳西新安县五头乡	至少2	至少1		20余枚，燕明刀1枚。
	郑州岗杜M112		1		同出4枚空首布、3枚方足布。

---

① 由《山东青州发现一批截首刀和博山刀》一文中可知至少有1枚带"莒冶"博山刀。

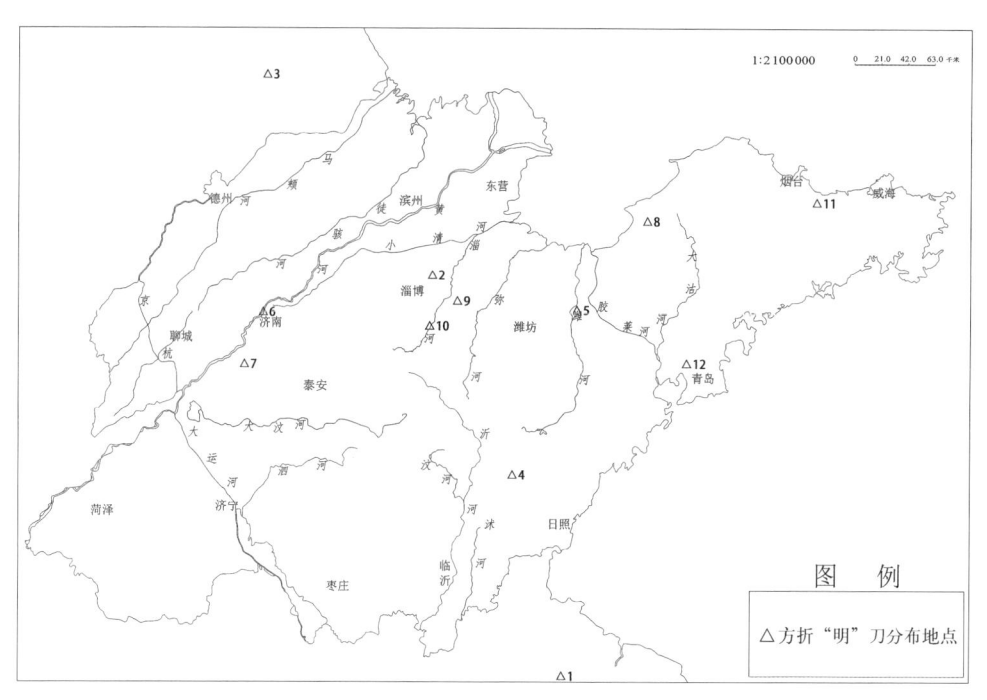

1. 江苏涟水 2. 临淄路山 3. 河北萧家楼 4. 莒县于家庄 5. 昌邑邹家村 6. 济南千佛山
7. 肥城张店村 8. 莱州程郭乡 9. 青州拾甲村 10. 青州市 11. 牟平西半城村 12. 青岛城阳

图 2-38　方折"明"刀分布示意图

目前来看，小型刀与燕明刀关系密切，战国早期已在山东地区见到小型刀，通过前面的研究可知，小型刀币中博山刀的流通范围比较窄，目前仅见于博山、青州、莱州地区，博山刀刀范目前也仅见于莒国故城。所以，可以明确的是博山刀为莒国故城铸造的一种流通范围较小的刀币，本质上属于方折"明"刀类型。除了博山香峪村出土情况不明外，其余出土博山刀的案例均与方折"明"刀共出。

方折"明"刀目前多见的地点有即墨、济南、临淄、肥城、青州、牟平、昌邑、莱州、莒县、河北沧州、天津等地，我们按其型式来考察，Ⅰ式和Ⅱ式方折"明"刀发现较少，目前仅见到个例，特别是Ⅰ式方折"明"刀具有典型的尖首刀的形制，故而推断为受尖首刀影响而制作的刀币。由于目前仅是个例，孤例不证，难以进行更多的分析。且刀币系个人收藏品，未见到实物，而刀币的真假是一个不容回避的问题，因此不宜过多论述。Ⅲ式方折"明"刀大量见于沧州肖家楼遗址，肖家楼遗址地处沧州南，近靠南运河，为战国时期河水支流所在，所以肖家楼刀币的流通可能与河水（黄河）运输有关。另一方面，此地近燕、赵、中山国之间，也存在齐与燕、赵、中山等国贸易往来的可能。1998 年在河北满城柳佐镇出土了一批明刀币，为方折"明"刀和圆折"明"刀共存，其中的方折"明"刀与沧州肖家楼出土的乙型Ⅰ式方折"明"刀相同。所见 30 余枚明刀中，方折"明"刀约占五分之一。① 值得注意的是，这批刀币的出土地在战国中期属于燕地，说明方折"明"刀性质同于圆折"明"刀，二者在燕齐边境附近常共出，其中较为显著的一点是在齐地以方折"明"刀为主，在燕地以圆折"明"刀为主。张光明认为："无论是尖首刀、齐成白刀，还是齐明刀，均是齐地商人为了与燕、中山诸国进行贸易交换便利在民间私铸的一种特殊货币。"② 这种说法有一定道理，其实可以进一步限制说明，齐明刀目前大量见于齐西北地区，说明战国中期齐西北"齐地商人"有可能本身就与燕、中山等地的人群有关。

另外值得注意的是牟平县绣花厂出土了战国中期的Ⅲ式齐明刀，莒县故城也出土战国中期的齐明刀陶范，说明战国时期齐明刀的流通范围为齐西北边境、胶东半岛、莒国故地等。齐西北边境地近中山、燕，为狄人经常活动区，黄锡全、林沄等先生均认为尖首刀为狄人的刀币，其活动区域有平山、藁城等鲜虞、肥、鼓等狄族聚居区，还有怀来、蔚县、浑源、延庆等桑干河河谷狄人活动区。狄人的活动区南已深入齐国的腹地，高青有狄城可作为一证。③ 据《高青县志》载，约公元前 800 年，长狄入侵，在济水北建鄋瞒国，都狄邑，或曰长狄所居（今高城西北 1 公里有遗址）。春秋初，今高青北仍为鄋瞒国地。公元前 607 年，齐王子成父打败长狄，高青复为齐地，战国时期，高青地属于齐。林沄认为戎狄并不是类似后来的匈奴、东胡一样的游牧民族，曾撰《戎狄非胡论》一文驳斥过这种错误观点。④ 从人种鉴定的结果来看，戎狄应该是和华夏一样的东亚蒙古人种，而不是匈奴、东胡那样的北亚蒙古人种。所以戎狄

---

① 田光（黄锡全）、周卫荣、赵仁久：《满城、迁西出土的明刀、尖首刀》，《中国钱币》2000 年第 2 期。

② 张光明、贺传芬：《齐明刀考古发现与研究》，《中国钱币论文集》第三辑，第 47—69 页；张光明：《从齐刀币的出土谈齐国货币的流通及相关问题》，《山东金融研究》（钱币专刊二），1988 年，第 89—98 页。

③ 张光明、于崇远、李新：《齐文化大型城址考古的又一重大发现——山东高青狄城故城遗址初探》，《管子学刊》2016 年第 1 期。

④ 林沄：《戎狄非胡论》，《林沄学术文集（二）》，科学出版社，2008 年，第 3—6 页。

和华夏的差别主要是"我诸戎饮食衣服不与华夏同",农业发达程度可能低于华夏,没有大规模的固定耕地,①畜牧占有较大比重。实际上,战国时期齐地济水以北地区为黄河故道,其间有多条东西向河流汇入渤海,河流沼泽遍地,不适宜农业生产,却非常适宜畜牧业,济水北的千乘即为齐国的养马畜牧之地。所以齐国济水以北的区域在战国时期和中山等狄族交往也应比较密切。

而胶东半岛的莱国,被称为莱夷,畜牧业很发达,《尚书·禹贡》中就有"莱夷作牧,厥匪檿丝"的记载,说明莱国畜牧、农桑业发达。《左传·襄公二年》:"齐侯伐莱,莱人使正舆子赂夙沙卫以索马牛,皆百匹,齐师乃还。"莱人一次送齐人马百匹牛百匹,可见数量之大。莱国所在的地理环境多为丘陵地带,也不适宜大规模耕种,经济形态和狄人相似,商业贸易在一定程度上比较发达,二者之间存在商贸往来。

莒国,地近莱国。莒国也为东夷人所建,据古史传说,莒人为少昊后裔,嬴姓,或云己姓,世代居住在山东东南地区。莒南大店出土的春秋时期的莒国铜器编钟,其铭文就有"央央雍雍,闻于夏东"②之语。莒国的疆域常有变化,大体来说,西周时期北到胶州一带,与莱为邻。莒国占有着今山东东南部的大部分地区,其沿海控制范围北至胶州湾,南抵江苏北端。《左传·隐公二年》有"莒人入向"的记载,这是"莒"在《左传》中最早的记载,唐孔颖达疏:"《谱》云:莒嬴姓,少昊之后,周王封兹与于莒,初都计,后徙莒。"计即计斤,应位于青岛胶州附近。《汉书·地理志》琅琊郡计斤县下注云"莒子始起此",颜师古注计斤为"介根"。计斤、介根当为一地二名。叶圭绶《续山东考古录》卷十七断定"计斤县故城在(胶州)西南五里,今城子村"。在胶州西菴遗址发现了明显具有东夷风格的素面鬲的墓葬,同遗址的墓葬甚至出土了方形铜彝、铜尊等高等级的礼器,高等级的墓葬随葬周式车马,③推测周边有西周时期莒人的居址和高等级的贵族墓葬,可能即为"介根""计斤"所在。西菴遗址在胶州城西南40多公里,现属于胶州市铺集镇西皇姑菴村附近。

莒国虽然拥有相当长的一段海岸线,但其经济重心似乎并没有靠近沿海地带,而是在内陆区域。目前发现的莒国重要遗址及青铜器出土地点,大都在内

---

① 林沄:《从张家口白庙墓地出土的尖首刀谈起》,《中国钱币论文集》第四辑,第95—96页。
② 山东博物馆、临沂地区文物组、莒南县文化馆:《莒南大店春秋时期莒国殉人墓》,《考古学报》1978年第3期。
③ 山东省昌潍地区文物管理组:《胶县西菴遗址调查试掘简报》,《文物》1977年第4期。

陆地区，尤以沭河流域最为集中。这说明莒人发展的重点在莒国疆域的中部和西部，对沿海地区开发比较忽视。莒初都于计斤，靠海尚近，而后迁至莒，离海越来越远。莒国、莱国经济具有互补性，地域邻近，莱国有渔盐之利，莒国偏于内陆，两者间早在很久之前可能就有贸易往来。莱国、莒国先后被齐国吞灭，地并入齐国。但人们的日常活动如经济往来很难立刻改变，更大的可能是沿袭历来的传统，即莒国、莱国等东夷先民的商贸往来有自己的传统和流通区域。

综上所述，齐国济水以北的地区、胶东半岛的莱地、莒国故地可能在春秋晚期时就有民间商业往来，这种情况随着战国时期经济的发展表现得更为明显。随着刀币在经济交往中的使用，齐国济水以北的地区、胶东半岛的莱地、莒国故地三地在战国中期均出现了Ⅲ式齐明刀的刀币，莒地甚至出现了背文为"莒冶"的博山刀样式。

莱、莒均属山东东夷先民，与中原地区的商周相比，东夷技术上并不落后，山东沿海地区在龙山文化时期就出现了铜制工具，表明山东沿海地区在龙山时期就有铜器加工制造了。胶县三里河遗址曾出土过两件铜锥形器，经有关机构鉴定，测定属于黄铜。[①] 日照尧王城遗址也曾出土过一些铜渣遗物。[②] 栖霞杨家圈遗址发现了1件残铜条和少量铜渣。[③] 长岛店子遗址曾出土过残铜片。[④] 以上种种考古发现足以说明，龙山文化时期山东沿海地区的先民就已经掌握了冶炼铜的方法，并在生活中应用。

莱国的金属冶炼水平很高，西周时期莱国已经能自己铸造青铜器了。《黄县志稿》载光绪二十三年（1897年）黄县城东鲁家沟出土一批青铜器，其中有一铜鼎刻有铭文"釐伯作旅鼎"，大多学者认为"釐"就是"莱"，陈梦家考证"釐"为"莱"之通假字。[⑤] 釐伯即莱伯，此为莱伯自铸器。从器型看这件器物属于西周时期，即说明西周时期莱国已经能够自己铸造青铜器了。1976

[①] 昌潍地区艺术馆、考古研究所山东队：《山东胶县三里河遗址发掘简报》，《考古》1977年第4期。

[②] 临沂地区文物管理委员会、日照县图书馆：《日照尧王城龙山文化遗址试掘简报》，《史前研究》1984年第4期。

[③] 山东省文物考古研究所、北京大学考古实习队：《山东栖霞杨家圈遗址发掘简报》，《史前研究》1984年第3期。

[④] 严文明：《论中国的铜石并用时代》，《史前研究》1984年第1期。

[⑤] 陈梦家：《西周铜器断代（五）》，《考古学报》1956年第3期。

年春日照崮河崖发现一座西周晚期的墓葬，出土 14 件青铜器，其中鬲有 4 件，在鬲的口沿都铸有铭文"鳌伯朕女子乍宝鬲，子孙永宝用"，① 就是莱伯的女儿嫁到莒国时，莱伯为女儿专门铸造的陪嫁品。莱国能够铸造铜器当与莱国境内矿产资源丰富有关，其冶铸规模和水平相当可观。齐灵公灭莱时，齐大夫叔夷作战有功，齐灵公赏赐叔夷"造□徒四千"，张政烺先生就考证□为铁，进而推测这句话表明齐灵公赏赐给叔夷的奴隶中有 4 000 人为冶炼工匠。② 而在春秋时期 4 000 个冶铁工人数目之大，实为可观。莱国和莒国可能有自己的冶铸传统，从技术上说冶铸刀币并不是难事。王献唐和王毓铨两先生均视大型刀币最初为莱人所铸，也是有可能的。

第三节　圆　　钱

齐圆钱指的是賹化（刀），主要有賹化（刀）、賹四化（刀）、賹六化（刀）。李佐贤《古泉汇》云："尝见宝（按李佐贤以第一个字为宝）一货、宝二货钱，似伪品，故不摹。"在先秦铜铸币四大体系（贝、布、刀、圆钱）中，圆钱出现最晚，但作为后来通行的钱形，其出现和流行意义重大，标志着中国金属铸币的形制仿照天然物（铜贝）和保留工具形态（布币、刀币）的时代行将结束，一个以穿孔圆钱为统一形式的时代即将到来。

（一）研究综述

賹化（刀）钱在唐以前的钱谱中就有著录。翁树培《古泉汇考》载，其友潘毅堂见到《永乐大典》记载的唐以前钱谱文字，著录过"宝四货""宝六货"两种。实际这种宝四货、宝六货当是賹四化（刀）、賹六化（刀）。宋人洪遵《泉志》，也著录过这两种賹化（刀）钱。清人钱谱著录丰富，有名的著作有初尚龄《吉金所见录》、翁树培《古泉汇考》、李佐贤《古泉汇》，但重在形制的描绘和钱文的释读，忽视了钱币的出土地点。最开始注意賹化（刀）钱出土地点的是陈介祺，"尽出山左"，字少而意义重大，对于探究賹化（刀）

---

① 杨深富：《山东日照崮河崖出土一批青铜器》，《考古》1984 年第 7 期。
② 张政烺：《汉代的铁官徒》，《历史教学》1951 年第 1 期。

钱的国别及其流通区域，有着重要的意义。王献唐也非常注重出土地点的著录，《中国古代货币通考》上册载：賹化出于东齐，各种齐刀亦出东齐，一坑之中，环、刀时或并出，各类备具。近岁即墨出一坑，即如此。

（二）发现和出土情况

圆钱的出土情况大体集中于青岛、济南地区。青岛地区有3例，1968年青岛市郊女姑口发现盛放于小陶罐中货币，其中賹四化（刀）2枚、賹六化（刀）1枚。另外还有刀币5枚，如"齐大刀"1枚、"齐之大刀"1枚。[①] 这是目前所见出土钱币最小的完整单元个案。1978年平度九甲村村民在大城西收废品时收得齐币20枚，其中賹四化（刀）、賹六化（刀）各1枚，还有"齐大刀"16枚，"即墨之大刀"2枚。[②] 1986年7月胶州后屯乡出土一窖賹化（刀）钱，共2千克。具体数量不详。[③] 另崂山区废品收购站曾收得齐币10余斤，内有賹四化（刀）、賹六化（刀），具体情况不明。济南地区有4例，1960年2月，济南市中区五里牌坊出土一批钱币，其中賹化（刀）2枚、賹四化（刀）292枚、賹六化（刀）305枚。另有刀币59枚，燕国"一刀"圆钱2枚。[④] 1970年历城港沟神武村出土齐币，多散失，收集到賹四化（刀）40枚、賹六化（刀）42枚，"齐大刀"5枚。[⑤] 1987年4月章丘后寨乡西省村村民打井时发现一个陶罐，内有賹四化（刀）、賹六化（刀）各1枚，半两钱18枚。据报道，半两钱为战国秦半两，陶罐时代不晚于战国。1987年10月，明水镇政府大院基建挖出一罐古钱，其中有賹化（刀）34枚、賹四化（刀）80枚、賹六化（刀）129枚，还伴出齐刀币308枚。[⑥]

其他地区发现较为分散，如1963年掖县（莱州）梁郭镇小家村发现一货币窖藏，出土刀币81枚，圆钱120枚。其中賹化（刀）钱2枚、賹四化（刀）37枚、賹六化（刀）81枚。[⑦] 1972年海阳县汪格庄出土齐币1800余枚，其

[①] 朱活：《古钱新典》上册，第62页。
[②] 杨树民：《平度市近年新发现齐国货币概况》，《山东金融研究》增刊（钱币专辑），1991年，第38—39页。
[③] 廉福银：《谈胶州发现的齐币》，《山东金融研究》增刊（钱币专辑），1991年，第43页。
[④] 朱活：《古钱新典》上册，第64页。
[⑤] 朱活：《古钱新典》上册，第64页。
[⑥] 王方：《谈章丘西省村的"半两"与"賹化"钱同时出土》，《山东钱币通讯》第3期；王方：《山东章丘出土齐刀、賹化圜钱》，《中国钱币》1994年第2期。
[⑦] 朱活：《古钱新典》上册，第62页。

中内有賹化（刀）2枚。1979年日照两城镇竹园大队（村）出土齐币窖藏，共出圆钱122枚，賹四化（刀）15枚、賹六化（刀）107枚，同出齐刀币197枚。① 1983年博兴县陈户乡镇田家村村东发现一批货币，齐刀币101枚，賹四化（刀）4枚。1984年1月在陈户乡镇东田村又发现一批货币，出土情况由于有了记载，信息更多了，"每十二枚一摞，整齐地摆放在一起"。两次共得刀币222枚、圆钱32枚。圆钱中賹四化（刀）29枚、賹六化（刀）3枚。② 1987年寿光桑家营子村出土货币窖藏，其中"齐之大刀"2枚，"齐大刀"50枚，賹四化（刀）5枚、賹六化（刀）8枚。③ 此外，鲁中南蒙阴下罗圈崖也发现一批钱币，其中賹四化（刀）、賹六化（刀）各5枚，系收集所得，具体数量不明。

齐国以外区域出土圆钱的地区主要有陕西、甘肃两地。1962年，首帕张堡村民在村西挖土时发现陶罐、陶釜5件，其中4器被砸，余1罐完好，存古钱近千枚，其中两甾钱1枚，賹化（刀）2枚，其余全是战国半两。据研究，这批古钱的入藏年代为战国晚期。④ 1988年甘肃宁县长庆桥镇农民在地下1米深处挖出一罐古钱，共2万余枚，重20余公斤。其中賹四化（刀）1枚，两甾2枚，其余全是半两钱。⑤

（三）钱文研究

清代古钱家对圆钱钱文有不同的解读。张端木《钱录》把第一个字认定为"赟"，刘燕庭认为"賹化（刀）"当为"宝货"，即《汉书·食货志》所说的周景王时所铸"肉好皆有周郭"的大钱。《吉金所见录》《古泉汇》等书均从此说。马昂《货布文字考》释賹为"燕"，认为賹化（刀）钱为燕钱。陈介祺根据賹化（刀）钱出土于山东，对周钱说提出怀疑。孙诒让根据金文提出此字当读为"益"。刘心源《奇觚室吉金文述》始定此字为"賹"，以賹化（刀）为齐钱。钱文第一个字读为"賹"，现已成共识。对于这两个字当如何解释，有地名说和计量单位说两种。王献唐持地名说，认为賹就是"今山左益

---

① 刘心健：《日照县出土两批齐国货币》，《文物》1980年第2期。
② 李少南：《山东博兴县出土齐国货币》，《考古》1984年第11期。
③ 贾效孔：《考古发现与齐币流通》，《山东金融研究》增刊（钱币专辑），1991年，第35—37页。
④ 陈尊祥：《陕西长安张堡秦钱窖藏》，《考古与文物》1987年第5期。
⑤ 周延龄：《长庆桥窖藏秦钱及所见的问题》，《陕西金融·钱币专辑》（15）。

都之益邑",大多数学者认为应属于计量单位。

(四) 赒化(刀) 单位及等级

赒化(刀)的钱文有赒化(刀)、赒四化(刀)、赒六化(刀),可以明确的是赒化(刀)、赒四化(刀)、赒六化(刀)之间应为1∶4∶6的关系,但具体到单个钱币,考虑到铸赒化(刀)钱的精确性不高,具体数值会有所变动。依据朱活《古钱新探》、王毓铨《中国货币的起源和发展》、马飞海《中国历代货币大系》先秦卷中赒化(刀)钱的重量来做一统计,具体见表2-28。

表2-28 《古钱新探》等书中所见赒化(刀)钱重量统计表

名称	圆钱重量实例(克)										数据来源
赒化(刀)	1.1	1.15	1.17	1.25	1.25	1.26	1.28	1.3	2	2.35	《古钱新探》
	1.1	1.15	1.2	1.3	1.35	2.15	2.35				《中国货币起源的起源与发展》
	2	2.5	2.5	3							《中国历代货币大系》先秦卷
赒四化(刀)	4.7	5.1	5.1	5.11	5.22	5.35	5.37	5.45	5.45	5.77	《古钱新探》
	6.02	6.2	6.2	6.22	6.27	6.5	6.55				《古钱新探》
	4.7	5.45	5.77	6	6.15	6.5	6.5	6.6			《中国货币起源的起源与发展》
	4.5	5	5.5	6	6.5	6.5	7	10.5	10.5		《中国历代货币大系》先秦卷
赒六化(刀)	7.4	7.7	7.75	8.12	8.12	8.24	8.25	8.81	8.9	8.91	《古钱新探》
	8.93	9.05	9.14	9.14	9.23	9.3	9.3	10.22			《古钱新探》
	7.4	9.05	9.2	9.3	9.4	10.3					《中国货币起源的起源与发展》
	8.5	8.6	9	9.5	10						《中国历代货币大系》先秦卷

山东地区出土的赙化（刀）也有相应的重量，列表 2-29 对应如下：

表 2-29　山东地区出土赙化（刀）钱重量统计表

出土地	货币种类及数量	重　　量
掖县小家	赙化（刀）2 枚	1.6、1.87 克
	赙四化（刀）37 枚	5.7—6.4 克
	赙六化（刀）81 枚	8—11 克
博兴陈户	赙四化（刀）29 枚	5—5.3 克
	赙六化（刀）3 枚	8.3 克
青岛女姑口	赙四化（刀）2 枚	6.5、6.6 克
	赙六化（刀）1 枚	9.6 克
胶州后屯	赙四化（刀）	约 6—7 克
	赙六化（刀）	9—10 克
日照竹园	赙四化（刀）15 枚	6 克
	赙六化（刀）107 枚	9 克
济南五里牌坊	赙化（刀）2 枚	1.3、1.2 克
	赙四化（刀）292 枚	5.1—5.35 克
	赙六化（刀）305 枚	7.4—8.12 克
章丘西省	赙四化（刀）	5.6 克
	赙六化（刀）	7.7 克
章丘明水	赙化（刀）34 枚	1.4—2.2 克
	赙四化（刀）80 枚	4.9—7.9 克
	赙六化（刀）129 枚	7—11.3 克

综合分析可知，赙化（刀）钱的重量在 1.1—3 克之间，多在 2 克以下，2 克以上少见。赙四化（刀）钱的重量为 4—8 克，7 克以上少见，多在 7 克以下。

賹六化（刀）钱的重量为7—12克。古钱重量不一，有铸造技术方面的问题，在当时的技术条件下，不可能铸造出重量完全一样的货币，而且个体之间的差别较大；另一个重要的原因是，货币发展到战国晚期，人为的减重普遍存在。

由于賹化（刀）钱的重量不一，很难主观判定哪一种重量为该钱币的标准重量。汪庆正《中国历代货币大系》先秦卷总论中说，10克重的賹四化和2.5克重的賹化（刀），可能是一种正常的钱重。但这也存在问题，"如果按照这个标准计算，则一枚賹六化的正常钱重应当达到15克，但是迄今所见最高不过13克，最多见的为9克左右，达到10克的也罕见"。

学界所以关心賹化（刀）钱的标准重量，是关注賹化（刀）钱和齐刀币之间货币币值的换算问题，因为二者常在一起出土，作为同出齐国法定货币的意义明显。但二者之间如何换算，是关键问题。实际上，要想得到具体的賹化（刀）钱的标准重量值是很难的，正如上述提到的两个原因。然而，要解决賹化（刀）钱和齐刀币之间货币币值的换算问题不需要具体的标准重量值，只要有个相对的重量区间就可以进行换算。

但这样的换算往往会换算成带有小数点的倍数值，如何进行左右取舍也是个问题，这也是一直没有一个具体换算数值的原因。考虑到古人的实际情况和经济活动往来的方便，币值之间的换算必定为整数值。从这个角度出发，賹化（刀）、賹四化（刀）、賹六化（刀）之间1∶4∶6的对应关系给了我们很大的启示，按照数字的基本属性，1、4和6三个数字之间的最小公倍数为12，再往上依次翻倍为24、48……实际上12、24、48三个数字就足够了。具体来说就是"齐大刀"和賹化（刀）之间的比值为12∶1或24∶1或48∶1。综合上文"齐大刀"的重量多在30—40多克之间，"齐大刀"和賹化（刀）之间的比值为24∶1更为合适。

下面试举出土賹化（刀）钱较多的几个遗址进行比较（表2-30）。

表2-30 山东地区出土賹化（刀）钱与齐大刀重量对比

出土地	货币种类及数量	重量	对应齐大刀的重量
掖县小家	賹化（刀）2枚	1.6、1.87克	38.4、44.88克
	賹四化（刀）37枚	5.7—6.4克	34.2—38.4克
	賹六化（刀）81枚	8—11克	32—44克

续　表

出土地	货币种类及数量	重　量	对应齐大刀的重量
博兴陈户	賹四化（刀）29 枚	5—5.3 克	30—31.8 克
	賹六化（刀）3 枚	8.3 克	33.2 克
青岛女姑口	賹四化（刀）2 枚	6.5、6.6 克	39 克
	賹六化（刀）1 枚	9.6 克	38.4 克
胶州后屯	賹四化（刀）	约 6—7 克	36—42 克
	賹六化（刀）	9—10 克	36—40 克
日照竹园	賹四化（刀）15 枚	6 克	36 克
	賹六化（刀）107 枚	9 克	36 克
济南五里牌坊	賹化（刀）2 枚	1.3、1.2 克	31.2 克
	賹四化（刀）292 枚	5.1—5.35 克	30.6—32.1 克
	賹六化（刀）305 枚	7.4—8.12 克	29.6—32.48 克
章丘西省	賹四化（刀）	5.6 克	33.6 克
	賹六化（刀）	7.7 克	30.8 克
章丘明水	賹化（刀）34 枚	1.4—2.2 克	33.6—52.8 克
	賹四化（刀）80 枚	4.9—7.9 克	29.4—47.4 克
	賹六化（刀）129 枚	7—11.3 克	28—45.2 克

其中有些数值和"齐大刀"的数值能够对应上，比如章丘明水出土的一批。在整个列表中，数值的起始值很可能对应不上。其实，每种賹化（刀）钱都有少量的非常轻的钱币；还应考虑一种情况就是货币发展到圆钱阶段，币值减重非常明显，时代越晚减重越明显。这从另一个方面说明，賹化（刀）钱的重量的大值和"齐大刀"的重量非常契合。

第三章
齐国钱范及铸造工艺

本章分别对齐大型刀、明刀和圆钱的钱范进行详细考察,进而观察分析齐国货币的铸造工艺和流程,结合货币本身的合金分析,尝试复原齐国货币铸造的工艺流程。

第一节 大型刀币范

一、研究概况

古代铸钱所用的范,在清初之前的未见有著录,最早见到范的记录始于清初朱竹垞见马衎斋大泉五十一品,始定为范(见《曝书亭集》的《跋新莽钱范文》及《新莽钱范铭》)。《西清古鉴》《钱录》录入。刀币范的收藏见刘燕庭,先后得齐刀、赒化(刀)诸范。《古阁泉说》有二十余枚。有清一代,著录钱范当以《古泉汇》一书为集大成。王献唐《中国古代货币通考》中专列"铸钱技工之演变"一篇,其"周代范制"中就有齐刀币范和齐环币范。齐环币即齐圆钱。

二、刀范出土情况

(一)临淄城西关郊外大佛寺遗址

"齐大刀"含沙陶范,亦称土范、石膏范,刀范长方形,如薄砖,范用沙土冻合而成。此范刀模三枚,刀文阴刻反书,刀环下端,各刻一流,再会为总流,通至范下端。此系刀面范,为山东王献唐氏藏。[①] 王氏曰:"现陈(介祺)

---

① 朱活:《古钱新典》上册,第71页。

氏所藏，泰半归山东图书馆。馆中复从益都孙氏及临淄得二三十枚，各范十九残缺，完整者每由拼凑而成，不拼凑者，百不得一也。"①此范亦为两截拼凑而成者，现藏山东博物馆。②

山东博物馆藏1块大佛寺遗址出土的刀范（图3-1），③与朱活所记的"范亦为两截拼凑而成者"不是一范，此范较为完整，惟右下角缺失。此块范为面范，长26、宽12、厚3.1厘米，重1650克。左侧刀模长17.37、最宽2.8、廓厚0.3—0.6厘米，刀柄长5.1厘米。刀环外径2.65厘米。中间刀模长17.73、最宽2.9厘米，刀柄长5厘米。刀环外径2.65厘米。面文"齐大刀"三字字体粗大、结构松散，为晚期"齐大刀"式样。

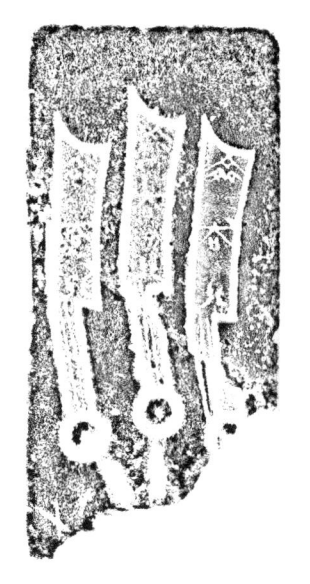

图3-1 大佛寺遗址出土"齐大刀"面范拓片

（二）临淄安合庄齐刀范

安合庄铸钱遗址位于齐故城小城内的南部，具体地点在安合庄村西南约120米，南距小城南墙约50米。遗址的规模较大，东西约190米，南北约130米，面积约2.4万平方米。1965年为寻找齐故城铸钱遗址，山东省文物工作队在遗址中部高地上进行了小范围的考古发掘，发掘面积35平方米，出土刀币范数十块，④陈旭曾在此多次收集到齐刀币陶范，最多一次达56件。据介绍，齐故城小城内1972年、1982年、1984年、1986年（两次）共计5次发现"齐大刀"陶范。1972年和1982年出土的情况见《齐国古城出土的刀币范》一文，⑤据介绍，出土于安合村西南齐故城小城南部的铸钱遗址，发现了八块夹砂陶质"齐大刀"残范。具体情况见表3-1：

---

① 王献唐：《中国古代货币通考》，第1513页。
② 朱活：《古钱新典》上册，第71页。
③ 山东省钱币学会编：《齐币图释》，第476页。
④ 山东省文物考古研究所编：《临淄齐故城》，文物出版社，2013年，第183页。
⑤ 张龙海、李剑、张继彬：《齐国古城出土的刀币范》，《山东金融研究》（钱币专刊），1987年。

表 3-1 1972 年和 1982 年齐故城出土 "齐大刀" 陶范统计表

编号	尺寸（厘米）			描　　述
	长	宽	厚	
其一	13.5	9.5	3.2	面范，柄残长 3.5、宽 1.5、环外径 2.5 厘米，环中心有一小孔。
其二	10	13.2	3.4—4	面范，存柄部三枚，柄长 9、浇铸口宽 4.5 厘米，浇道上口宽总 6.7、下口宽 1.2 厘米，环外径 2.5 厘米，环中间有一小孔。右上角阴刻范号 "〰"。
其三	15	2.8—6.6		面范，存一刀模环柄部，柄长 9、环外径 2.8 厘米，支浇道长 6 厘米，范左上角阴刻范符号 "⊥"，背有 1 个指印。
其四	9	7	3	面范，存刀模环部二枚，残存刀身 1.5 厘米，环有通向总浇铸口的支道，左侧长 6、中间长 3.5 厘米。范左上角阴刻符号 "中"。
其五	14	3.6	3.2	面范，存 "齐大刀" 钱模二枚，左枚残长 12、最宽 3 厘米，柄长 5、宽 1.5 厘米，右枚长 13.2 厘米。背存两指印。模内存一些深青色的涂料。
其六	9.2	10	2	面范，存刀模三枚，右侧长 6 厘米，中间存 6 厘米，最宽 2.3 厘米，存 "齐大" 二字，左侧刀模残长 4、最宽 2.8 厘米。
其七	9.2	6.6	3.2	面范，存一刀模刀身部，长 6.5、最宽 3 厘米，有 "齐" 字，背存一指印。
其八	3	9.5	1.5	背范，存刀模身部二枚。右枚长 7、最宽 2.3 厘米，上部阴刻三横，中间刻 "♦" 符号，下部刻 "上" 字。左枚，长 5、最宽 2.2 厘米，上、中部与右枚同，下部阴刻 "土" 字。质地为红陶范。模内存黄色的涂料。

安合庄位于淄河以西临淄故城小城内，据考古勘探和调查此地为铸钱遗址。只有成品残范，早期细字范类型和晚期粗字范类型都有，无完整范和范坯发现。

（三）临淄小城西门外

遗址位于齐国故城小城西门西南侧，紧邻城墙。2019 年山东省文物考古研究院对其进行发掘（图 3-2、图版三），重要发现有夯土基址 JZ1 和大量的齐刀币范。刀币范的集中发现在发掘区西部，出土数量较大，总数达 1 300 余块，但残破程度较为严重（图 3-3、图版三），范坑内还有大量的硫渣、坩埚等遗物，推测附近应存在铸钱作坊。①

图 3-2　2019 年小城西门外发掘区全景

图 3-3　2019 年小城西门外发掘出土钱范

2020 年再次对小城西门西侧夯土基址西南侧开始进行发掘，其面积为 500 平方米。在发掘区西部分布有货币范废弃坑和水井等遗存，出土刀币范数量近千余块（图 3-4、图版四），有背范和面范两种，面文均为"齐大刀"，另发

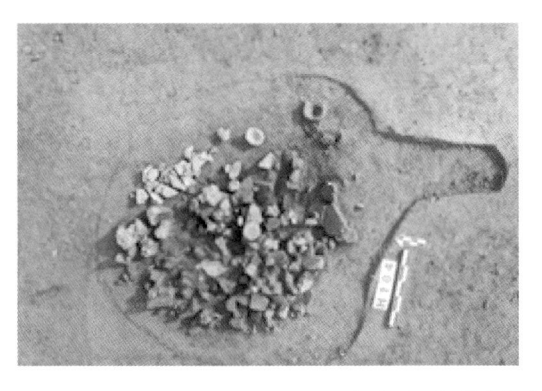

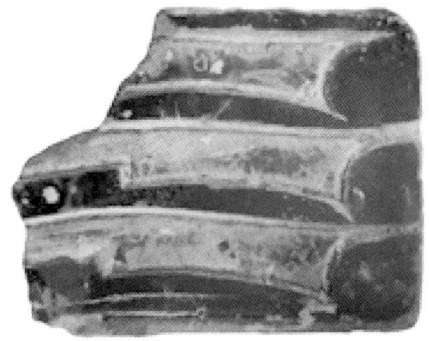

图 3-4　2020 年小城西门外发掘的范坑遗迹和出土的刀币范

---

① 资料见《山东省文物考古研究院 2019 年度田野工作汇报会（下）》，山东考古（微信），2020 年 1 月 23 日。

现有少量圆钱范。刀币范坑和水井内还有一些冶铸相关的遗物，比如一些细砂颗粒、碳末等遗物，推断该遗址可能存在战国晚期的铸货作坊遗址。①

（四）齐故城大城南城墙中部内侧"城圈地"

2009年有人在临淄齐国故城一农民处收得齐刀币范56块（图3-5），据介绍均在一处名为"城圈地"的地方捡到。同时，另一农民捡到80余块，已售于他人。经实地考察后认为"城圈地"就在齐故城大城南墙内侧。②

图3-5 齐故城大城南城墙中部内侧"城圈地"出土齐大刀面范和背范

据介绍，面范共26块（表3-2），三枚齐刀钱模并排，通过拓片可知，"齐大刀"三字结构松散，字形较大。"刀"字有两种写法：一种为正写的"北"字，另一种为反写"35"。带"刀"字刀范共8块，其中5块为反写的"刀"，3块为正写的"刀"。

背范共25块（表3-3），三枚齐刀币背模并排，背文有"生""甘"，其余不清。还有5块陶范仅存浇铸口及少部分刀环，故分不清是面范还是背范。

---

① 董文斌：《临淄齐故城小城西门西侧夯土基址》，《山东省文物考古研究院2020年田野考古主要收获（二）》，山东考古（微信），2021年2月9日。

② 陈旭：《山东临淄新发现齐刀币铸钱遗址》，《中国钱币》2011年第1期。

表3-2 齐故城大城南城墙中部内侧"城圈地"出土齐大刀范面范统计表

编号	尺寸（厘米） 长	尺寸（厘米） 宽	尺寸（厘米） 厚	钱 范 特 征
1	132	110	35	存三枚刀币上部，有"齐大"二字，侧面有合模线。
2	132	112	30	存三枚刀首，有"齐大"二字，侧面有合模线。
3	140	100	36	存二枚半刀币下部，有"刀"字，"刀"字反书。
4	85	72	32	存一枚刀柄及环，范侧面带一范号"卜"字。
5	90	62	31	存一刀环及一浇道，"屮"字范号。
6	113	80	30	存两枚刀中部，有"齐大刀"三字，"刀"字反书。
7	90	74	32	存一刀首，有"齐"字，侧面有合模线。
8	130	95	31	存三枚刀中部，有"大刀"二字，中间断裂，"刀"字反书。
9	130	84	32	存三枚刀柄，有半个"刀"字，正书，侧面有合模线。
10	70	70	35	存一枚半刀首，有"齐大"二字。
11	110	82	35	存一枚半刀中部，有"刀"字，正书，侧面有范号"丿"。
12	95	65	30	存一枚刀柄及浇铸口。
13	110	85	35	漫漶不清。
14	110	90	34	存两枚刀中部，有"大刀"二字，侧面有合模线。
15	110	90	33	存两枚刀上部，有"齐大"二字。
16	88	60	33	存一枚刀中部，有"刀"字，反书。
17	132	105	33	存三枚刀首，有"齐"字，侧面有合模线。
18	101	98	32	存二枚半刀环及浇铸口，带"上"字范号。
19	137	75	35	存三枚刀柄。
20	85	60	33	存一枚刀首，有"齐"字。
21	110	85	33	存二枚刀柄及浇铸口，带范号"●"，侧面有合模线。
22	150	122	32	存三枚刀柄及浇铸口，带范号"三"，断为三块。

续 表

编号	尺寸（厘米） 长	尺寸（厘米） 宽	尺寸（厘米） 厚	钱 范 特 征
23	85	75	33	存二枚刀首，有"齐"字，侧面有合模线。
24	90	70	35	存半枚刀环及浇道，侧面有合模线。
25	68	68	33	存半枚刀环及浇道。
26	92	74	31	存一枚半刀中部，有"刀"字，正书。

注：数据源自《山东临淄新发现齐刀币铸钱遗址》一文，文字略有改动。

表3-3 齐故城大城南城墙中部内侧"城圈地"出土齐大刀范背范统计表

编号	尺寸（厘米） 长	尺寸（厘米） 宽	尺寸（厘米） 厚	钱 范 特 征
1	122	100	28	存三枚刀首，有"≡"符号，侧面有合模线。
2	155	130	31	存三枚刀的下部及浇铸口，背文有"生"，带范号"介"，侧面有合模线。
3	84	60	35	存一枚刀柄。
4	70	50	34	存一枚刀首，有"≡"符号。
5	110	85	27	存二枚刀的下部及浇铸口，背文"廿"。
6	132	127	32	存三枚刀的上部，有"≡""♦"符号，背文不清。
7	100	95	32	存二枚刀身，背文"生"。
8	132	70	28	存三枚刀尖，侧面有合模线。
9	137	129	35	存三枚刀柄及浇铸口，带范号"♦"，侧面有合模线。
10	115	106	32	存三枚刀环及浇铸口，侧面有范号"Y"。
11	94	50	33	存一枚半刀柄。
12	70	62	29	存一枚刀的中部，背文不清，字体粗犷。
13	92	70	33	存一枚刀环及浇铸口，带有范号"ʓ"。

续　表

编号	尺寸（厘米） 长	尺寸（厘米） 宽	尺寸（厘米） 厚	钱范特征
14	87	75	30	存一枚刀柄。
15	115	62	26	存一枚刀柄及浇铸口，侧面有两条合模线。
16	110	55	36	存二枚刀柄。
17	100	80	26	存一枚半刀首，有符号"☰"，侧面有合模线。
18	86	77	32	存一枚半刀首，有符号"☰"，侧面有合模线。
19	135	105	32	存三枚刀柄刀环。
20	130	105	30	存三枚刀环及浇铸口，带范号"〇"。
21	101	90	27	存三枚刀柄及浇铸口，侧面有合模线。
22	124	70	33	存二枚刀环及浇铸口。
23	95	65	32	存三枚刀柄。
24	113	80	29	存一枚刀环及浇铸口，侧面有合模线。
25	71	65	25	存二枚刀柄及浇铸口，侧面有合模线。
26	118	70	32	存浇铸口，有范号"廿"，分不清面背。
27	71	65	25	存浇铸口，有范号"丰"，分不清面背。
28	88	85	31	存二半枚刀环及浇铸口，分不清面背。
29	93	70	34	存一枚半刀环及浇铸口，分不清面背。
30	80	68	28	存一枚半刀环及浇铸口，侧面有合模线，分不清面背。

注：数据源自《山东临淄新发现齐刀币铸钱遗址》一文，文字略有改动。

（五）安平故城内西南角（临淄区皇城镇张家庄村西南头）

2016年4月山东省淄博市临淄区皇城镇张家庄村西南头，村民在建蔬菜大棚时，挖出了一批"齐大刀"陶范，据介绍，这批刀范大约有几十块，出土时多数整齐排列，有的两块正背相合、锈结在一起。范均为夹砂灰陶，完整的范尺寸为长 27—27.5、宽 13—13.5、厚 2.9—3.5 厘米。这批刀范从文字特点和夹砂较粗的情况来看，皆为晚期粗字刀范类型，并包含有范坯、半成品范和成品范等几个类型。

（六）青州前范王庄齐刀范

此地共有两次出土记载，第一次发现见于光绪《益都县图志》第二十六卷石刻下，"齐厺化背三十化　光绪丁亥范王庄掘土所得，范质以石屑陶冶而成，与刘燕庭所收宝六化石范同"。① 光绪丁亥为光绪十三年（1887 年），"齐厺化"即刀币面文，今释"齐大刀"。"三十化"已标明为背文，但"三"实际上是背上部三横标志，"十"为常见背部中间标识，"化"为背文，今释读为"刀"。实际上，这里只记述了面范背范铭文，具体数量不清，至于"益都城北二十里前范王庄村民挖地时挖得齐法化刀币范一窖"当细究来源出处。

第二次是 1965 年出土，现藏青州博物馆，由面范和背范组成（图 3-6），不仅保存完整，而且属于同一套范。周边目前发现冶铸遗址，此地西北距临淄

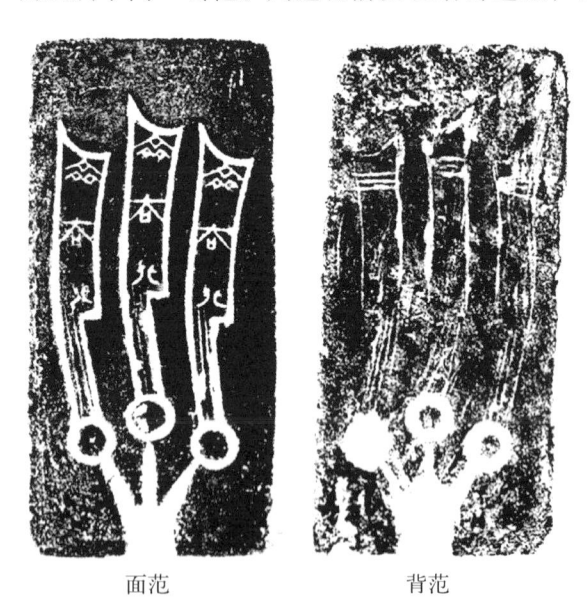

面范　　　　　背范

图 3-6　青州前范王庄出土"齐大刀"面范和背范

---

① 见《光绪益都图志》，据清光绪三十三年（1907）刻本影印，第 324 页；隋同文等点校：《益都县图志》，中国文史出版社，2006 年，第 504 页。

安平故城约12公里。这批范的特点是皆完整，面范二，背范一，背有指窝，长27、宽13、厚3.5厘米。两范都有铸造使用痕迹。阴刻背文"齐大刀"三字，字体粗大，结构松散，为晚期"齐大刀"式样。

面范左侧刀模长17.56、最宽2.7厘米，刀柄长5.13、刀环外径2.56厘米。中间刀模长17.65、最宽2.8厘米，刀柄长5.08、刀环外径2.54厘米。右侧刀模长17.63、最宽2.8厘米，刀柄长5.03、刀环外径2.59厘米。浇铸口宽2.78厘米，离分支浇道2.46厘米，分支浇道（左、中、右）长2.82、3.25、3.05厘米。刀身出廓边厚0.2—0.41厘米。出廓较厚。背范中间左侧刀模缺环部，中间刀模长16.88、最宽2.31厘米，刀环外径2.55厘米。浇铸口宽2.86厘米，离分支浇道3.3厘米，分支浇道（左、中、右）长1.88、2.07、1.75厘米。分支浇道较短。背范刀身刻线浅而细，不清晰。刀环粗大，内径较小。

（七）青州西辛战国墓地齐刀范

青州西辛战国墓出土齐刀范44件，具体地点位于墓葬的北墓道东侧（图3-8、图版五），"结合墓葬椁室石椁的缝隙之间都以融化的铁汁或铅汁浇灌的现象推测，此处当为建筑椁室时现场融化铁汁和铅汁的熔炉所在位置"。[①] 所出刀范与安平城大张村刀范形制相类，为晚期粗字刀类型，共计37块，皆残（图3-7），有明显的铸造使用和烧灼痕迹。另有较完整范坯（图3-9、图版六）7块，长26—27、宽12.6—13.5、厚3.6—4.8厘米，颜色多为灰褐色，推

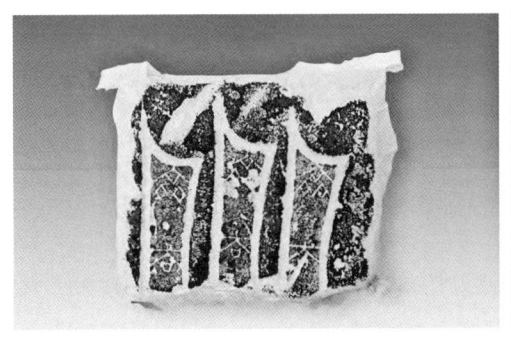

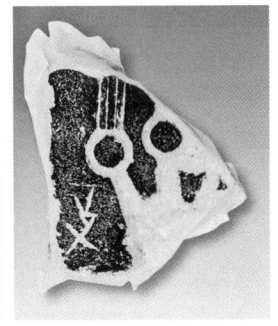

图3-7 青州西辛墓冶铸遗迹出土刀范

---

① 庄明军：《青州西辛古墓出土齐刀币范的认识》，《中国钱币》2010年第1期；山东省文物考古研究所、青州市博物馆：《山东青州西辛战国墓发掘简报》，《文物》2014年第9期。

图3-8 青州西辛墓冶铸遗迹及刀范出土情况

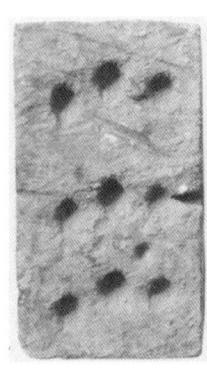

图3-9 青州西辛墓冶铸遗迹出土完整刀币范坯

测是未经高温灼烧，部分砖上有一层白色涂抹物，少数砖上有刻划符号，有的侧面有合模线，背面有指窝。另据庄明军叙述，较完整的范坯数量有30余块。①

西辛战国墓出土的刀币范有成品残范和完整的范坯，从面文来看属于晚期粗字刀范类型。从出土遗迹考察，这批范和墓葬内的冶铸遗迹有关，用以熔化铁汁或铅汁来浇铸椁室，属于二次利用，已脱离原本的使用场景，应该与铸钱无关，可能当作耐火砖来使用。

（八）福山刀币范

福山三十里堡古城，《登州府志》等记为春秋牟子国故城，于钦《齐乘》以此为汉牟平县城。另据《福山县志·金石志》载，在这个古城南侧的小王家村曾出土过齐刀币范，形制与临淄所出者同。②《福山县志·金石志》金石存目条下：③

齐三字化土范（出小汪家村，范正面列刀二面，背商文三字，首通流道，

---

① 庄明军：《青州西辛古墓出土齐刀币范的认识》，《中国钱币》2010年第1期。
② 李步青、林仙庭：《烟台地区出土古货币及有关问题》，《山东金融研究》（钱币专刊一），1987年，第68页。
③ 见《福山县志稿》，《中国方志丛书·华北地方》第五十五号，据民国二十年铅本影印，成文出版社，1968年，第833—834页。

长径宽，缺三字。字已模糊，与青州临淄所出者同）。

齐四字化（出县城外）

齐三字化（出山儿汪家村）

其地在汉代当为牟平县治，并在此处铸币。

结合《齐币图释》中福山三十里堡出土的"齐大刀"来看，福山铸"齐大刀"的年代当处于战国晚期，有一些未见的刀币的背义。福山出现刀币范，说明战国晚期"齐大刀"的铸造地点不限于临淄一地，各地出现的刀币范可能都是晚期刀币范，一种情况可能是刀币的需求量变大，一地铸造难以保证需求；另一种情况可能是战国晚期，都城对刀币的控制力下降，像福山之类地方出现了地方私铸的情况。福山地区不仅铸"齐大刀"，还有可能私铸六字刀币，因为在三十里堡出土了六字刀币，其面文松散，字体较宽，背文有的为 ，仅见三里堡刀币出土有此背文，推测可能为战国晚期私铸六字刀币。另外，在临朐、潍县据说也有齐刀范出土。

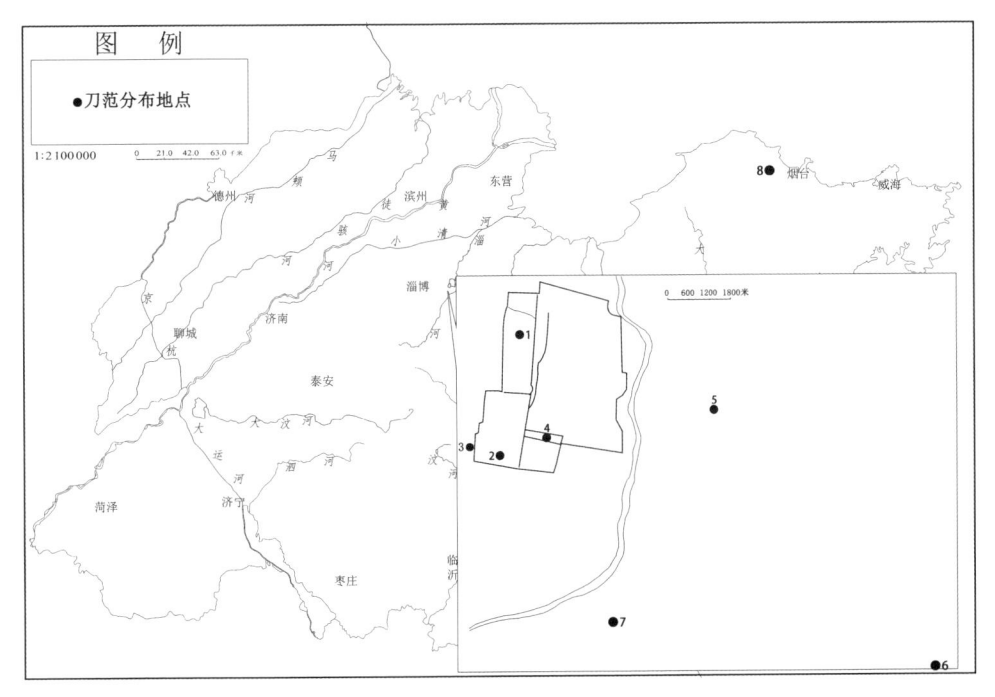

1. 大佛寺　2. 安合庄　3. 小城西门外　4. 城圈地　5. 张家庄　6. 前范王庄　7. 西辛　8. 三十里堡

图 3-10　齐大型刀币范出土位置示意图

小结

综上所述，齐大型刀币陶范的出土地点大体上可以分为临淄齐都城小城内、小城西门外、大城南城墙内、城西大佛寺、安平城、青州前范王村、青州西辛战国墓以及福山王家村等。范围之广已超过我们固有印象。齐襄王复国之后，齐国继续铸造"齐大刀"。乐毅伐齐之后，齐国国势衰弱，大不如前，另一方面，国之已复，百废待兴，国家需要快速大量铸新币，故而这一时间的"齐大刀"铸造工艺不甚精细，背部刀形普遍小于面部刀形，便于合范。"齐大刀"毛边现象突出，未经打磨。面范文字粗大，结构松散，可能是由于制坯时精细度不能一如从前，故而文字变得粗大。所有这些均指向了货币的快速化生产，故而从形制上这些"齐大刀"属于晚期"齐大刀"形制，年代上断定在齐襄王复国之后。

晚期"齐大刀"的背文新出现了好多种类，说明在铸钱规模上有新的扩大，据我们的研究，齐国大型刀币的背文可能和刻字团体有关，间接对应了冶铸团体，新背文的出现，说明有新的制范、冶铸团体，在人数即规模上，晚期"齐大刀"的铸造规模要大于早期"齐大刀"。与之相关的，在铸造地点上，晚期"齐大刀"的铸造由早期"齐大刀"的一点转变为多点铸造，除了安合庄之外，在西门外、大佛寺、安平城、青州、福山等地均发现有"齐大刀"范，并且周围有冶铸遗迹。出现这种情况的原因复杂，但可以看出几点：一是晚期"齐大刀"的铸造量非常大，这和晚期"齐大刀"的需求量有关，也可能和短期大量铸币有关。二是对于铸币权的控制力减弱，地方上如福山已经出现铸币，这种情况可能是国家行为，也可能是地方私铸。

第二节 明刀币范

齐明刀币范目前主要集中发现于莒县莒国故城内，发现地点比较集中，主要位于莒国故城南二城中段北侧，目前见记载的共5次。1979年莒县城阳镇孔家街民众在平整土地时发现发现一批刀币、残陶范和铜渣。1987年4月在莒国故城城南二城残垣中段北侧发现一刀币范坑，1990年9月在附近也有发现，"故城南面发现一灰坑"，但具体位置不详，应该相距不远。灰坑中共出的其他遗物有"铜瓦鬲、陶片、刀币片、铜渣、坩埚、木炭灰等"。1995年12月和1996年6月苏兆庆曾两次在该区域进行了试掘。目前见到的材料，以1987年的发现比较详细，该年发现的刀币范坑东部已被破坏，未破坏的部分长1.5、宽0.95、深0.6米。陶范摆放整齐，多为平放，可以看出是经过人为有意处理。坑内共出刀币陶范64块，完整的有13块。据完整刀币陶范观察，刀币范整体为砖块状，一般尺寸为长21.5、宽13、厚3.8厘米。质地为细砂土质。每个刀币范正面并列刻着五个刀模，刀模长14厘米，最宽的部位约2厘米。表面经过仔细处理，背面没有进行细加工，显得粗糙，有指窝、不规则凹槽和一种粗绳纹。从刻模来看，面范刀模刻得较深，特别是刀模边缘刻得很深，背范仅刻刀背边框和文字，其余部位皆刻得很浅，只有刀环部位，面背范各刻深约一半。

一、范号

莒国故城出土的刀币范较多，特别是很多带有范号（图3-11），有意思的是一些面范和背范带有相同的范号，这对于我们理解范号的作用很有启发。

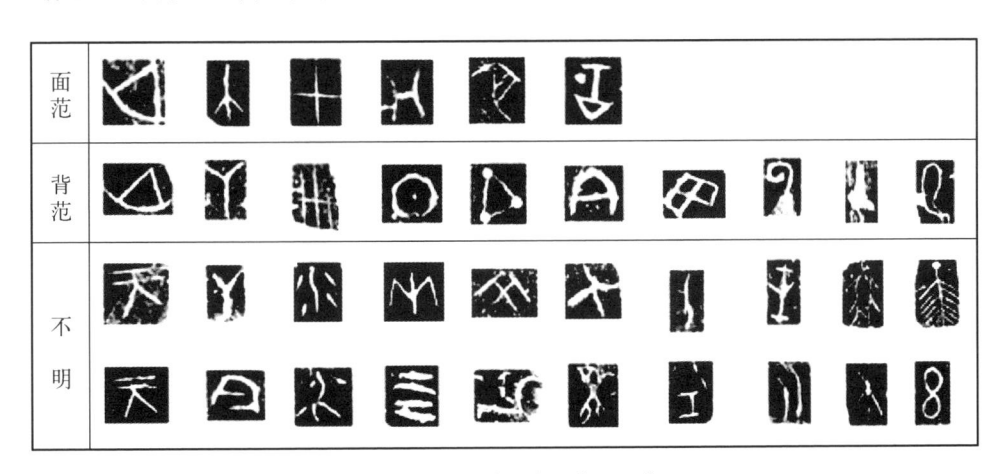

图3-11 莒国故城铸币范所见范号

二、面范

目前见到较完整可辨的面范有6块（图3-12），完整陶范为长方形，长

21.5、宽 13、厚 3.8 厘米。面范刀模刻划较深，刀身廓线明显。每个范并列 5 个刀模，刀环连接浇铸口。面文"明"字方折反刻。面范左右两下角刻范号，有的仅刻一处，有的两处都刻。面范分为两类：第一类，面文为方折"明"字，刀模排列上下均匀，浇道部分占范面四分之一强，浇铸道较长，浇铸口容积较小；第二类，面文为方折"明"字，刀模排列上宽下窄，浇道部分占范面三分之一强，浇铸道较短而宽，浇铸口容积相对于第一类较大。

《图释》418　　　　　《图释》419　　　　　《图释》420

《图释》421　　　　　《图释》422　　　　　《图释》423

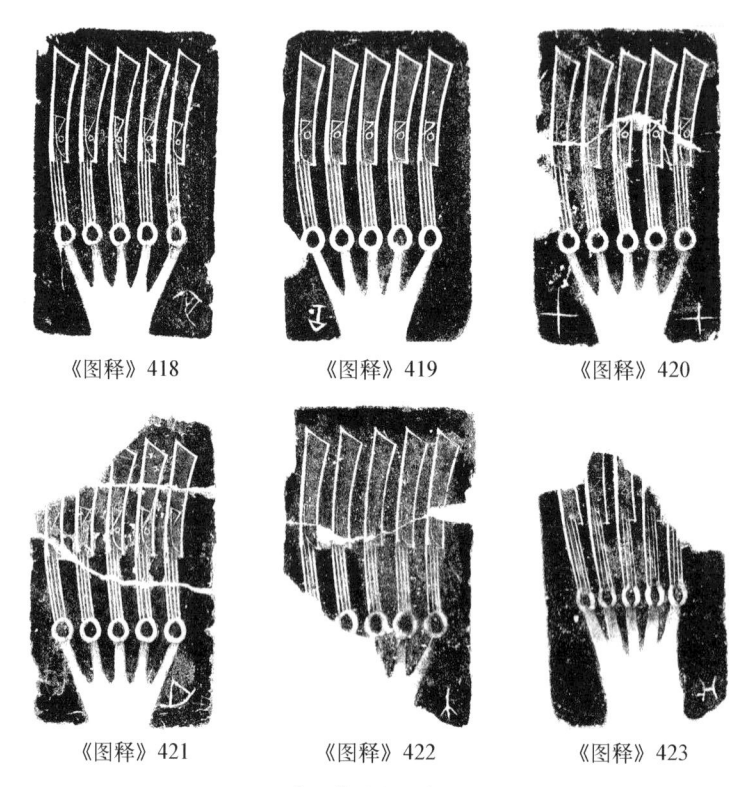

图 3-12　莒国故城出土齐明刀面范举例

三、背范

莒国故城出土比较完整的背范有 7 块（图 3-13），可分为两类：一类背文为"中"字，刀模排列均匀，浇道稍长，但浇铸口容积相对较小；另一类背文字样较多，刀模排列头长尾短，刀模头部离范上部边缘较近，浇道部分占刀范面积较大，浇道短而宽，浇铸口容积相对较大。

综上所述，莒都故城的刀范可以分为两个类型（表3-4）。

A类　长度20.08—21.52厘米，宽12.35—13.28厘米，长度平均值为21.20厘米，宽度平均值为12.80厘米。与原报告"范长21.5、宽13厘米"接近。宽与长之比为0.606。在范面上浇铸面积占范面比（刀环离范底距离/长度）平均值为0.280，占四分之一强。刀模上下排列均匀。面文为方折"明"字，背文为"中"字，字样清晰。刀模刻划深而清晰。（见图3-13上）

B类　长度22.50—23.03厘米，宽12.40—12.49厘米，长度平均值为22.80厘米，宽度平均值为12.41厘米。宽与长之比为0.547。在范面上浇铸面积占范面比（刀环离范底距离/长度）为0.340，占三分之一强。刀模排列头长尾短。刀尾相对于刀头显得局促。面文为方折"明"字，背文光背或有铭文，铭文为"󰋊""󰋋"，二者可能为一字。字样较浅，不甚清晰。刀模刻划较A类浅。（见图3-13下）

《图释》424　　　　《图释》425　　　　《图释》426

《图释》428　　　　《图释》429　　　　《图释》430

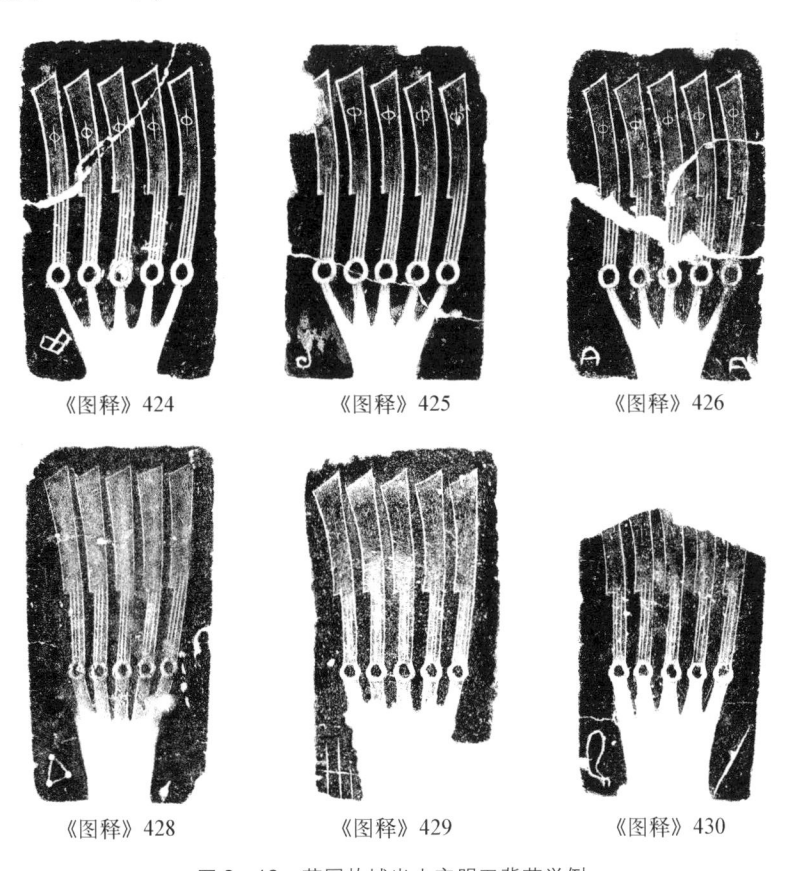

图3-13　莒国故城出土齐明刀背范举例

B类范长度比A类范长，但宽比A类范窄，较A类范相对狭长。A类范刀模上下排列均匀，B类范刀模排列头长尾短。刀尾相对于刀头显得局促。在范面上浇铸面积占范面比（刀环离范底距离/长度）上，A类占四分之一强，B类占三分之一强，浇道短而宽，浇铸口容积相对A类范较大。B类范刀模头部离范上部边缘较近。

表3-4　莒都故城钱范类型及尺寸统计表

编　号	范面	长（厘米）	宽（厘米）	宽长比	类型	刀环离范底距离（厘米）	浇铸约占范面比
《图释》418	面范	20.08	12.35	0.615	A	6.02	0.300
《图释》419	面范	21.34	12.99	0.609	A	6.13	0.287
《图释》420	面范	21.40	12.82	0.599	A	6.13	0.286
《图释》421	面范	21.10	13.28	0.629	A	5.86	0.278
《图释》422	面范	21.26	12.76	0.600	A	5.92	0.278
《图释》424	背范	21.25	12.67	0.596	A	5.75	0.271
《图释》425	背范	21.52	13.14	0.611	A	6.16	0.286
《图释》426	背范	21.34	13.00	0.609	A	6.03	0.283
《图释》427	背范	21.30	12.53	0.588	A	5.35	0.251
均值		21.20	12.80	0.606			0.280
《图释》423	面范		12.31		B	7.69	
《图释》428	背范	23.03	12.43	0.540	B	7.89	0.343
《图释》429	背范	22.50	12.49	0.555	B	7.61	0.338
《图释》430	背范		12.40		B	7.42	
均值		22.80	12.41	0.547			0.340

尺寸依据拓片测量，原报告范长21.5、宽13厘米，测量尺寸与报告尺寸吻合

A类范，面文为方折"明"字，背文为"中"字，B类范，面文为方折"明"字，背文光背或"𠂤""𠂤"铭文，在目前所见的明刀中并未见到一样的刀币。

第三章　齐国钱范及铸造工艺　　139

另外，在东平陵调查时曾采集到战国刀范（图 3‑14 左），范均为残块，夹细砂灰陶或红褐陶质，正面刻有刀币模，背面均有不规整圆形按窝。刀背微弧，曲刃。标本 0337，残存刀币模 3 个，其中间一个刻有 "D" 状符号。刀币模残长 12.1 厘米，宽 1.3—1.7 厘米；范残长 13.1 厘米，残宽 8.4 厘米，厚 2.2 厘米。标本 0338，残存刀币模 3 个，皆仅存刀尖部分。范残长 5.3 厘米，残宽 6.4 厘米，厚 2.4 厘米。标本 0339，残存刀币模 3 个，仅存刀尖部，残范长 4.5、宽 7.5、厚 2.1—2.4 厘米。[①] 从刀环与刀身的比例来看，与齐故城北出土的燕刀范明显不同，厚度也不一样。所见三块残范均为背范，由较大的一块残范得知，至少是 4 枚并排，刀币少见 4 枚并排，推测为常见的 5 枚并排形式。从刀模形制上看，和明刀币接近。应该为齐明刀范，属于平陵城私铸。

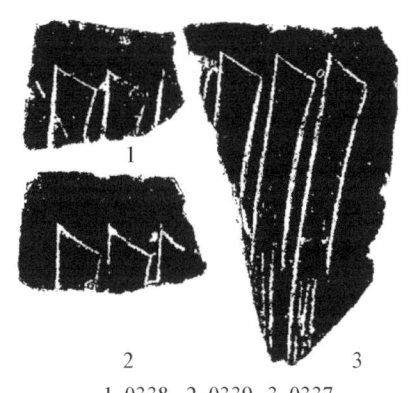

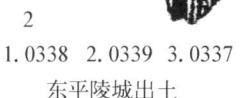

1. 0338　2. 0339　3. 0337
东平陵城出土　　　　　即墨故城出土

图 3‑14　东平陵城和即墨故城出土小型刀币范拓片

齐国东部最大的城邑即墨故城内也出土过齐明刀陶范，目前见有一例（图 3‑14 右），为个人捐献。1990 年 4 月平度市李某向平度市博物馆捐赠齐明刀残陶范 1 件，具体尺寸为残长 7、宽 13 厘米，最厚处 2.9 厘米，重 435 克。从形态上看，此范仅存刀首与刀身部分，范内刻有刻模 5 枚，弧背，凹刃，刀背模残长 5.5、最宽处 1.8 厘米。仔细观察，刀身处能见到反文"明"字方折刻痕，范面光滑规整。范面留有红黄色相间的涂料。[②]

[①] 山东省文物考古研究所：《山东章丘市汉东平陵故城遗址调查》，《考古学集刊》第 11 集，中国大百科全书出版社，1997 年，第 160 页。

[②] 杨树民：《山东平度市发现齐 "𓏸" 刀钱范》，《中国钱币》1991 年第 3 期。

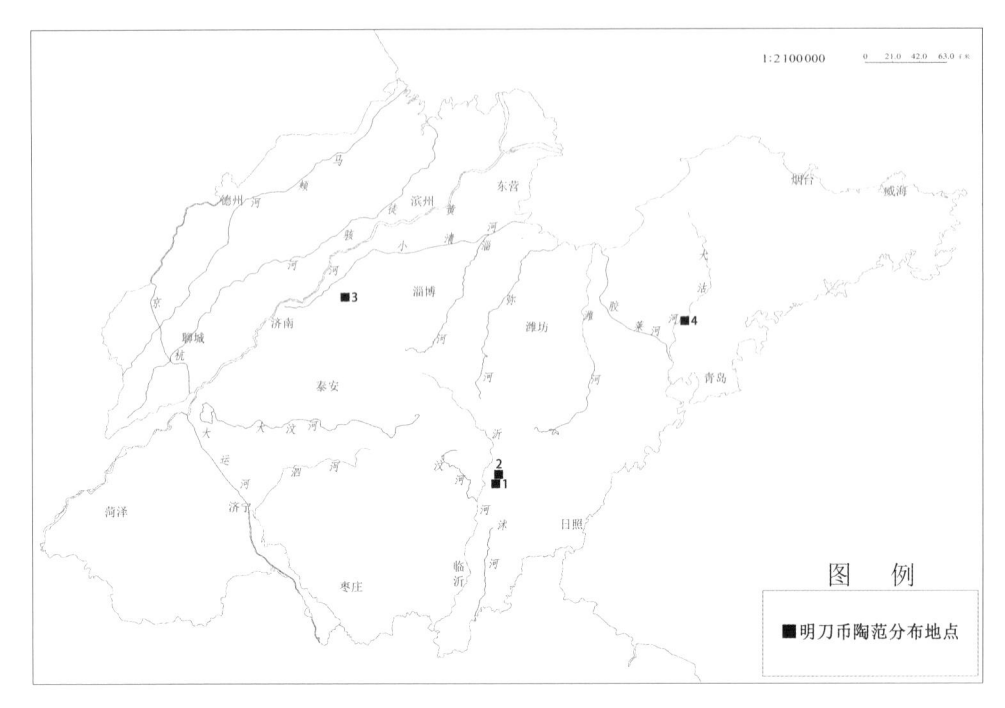

1. 莒国故城 2. 孔家街村 3. 东平陵城 4. 即墨故城

图 3-15 齐明刀币范出土分布位置示意图

此外，临淄地区还出土过燕明刀范，2000 年在齐故城北 0.5 千米处挖储酸池时发现燕明刀范，陈旭购得数十块，另有 5 块未能得到。陈旭在现场还捡到几块残范，并见到有筒瓦、陶器残片。另有烧土痕迹并夹木炭，推测此地应是一处较大的铸钱遗址。① 刀币范有明显使用痕迹，范面呈红黑相间色。较完整的范有 9 块，其余为残缺，陈旭认为大都是出土后所致，则至少有一部分能拼合或茬口为新。陶质为夹砂灰陶。范呈长方形。浇铸口边宽（底宽）12、上宽 13 厘米，长 24、厚 3.5—4 厘米。范面为五枚燕明刀模并排（仅有一块背范为四枚并排），面文"含"字椭圆形，有的近圆形，字体肥大。刀身与刀柄相交处略成微折。背文有 ⿰￺、￺、￺、￺、￺。另有光背文不清者。刀长 13.5—14 厘米，范顶浇铸口呈喇叭形，在浇铸口一侧均有范号，有 Ｉ、ＩＩＩ、ＩＩ、Ⅱ、日、王、下、十、又、三、フ、〇、Ⅲ、工、▽ 等。范两侧均刻有合

---

① 陈旭：《山东临淄出土燕明刀范》，《中国钱币》2001 年第 2 期。

模线。范背有制范时留下的指按压纹，为竖向三或四行、横向四至七行不等排列，另有一块无钱模光范。

表 3-5 齐故城北出土燕刀面范一览表

编号	完　残	范号	备　注
1	完整	下	与背范 1 为一套合范
2	完整	王	与背范 16 为一套合范
3	缺左上一小角	四	
4	完整断裂	三	与背范 9 为一套合范
5	完整断裂	一	
6	缺左下角浇铸口	▽	新残
7	完整断裂	▽	与背范 8 为一套合范
8	浇铸口及右边两刀环残缺	残缺	新残
9	刀币下半部及右边刀币大部分残缺	残缺	新残
10	完整断裂	工	与背范 19 为一套合范
11	完整	▽	
12	仅存右边三个刀身	残缺	旧残

表 3-6 齐故城北出土燕刀背范一览表

编号	完　残	范号	背文	备　注
1	完整	下	光背	与面范 1 为一套合范
2	完整断裂	日	不清	

续 表

编号	完　残	范号	背文	备　注
3	缺浇铸口	残缺	(符号)	新残
4	仅存右上三枚刀头	残缺	(符号)	老残
5	完整断裂	十	光背	
6	五枚刀环以下残缺	残缺	(符号)	新残
7	五枚刀环以下残缺	残缺	(符号)	新残
8	完整断裂	▽	(符号)	右下角为老断
9	缺五枚刀首	川	残缺	旧残
10	缺刀首、浇铸口略残	U	残缺	新残
11	范右部缺一三角	(符号)	(符号)	新残
12	缺刀首上布	||	(符号)	旧残
13	缺中部50—80毫米	残缺	残缺	四枚刀币并排，新残
14	缺刀首	O	残缺	新残
15	仅存左上三刀尖	残缺	残缺	新残
16	仅存浇铸口及左边两刀柄	王	残缺	旧残
17	完整	(符号)	(符号)	
18	完整	川	(符号)	
19	缺刀首	工	残缺	新残

注：数据源自《山东临淄出土燕明刀范》一文，文字略有改动。

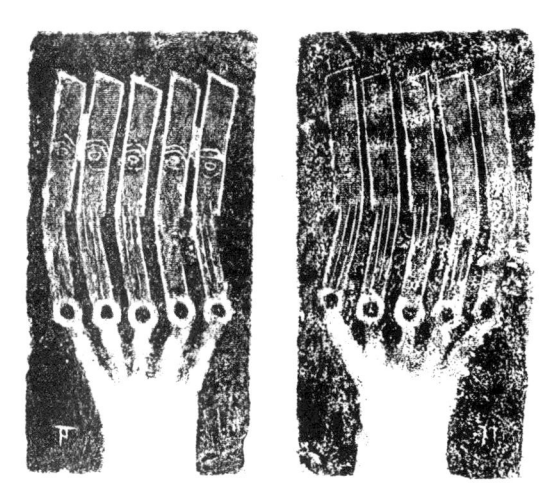

图 3-16　齐故城出土燕明刀范拓片

小结

  莒国故城内发现大量的齐明刀范，说明齐明刀的主要铸币地便在莒国故城。平度即墨故城内也曾发现齐明刀残范，[①] 但仅存上半部，从残存的刀模上半部看刀尖突出，刀尖部宽于刀身，似为战国中期齐明刀范，但不能确定，所以不能确定战国中期即墨故城内是否存在冶铸齐明刀的行为（图3-15）。从莱地与莒地的交通来看，即墨是一必经之地，理论上即墨故城内在战国中期也存在私铸齐明刀的行为。

  战国晚期乐毅伐齐，在临淄城北铸造燕明刀，虽然乐毅铸燕明刀是否在齐地流通目前不清楚，是否在其他地域也铸燕明刀亦不明晰，但其客观上促进了明刀在齐地被认可并流通。很多学者将齐明刀的出现归于乐毅占领齐地期间或之后，也说明了乐毅伐齐后在齐国铸明刀这一事件对齐地流通明刀钱是有一定影响的。战国晚期在济南、肥城发现齐明刀，并且在平陵城内发现明刀钱范，由于面部铭文不清晰，难以确认是齐明刀还是燕明刀。从形制上看与战国晚期齐明刀接近，而燕明刀已是磬折形，所以笔者倾向于平陵城出土的刀范为战国晚期齐明刀范，正和战国晚期济南、肥城发现齐明刀相合。

[①] 杨树民：《山东平度市发现齐"•y"刀钱范》，《中国钱币》1991年第3期。

第三节 圆钱范

现已发现的圆钱范共6件,其中铜范3件,石范2件,陶范1件,除了石范外,其余几件均已残缺。三种賹化(刀)均有铸范钱文。特征是:圆钱模皆为竖行,完整者每行各有钱模5个;两行钱范之间,有一总的浇铸槽流,总流与两侧钱模各支流相通,所铸之钱,仅一边有茬口。

一、石范

賹六化(刀)石范3件。山东博物馆藏1件(图3-17),原为清代刘燕庭故物。长方形,长23.5、宽9厘米,右上角微残,钱模两行,每行五枚,皆正排,钱文反书,賹字在左。范右上角略有残缺。此范为滑石质,质地细腻,硬度较低,制范较易,钱形整齐规范。[①] 刘燕庭在范箧上题铭:"出胶西,来东武。识者谁,刘吉甫。岁在辛,斗金聚。月闰三,日十五。"知乃道光十一年闰三月作,此石范的出土当在此之前。[②] 朱活经过仔细审查,认为此范未使用过。

图3-17 賹六化(刀)石范拓片

[①] 朱活:《论齐圜钱范兼谈六字刀》,《山东金融研究》(钱币专刊二),1988年,第8页。
[②] 王献唐:《中国古代货币通考》,第1548页。

这件石范为清末钱币学者转录,见于多种书籍,李佐贤《古泉汇》认为该范"似石非石,似以石屑陶冶而成之者"。罗振玉《俑庐日扎》认为"诸家所定为石范者,予定为石膏制"。① 实际上范为滑石,为变质岩所制,光滑、性柔,耐高温,硬度1.5,比重2.6—2.8,范呈暗青灰色,是天然的矿石。②

罗振玉《古器物范图录》著录有一件,形制与刘燕庭藏相仿,但钱形为斜排,钱孔中又有小星孔。此范罗氏不知藏于何处,据王献唐认定应为吴大澂旧藏。王献唐曾在临淄为山东图书馆收一残范,"就今见闻,传世賹六化石范,只此完残三品"。③

关于賹四化(刀)石范,罗振玉曾在《俑庐日扎》中记述"予又藏宝四化石膏范,完全无损",但后人未见到实物,也没有见到拓本。宝四化即賹四化(刀)也,山东博物馆藏一件賹四化石范。

二、铜范

賹六化(刀)铜范2件。青岛市博物馆藏1件,上端残,存面模两行,阴文反书,行各存面模4枚。残长16、宽10、厚0.8厘米,模径3.5厘米,钱孔中遗有小星孔。另1件为上海博物馆所有,见《大系》4129。

陈介祺藏賹化(刀)铜残范母一件(图3-18),范角圆,残存一端,背平,有阴文直线,周有线隆起,内残余两钱模,一賹六化(刀)、一賹四化

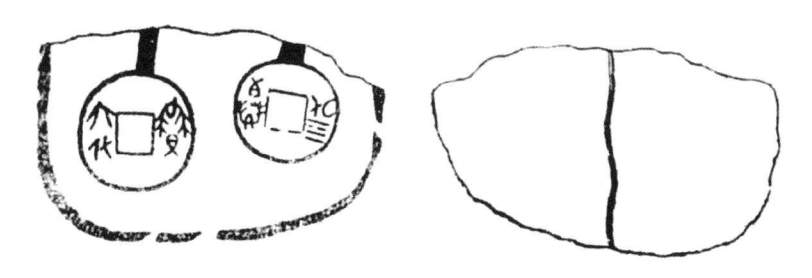

图3-18 陈介祺藏賹化(刀)铜范母

---

① 王献唐:《中国古代货币通考》,第1549—1550页。
② 朱活:《论齐圜钱范兼谈六字刀》,《山东金融研究》(钱币专刊二),1988年,第8页。
③ 王献唐:《中国古代货币通考》,第1549页。

(刀），各有槽一道，下至残处。范长方形，槽口当在另一端，今已残去。《古泉汇》记载："得于潍县市肆残铜中搜获。"《簠斋吉金录》中记"得于白浪河干冷摊"，为当时集市所在。

三、陶范

已残，面模两行，每行存三个面模，钱文为賹化（刀），阴文反书，残长9.1、宽9.2厘米，钱模径2.2厘米。王献唐《中国古代货币通考》著录，云出土于山东临淄。

从目前发现的圆钱范来看，其主要集中于临淄一地（图3-19），潍坊出土的铜范真伪是一个值得考虑的问题，从已知的材料来看，齐大刀范和圆钱范共出，说明齐圆钱的性质和齐大刀相同，很可能都属于齐国的官方货币。

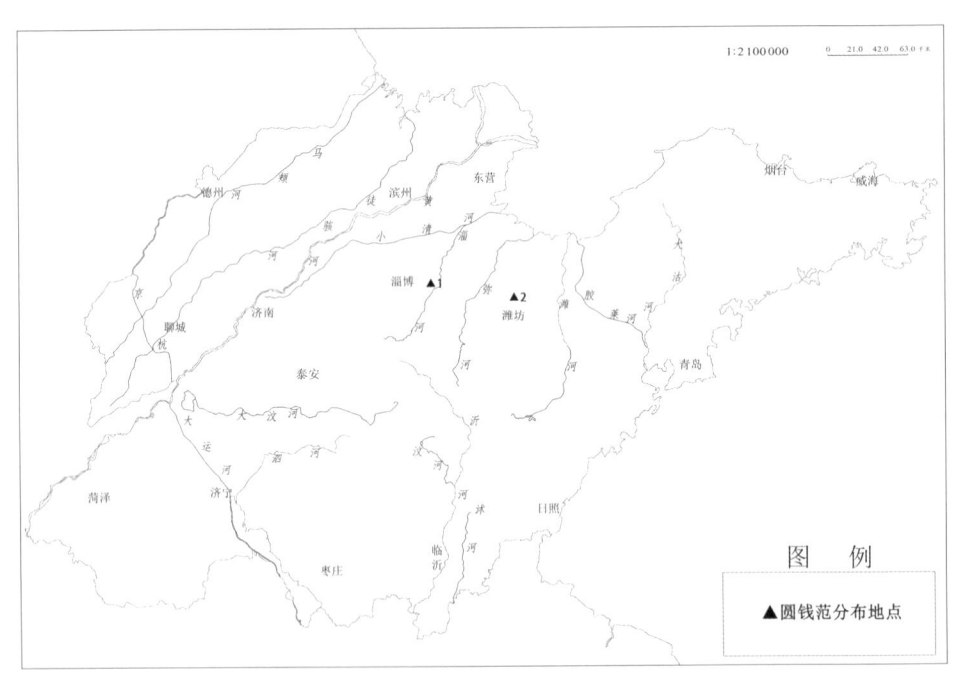

1. 临淄　2. 潍坊

图3-19　齐国圆钱范分布位置示意图

第四节　齐刀币范制作及铸币流程

上述齐大型刀币、明刀、圆钱等不同类型钱范的发现以齐大型刀资料最为丰富，因此本节拟以齐大型刀范为例，分析齐国齐刀币范及金属铸币的铸造工艺流程。

首先对齐大型刀币铸造工艺进行研究的是王献唐，他的《齐国铸钱的三个阶段》一文可谓是大刀币铸造研究的开山之作。王献唐把齐大型刀币的铸造分为三个阶段，即沙范、石范、铜范；与之相应的铸造时间为春秋晚期和战国早期。[1] 朱活也对齐刀币铸造工艺进行了探讨，他把山东地区历年发现的齐刀币范分为三类：一是含沙砖范，二是石范，三是铜范母。他又把铸币工艺总结为"制范——浇铸——磨锉"三个阶段；并将铸币工艺流程和大刀币的青铜配制比例在测试化验的基础上进行了研究。[2] 孙敬明《考古发现与齐币探索》一文对大型刀币的铸造进行了研究。首先对各类大刀币进行了断代研究，将大型刀币铸造分为三个时期：第一时期为春秋早期和中期，处于公铸阶段；第二个时期为春秋晚期和战国早期，处于公私并铸阶段；第三个时期为战国中期和晚期，处于公铸阶段。其次将铸造过程分为制范和冶铸两个步骤；其铸造特点为种类少、形式固定、内容统一、崇尚先进和权归中央。[3] 1996 年山东省钱币学会主编的《齐币图释》中也有铸造工艺考察一文，但内容与孙敬明一文相同，可看作孙先生观点的再次表述。[4] 陈旭 2018 年在《中国钱币》上发表《齐刀币制范及铸造工艺的新研究》一文，尝试复原齐刀币的制范铸钱过程，其意见值得重视。[5]

本书经过调查及查看刀范，推测制范和冶铸过程如下：制备原料——制坯——（阴干）烘范坯——整范——刻模（包括浇道）——刻铭文、符号——刷脱模剂——合范——烘范——浇铸刀币。

---

[1] 王献唐：《齐国铸钱的三个阶段》，《考古》1963 年第 11 期。
[2] 朱活：《三谈齐币——谈山东海阳出土的齐国刀化兼论齐国铸币工艺及齐刀的购买力》，《古钱新探》，第 120—141 页。
[3] 孙敬明：《考古发现与齐币探索》，《山东金融研究》（钱币专刊二），1988 年，第 25—56 页。
[4] 山东省钱币学会编：《齐币图释》，第 59—60 页。
[5] 陈旭：《齐刀币制范及铸造工艺的新研究》，《中国钱币》2018 年第 5 期。

(一) 制备原料

刀币范的制坯原料，学者多认为是"陶土和细砂经过筛选配比而成"，① 目前这种认识还只是推测，从未进行过复原实验。笔者曾上手查看刀币范，范体非常地轻，中间有明显的空隙，陶土和细砂的配比比重要大于范体，陶土和细砂的配比烧制应类似于史前时期的夹砂陶，而夹砂陶质地紧密，砂粒明显，这些在砂土刀币范上都没有见到。砂土刀币范有明显的特征：① 范体很轻，中间有明显的孔隙；② 范体有砂性但不见砂粒。

笔者推测砂土刀范的原料属于当时刀币制作过程中只有少数人掌握的事情，原料来源目前不清，不似是"陶土和细砂经过筛选配比"，倒像是沙土去沙之后添加某种材料，从中间明显的孔隙推测可能有植物性颗粒掺杂其中，在烘范过程中接触火源而形成孔隙。这种推测有文献上的证据，《天工开物》记明代铸钱模，谓"以木四条为空框，……土炭末筛令极细，填实框中，微洒杉木炭灰，或柳木炭灰，于其面上"。② 故而，刀币范的原料可能是土和炭末的混合物，通过细筛多次筛选，达到极细。

(二) 制坯

从目前统计的"齐大刀"刀范的尺寸来看，长宽厚尺寸比较一致，说明可能存在模具，这种模具可能是木制的，长宽厚均固定。上文提到的《天工开物》记明代铸钱模就是用的木框，"以木四条为空框"。有人认为这时候已经存在范母，上海博物馆藏齐刀铜范母，但周卫荣在研究历代铸钱工艺的过程中就指出所谓的"齐法化铜范母"并非战国之物，而是后人伪作，我国古代叠铸铸钱工艺不可能产生于战国。③ 陈旭认为此范母的作伪时间为清道光年间。④ "昔潍人每仿造赝品，颇炫目"，说明朱活先生认为这件铜范母为潍县仿造的。⑤ 在用模具制模的过程中，"土炭末筛令极细，填实框中"，在这个过程中应该存在挤压的过程，这从刀范背面的常见的手指压痕可以判断，其作用当是

---

① 参见孙敬明《考古发现与齐币探索》一文。
② （明）宋应星：《天工开物》卷二五，明崇祯十年涂绍煃刊本。
③ 周卫荣：《齐刀铜范母与叠铸工艺》，《中国钱币》2002 年第 2 期。
④ 陈旭：《齐刀币范辨伪研究》，《中国钱币》2019 年第 3 期。
⑤ 朱活：《古钱新典》上册，第 72 页。

使范体更加致密。

(三) 阴干/烘坯

孙敬明认为:"在范坯晾至半干时,在其正面撒上草木灰或面砂。然后将三枚刀币并列摆于范坯正面适当位置,面文向上。"[①] 这个过程中仅有晾至半干的过程,但从观察到的刀范残块来看,范体呈灰色,应经过一定温度的烘烤,但温度不是很高,应该是低温烘烤,去除一定的水分,但又不能失去全部水分,以免范体过硬,难以刻划刀体形状和铭文。陈旭也认为"无论范坯还是半成品范,范坯内部颜色皆为深灰色,胎质不甚硬,目测不具有经过 800℃ 左右高温的性状,感觉只是经过了初步的低温烧制过程,这可能是为了加快范坯干燥速度,排除吸附水和结晶水使范坯达到一定硬度有关,也就是有一个烘制范坯的过程"。[②] 烘制范坯和烘范是两回事,烘范是浇铸之前对合范加热,使其去掉水分,防止出现"轻者铜液冒泡影响产品质量,重者炸范的情况"。烘制范坯是为了使范坯尽快失去水分,便于刻制刀模、文字、浇铸通道等。出于刻制刀模的角度,范坯不宜过硬过干,所以温度不能过高,以免失去全部水分。陈旭还提到范坯和半成品范的内部颜色为深灰色,成品范陶色皆为浅灰色,这是因为浇铸烘范的时候要使水分全部失去,故而浅色变浅。也就是说在范坯刻模之前要进行一次低温烘烤,浇铸之前要进行一次高温烘烤。

(四) 整范

将面范和背范成对配置,刻上合范线,面范和背范互相磨平,这时面范和背范经过磨平后,呈现的是自身的砂性土质,颗粒虽然不明显,但对于刻刀币来说,颗粒仍显粗大。最主要的是不够致密,难以保证边缘刀形和铭文浅而清晰。将面范和背范涂上一种特殊的材料,可能是草木灰,也很可能是多种植物的混合灰,《天工开物》中"微洒杉木炭灰,或柳木炭灰,于其面上",推测可能和汉代的镜范中使用的"草木灰"是相同的来源。撒上灰料的目的,一是用"灰料"将面范和背范找平,二是使"灰料"进入范体的孔隙之中,使得面范和背范的表面更加光滑致密,保证即使细线也能刻划清晰。在刀范表面看到

[①] 孙敬明:《考古发现与齐币探索》,《山东金融研究》(钱币专刊二),1988 年,第 25—56 页。
[②] 陈旭:《齐刀币制范及铸造工艺的新研究》,《中国钱币》2018 年第 5 期。

的一层浅白色的涂层，可能就是这个作用，至于其中的成分到底是什么，有待于科学的检测。整范中还有重要的一个过程是刻"合范线"，便于面范、背范两两对应。

（五）刻模

孙敬明认为"将三枚刀币并列摆于范坯正面适当位置，面文向上"[①] 进行刻模，陈旭认为存在刻好的模板，一种是面模背模一样大，另一种是背模较面模稍小一些。[②] 两说均有一定道理，在缺少证据的情况下难作判断。

在面范和背范上先刻刀身轮廓线，刀体刻的顺序应该是从上至下，先刻刀身、刀柄、刀环、浇铸口。面范的范体刀体刻痕较深，铜液的流通主要集中在面范中，背范仅仅刻划浅浅的刀体轮廓、刀柄脊线。早期背范面范的刀体基本等大，这样对合范要求很高，刻模非常关键，刻模要准确，合范要严丝合缝。比起"齐之大刀""即墨之大刀""安阳之大刀"，早期"齐大刀"少见错范，刀币背部脊线均为两道。后期可能为了某种原因追求大量快速地铸币，背范刀体明显小面范刀体一圈，这样刻背范比较容易，合范比较简单，即使个别错范，只要不大，仍能保证刀体正面形状。

有学者推测刀币是在面范和背范上压制而成的，从现存的刀币范来看，并不符合实际情况，目前所见的刀币范均为刻痕，未见到有压印出来的刀体。

（六）刻铭文、符号

从安平城几乎完成一半的半成品刀范来看，面背刀身皆同时刻完，而刀环和浇道还没有刻，陈旭认为"在制范过程中，制坯、刻刀模轮廓线、刻刀身、刻刀环及浇道等步骤极可能是由不同工匠来完成的，甚至分工更细，这样工匠们就能极熟练掌握了自己所负责的那个环节的技术，提高制范质量，又可大大提高工作效率，同时还可防止工匠因全面掌握了制范技术而出现私自制范和盗铸现象"。[③] 这种推测有一定道理，也有可能推测得过于复杂。本书推测刻刀模和刻铭文符号可能是分开的，有专人负责，能够保证质量，另外，从前文的

[①] 孙敬明：《考古发现与齐币探索——铸造、流通两论》，《考古发现与齐史类征》，齐鲁书社，2006年，第319页。
[②] 陈旭：《齐刀币制范及铸造工艺的新研究》，《中国钱币》2018年第5期，第7页。
[③] 陈旭：《齐刀币制范及铸造工艺的新研究》，《中国钱币》2018年第5期，第8页。

六字刀来看，面文字体和背文符号存在一定的关联性。目前齐大型刀币中并未见到燕明刀中用于表示炉号的标识，仅能见到范号，而范号杂乱无章，难以和战国时期的"物勒工名"制度相联系。本书通过六字刀面文字体和背文符号之间的关联，推测背文符号表示一个固定的刻字人或刻字团体，对应着相应的制范和冶铸场所（如炉号），进而与"物勒工名"相联系。从上面的半成品刀范面背刀身和刀柄已刻制完成、刀环和浇道还未刻制完成、背文"土"字已刻、面文三字未刻来看，也可能刻模和刻字是同一人，目前还排除不了这种情况。刻"范号"也在这一过程中，范号的刻划是便于找到面范和背范，和"合范线"一样用于合范，目前还没有证据说明和冶铸过程有直接关联。

（七）刷脱模剂

合范冶铸之前要刷脱模剂，这一点基本为学者所共识。涂料的作用比较清楚，一是使粗糙的夹砂陶砖表面变得细致而平滑，保证铸造的钱币表面光且平，二是使铸币容易脱模。[①] 孙敬明认为"此说立足实物，不同臆测"。陈旭认为"刀范表面黑色脱模剂是草木灰。凡经过铸造的刀范表面都有一层黑色的涂层，这层黑色涂层即可以修补范面的孔洞、不平等小瑕疵，……还可使铸出的刀币容易脱模"。目前多将刀币范上涂层认为是脱模剂，其作用有两种，一是修补范面，二是脱模。实际上涂层可能不是一次刷上，而可能是多次使用，正如上文提到的在整范过程中对范的表面就要进行涂层。

（八）合范

合范时根据范号和范两侧的合模线进行合模，合模是一个技术要求比较高的工作，若偏差一点就可能在浇铸刀币时出现错位。早期齐大型刀合范非常规整，刀币少见错范现象。齐国铸币晚期，为了追求速度，减少合模的难度，将背范的刀模缩小，与面模相比明显小一圈。这样一来，合模的难度就大大降低了。

（九）烘范

烘范将面背范中的水分烘干，为下一步的浇铸做好准备。

[①] 张龙海、李剑、张继彬：《齐国古城出土的刀币范》，《山东金融研究》（钱币专刊一），1987年，第63—64页。

（十）浇铸

冶铸时先将金属按比例配齐，在小型坩埚中销熔成液体，遂将液体灌注于放置有序的币范中，待其凝固，开范取币。再将币身加以修整，从而得到刀币。刀币所含金属成分比例，与《考工记》所载大致相合。

目前这个过程只是笔者根据刀币范观察所得，正确与否还需要相关检测及复原实验的验证。

第四章
齐国货币的成分检测分析

随着现代科学技术的飞速发展，金相分析、理化测验等先进技术的运用，大大提高了我国冶金业的技术水平。学者已经把这种先进的工艺技术运用到对古代冶铸技术的分析研究中，特别是对古代货币的研究，可谓开辟了一个全新的研究领域。目前对齐国货币进行检测的有理化检测、金相分析和铅同位素比值测定三项内容。

第一节 理 化 检 测

一、齐大型刀币

最先利用金相分析结果对齐币进行研究者是朱活，早在1982年他就通过科技手段对刀币的成分进行了检测，他将海阳出土的1枚"即墨之大刀"和4枚"齐大刀"委托当时的青岛市重工业机械研究所、山东工学院化学实验室两家单位进行检验。[①] 1987年中国社会科学院自然科学史研究所等单位对烟台招远1956年至1966年间出土的切首尖首刀进行了理化检测和金相分析，检测样品不多，共8个，分别为2枚切头尖首刀币、3枚燕明刀、2枚布币、1枚"即墨之大刀"。[②] 1992年周卫荣、陈荣、孙成甫对齐国铸币合金成分进行了检测与考察，[③] 测了相当多的数据，后收入2004年周卫荣《中国古代钱币合金成分

---

① 朱活：《谈山东海阳出土的齐国刀化——兼论齐刀的购买力》，《文物》1980年第2期。
② 招远县图书馆、自然科学史研究所：《招远切头尖首刀及其科学考察》，《中国钱币》1987年第3期。
③ 周卫荣、陈荣、孙成甫：《齐国铸币合金成分的检测与考察》，《中国钱币》1992年第2期。

研究》一书中，此为目前见到的齐刀合金成分最权威的数据。[①] 1993年中国社会科学院世界宗教研究所等单位对战国时期古币进行了铅同位素比值分析，其测试的先秦货币有：燕刀币、齐刀币和賹化（刀）圆钱、魏国桥形布、蚁鼻钱等。[②] 其中有一些数据与1992年周卫荣等测的数据相同。详细数据见表4-1。

表4-1　齐大型刀币检测合金成分统计表

名　称	重量（克）	背文	铜	铅	锡	出土或收藏地	资料来源
即墨之大刀			69.59%	16.75%	11.01%	海阳	1982年青岛市重工业机械研究所
即墨之大刀LC1			85.38%	5.33%	9.29%	栖霞	1987年社科院自然科学史研究所
即墨之大刀/3	58.30	Ψ	74.51%	11.22%	12.69%	日照	1992年周卫荣等检测
即墨之大刀/4			67.91%	14.21%	12.71%	临淄	同上
即墨之大刀			66.95%	15.03%	15.08%	临淄	周卫荣书
即墨之大刀			71.02%	17.13%	11.08%	临淄	同上
齐之大刀/1	42.90	化	69.56%	17.07%	10.48%	日照	1992年周卫荣等检测
齐之大刀/2			67.95%	19.13%	10.14%	临淄	同上
齐之大刀12ZY-387				42.94%		临淄	1993年中国社科院世界宗教研究所
安阳之大刀	44.92		71.01%	16.94%	11.01%	藏日本	道野鹤松文
齐大刀15ZY-390				31.32%		日照	1993年中国社科院世界宗教研究所

---

① 周卫荣：《中国古代钱币合金成分研究》，中华书局，2004年。数据库中不包括朱活先生送检的4枚齐大刀数据，也不包括栖霞检测的即墨之大刀的数据；对金正耀一文中12ZY-387齐之大刀的铅含量为42.94%一数据没有采用。

② 金正耀等：《战国古币的铅同位素比值研究——兼说同时期广东岭南之铅》，《文物》1993年第8期。

续 表

名 称	重量(克)	背文	铜	铅	锡	出土或收藏地	资料来源
齐大刀 16ZY-391				38.92%		日照	同上
齐大刀			54.82%	38.74%	14.55%		1982年青岛市重工业机械研究所
齐大刀1号			42.17%	41.28%	2.03%		1982年山东工学院化学实验室
齐大刀2号			44.35%	36.90%	6.20%		同上
齐大刀3号			55.10%	30.62%	4.28%		同上
齐大刀/5	43.50	化	55.28%	35.35%	5.48%	日照	1992年周卫荣等检测
齐大刀/6	42.30	化	51.22%	40.19%	5.03%	日照	同上
齐大刀/7	39.40	化	55.08%	38.19%	4.21%	日照	同上
齐大刀/8		化	59.73%	31.32%	6.90%	蒙阴	同上
齐大刀/9		化	49.94%	38.82%	3.68%	日照	同上
齐大刀/10	约42.00	化	58.01%	34.32%	3.87%	日照	同上
齐大刀/11		Ψ	56.74%	37.06%	3.61%	日照	同上
齐大刀/12	44.90	Ψ	52.23%	42.96%	3.01%	日照	同上
齐大刀/13		Ψ	49.08%	45.30%	3.02%	日照	同上
齐大刀/14		Ψ	54.08%	38.92%	4.57%	日照	同上
齐大刀/15	42.70	Ψ	59.55%	33.66%	5.01%	日照	同上
齐大刀/16	43.80	Ψ	56.61%	36.60%	5.42%	日照	同上
齐大刀/17	43.00	日	50.68%	42.28%	5.43%	日照	同上

续 表

名 称	重量（克）	背文	铜	铅	锡	出土或收藏地	资料来源
齐大刀/18	43.90	日	57.96%	32.84%	5.68%	日照	同上
齐大刀/19	46.00	日	48.18%	42.94%	4.44%	日照	同上
齐大刀/20	42.00	日	53.15%	37.57%	3.89%	日照	同上
齐大刀/21	约44.00	工	50.45%	42.67%	3.33%	日照	同上
齐大刀/22		工	51.62%	41.11%	3.48%	日照	同上
齐大刀/23	43.00	土	56.10%	35.08%	3.66%	日照	同上
齐大刀/24	44.00	上	61.00%	27.85%	5.73%	日照	同上
齐大刀/25		上	51.38%	40.70%	3.46%	日照	同上
齐大刀/26		上	44.76%	42.07%	3.96%	日照	同上
齐大刀/27		吉	53.30%	41.19%	3.69%	日照	同上
齐大刀/28		甘	57.44%	35.37%	3.24%	临淄	同上
齐大刀/29		行	44.72%	43.61%	3.23%	日照	同上
齐大刀/30			59.70%	27.11%	8.27%	临淄	同上
齐大刀/31			48.30%	42.32%	4.48%	日照	同上

依据上表计算出各个币种的合金成分的平均值，如下表（表4-2）：

表4-2 齐大型刀币铜、铅、锡合金成分平均值

币 种	铜	铅	锡	说 明
即墨之大刀	70.00%	14.87%	12.51%	6个数据的平均值
安阳之大刀	71.01%	16.94%	11.01%	单个数据值
齐之大刀	68.77%	18.10%	10.31%	3个数据的平均值
齐大刀	53.57%	38.05%	4.44%	33个数据的平均值

周卫荣通过理化检测数据认为齐刀币的合金组成有如下特点：

（1）带"之"字的"即墨之大刀""安阳之大刀"和"齐之大刀"不同于"齐大刀"，两者间存在明显的分界，前者铜、锡含量较高，铅含量较低；后者铜、锡含量较低，铅含量较高。

（2）带"之"字的"即墨之大刀""安阳之大刀"和"齐之大刀"的合金组成彼此非常接近，平均值为：铜 69.81%、铅 15.94%、锡 11.78%。

（3）"齐大刀"的合金组成也比较稳定一致，大致为：铜 50%—60%、铅 30%—40%、锡 3%—6%，平均值为：铜 53.57%、铅 38.05%、锡 4.44%。

（4）"齐大刀"的合金成分中，尽管铅含量普遍很高，有点像燕刀的成分，但齐刀的铅含量从来没有超过铜，这与燕刀明显有别。

（5）"齐大刀"的合金组成与背面文字不存在内在联系，各种背文的"齐大刀"成分分布大致相当。

二、齐小型刀币

1960 年肖家楼出土的两种明刀币经天津工业试验所检测了其合金成分，[①] 1989 年史庭耀将他从莱州一农民手中收购的 15 枚带有币文的齐明刀进行了理化检测，[②] 2004 年周卫荣《中国古代钱币合金成分研究》一书中发表了周卫荣对临淄齐故城出土的齐明刀进行的合金检测数据。[③] 详细数据见表 4-3。

表 4-3 齐小型刀币合金成分检测表

原始编号	铜	铅	锡	背文	样品来源	检测人员
1（甲一）	54.00%	39.80%	5.32%		肖家楼	1960 年天津工业试验所
2（甲三）	38.90%—40.20%	53.60%—54.20%	2.41%		肖家楼	同上

[①] 天津市文物管理处：《河北沧县肖家楼出土的刀币》，《考古》1973 年第 1 期。
[②] 史庭耀：《试谈博山刀与齐明刀的关系》，《山东金融研究》增刊（钱币专辑），1991 年，第 100—103 页。
[③] 周卫荣：《中国古代钱币合金成分研究》，第 23 页。

续 表

原始编号	铜	铅	锡	背文	样品来源	检测人员
3（甲四）	35.90%—37.30%	55.00%—58.20%	0.99%		肖家楼	同上
4（乙一）	31.50%	58.40%	1.20%		肖家楼	同上
5（乙二）	32.30%—33.10%	58.50%—60.50%	1.12%		肖家楼	同上
6（乙三）	39.60%—41.50%	51.10%—53.10%	0.93%		肖家楼	同上
齐明刀（Ⅰ）	47.02%	43.83%	9.10%		莱 州	1989年史庭耀
齐明刀（Ⅱ）	41.84%	48.84%	9.30%		莱 州	1989年史庭耀
1	37.87%	54.71%	3.83%	齐化	齐故城	周卫荣等
2	35.49%	55.13%	2.46%	齐化	齐故城	周卫荣等
3	36.96%	55.27%	1.76%	无	齐故城	周卫荣等

三、圆钱

2004年周卫荣《中国古代钱币合金成分研究》一书中发表了对齐国圆钱的检测数据。检测数据19个，均来自山东日照出土，数据见表4-4。

表4-4 齐国圆钱的定量检测

编号	名称	重量	径长	Cu	Pb	Sn	Fe	Co	Cu/Pb
1	A	6.0	2.90	59.31	35.13	4.89	0.71	0.04	1.69
2	A	4.5	2.90	54.77	37.33	4.46	0.79	0.03	1.47
3	A	5.0	3.10	48.77	41.95	3.05	0.46	0.04	1.16
4	A	4.0	2.93	62.00	31.38	3.18	0.13	0.04	1.98
5	B	6.6	3.40	59.30	35.73	1.68	0.03	0.02	1.66
6	B	6.7	3.50	55.67	38.24	3.75	0.47	0.04	1.46

续 表

编号	名称	重量	径长	Cu	Pb	Sn	Fe	Co	Cu/Pb
7	B	9.8	3.50	57.64	34.76	4.63	0.20	0.03	1.66
8	B	6.7	3.50	61.53	29.60	5.83	1.20	0.03	2.08
9	B	6.5	3.45	51.44	40.36	4.52	1.01	0.03	1.27
10	B		3.53	57.76	34.53	3.23	0.12	0.03	1.67
11	B	5.7	3.49	62.81	26.97	4.19	0.26	0.03	2.33
12	B	8.6	3.42	61.53	28.83	3.34	0.39	0.03	2.13
13	B		3.52	52.38	39.00	3.12	0.58	0.02	1.34
14	B		3.48	62.99	28.78	3.11	0.20	0.02	2.19
15	B		3.54	57.02	35.65	3.45	0.26	0.03	1.60
16	B			58.17	34.10	3.08	035	0.03	1.71
17	B			42.18	45.94	4.33	0.56	0.03	0.92
18	B			59.81	30.70	4.06	0.27	0.03	1.95
19	B			56.69	36.82	4.01	0.28	0.03	1.54
平均值				56.94	35.04	3.78	0.44		

注：本表源自《中国古代钱币合金成分研究》中第28页表2214-1賹化（刀）钱的合金成分，为制表方便，略有改动。A指賹四化（刀），B指賹六化（刀）。重量单位为克，径长单位为厘米。

四、齐地尖首刀

周卫荣《中国古代钱币合金成分研究》一书中发表了临淄出土的尖首刀的检测数据，见表4-5。

表4-5 临淄出土尖首刀币检测合金成分表

编号	名　称	Cu	Pb	Sn	Fe	Zn	Ag	Ni	Co
QJD1	齐地尖首刀	58.86	30.34	7.11	0.032	0.022	0.076	0.058	0.014
QJD2	齐地尖首刀	49.62	36.78	5.25	0.16	0.008	0.062	0.065	0.007

2003年贾莹、周卫荣对8枚齐刀币（齐之大刀1枚、即墨之大刀1枚、齐大刀6枚），利用金相显微镜、扫描电子显微镜及X射线能谱仪检测分析钱币的金相结构及合金成分（表4-8）。检测方法为采用日本UNION光学株式会社制造Versamet-2金相显微镜完成金相检测工作，JSM5310扫描电子显微镜和LINK X射线能谱仪完成定量成分分析工作，金相观察与扫描电镜检测均以钱币横断面为观察面，腐蚀剂为三氯化铁盐酸水溶液。[①]

表4-8 2003年贾莹等对齐大型刀币金相分析

名称	编号	组织	分析
齐之大刀	2	铸态 α+δ 相+Pb+硫化物	铜的硫化物呈现灰色圆粒和环带，边缘突起部分已全部腐蚀。
即墨之大刀	4	铸态 α+δ 相+Pb+硫化物	铅粒多细小均匀，个别铅粒周围有硫化物环绕。
齐大刀	9	铸态 α+δ 相+Pb+硫化物	可见到较大的铅颗粒、环状硫化物及不规则形状的夹杂物。
齐大刀	17	铸态 α 相+Pb+硫化物	截面上有许多缩孔与气孔，白色相为富锡相，硫化物相对较少。
齐大刀	20	铸态 α+δ 相+Pb+硫化物	截面可见较大的缩孔与气孔，表层与外界相通，由大的铅颗粒可知含铅量较高，白色为富锡相。
齐大刀	22	铸态 α 相+Pb+硫化物	截面可见较大的缩孔和气孔，含铅量很高，铅粒分布不均匀，灰色硫化物基本分布在铅粒周围。
齐大刀	28	铸态 α 相+Pb+硫化物	样品横截面大部分区域的铅粒比较细小且均匀，铅粒周围有环形硫化物，基本组织为α固溶体。

用化学方法测定的合金成分数据见表4-9：

表4-9 2003年贾莹等对齐大型刀币的合金成分分析

名称	器物号	Cu	Pb	Sn	Fe	Co	周书图号
齐之大刀	2	67.95	19.13	10.14	0.23	0.06	QD2
即墨之大刀	4	67.91	14.21	12.71	0.15	0.05	QD4

---

① 贾莹、周卫荣：《齐国及明代钱币的金相学考察》，《文物保护与考古科学》2003年第3期。

续 表

名　　称	器物号	Cu	Pb	Sn	Fe	Co	周书图号
齐大刀	9	49.94	38.82	3.68	0.12	0.02	QD13
齐大刀	16	56.61	36.60	5.42	0.32	0.03	QD20
齐大刀	17	50.68	42.28	5.43	0.36	0.03	QD21
齐大刀	20	53.15	37.57	3.89	0.18	0.03	QD24
齐大刀	22	51.62	41.11	3.48	0.50	0.03	QD26
齐大刀	28	57.44	35.37	3.24	0.24	0.02	QD32

第三节　铅同位素比值分析研究

铅同位素比值的原理，是地球上的铅都是质量不同的 4 种同位素 Pb^{204}、Pb^{206}、Pb^{207} 和 Pb^{208} 的混合物，其混合比率即 4 种同位素的含量比率，因矿山不同而不同。在一般冶铸生产过程中，所用铅料的同位素比值将保持不变。[①] 正如金正耀在《战国古币的铅同位素比值研究》一文中指出的，"运用现代高技术的铅同位素比值分析研究其矿料产地，不仅事关传统矿业开发和冶铸史研究，也事关其时社会政治经济等诸般历史考古学的研究"。"战国古币样品之所以重要，是因为它们都具有明确的铸行地区和年代范围……它们的青铜货币无疑携带着战国时期这些地区有关矿产是否被开发利用的丰富讯息。我们可以期望通过战国古币铅同位素比值的高精度实验分析，了解各国铸币所用铅矿的同位素比值是否具有地域性特征。"[②]

金正耀对齐国刀币 6 枚（出土于山东临淄齐故城 2 枚和日照市 4 枚）和賹化（刀）圆钱 4 枚（出土于日照市）进行过铅同位素比值测定，结果见表 4-10。

[①] 金正耀：《晚商中原青铜的矿料来源》，《第三届中国科学史国际讨论会论文集》，科学出版社，1990 年；彭子成等：《铅同位素比值方法在考古学中的应用》，《考古》1985 年第 11 期。

[②] 金正耀等：《战国古币的铅同位素比值研究——兼说同时期广东岭南之铅》，《文物》1993 年第 8 期。

表 4-10　齐国刀币和赒化（刀）钱的同位素比值测定结果

实验号	原编号/类别	铅含量（%）	207/204	206/204	207/206	208/206
11ZY-386	1/齐之大刀	17.07	15.611	18.244	0.855 7	2.122 9
12ZY-387	2/齐之大刀#	42.94	15.486	17.628	0.878 5	2.156 4
13ZY-388	3/即墨之大刀	11.22	15.589	18.046	0.863 9	2.136 7
14ZY-389	4/即墨之大刀#	14.21	15.478	17.616	0.878 6	2.155 6
15ZY-390	8/齐大刀	31.32	15.345	16.946	0.905 5	2.197 2
16ZY-391	12/齐大刀	38.92	15.348	16.879	0.909 3	2.203 3
17ZY-392	2/赒四化	37.33	15.308	16.658	0.919 0	2.214 9
18ZY-393	4/赒四化	31.38	15.327	16.754	0.914 9	2.211 2
19ZY-394	8/赒六化	29.60	15.361	16.841	0.912 2	2.207 4
20ZY-395	9/赒六化	40.36	15.367	16.920	0.908 3	2.199 7

注：#表示出土地为山东临淄，其余为日照。

山东境内古就产铅，禹别九州，任土作贡，《尚书·禹贡》中就有青州地区贡铅的记载。通过检测数据来看，日照出土的 2 枚齐大刀和 4 枚赒化（刀）钱的数据中铅的含量也很高，与燕刀的高值含铅量接近，实际上日照的"齐大刀"和赒化（刀）钱有自己的分布范围，二者还是能够区别开来的。赒化（刀）钱和"齐大刀"有着相近的铅同位素组成，说明二者所用铅料的产地比较固定。依据检测结果，"齐之大刀"和"即墨之大刀"所用铅料可能有相同的来源，并且与圆钱和"齐大刀"之铅产地明显有别。

第四节　齐国货币科技检测成果对比分析

上述是通过理化检测、金相分析、铅同位素比值等科技手段对齐国货币进行检测的成果统计，本节主要对上述结果进行对照分析，并探讨齐铸币的质量、燕刀与齐刀特点。

(一) 齐国铸币成分检测对照分析

通过理化检测、金相分析、铅同位素比值分析，我们得出以下结论。

1. "齐之大刀"的合金成分彼此一致。从检测的 2 枚"齐之大刀"的成分来看，Cu 69.56%、Pb 17.07%、Sn 10.48% 和 Cu 67.95%、Pb 19.13%、Sn 10.14%，彼此非常接近。虽然检测样品不多，但从各地见到"齐之大刀"的品质估计，合金组成与检测的结果吻合。

2. "即墨之大刀"的合金成分彼此一致。Cu 含量为 66.95%—74.51%、Pb 含量为 11.22%—17.13%、Sn 含量为 11.01%—15.08%。"即墨之大刀"的检测样品来自临淄、海阳、日照、栖霞等地，具有一定的代表性，合金成分平均值 Cu 70%、Pb 14.87%、Sn 12.51%。

3. "安阳之大刀"的合金成分只有 1 个数据，Cu 71.01%、Pb 16.94%、Sn 11.01%。与"齐之大刀""即墨之大刀"接近，虽然只有 1 个数据，但也具有代表性。

4. 带"之"字的四字刀（齐之大刀）与五字刀（即墨之大刀、安阳之大刀）的合金组成彼此非常接近。

5. "齐大刀"的合金组成也比较稳定一致，经检测的 27 枚"齐大刀"的成分大致为：铜 50%—60%、铅 30%—40%、锡 3%—6%，平均值为：铜 53.57%、铅 38.05%、锡 4.44%。

6. 带"之"字的四字刀（齐之大刀）与五字刀（即墨之大刀、安阳之大刀）不同于"齐大刀"，两者间存在明显的分界，前者铜、锡含量较高，铅含量较低；后者铜、锡含量较低，铅含量较高。按照目前学术界比较一致的看法，带"之"字的四字刀、五字刀在先，"齐大刀"在后。从合金成分上给这一观点提供了证据。

齐人所著《考工记》中载"金有六齐：六分其金，而锡居一，谓之钟鼎之齐；五分其金，而锡居一，谓之斧斤之齐；四分其金，而锡居一，谓之戈戟之齐；叁分其金，而锡居一，谓之大刃之齐；五分其金，而锡居二，谓之削杀矢之齐；金锡半，谓之鉴燧之齐"。齐即剂，金即铜，锡应指锡铅。从"即墨之大刀""安阳之大刀""齐之大刀"看，铜的比值占到 7/10，铅锡占到 3/10，处于"戈戟之齐"和"大刃之齐"之间，而"齐大刀"铅锡约占到 2/5，处于"削杀矢之齐"。从数值上，"即墨之大刀""安阳之大刀""齐之大刀"明显处于一类，而"齐大刀"属于另一类，这与类型学的判断一致，二者有年代上的早晚之别，证明齐国在大型刀币铸造早期按"戈戟之齐"和"大刃之齐"来铸造刀币，大型刀币的铸造晚期则是按照"削杀矢之齐"来铸造刀币，二者有明显的区别。

7. "齐大刀"的合金组成与背面文字不存在内在联系，各种背文的"齐大刀"成分分布大致相当。

8. 赗化（刀）钱的合金成分一致。19 枚赗化（刀）钱测得 Cu 含量 42.18%—62.99%、Pb 含量 26.97%—45.94%、Sn 含量 1.68%—5.83%。平均值为 Cu 56.94%、Pb 35.04%、Sn 3.78%。

9. 赗四化（刀）和赗六化（刀）成分一致，二者没有明显区别。

10. "齐大刀"和赗化（刀）成分相当。赗化（刀）是齐国官方铸币，流行时间和"齐大刀"有重合。

11. "齐大刀"的合金成分中，尽管铅含量普遍很高，有点像燕刀的成分，但齐刀的铅含量从来没有超过铜，这与燕刀明显有别。

12. 临淄出土的 3 枚齐明刀经检测成分一致，铜 36.77%、铅 55.04%、锡 2.68%。

13. 河北沧州肖家楼出土的乙一型齐明刀铜 31.5%、铅 58.4%、锡 1.2%；乙二型齐明刀铜 32.3%—33.1%、铅 58.5%—60.5%、锡 1.12%；乙三型齐明刀铜 39.6%—41.5%、铅 51.1%—53.1%、锡 0.93%。由于肖家楼刀币的检测数量和检测方法不明，所以不适宜与其他数据进行直接比较。但能够看出铅的含量高于铜的含量、锡的含量比较少。

14. 莱州齐明刀的检测数据为铜 41.84%—47.02%、铅 43.83%—48.84%、锡 9.1%—9.3%。由于不清楚所采用的是化学方法还是物理方法，不便与其他数据比较。但能够看出铅的含量高于铜的含量。

15. 齐明刀中铅的含量明显高于铜的含量，从化学方法检测的临淄 3 枚齐明刀来看，锡的含量不高。齐明刀的合金成分与齐大型刀明显不同。

16. 临淄出土的 2 枚齐地尖首刀经检测成分一致，铜 54.24%、铅 33.56%、锡 6.18%。与其他地方的尖首刀成分接近。周卫荣测得 27 枚尖首刀的成分为铜 49.41%、铅 39.94%、锡 6.15%。[①]

[①] 周卫荣：《中国古代钱币合金成分研究》，第 222 页。

17. 截首刀目前虽然有3条检测数据，但招远的2枚截首刀的检测为扫描电镜分析，与化学分析法数值相差较大，只能做定性分析，难以作定量考察。从周卫荣发表的1枚截首尖首刀的检测数据来看，①铜58.36%、铅30.04%、锡6.64%，与尖首刀成分接近。

18. 通过铅同位素比值分析，赒化（刀）钱和"齐大刀"有着相近的铅同位素组成，说明二者所用铅料的产地比较固定。依据检测结果，"齐之大刀"和"即墨之大刀"所用铅料可能有相同的来源，并且与圆钱和"齐大刀"之铅产地明显有别。

通过上述分析，研究发现有两个方面的问题需要展开讨论：一是齐刀币的质量问题，二是齐刀币与燕刀币的合金成分比较。

（二）齐刀币质量问题

齐国铸币基本上都是铜、铅、锡三元合金，早期的含铜量、含锡量较高，后期的含铅量较高。但无论是早期还是晚期，齐国的铸币基本上都有比较一致的合金配比。

齐刀都是铅锡青铜，根据冶铸知识，铅的作用是降低合金熔点、提高溶液流动性，铅的含量在小于36%内波动，并不会对成品的质量造成明显影响，但超过36%以后，合金在液态就会分层而影响质量。② 36%是铅青铜的一个转折点，也是一个重要的技术指标，因为一旦铜铅合金在液态分层，在浇铸过程中再怎么注意都难免产生严重的比重偏析，也就是说在铸币中会出现纯铅块，从而严重影响铸币的质量。③ 锡的作用是保证成品的强度、硬度、光泽度和抗蚀性能，只要锡含量不超过20%，这些性能都是随着锡含量的增加而提高的（特别是当锡含量超过6%—7%时）。④ 因此，从成分分析来看，四字刀、五字刀的锡含量都在10%以上，铅的含量在10%—20%之间，远低于36%的临界值，所以四字刀、五字刀的质量无疑是最好的。"齐大刀"有好有坏，锡的含量普遍较低，处于2%—6%之间，而有一部分铅的含量超过了36%的临界值，这就是有的"齐大刀"质脆易碎的原因。从金相上来看（金相分析样品齐大刀9、

---

① 周卫荣：《中国古代钱币合金成分研究》，第23页。数据未标明来源。
② 铸工手册编写组编著：《铸造有色合金手册》，机械工业出版社，1978年，第403页。
③ 周卫荣：《中国古代钱币合金成分研究》，第423页。
④ 铸工手册编写组编著：《铸造有色合金手册》，第388页。

17、22），铅的含量超过了 36%，金相组织结构为铸态 α 相+Pb+硫化物，截面可见较大的缩孔和气孔，含铅量很高，铅粒分布不均匀，灰色硫化物基本分布在铅粒周围。这些都说明了，"齐大刀"中铅含量高于 36% 时，刀币质量就容易断裂，这也是发现一部分"齐大刀"质量不好、出土时已经断裂的原因。

总体来说，铅青铜具有熔点低、成本低、耐磨易加工等优点，但铅青铜极易产生比重偏析，而且强度较低。[①] 一般耐磨锡青铜的锡含量的低限控制在 7% 左右。[②] 理想的铅锡青铜要保证合金的品质，合金的组成应符合 7%≤Sn%<20%，Pb%≤Y%。

表 4-11 铜铅锡三元体系液相饱和溶解度锡铅对应值

X%	3	4	5	6	7	8	9	10	11	12	13	14	15
Y%	32	30	28	26	24	23.5	22	21	19.5	18	17	16	15

注：X% 指 Sn%，Y% 指 Pb%。在 15<X%<20 范围，大致 X% 每增大 1，Y% 减小 1。

在铜、铅、锡三种材料中，铜、锡较昂贵，铅廉价易得。因此，最佳的青铜钱的合金组成应当是在保证合金元素铅锡的技术要求前提下尽可能多地提高铅的用量，即 Sn 7%、Pb 24%、Cu 69%。[③]

（三）齐刀币与燕刀币的合金成分比较

周卫荣先生对燕刀进行过 140 余枚的检测，具有一定的代表性。二者相比较如下：

1. 齐国早期的四字刀、五字刀与燕刀（尖首刀和类明刀）相比，成分差异大。齐刀币的铜含量、锡含量要明显高于燕刀币，而燕刀币的铅含量明显高于齐刀币，含量大都超过 36%，所以，早期的齐刀币质量明显好于燕刀币。

2. 齐大刀与燕明刀相比，总体情况差不多，最大的一个特点都是铜含量较低。一般来说含铜量低于 60%。同时刀币中的一个重要元素铅的含量却很高，有不少数据都超过了 36%，但高铅的刀币品质往往很差。齐大刀较燕明刀相比有两点明显不同：第一，齐大刀中未发现刀币的铅含量超过铜含量，属于铜铅

[①] 周卫荣：《中国古代钱币合金成分研究》，第 423 页。
[②] 周卫荣：《中国古代钱币合金成分研究》，第 422 页。
[③] 周卫荣：《中国古代钱币合金成分研究》，第 424 页。

刀币，而燕明刀中铅含量大都超过铜含量，这是一个很大的不同；第二，齐大刀中含锡量始终保持一定的比例，而且比较稳定（一般3%—6%），而燕明刀的锡含量波动较大，甚至出现了不含锡的燕刀币。①

3. 齐明刀的合金成分与燕明刀成分比较接近，都属于铅含量高于铜含量，锡的含量较低的类型。

4. 齐地尖首刀、截首刀的成分和燕地尖首刀的成分接近。

---

① 周卫荣：《燕下都遗址出土"匽字刀"币的检测研究》，《第三届全国科技考古学术会议论文集》，1991年。

第五章
齐国货币的空间分布及流通问题

本章在前文划分齐国货币类型基础上，分别对不同类型的金属铸币的出土情况及空间布局进行统计和分析，为探讨齐国不同类型的货币流通提供基础。

第一节 齐刀币的出土情况

鉴于前文已对齐小型刀币的出土情况进行分析，下文着重对齐大型刀币展开分析。齐大型刀币按地区分类，可分为淄博地区、青州地区、胶东半岛、临沂地区、济南地区，各地具体出土刀币情况见下文（表5-1和图5-7）。

一、临淄齐都及周边

临淄齐都周边主要涉及淄博地区包括临淄、博山、淄川、周村、博兴、桓台、高青等行政区（图5-1）。

临淄齐故城大城内出土齐刀币明确地点有阚家寨，1965年北京大学学生在阚家寨实习，灰坑H7出土"齐大刀"1枚。[①] 1978年阚家寨又出土"齐大刀"4枚。小城内出土刀币见西关村。1984年临淄区西关北出土刀币5枚，其中"即墨之大刀"2枚、"安阳之大刀"1枚、"齐大刀"2枚。西关附近还出土过16枚，在齐都城小城内，当与铸造储藏刀币有关。小城南墙外偶见出土，1975年淄博市临淄区齐都镇西关三村出土11枚"齐大刀"，距临淄故城小城南墙约30米，此处正处于小城南墙东门外。1986年8月，淄博市临淄区齐都

---

① 山东省文物考古研究所：《临淄齐故城》，文物出版社，2013年，第271页。

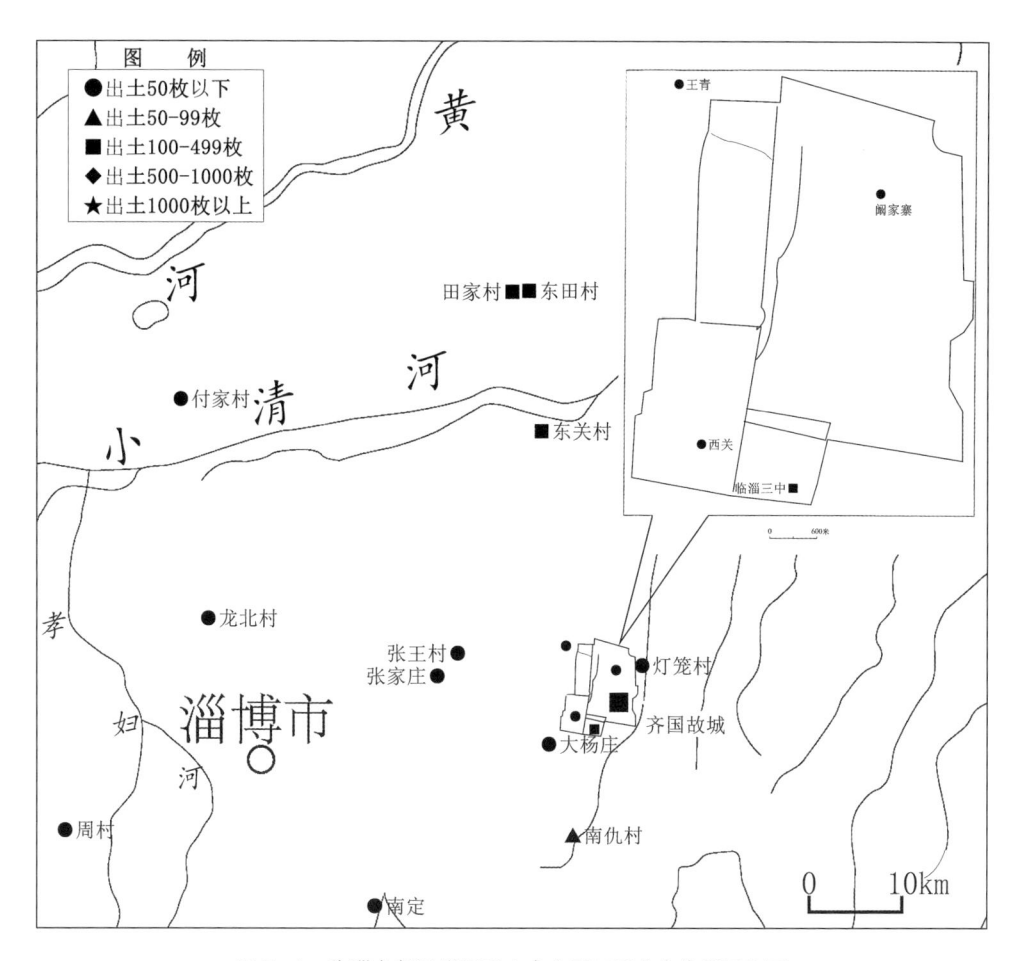

图 5-1 临淄齐都及附近出土齐大型刀币分布位置示意图

三中建教学楼施工中在距地表 2 米处出土"齐大刀"148 枚,同时在近处发现陶井圈井一口,井内出土战国陶罐 7 个,5 个上面有戳印。此处在小城南墙东门外东侧,大城南墙西门外西侧,是当时的交通要道。还有一些明确地点未知,如 1986 年淄博市临淄区齐国故城出土刀币 100 枚,其中"齐之大刀"5 枚、"即墨之大刀"2 枚、"安阳之大刀"2 枚、"齐大刀"90 枚、六字刀 1 枚。[1]

临淄齐故城城东地区出土齐刀币的地点有灯笼村 1 处。1979 年淄博市临淄

---

[1] 张龙海、杨英吉:《略谈临淄近年来刀币的发现》,《山东金融研究》(钱币专刊二),1988 年,第 118 页。

区皇城镇灯笼村出土"即墨之大刀"1 枚、"安阳之大刀"1 枚。① 临淄齐故城南出土的刀币地点有 3 个。1991 年淄博市临淄区孙娄镇大杨村出土"齐大刀"35 枚。1986 年 5 月淄博市临淄区南仇村出土刀币 50 枚，其中"齐之大刀"2 枚、"安阳之大刀"1 枚、"齐大刀"47 枚。② 淄博市张店区南定出土"齐大刀"47 枚。③ 临淄齐故城城西地区出土齐刀币的地点有张家庄 1 处。1979 年 3 月临淄市齐都镇张家庄出土"齐大刀"2 枚。临淄齐故城城北地区出土齐刀币的地点有王青村、张王庄 2 处。1984 年淄博市临淄区悟台王青村出土"齐大刀"10 枚。④ 1984 年 5 月淄博市临淄区敬仲镇齐城北张王庄出土刀币 40 枚，其中"齐之大刀"3 枚、"即墨之大刀"1 枚、"安阳之大刀"1 枚、"齐大刀"34 枚、六字刀 1 枚。⑤

临淄区周边的县区有个别区域有齐刀币出土，明确的有桓台和博兴两地。1985 年淄博市桓台侯庄龙北村出土"齐大刀"7 枚。⑥ 1983 年 8 月山东省博兴县陈户镇桥子村民在田家村东挖水塘时，在距地表约 4 米处挖出一批齐国货币，总计 105 枚。其中"安阳之大刀"1 枚，"齐之大刀"1 枚，"齐大刀"99 枚（完整的 59 枚），賹四刀 4 枚。⑦ 1984 年陈户镇东田村东南 100 米取土时发现了一批齐国货币。货币每十二枚一摞，摆放有序。除货币外，未发现其他遗迹现象。这批货币重 12 千克，计 254 枚，其中刀币 222 枚，圆钱 32 枚。⑧ 博兴县发现刀币的这两个地点离得很近，可以看作一个地点的两次出土。

二、弥河流域

弥河流域主要有临朐、青州、寿光、昌乐等地区（图 5-2）。

---

① 张龙海、杨英吉：《略谈临淄近年来刀币的发现》，《山东金融研究》（钱币专刊二），1988 年，第 118 页。
② 张龙海、杨英吉：《略谈临淄近年来刀币的发现》，《山东金融研究》（钱币专刊二），1988 年，第 118 页。
③ 淄博文物商店藏。
④ 张龙海、杨英吉：《略谈临淄近年来刀币的发现》，《山东金融研究》（钱币专刊二），1988 年，第 118 页。
⑤ 齐国故城遗址博物馆：《山东临淄齐国故城北出土一批刀币》，《考古》1987 年第 7 期。
⑥ 淄博市博物馆征集。
⑦ 常叙政：《山东博兴出土齐国货币》，《文物》1984 年第 10 期。
⑧ 常叙政：《山东博兴县出土齐国货币》，《考古》1984 年第 11 期。

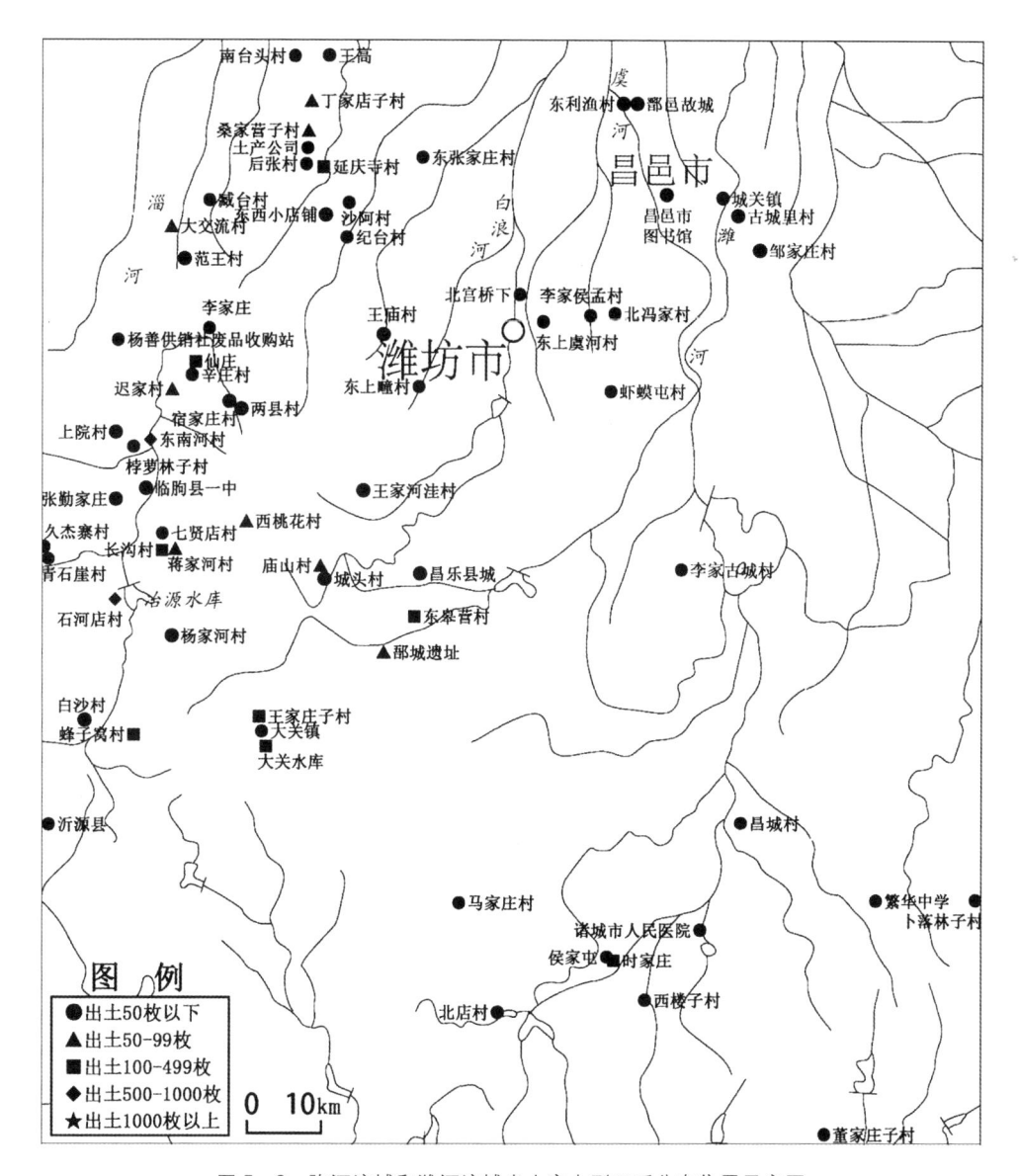

第五章　齐国货币的空间分布及流通问题　　173

图 5-2　弥河流域和潍河流域出土齐大型刀币分布位置示意图

（一）临朐县

齐长城沿线出土的刀币地点有蜂子窝村、白沙村。蜂子窝村位于齐长城南侧，1991年10月九山镇付兴村一村民在蜂子窝村挖土整地时，在地表以下1.5米处发现齐刀币22千克，可惜的是当时多被当作废品卖掉。县文管部门知道消息后仅追回 230 枚,其中 20 余枚残断,具体有"齐之大刀"3 枚、"即墨之大刀"5 枚、"安阳之大刀"1 枚、"齐大刀"217 枚、六字刀 1 枚。据称刀币整齐地存放于一陶罐中,似用绳串在一起,出土时陶罐破碎。1995 年九山镇白沙村村民在村北挖土建房时发现十余枚齐刀币,出土地为一东周至汉代遗址,面积约 16 000 平方米,曾出土青铜剑。

齐长城沿线穆陵关北侧的大关地区集中出土有齐刀币。1972 年大关乡西部出土齐刀币 40 余枚。[①] 1978 年沂山风景区(原大关公社)修建大关水库施工中发现窖藏齐刀币,据目击者称,数量有数百枚,以"齐大刀"为多。出土地点在大关水库南一处商周至汉代遗址,面积约 5 600 平方米。1978 年沂山风景区(原大关公社)王家庄村民整地发现窖藏齐刀币百余枚。出土地点为一东周至汉代遗址,面积约 12 000 平方米。

齐长城三岔口附近也有齐刀币出土,20 世纪 70 年代,临朐县嵩山风景区青石崖村村民在村西挖土时发现窖藏齐刀币,多卖到供销社,种类数量不详。青石崖遗址是一处重要的东周遗址,历年来出土了较多的珍贵文物,如吴王夫差剑、战国铜印、战国铜器窖藏等。2010 年 4 月嵩山风景区九杰寨村村民在九杰寨山顶重建一道观,村民张云庆挖地基时发现一枚"齐大刀",不久被当地一文物贩子收走。

临朐境内弥河上游地区的刀币出土地点有杨家河村、石河店子村、蒋家河、常沟村、七贤村、临朐县一中等地点。1975 年辛寨镇杨家河村出土齐刀币 2.3 斤,多残坏。1968 年石河店子村东南寺头石河与弥河交汇的寺头石河北岸,雨后冲出齐刀约 500 枚,刀币出土地后经调查为一处东周遗址,面积大,文化层堆积厚。1978 年春,东城街道后蒋家河村在村南发现齐刀币 30 余枚,之后村民又在附近发现两处刀币窖藏。出土刀币数量均在 30 枚左右,均捆扎,未见有陶容器,以"齐大刀"居多。出土地点为一河边台地遗址,东西长约 150 米,南北宽约 200 米,面积约 3 万平方米。1975 年临朐县东城街道常沟村出土齐刀币 182 枚,其中"齐之大刀"87 枚、"即墨之大刀"1 枚、"安阳之大刀"1 枚、"齐大刀"93 枚。20 世纪 80 年代末常沟村出土䢍化(刀)钱,常沟村村北为一处东周至汉代遗址。1981 年东城街道七贤村出土十余枚刀币,据发现者称有三字刀与五字刀,后有 6 枚"节墨之大刀"被县文化

[①] 孙敬明等:《潍坊新出齐币与研究》,《中国钱币》1987 年第 3 期。

馆征集。① 2008年5月临朐县一中建教学楼挖地槽时发现齐刀币，刀币数量应不多，该地还发现过青铜剑，后经调查确认为一处东周至汉代遗址。

弥河一条支流上有两县村和宿家庄两个地方出土刀币，1973年龙山经济开发区两县村村西台地上出土齐刀币30余枚，该台地为一商周时期遗址，面积约3万平方米。1976年5月临朐县龙山开发区宿家庄村南出土齐刀币。据传数量约500枚以上，县文化馆仅征集到17枚。刀币出土地为一古遗址，面积约6万平方米。另传20世纪70年代该村曾出土齐刀币范数块。

此外，临朐境内零散出土齐刀币的地点有城头村、庙山村、西桃花村、张勤家庄等。20世纪90年代柳山镇城头村发现窖藏齐刀币，据称约有40余枚，出土地点是一处战国至汉代城址，俗称"朱虚故城"，城址东西长约500米，南北宽约400米，总面积约20万平方米。2001年，柳山镇庙山村东南农田中发现窖藏齐刀币50余枚，刀币出土地为古遗址，有大量的东周至汉代陶片。1998年辛寨镇西桃花村村民于村西南角河边挖沙发现齐刀币50余枚。刀币出土点为西桃花遗址，面积约7 000平方米。1997年4月城关街道张勤家庄一村民在挖墙基时发现齐刀币窖藏，据称有刀币20余枚，其中一部分捐献到了县博物馆。发现刀币的地表可见战国至汉代陶片。1973年4月临朐县文化馆自杨善供销社废品收购站征集齐刀币7枚，其中一枚断为三截。具体征集地点不明。

（二）青州市

青州市南近临朐，顺弥河而下第一个集中出土刀币的地点位于弥河和南阳河的交汇处，有东南河、梓萝林子、上院村、辛庄、迟家村等地点。1974年春青州市弥河镇东南河村出土刀币520枚，② 其中"即墨之大刀"2枚，"安阳之大刀"10枚、"齐之大刀"15枚、"齐大刀"470枚、六字刀3枚。此次出土的还有数枚铁铸刀币，颇为少见。铁刀币锈蚀严重，隐约可见其铭文为"齐大刀"三字。1977年青州市弥河镇梓萝林子村南发现窖藏齐刀币一批，出土后不久即被村民当作废铜卖掉。刀币出土地为一商周时期文化遗址，面积较

---

① 孙敬明《潍坊新出齐币与研究》一文介绍为6枚"即墨之大刀"，由宫德杰一文可知这6枚刀币不是单独存放，而是与齐大刀共出。
② 魏振圣:《近年来青州市新发现的先秦货币》，《山东金融研究》（钱币专刊一），1987年，第76页；姜建成:《山东青州市出土齐国刀币》，《中国钱币》1987年第3期。

大，南部紧靠石河河岸，河岸旁有较多的灰坑、墓葬等遗迹遗物，断崖处有较厚的文化堆积层，厚达2米。1976年青州市弥河镇上院村出土齐刀币一批，据称为一村民在村西山坡锄地时发现，具体数量与种类不详，刀币出土后不久即流散。在刀币的出土地点以北台地上发现有龙山至商周时期的遗址。2000年前后还出土一批东周时期的青铜器。① 1983年青州市弥河镇辛庄出土6枚刀币，其中"安阳之大刀"1枚、"齐大刀"5枚。据青州市博物馆工作人员调查，在刀币出土地辛庄南有一处西周至汉代遗址，面积较大，保存较好。

顺弥河而下，出土刀币的地点依次为迟家村和李家庄。2001年青州市黄楼镇迟家村西南，村民整地时发现齐刀币一批，刀币数量约百枚之多，大部分流散。刀币出土地表面有东周至汉代陶片，经调查为一处遗址。② 1985年青州杨家庄乡李家庄出土齐刀币50余枚，③但根据孙敬明《潍坊新出齐币与研究》一文介绍出土"齐大刀"28枚，"安阳之大刀"和"齐之大刀"各1枚。仙庄村离迟家庄不远，2005年青州市黄楼镇仙庄村南，村民在挖井时发现窖藏齐刀币一批，后散失。据发现者介绍，数量约有三四百枚。④

此外，在前范王村、大交流村和藏台村也有出土。1987年青州市王母宫镇前范王村出土齐刀币一批，具体数量不详。前范王村齐币窖藏周边有较多东周时期的瓦砾，在断崖处还发现有文化层、灰坑。从暴露的遗迹遗物分析，前范王村应为一处周代遗址，且文化层堆积达1米多厚。⑤ 1984年10月青州市高柳镇大交流村西农民动土时发现百余枚齐刀币，文物部门收集到57枚，有"齐大刀""齐之大刀"两种。⑥ 20世纪50年代，青州市何官镇藏台村出土一批齐刀币，据称出土数量较多。刀币出土后被农民当作废品卖掉。刀币出土地点为一处古文化遗址，在藏台、东台、西台三村之间，与寿光市搭界。

（三）寿光县

寿光县域顺弥河而下河流两旁出土刀币的地点依次有纪台村、沙阿村、延

---

① 鞠志海：《青州地区出土的齐刀币及刀币范》，《收藏》2017年第4期。
② 鞠志海：《青州地区出土的齐刀币及刀币范》，《收藏》2017年第4期。
③ 魏振圣：《近年来青州市新发现的先秦货币》，《山东金融研究》（钱币专刊一），1987年，第76页。
④ 鞠志海：《青州地区出土的齐刀币及刀币范》，《收藏》2017年第4期。
⑤ 鞠志海：《青州地区出土的齐刀币及刀币范》，《收藏》2017年第4期。
⑥ 魏振圣：《近年来青州市新发现的先秦货币》，《山东金融研究》（钱币专刊一），1987年，第76页。

庆寺和王高村等。1977年寿光县纪台村出土3枚刀币，其中"齐之大刀"1枚、"齐大刀"2枚。1977年寿光县城关镇沙阿村出土1枚"齐之大刀"。1986年寿光延庆寺出土大刀币354枚，刀身顺序一致，上下四层相叠，存放整齐，刀首皆向西北，可能置于木箱内。354枚刀币，按12枚刀币一捆，为29.5捆，约30捆。看来这批刀币也应是按12枚一捆排列。"齐大刀"的进制或者说齐国货币的进制可能与12有关。𰼦刀钱有𰼦六刀、𰼦四刀和𰼦一刀，这三种（6、4、1）数字的最小公倍数为12，可见𰼦刀钱的进制也是12进制。延庆寺遗址面积为4.2万平方米，文化堆积厚0.8—1米。采集到的周代遗物有泥质灰陶绳纹盆、罐口沿等。1977年寿光县王高乡王高村出土2枚"齐之大刀"。[①]

其他出土刀币的地点多在弥河的西岸，如东西小店铺、后张村、桑家营子、南台头村、丁家店等。1990年寿光县刘家集镇东西小店铺出土"齐之大刀"2枚。1978年寿光县寿光镇后张村出土"齐大刀"1枚。1973年寿光县土产公司征集1枚六字刀。1987年寿光县文家乡桑家营子村出土刀币52枚，其中"齐之大刀"2枚、"齐大刀"50枚。𰼦六刀圆钱8枚、𰼦四刀圆钱5枚。1985年寿光县台头镇南台头村出土"齐大刀"1枚。附近有南台头遗址，从采集到的遗物可知主要为龙山、商、西周时期，但不排除附近有战国时期遗址。1986年寿光丁家店出土刀币74枚，其中"齐之大刀"13枚、"即墨之大刀"6枚、"安阳之大刀"16枚、"齐大刀"35枚、六字刀4枚。弥河东岸出土齐刀币的地点较少，仅有东张一处，出土"齐大刀"1枚。[②]

三、潍坊地区（潍河流域）

潍坊地区包括诸城、安丘、潍坊市城区周边、昌邑县、昌乐县等地（图5-2）。

诸城 潍河的最上游区域是诸城市，潍河最上游出土刀币的地方位于潍河和齐长城的交汇区域，如时家庄和侯家屯。诸城县枳沟乡时家庄出土"齐大刀"130枚。1986年侯家屯发现一罐齐刀币，数量有23枚。潍河的支流扶淇

[①] 贾效孔：《山东寿光县出土一批齐刀化》，《中国钱币》1987年第3期；贾效孔：《考古发现与齐币流通》，《山东金融研究》增刊（钱币专辑），1991年，第35—37页。

[②] 贾效孔：《山东寿光县出土一批齐刀化》，《中国钱币》1987年第3期；贾效孔：《考古发现与齐币流通》，《山东金融研究》增刊（钱币专辑），1991年，第35—37页。

河也有两处刀币出土地点,如东武故城和县人民医院附近。潍河支流交汇区的相州镇和昌城村也有零星刀币出土。昌城村出土"齐大刀"1枚。此外,诸城县程戈庄乡梓萝林子村出土"齐大刀"40枚。诸城县昌城乡、诸城县城关镇马家庄村西、诸城县繁化学校各出土"齐大刀"1枚。1978年,诸城境内齐长城以南的桃林乡董家庄子村出土过"齐大刀"23枚。①

安丘县 潍河附近的昌安故城、杞国故城均有齐刀币出土,潍河支流的汶河上游的鄀城遗址出土齐刀币数量不少,1965年至1975年间,鄀城乡鄀城遗址出土"齐大刀"63枚、"即墨之大刀"1枚。此外李家古城村也出土齐刀币。②

潍坊市城区周边 潍坊市潍坊区、奎文区和坊子区境内南北向河流分布密集,弥河和潍河之间比较大的河流有白浪河、虞河。这两条河的两侧也见到有齐刀币出土。1985年南郊军埠口乡白浪河中及北郊北宫桥下分别出"齐大刀"数枚。1982年潍坊市东郊奎文区东上虞河村出土"齐大刀"4枚。东上虞河遗址面积约5.75万平方米,文化堆积厚0.6米左右。采集到的商周遗物有夹砂灰陶绳纹鬲、素面鬲、附加堆纹鼎、泥质灰陶豆盘、豆、罐、盂等。③ 此外,其他区域也有零星出土。1982年春潍坊市坊子区车留庄乡蛤蟆屯村出土"齐大刀""即墨之大刀"40余枚。1984年坊子区段家乡北冯家村后出土"齐大刀"23枚。北冯家村遗址面积约7.5万平方米,文化堆积厚约1—2米。采集到商周时期夹砂褐陶鬲足、泥质灰陶绳纹簋、弦纹簋、刻划纹钵等残片。④ 潍县清池乡李家侯孟村出土"齐大刀"10枚。⑤

昌邑县 潍河下游的城关镇、古城村和邹家村有刀币出土。1982年城关镇出土"即墨之大刀"1枚。1982年昌邑县宋庄乡邹家村出土"明"刀币96枚。虞河下游的龙池乡东利渔村及鄑邑故城等地出土过齐刀币。昌邑县图书馆文物组还收藏"文革"期间境内出土的"齐大刀"6枚,出土地点不明。

昌乐县 昌乐县处于弥河和潍河之间,1951年昌乐县郝邹乡王家河洼村出土刀币23枚,包括"齐之大刀"和"即墨之大刀"。同年郝邹乡东上疃村出土"齐大刀"2枚,朱留乡三庙村出土刀币13枚,包括"齐之大刀""即墨之

---

① 孙敬明、王桂香、韩金城:《潍坊新出齐币与研究》,《中国钱币》1987年第3期。
② 孙敬明、王桂香、韩金城:《潍坊新出齐币与研究》,《中国钱币》1987年第3期。
③ 国家文物局主编:《中国文物地图集·山东分册》下册,中国地图出版社,2007年,第287页。
④ 国家文物局主编:《中国文物地图集·山东分册》下册,第285页。
⑤ 孙敬明、王桂香、韩金城:《潍坊新出齐币与研究》,《中国钱币》1987年第3期。

大刀"和"齐大刀"。1974 年昌乐县平原乡东皋营村出土 107 枚,具体种类不清,明确的有"即墨之大刀"。东皋营遗址为东皋营村所占压,面积不详,文化堆积厚 1 米左右。1982 年昌乐县城出土"即墨之大刀"17 枚。[①]

四、胶东半岛

胶东半岛区域包括莱州(掖县)、招远、龙口(黄县)、蓬莱、长岛、烟台、牟平、威海、荣城等地。胶东半岛区域齐刀币主要分布于近海沿线及胶东半岛中部的交通要道两侧(图 5-3)。

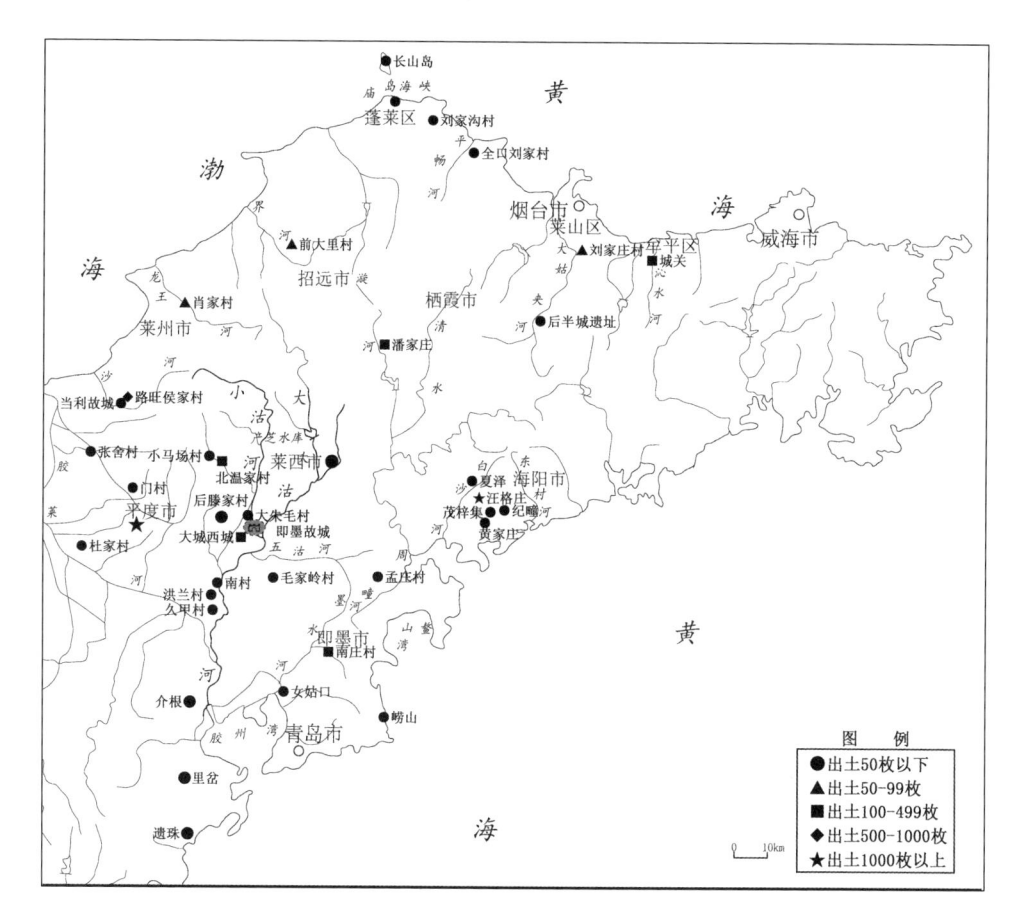

图 5-3 胶东半岛出土齐大型刀币分布位置示意图

---

① 孙敬明、王桂香、韩金城:《潍坊新出齐币与研究》,《中国钱币》1987 年第 3 期。

莱州（掖县） 莱州地区刀币主要分布于莱州市沙河镇路旺侯家村的当利故城附近，故城内出土过齐刀币，[①] 细节不明。1983 年在路旺侯家村北出土一批齐刀币，重 47 公斤。有"即墨之大刀""安阳之大刀""齐之大刀""齐大刀"和六字刀五种刀币共 960 枚。以"齐大刀"数量最多。[②] 当利故城以北的交通要道上也有出土，1963 年山东省掖县梁郭乡肖家村出土一批齐刀币 81 枚，圆钱 116 枚。[③]

招远 沿着近海大通道过莱州进入招远县域，在近海的交通要道附近也发现有齐刀币。1977 年在招远市张星镇前大里村西 300 米发现一处齐刀币窖藏，据地表 0.7 米。窖藏形制不明。共出土齐刀币 52 枚，以"齐大刀"最多，另有"齐之大刀""即墨之大刀"2 种。[④]

蓬莱 沿着渤海南岸近海通道，过莱州、招远便进入蓬莱，这一区域历来是交通要道，在新石器时代便通过庙岛群岛与辽东半岛进行文化交流。1974 年蓬莱县全口刘家出土刀币 2 枚。[⑤] 1980 年蓬莱县刘家沟出土刀币 34 枚。[⑥] 庙岛群岛上也发现有齐刀币，据长山岛博物馆馆藏，长山岛出土有齐刀币。

福山 过了蓬莱的渤黄海分界线后，便进入黄海沿岸的近海交通要道，向东行便抵达福山，在此地的三十里堡古城址（又名牟平故城）发现有齐刀币和铸刀币陶范。三十里堡古城址位于古现镇三十里堡村南 200 米，平面近方形，东西长 450 米，南北宽 423 米。城内北部有冶铜遗迹。文化层堆积深约 0.25 米。[⑦]

牟平 沿着黄海近海通道东行，过福山便进入莱山、牟平地区。1993 年牟平县莱山镇刘家庄盖房挖土时发现一批刀币 90 余枚，其中"即墨之大刀"1 枚、"安阳之大刀"1 枚、"齐之大刀"3 枚、"齐大刀"90 余枚。[⑧] 另外还有䁖四刀 2 枚，䁖六刀 1 枚。牟平市城关出土 9 公斤约 300 枚燕明刀。[⑨] 从文章附录拓片来看，应为齐明刀和燕明刀共存。牟平后半城遗址曾出土"齐大刀"

[①] 国家文物局主编：《中国文物地图集·山东分册》下册，第 241 页。
[②] 国家文物局主编：《中国文物地图集·山东分册》下册，第 248 页。
[③] 朱活：《古钱新典》上册，第 62 页。
[④] 国家文物局主编：《中国文物地图集·山东分册》下册，第 260 页。
[⑤] 山东省钱币学会编：《山东金融研究》（钱币专刊二），1988 年，第 93 页。
[⑥] 山东省钱币学会编：《山东金融研究》（钱币专刊二），1988 年，第 95 页。
[⑦] 国家文物局主编：《中国文物地图集·山东分册》下册，第 229 页。
[⑧] 林仙庭、李华杰：《山东牟平发现齐币》，《中国钱币》1997 年第 2 期。
[⑨] 李步青、林仙庭：《烟台地区出土古货币及有关问题》，《山东金融研究》（钱币专刊一），1987 年，第 65—73 页。

铜刀币，数量不明。后半城遗址位于观阳故城内东部，面积约 5 万平方米，采集有泥质灰陶高柄浅盘豆、夹砂灰陶树木纹、双兽纹半瓦当等，属于战国时期的遗址。①

胶东半岛齐刀币另一个分布中心在即墨故城及周边的交通要道上。即墨故城位于平度县，其周边的即墨、栖霞、海阳处于即墨周边大的区域范围内。

平度 平度地区齐刀币的分布主要集中于即墨故城周边。1978 年平度市古岘镇大城西村出土一批刀币，南村镇九甲村村民征集 18 枚刀币，其中"即墨之大刀" 2 枚、"齐大刀" 16 枚。另有賹六刀 1 枚、賹四刀 1 枚。1986 年古岘镇大朱毛村出土 28 公斤千余枚燕明刀，排列整齐，首尾叠放存置，出土时用麻绳贯穿，每贯 12、14、18 枚不等。即墨故城位于姑河的西岸，顺河而下，位于和胶州市交界区域的南村、洪兰、九甲村有齐刀币集中出土。1985 年平度市南村出土 10 枚"齐大刀"。1978 年平度市南村镇洪兰村出土"齐大刀" 13 枚。②

即墨故城以西多个地点有刀币出土，如后滕家村、小马场村、北温家村、门村、张舍村、杜家村等。1984 年后滕家村出土 10 枚"齐大刀"。1982 年龙山小马场村出土 30 枚"齐大刀"。1984 年洪山乡北温家村出土一批刀币，有 20 余斤，200 余枚，仅余 13 枚"齐大刀"。1985 年门村乡出土 47 枚"齐大刀"。1988 年张舍乡张舍村出土 3 枚"齐大刀"。1978 年张家坊乡杜家村出土刀币 23 枚，其中"即墨之大刀" 1 枚、"安阳之大刀" 1 枚、"齐大刀" 21 枚。实际上这些地点也大多位于大河支流附近，如小马场村和北温家村位于小沽河支流的猪拱河附近，后滕家村位于白沙河附近。此外，1958 年平度县出土 94 枚刀币，其中"即墨之大刀" 7 枚、六字刀 1 枚、"齐之大刀" 5 枚、"齐大刀" 81 枚，但出土地点不明。③

栖霞 胶东半岛中部有一条南北向的交通要道，可通过即墨故城通往福山、蓬莱等地，在栖霞县的要道旁边发现有齐刀币。1982 年 6 月观里乡潘家庄东 80 米处出土一批齐刀币，系窖藏出土，首尾次序颠倒，一层层排列，共有 196 枚，其中 143 枚完整。其中"齐之大刀" 1 枚、"即墨之大刀" 14 枚、"安

---

① 国家文物局主编：《中国文物地图集·山东分册》下册，第 231 页。
② 杨树民：《平度市近年新发现齐国货币概况》，《山东金融研究》增刊（钱币专辑），1991 年，第 38—39 页。
③ 山东省钱币学会编：《齐币图释》，第 67—71 页。部分藏品见平度市博物馆。

阳之大刀"4枚、"齐大刀"123枚、六字刀1枚。①

即墨 即墨故城以东的区域也有齐刀币出土,主要分布于今即墨县域。1954年即墨县孟庄出土17枚刀币,其中"安阳之大刀"1枚、"齐大刀"16枚。② 1990年即墨县段泊岚乡毛家岭村出土30余枚"齐大刀"。

海阳 即墨故城以东近海区域有大量刀币集中出土,集中于海阳县汪格庄及其附近。1972年海阳县汪格庄村出土刀币1800多枚。③ 新中国成立以来,海阳境内出土齐刀币不止一批,其中有记录可查的有1962年东村乡城阳村、1965年郭城乡西山村和1972年里店乡纪疃村。④ 海阳地区在商和西周时期属莱国领土,齐灵公十五年灭莱,地并入齐。此外,夏泽遗址、纪疃遗址、茂梓集遗址、黄家庄遗址均出土有刀币。⑤

五、胶州地区

胶州地区包括青岛、胶县、胶南、高密、诸城、五莲、日照等(图5-4)。

青岛 今青岛市区周边刀币的分布地点主要分布于墨水河附近。1968年青岛市工人在市郊女姑口开渠时,发现了一批齐币,盛于小陶罐内,计有"即墨之大刀"1枚、"齐大刀"1枚、賹六刀1枚、賹四刀2枚。1971年青岛崂山李村镇南庄村出土一罐窖藏齐刀币30余斤,完整者397枚,除1枚为六字刀外,其余均为"齐大刀"。20世纪40年代末其附近亦出土一罐货币,⑥ 数量当与此相当。女姑口位于墨水河和胶州湾的交汇区域,南庄村位于墨水河的支流的附近,也离墨水河较近。1984年崂山区城阳废品站收集货币10余斤,有"即墨之大刀"、"齐大刀"、賹四刀、賹六刀等。⑦ 该地区离墨水河也较近,可能出土货币的区域也在附近。

胶南 胶南的介根故城、里岔、隐珠等地均有齐刀币出土,但具体情况不详。

---

① 李元章:《山东栖霞县出土一批齐刀化》,《文物》1985年第1期。
② 朱活:《古钱新典》上册,第61页。
③ 朱活:《谈山东海阳出土的齐国刀化——兼论齐刀的购买力》,《文物》1980年第2期。
④ 朱活:《谈山东海阳出土的齐国刀化——兼论齐刀的购买力》,《文物》1980年第2期。
⑤ 国家文物局主编:《中国文物地图集·山东分册》下册,第270—276页。
⑥ 朱活:《古钱新典》上册,第65页。
⑦ 刘朴:《青岛地区齐国货币见闻》,《山东金融研究》增刊(钱币专辑),1991年,第42页。

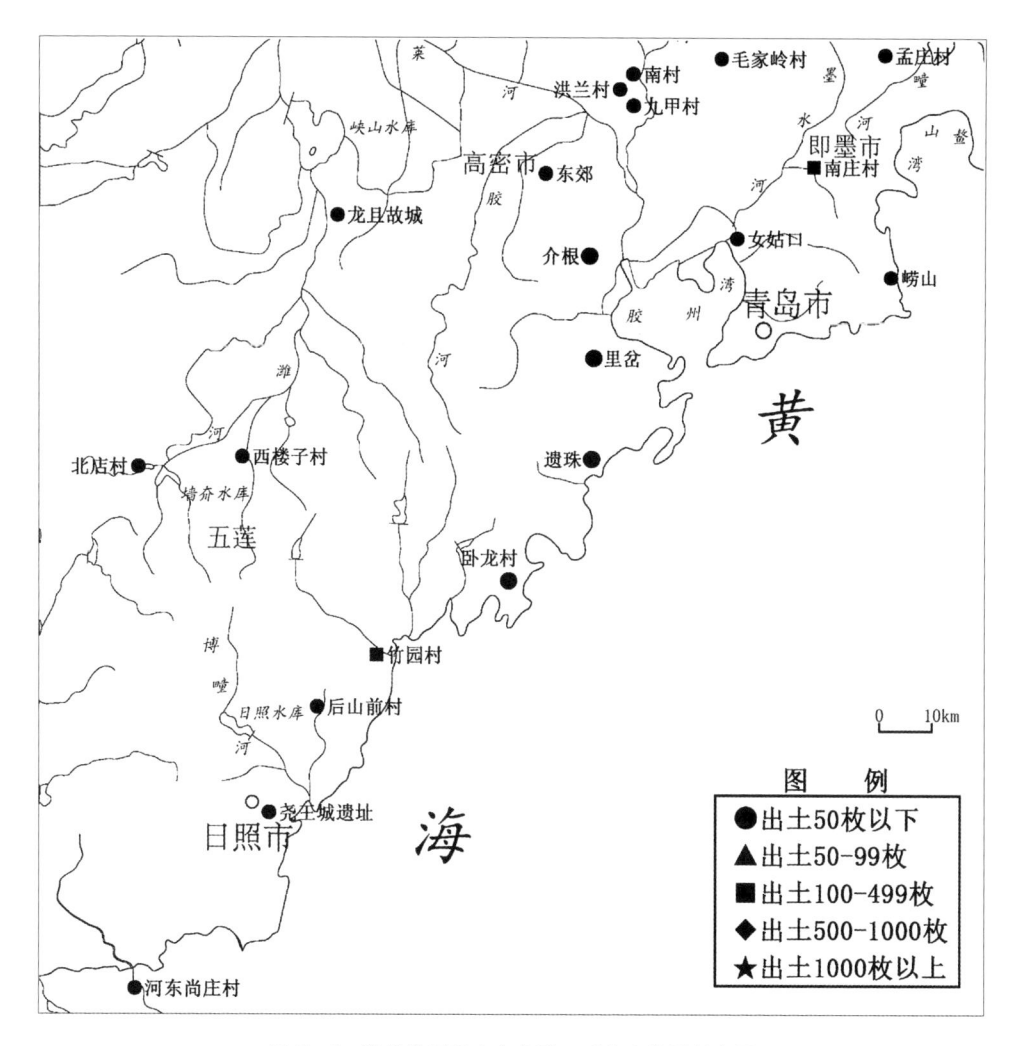

图 5-4　胶州地区出土齐大型刀币分布位置示意图

高密　高密位于潍河的东岸，出土刀币的地点主要在潍坊的东岸。1975 年高密县井沟乡龙且故城出土"即墨之大刀""齐大刀"29 枚。出土时放置有序，后经辗转，个别断损。1980 年龙且故城又出土"齐之大刀""齐大刀"各 1 枚。高密的东部个别区域也有齐刀币出土。1985 年高密县城东郊出土"齐大刀"5 枚。[①]

[①] 孙敬明、王桂香、韩金城：《潍坊新出齐币与研究》，《中国钱币》1987 年第 3 期，第 21—22 页。

五莲 1978年五莲县院西乡楼子村出土10枚"齐大刀"。1982年楼子村又出土了6枚"齐大刀"。1978年冬五莲县管仲乡北店村出土刀币10枚,其中"安阳之大刀"1枚、"即墨之大刀"4枚、"齐大刀"5枚。五莲出土刀币的北店村和楼子村位于潍河最上游的支流区域,均处于齐长城沿线附近。北店村在齐长城以南,楼子村在齐长城以北。

日照 1979年日照市城关乡后山前村出土刀币17枚,其中"齐之大刀"1枚、"即墨大刀"1枚、"安阳之大刀"4枚、"即墨之大刀"1枚、"齐大刀"10枚。[①] 1979年日照两城乡竹园村出土一批刀币197枚。其中"即墨之大刀"3枚、"安阳之大刀"1枚、"齐之大刀"5枚、"齐大刀"188枚。还有圆钱122枚,计賹四刀15枚,每枚重6克;賹六刀107枚,每枚重9克。[②] 通过观察賹四刀和賹六刀的重量,可以看出賹刀钱的上一级重量为18克,可能相当于一枚小刀币的重量,而大刀币的重量可能为小刀币重量的三倍,相当于54克。1965年日照市尧王城遗址出土齐刀币两批,共计11枚。另外,1995年江苏赣榆县厉庄乡河东尚庄村北约500米处出土了一批齐刀币。共40余枚,成串叠放埋在距地表约0.3米深的两处,相隔约10米。[③] 日照地区出土刀币的地点均位于沿海的南北通道附近。

六、临沂地区

临沂地区包括沂水、沂南、莒县、蒙阴、平邑、费县、临沂市区等地(图5-5)。

蒙阴 1976年蒙阴县垛庄乡罗圈崖村出土刀币134枚,其中"齐之大刀"4枚、"即墨之大刀"4枚、"安阳之大刀"1枚、"齐大刀"124枚、六字刀1枚。另外还有賹六刀5枚、賹四刀5枚。[④] 按蒙阴春秋时鲁孟邑(今山东蒙阴县西南十里),与季氏费邑相近,齐鲁用兵,常经此地。《左传·哀公十七年》:"公会齐侯盟于蒙。"蒙,今山东蒙阴东十里,战国时蒙入齐。

[①] 刘心健、杨深赴:《日照县出土两批齐国货币》,《文物》1980年第2期。
[②] 刘心健、杨深赴:《日照县出土两批齐国货币》,《文物》1980年第2期。
[③] 李克文:《江苏赣榆县河东尚庄村出土齐刀币》,《文物》1997年第10期。
[④] 张光明:《从齐刀币的出土谈齐国货币的流通及相关问题》,《山东金融研究》(钱币专刊二),1988年,第93页;刘心健、刘守莲:《山东蒙阴出土一批齐刀币》,《文物资料丛刊》第三辑,文物出版社,1980年,第211页。两种文献数据不同,今依据张光明一文。

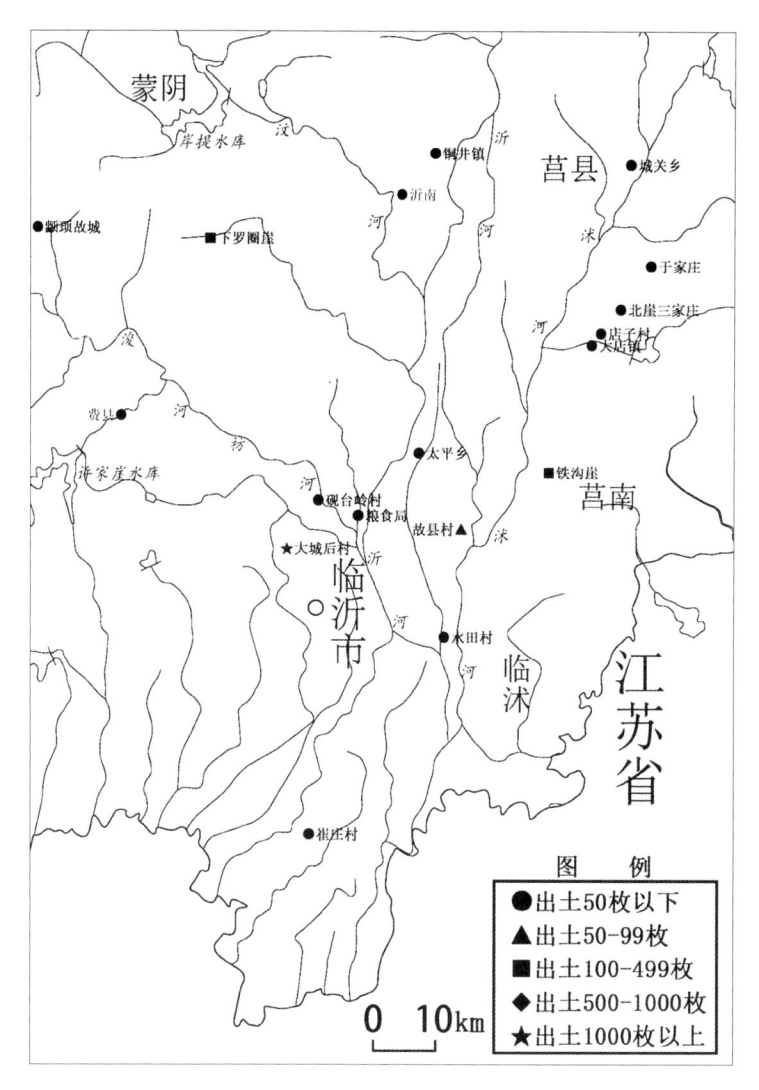

第五章 齐国货币的空间分布及流通问题　　185

图 5-5　临沂地区出土齐大型刀币分布位置示意图

莒县　清光绪年间莒县大店镇出土 25 枚，其中"齐之大刀" 2 枚、"即墨之大刀" 2 枚、"齐大刀" 21 枚。[①] 1979 年春和 1985 年 10 月，莒县城关乡和北崖三家庄出土两批齐刀币，大都为"齐大刀"。[②] 另有于家庄、店子等村亦有齐刀币出土。

[①] 张光明：《从齐刀币的出土谈齐国货币的流通及相关问题》，《山东金融研究》（钱币专刊二），1988 年，第 93 页。

[②] 张光明：《从齐刀币的出土谈齐国货币的流通及相关问题》，《山东金融研究》（钱币专刊二），1988 年，第 96 页。

临沂 1861年（咸丰十一年）春，在临沂市砚台岭村出土齐刀币32枚，其中"齐之大刀"1枚、"即墨之大刀"2枚、"安阳之大刀"3枚，其余均为"齐大刀"。① 1989年3月临沂市大岭乡大城后村村民张永志等兄弟4人于村东1公里处挖土，在距地表1米处发现一批齐国刀币，刀币盛放在一个陶釜内，上置器盖。他们将陶釜砸碎取出刀币，所以刀币是如何摆放的现已无法知晓。共出土刀币2 000余枚，临沂市博物馆收藏1 801枚，② 临沂银雀山汉墓竹简博物馆收藏16.5千克（约300枚）。另外在崔庄村、粮食局、太平乡、③ 水田村和临沂汤河故县村④均有齐刀币出土。

临沭 1957年临沭县水田村发现37枚，今仍有"齐大刀"7枚。

平邑 1971年春平邑县颛顼故城出土一批齐刀，有"齐大刀"30枚。2016年临沂市沂州文物考古研究所对平邑县柏林镇固城村北的颛顼故城遗址进行了考古勘探，地表和文化层中发现了周、汉、宋元各时期的遗物，以汉代居多，最早的为少量东周时期陶器，不见西周遗物。根据勘探认为该城始建于战国或汉代，沿用至东汉晚期或宋代之前，城已废弃。⑤

沂南 1957年秋沂南县铜井出土一批齐刀币，多被破坏，现存20枚，均为"齐大刀"。

莒南 1956年莒南县西铁沟崖村出土一批刀币，除一部分碎片不计数外，约109枚，残刀头60枚（完整者36枚，断折者按刀柄计73枚），现存曲阜师范学院。其中"齐之大刀""安阳之大刀"和六字刀各1枚，"即墨之大刀"2枚，其余均为"齐大刀"。⑥

七、济南地区

济南地区包括济南、章丘、长清等地（图5-6）。

---

① 见临沂人颜士钦《对松斋拾遗》记载。
② 临沂市博物馆收藏的刀币经冯沂报道，完整1 536枚，根据面文可分为五种。
③ 冯沂：《浅谈临沂市出土的一批齐国刀币》，《山东金融研究》增刊（钱币专辑），1991年，第14—34页。
④ 张光明：《从齐刀币的出土谈齐国货币的流通及相关问题》，《山东金融研究》（钱币专刊二），1988年，第93页。
⑤ 杨岩：《千年古国颛史》，《春秋》2018年第3期。
⑥ 朱活：《古钱新典》上册，第61页。《齐币图释》69页注明来源为《文物》1980年第2期，但经查未见相关莒县西铁沟崖出土刀币情况，今数据依《古钱新典》。

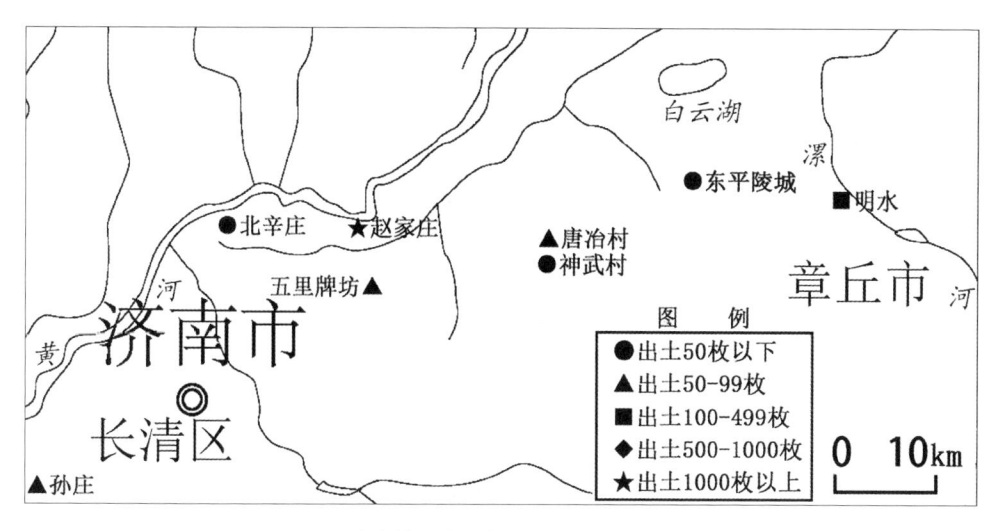

图 5-6 济南地区出土齐大型刀币分布位置示意图

济南 1960 年济南市五里牌坊出土了一批齐刀和圆钱。① 济南在春秋战国时期属齐历下邑,《春秋·桓公十八年》:"公会齐侯于泺。"《水经·济水注》:"泺水出历城故城西南,泉源上涌若轮。"即今济南趵突泉。1966 年 8 月济南市郊区历城县邢村镇唐冶村发现一坑齐刀币,完整者 91 枚,"齐之大刀" 2 枚、"即墨之大刀" 3 枚,"齐大刀" 87 枚。② 1967 年济南市马鞍山北莘庄西河崖出土过刀币,朱活先生见到其中一枚,为"齐大刀"。1970 年济南郊区历城港沟神武村村民发现一批齐币计约 4 千克,主要是齐国的圆钱,刀币极少。现存賹六刀 42 枚、賹四刀 40 枚、"齐大刀" 5 枚。③ 2005 年济南市天桥区山东化工总厂西侧 1 公里处建筑回填土内发现"齐大刀" 1 000 余枚,其出土地点应是化工厂 1 500 米赵家庄西边的一处建筑工地。④ 据陈旭调查,这批刀币经文物贩子买卖流向济南地区约 400 枚,潍坊地区约 200 枚,泰安地区约 200 枚,莱芜地区约 100 枚,济南市文物部分收回 79 枚。这次发现的刀币全部为"齐大刀"。这批刀币均带毛边,未经打磨处理。有的刀币文字有些模糊,面文粗劣,有的笔画粗糙,有的文字突出。这批刀币重量在 43—52 克之间,个别

---

① 朱活:《古钱新典》上册,第 64 页。
② 朱活:《古钱新典》上册,第 64 页。
③ 朱活:《从山东出土的齐币看齐国的商业和交通》,《文物》1972 年第 5 期;又见朱活:《古钱新探》,第 114 页。
④ 陈旭:《山东济南出土的齐国刀币》,《中国钱币》2007 年第 2 期。

轻者 31 克，重者 65 克，平均重量 45.3 克。刀币长度在 17—18.5 厘米之间，最短者 16.6 厘米，最长者 19.5 厘米。刀体较厚，刀身较宽，最宽者 2.5 厘米，最窄者 1.9 厘米。

长清 1971 年长清县城关镇孙庄出土一批齐国刀币 83 枚，均为"齐大刀"。[①] 长清本为齐之庐邑，平阴是齐长城西端的要塞。春秋时期，鲁襄公十八年，晋、鲁、宋、卫、郑、曹、莒、邾、滕、薛、杞、小邾等国联军伐齐，破齐京兹和邿邑（均在平阴附近），进而困庐邑（长清西南二十五里），长驱直入，进而至齐都雍门和四郊。

章丘 1966 年秋济南市东郊平陵西北王芽后庄发现刀币 46 枚，其中"即墨之大刀" 3 枚，其余均为"齐大刀"。1987 年章丘县明水政府大院施工中在距地面 1.5 米处出土一陶罐，内有刀币数百枚。刀币共 308 枚，其中齐大刀 285 枚、"齐之大刀" 2 枚、"安阳之大刀" 2 枚、"即墨之大刀" 5 枚。赐六刀 129 枚、赐四刀 80 枚、赐一刀 34 枚。[②] 此外，1930 年章丘县东平陵城西南出土 1 枚残莒邦大刀。

此外在无棣县信阳城、[③] 德州陵县土桥乡将军寨、滕州望塚乡等地零星出土有齐刀币。

齐大型刀币分布的主要城邑（临淄、即墨故城）与主要水系和交通要道见图 5-7。沿水系分布主要集中于弥河流域、潍河流域、沂沭河流域、沽河流域等。沿交通要道分布主要集中于胶东半岛沿渤海南岸通道、胶东半岛内陆通道、胶州日照的南北沿海通道等。其他零散分布的刀币地点也常见于河流和交通要道周边。齐大型刀的出土可分 1 000 枚以上、500—1 000 枚、100—499 枚、50—99 枚、50 枚以下五种情况。出土千枚以上的有临沂大城后、海阳县汪格庄、即墨故城、济南天桥等 4 个地点，出土 500 至 1 000 枚的有莱州侯家村、青州弥河镇东南河、临朐石河店子村等 3 处地点，出土 100 至 499 枚的地点有青州黄楼镇仙庄村、青岛南庄村、寿光延庆寺、章丘明水、临朐沂山乡蜂子窝村、博兴东田、平度北温村、日照竹园、临朐长沟、广饶东关、临淄齐都三中、栖霞潘家、蒙阴下罗圈崖、诸城时家庄、莒南铁沟崖、昌乐东皋营村、博兴田家、平度大城西村、临淄齐故城、临朐沂山风景区王家庄等 22 个地点，

[①] 朱活：《古钱新典》上册，第 63 页。
[②] 王方：《山东章丘出土齐刀、赐化圜钱》，《中国钱币》1994 年第 2 期。
[③] 郭世云：《山东无棣出土齐刀》，《中国钱币》1994 年第 2 期。

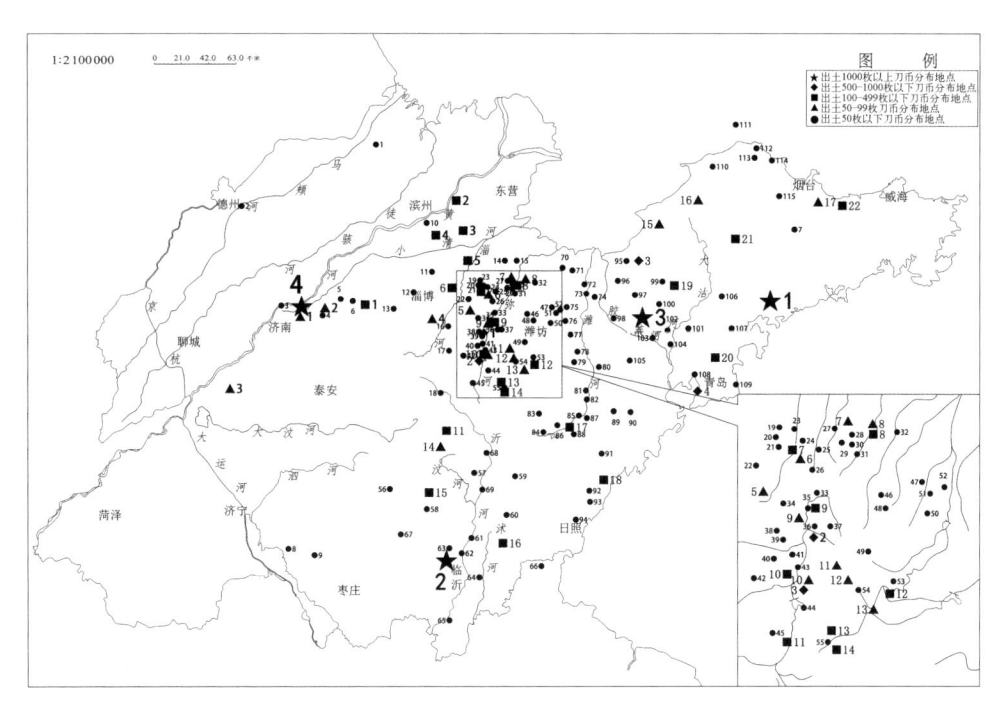

第五章 齐国货币的空间分布及流通问题　189

50枚以下：●1. 信阳镇　●2. 将军寨　●3. 北辛庄　●4. 神武村　●5. 东平陵城　●6. 枣园　●7. 后半城遗址　●8. 望庄村　●9. 滕州　●10. 陈户田村　●11. 龙北村　●12. 淄博　●13. 周村　●14. 南台头村　●15. 王高　●16. 南定　●17. 九杰寨村　●18. 沂源县　●19. 王青村　●20. 张家庄　●21. 西关　●22. 大杨庄　●23. 阚家寨　●24. 灯笼村　●25. 臧台村　●26. 范王村　●27. 土产公司　●28. 后张村　●29. 东西小店铺　●30. 沙阿村　●31. 纪村　●32. 东张家庄村　●33. 李家庄　●34. 杨善供销社废品收购站　●35. 辛庄村　●36. 宿家庄村　●37. 两县村　●38. 上院村　●39. 梓萝林子村　●40. 张勤家庄　●41. 临朐县一中　●42. 青石崖村　●43. 七贤店村　●44. 杨家河村　●45. 白沙村　●46. 三庙村　●47. 北宫桥下　●48. 东上疃村　●49. 王家河洼村　●50. 军埠口镇　●51. 东上虞河村　●52. 李家侯孟村　●53. 昌乐县城　●54. 城头村　●55. 大关镇　●56. 颛顼故城　●57. 铜井镇　●58. 于家庄　●59. 城关乡　●60. 大店镇　●61. 太平乡　●62. 粮食局　●63. 砚合岭村　●64. 水田村　●65. 崔庄村　●66. 河东尚庄村　●67. 费县　●68. 沂水县　●69. 沂南县　●70. 东利渔村　●71. 鄌邑故城　●72. 城关乡　●73. 古城里村　●74. 邹家庄村　●75. 北冯家村　●76. 蛤蟆屯村　●77. 杞国故城　●78. 李家古城　●79. 昌安故城　●80. 龙且故城　●81. 相州镇　●82. 昌城县　●83. 马家庄村　●84. 北店村　●85. 诸城市人民医院　●86. 侯家屯　●87. 东武故城　●88. 时楼子村　●89. 繁华中学　●90. 卜落林子村　●91. 董家庄子村　●92. 后山前村　●93. 店子村　●94. 尧王城遗址　●95. 当利故城　●96. 张舍村　●97. 门村　●98. 杜家村　●99. 小马场村　●100. 后滕家村　●101. 毛家岭村　●102. 南村　●103. 洪兰村　●104. 南村镇九甲村　●105. 高密县城东郊　●106. 莱西市　●107. 孟村村　●108. 女姑口　●109. 崂山　●110. 黄县村　●111. 长山岛　●112. 刘家沟村　●113. 蓬莱区　●114. 全口刘家村　●115. 福山区

50—99枚：▲1. 五里牌坊　▲2. 唐冶村　▲3. 孙庄　▲4. 李家村　▲5. 南仇村　▲6. 大交流村　▲7. 桑家营子村　▲8. 丁家店子村　▲9. 迟家庄　▲10. 蒋家河村　▲11. 西桃花村　▲12. 庙头村　▲13. 鄀城遗址　▲14. 故县村　▲15. 肖家庄　▲16. 前大里村　▲17. 刘家庄村

100—499枚：■1. 明水　■2. 田家村　■3. 东田村　■4. 陈户乔子村　■5. 广饶县　■6. 齐国故都　■7. 临淄三中　■8. 延庆寺村　■9. 仙庄　■10. 长沟村　■11. 蜂子窝村　■12. 东皋营村　■13. 王家庄子村　■14. 大关水库　■15. 下罗圈崖　■16. 贴沟崖　■17. 时家庄　■18. 竹园村　■19. 北温家村　■20. 庄村　■21. 潘家庄　■22. 城关

500—1000枚：◆1. 东南河村　◆2. 石河店村　◆3. 路旺侯家村

1000枚以上：★1. 汪格庄　★2. 大城后村　★3. 平度　★4. 济南天桥

图5-7　齐国出土大型刀币空间分布总平面图

出土 50 至 99 枚的有青州黄楼镇迟家村、平度、济南历城唐冶、牟平刘家庄、临朐东城街道后蒋家河村、长清孙庄、莱州肖家、寿光丁家店、安丘郚城、临沂故县村、济南五里牌坊、寿光桑家营子村、招远张星镇前大里村、临朐柳山镇庙山村、临淄南仇、临朐辛寨镇西桃花村等 17 个地点，出土 50 枚以下的有 115 个地点。

表 5-1　齐大型刀币的出土情况表

序号	出土地	时间	总数	A	B	C	D	E	F	备注
1	临淄齐都西关南	1975	11				11			小城南 30 米，南墙东门外
2	临淄齐都西关北	1984	5		2	1	2			
3	西关附近		16							小城内
4	临淄齐故城	1986	100	1	2	2	90	1		
5	临淄阚家寨	1965	1				1			北大实习 H7
5	临淄阚家寨	1978	4				4			
6	临淄皇城灯笼村	1979	2		1	1				
7	临淄齐都镇张家庄	1979	2				2			
8	临淄敬仲镇张王村	1984	40	3	1	1	34	1		
9	临淄俉台王青村	1984	10				10			
10	临淄南仇	1986	50	2		1	47			
11	临淄齐都三中	1986	148				148			
12	临淄孙娄镇大杨村	1991	35				35			
13	淄博张店区南定	1987	47				47			

续　表

序号	出土地	时间	总数	A	B	C	D	E	F	备　注
14	博兴陈户镇田家村	1983	101	1		1	99			另有赔化（刀）4枚
15	博兴陈户镇东田村	1984	222	5	6	1	210			另有赔化（刀）32枚
16	桓台侯庄龙北村	1985	7				7			
17	高青高城镇付家村		32	1	1		25	5		
18	广饶东关		170							藏广饶博物馆
19	青州何官镇臧台村									20世纪50年代，数量不明
20	青州弥河镇东南河村	1974	520	15	2	10	470	3		盛于陶罐内
21	青州弥河镇上院村	1976								数量不明
22	青州弥河镇梓萝林子村	1977								数量不明
23	青州弥河镇辛庄	1983	6			1	5			
24	青州高柳镇大交流村	1984	57							齐大刀、齐之大刀两种
25	青州杨家庄乡李家庄	1985	30	1		1	28			另说有齐刀币50余枚
26	青州王母宫镇前范王村	1987								数量不明
27	青州黄楼镇迟家村	2001	100余							百余枚
28	青州黄楼镇仙庄村	2005								据称三四百枚

续 表

序号	出土地	时间	总数	A	B	C	D	E	F	备 注
29	寿光城关镇沙阿村	1977	1	1						
30	寿光王高乡王高村	1977	2	2						
31	寿光纪台镇纪台村	1977	3	1			2			纪国故城内
32	寿光寿光镇后张村	1978	1				1			
33	寿光台头镇南台头村	1985	1				1			
34	寿光张建桥街道延庆寺	1986	354	13	6	16	314	4		可能盛于木箱内
35	寿光丁家店	1986	74	13	6	16	35	4		
36	寿光文家乡桑家营子村	1987	52	2			50			同出赗四刀5枚、赗六刀8枚
37	寿光刘集镇东西小店铺	1990	2	2						
38	寿光孙家集东张村		1				1			
39	临朐石河店子村	1968	约500					10		约500枚
40	临朐大关乡西部	1972	40余							40余枚
41	临朐龙山经开区两县村	1973	30余							30余枚
42	临朐东城街道常沟村	1975	182	87	1	1	93			曾出土圆钱
43	临朐辛寨镇杨家河村	1975								齐刀币2.3斤

续表

序号	出土地	时间	总数	A	B	C	D	E	F	备注
44	临朐龙山经开区宿家庄村	1976	17							传500枚以上
45	临朐东城街道后蒋家河村	1978	90余							3处总计90余枚
46	临朐沂山风景区大关水库	1978	数百							数百枚
47	临朐嵩山风景区青石崖村									20世纪70年代,种类数量不明
48	临朐沂山风景区王家庄	1978	100余							齐刀币百余枚
49	临朐东城街道七贤村	1981	10余		6		4			10余枚
50	临朐沂山乡蜂子窝村	1991	230	3	5	1	217	1		齐刀币22千克,追回230枚
51	临朐九山镇白沙村	1995	10余							10余枚
52	临朐城关街道张勤家庄	1997	20余							据称20余枚
53	临朐辛寨镇西桃花村	1998	50余							50余枚
54	临朐柳山镇城头村		40余							20世纪90年代,40余枚
55	临朐柳山镇庙山村	2001	50余							50余枚
56	临朐县一中	2008								数量不明
57	临朐嵩山风景区九杰寨村	2010	1				1			

续表

序号	出土地	时间	总数	A	B	C	D	E	F	备注
58	昌乐鄌郚乡王家河洼村	1951	23	21	2					
59	昌乐鄌郚乡东上疃	1951	2				2			
60	昌乐朱留乡三庙村	1951	13							齐之大刀、即墨之大刀、齐大刀
61	昌乐平原乡东皋营村	1974	107							有即墨之大刀等
62	昌乐县城	1982	17		17					
63	昌邑城关镇	1982	1		1					
64	昌邑围子乡古城村									数量不明
65	昌邑龙池乡东利渔村									数量不明
66	昌邑									鄑邑故城
67	昌邑宋家乡邹家庄村	1982	96							"明"刀币96枚
68	潍坊市东郊东上虞河	1982	4				4			
69	潍坊坊子区蛤蟆屯村	1982	40余							40余枚,有齐大刀、即墨之大刀
70	潍坊坊子区段家乡北冯家村	1984	23				23			
71	潍坊清池乡李家侯孟村		10				10			
72	潍坊北郊北宫桥	1985								数量不明

续 表

序号	出土地	时间	总数	A	B	C	D	E	F	备 注
73	潍坊南郊埠口乡白浪河	1985								数量不明
74	安丘郚城乡	1965—1975	64		1		63			郚城遗址
75	安丘黄旗堡乡									杞国故城，数量不明
76	安丘孙孟乡									昌安故城，数量不明
77	安丘李家古城村									李家古城，数量不明
78	诸城桃林乡董家	1978	23				23			
79	诸城枳沟乡时家庄		130				130			
80	诸城程戈庄乡梓萝林		40				40			
81	诸城昌城乡昌城		1				1			
82	诸城城关镇马家庄		1				1			
83	诸城医院		1				1			
84	诸城繁化学校		1				1			
85	诸城侯家屯	1986	23				23			盛于陶罐内
86	诸城县东武故城									数量不明
87	诸城县相州乡									数量不明

续 表

序号	出土地	时间	总数	A	B	C	D	E	F	备 注
88	莱州梁郭乡肖家村	1963	81	1		4	76			同出赙刀 2 枚、赙四刀 37 枚、赙六刀 77 枚等
89	莱州沙河镇路旺侯家村	1983	960							重 47 千克
90	莱州沙河镇路旺侯家村									当利故城内
91	招远张星镇前大里村	1977	52							齐大刀最多，另有齐之大刀、即墨之大刀
92	蓬莱全口刘家	1974	2							
93	蓬莱刘家沟	1980	34							
94	福山三十里堡									牟平故城
95	栖霞观里乡潘家	1982	143	1	14	4	123	1		出土 196 枚，143 枚为完整者
96	牟平莱山镇刘家庄	1993	90 余	3	1	1	90 余			90 余枚刀币，同出赙四刀 2 枚、赙六刀 1 枚
97	牟平城关									9 公斤约 300 枚燕明刀
98	牟平后半城遗址									齐大刀，数量不明
99	海阳县汪格庄	1972	1 587	46	29	40	1 469	3		出土 1 800 余枚，完整者 1 587 枚
100	海阳夏泽遗址									数量不明
101	海阳纪疃遗址									数量不明

续　表

序号	出土地	时间	总数	A	B	C	D	E	F	备注
102	海阳茂梓集遗址									数量不明
103	海阳黄家庄遗址									数量不明
104	平度	1915	数千							数千枚，有即墨之大刀、齐之大刀、安阳之大刀、齐大刀
105	平度古岘镇大城西村	1978	18		2		16			征集，賹六刀1枚，賹四刀1枚
106	平度大城西村	1978	100							100余枚刀币，齐大刀、齐之大刀，即墨故城内
107	平度古岘镇大朱毛村	1986								28千克燕明刀，千余枚
108	平度张家坊乡杜家村	1978	23		1	1	21			
109	平度南村镇洪兰村	1978	13				13			
110	平度龙山小马场村	1982	30				30			
111	平度张戈庄后滕家村	1984	10				10			
112	平度洪山乡北温家村	1984	200余				13			20余斤，200余枚，仅余13枚"齐大刀"
113	平度门村乡	1985	47				47			盛于白陶罐内，字迹清晰，锈蚀极轻
114	平度南村	1985	20				20			另说10枚

续 表

序号	出土地	时间	总数	A	B	C	D	E	F	备 注
115	平度张舍乡张舍村	1988	3				3			
116	即墨孟庄	1954	17			1	16			
117	即墨段泊岚乡毛家岭村	1990	30余				30余			30余枚
118	青岛市郊女姑口	1968	2		1		1			盛于陶罐内，同出赙六刀1枚、赙四刀2枚
119	青岛崂山南庄村	1971	397				396	1		30余斤，完整者397枚，盛于罐内。20世纪40年代曾有出土
120	胶南里岔									数量不详
121	胶南介根故城									数量不详
122	胶南隐珠									数量不详
123	胶南琅琊镇卧龙村		大于50							50枚以上
124	高密井沟乡龙且故城	1975	29							龙且故城，即墨之大刀、齐之大刀
	高密井沟乡龙且故城	1980	2	1			1			龙且故城
125	高密城东郊	1985	5				5			
126	五莲院西乡西楼子	1978	10				10			
	五莲院西乡西楼子西	1982	6				6			
127	五莲管仲乡北店村	1978	10		4	1	5			

续 表

序号	出土地	时间	总数	A	B	C	D	E	F	备 注
128	日照城关乡后山前村	1979	17	1	1	4	10		1	
129	日照两城乡竹园	1979	197	5	3	1	188			伴出䂮四刀 15 枚、䂮六刀 107 枚
130	日照尧王城遗址	1965	11							两批计 11 枚
131	赣榆县厉庄乡尚庄村	1995	40 余							2 处共 40 余枚
132	蒙阴垛庄乡下罗圈崖村	1976	134	4	4	1	124	1		䂮六刀 5 枚、䂮四刀 5 枚
133	莒县大店		25	2	2	21				光绪年间
134	莒县城关乡	1979								数量不明,多为齐大刀
135	莒县北崖三家庄	1985								数量不明,多为齐大刀
136	莒县于家庄									数量不明
137	莒县店子村									数量不明
138	临沂市砚台岭村	1861	32	1	2	3	26			
139	临沂大城后村	1989	2 100	66	60	55	1 612	8		总数 2 000 余枚,盛于陶釜,临沂市博物馆收藏 1 801 枚,银雀山汉墓竹简博物馆收藏 16.5 千克(约 300 枚)
140	临沂崔庄村		9				9			
141	临沂粮食局	1978	11		2	1	8			
142	临沂太平乡		10		1		9			

续 表

序号	出土地	时间	总数	A	B	C	D	E	F	备 注
143	临沂汤河故县村	1977	63	1	2	1	59			
144	临沭县水田村	1957	37							存齐大刀7枚
145	平邑颛顼故城	1971	30				30			
146	沂南铜井	1975	20				20			存20枚齐大刀
147	莒南铁沟崖	1956	109	1	2	1	104	1		实际数量多于109枚
148	济南五里牌坊	1960	59	2	3	3	51			盛于瓮内，另有圆钱601枚
149	济南历城唐冶	1966	92	2	3		87			完整者91枚，另有2件残刀柄
150	济南马鞍山北莘庄	1967					1			数量不清
151	济南港沟神武村	1970					5			共约4千克，其中賹六刀42枚、賹四刀40枚
152	济南天桥区赵家庄	2005	1 000余				1 000余			据调查有1 000多枚
153	长清城关镇孙庄	1971	83				83			
154	章丘东平陵城西南	1930								残莒邦大刀1枚
155	章丘平陵王芽后庄	1966	46		3		43			
156	章丘明水政府大院	1987	551	2	5	2	285			盛于罐内，另賹六刀129枚、賹四刀80枚、賹一刀34枚

续 表

序号	出土地	时间	总数	A	B	C	D	E	F	备 注
157	无棣信阳城南	1973	17				17			拣选到17枚
158	德州陵县将军寨	1979	2	1			1			
159	滕州望塚乡	1973	22				21	1		

注：A为齐之大刀；B为即墨之大刀；C为安阳之大刀；D为齐大刀；E为六字刀；F为即墨大刀。本表参考了《齐币图释》中山东各地齐刀币出土分类统计表和《齐国货币研究》中《山东地区历年出土的各类大刀统计表》。

第二节 齐刀币的流通与贸易分析

上文全面统计齐国大型刀币的出土情况，从中不难看出齐大型刀币的出土情况与齐国的渔、盐等重要资源的流通有着密切的关系。本节主要通过对齐大型刀币分布及其所在区域聚落的分析，来探究盐业活动、林渔资源流通的关系，进而勾画出齐国内主要社会经济网络，探讨齐国如何实现经济社会运行的问题。

一、齐刀币流通与食盐资源

（一）齐国东周遗址盐业遗址的发现

齐国号称"海王"之国，海盐资源丰富。近年来山东商周时期制盐研究取得了突破性的进展，我们对于商代晚期西周早期的山东沿海一带制盐业有了进一步了解；同时还对齐地东周时期的盐业资源分布与制盐遗址进行了初步的调查，虽然没有专门对战国时期的制盐遗址进行发掘，但通过调查我们也对战国时期与制盐相关的聚落有了图景式的宏观观察和思考。

2001年以来，山东大学、山东省文物考古研究院及地方文物部门对渤海南岸的莱州湾及黄河三角洲地区进行了广泛而深入的调查，发现了商代晚期至西周早期、东周及汉代等上千处制盐遗存，并对一些典型遗址进行了发掘，在盐业遗址考古研究方面取得了重要突破。总体来说有两点：①渤海南岸盐业生产的第一个高峰期是商代晚期至西周早期,目前已发现 10 余处规模巨大的盐业遗址群,遗址数量达 300 多处。与此同时,与这些遗址群较近的商代晚期至西周早期的生活遗址大量出现,聚落与人口显著增加,可以认定为是商代晚期商王朝的重要盐业中心。② 发现大量的东周时期的盐业遗址群,其规模和数量甚至远超商代晚期至西周早期,盐业遗址群的数量达 20 多处,可笼统概括为莱州湾和黄河三角洲两个大的区域。①

(1) 莱州湾盐业遗址群

莱州湾东起莱州市虎头崖,西至广饶县支脉河河口,全长 120 多千米,行政区域包括莱州市的西南部,昌邑至寿光的北部以及广饶东北部等。近年来盐业考古在该区域较为系统地开展,取得了一定的收获。鉴于该地土壤盐碱度高,农业活动少,盐业遗址较容易发现,目前已发现莱州、昌邑、寿光等多个盐业遗址群,见表 5-2 和图 5-8(图版七)。

表 5-2 莱州湾盐业遗址统计表

区　　域	盐业遗址群名称
莱州	海仓、西大宋、二墩、大东
昌邑	东利渔、唐央—火道、廒里
潍坊滨海开发区	韩家庙子、固堤场、烽台、西利渔
寿光	大荒北央、官台、王家庄、单家庄
广饶	东马楼、南河崖

(2) 黄河三角洲盐业遗址群

黄河三角洲由于古今黄河多次南北改道形成了黄泛平原,南达广饶,北部已超出今山东区域。这一区域发现的盐业遗址群有东营刘集、利津县洋江、南望参、沾化县杨家、无棣县邢家山子、海兴县杨埕、黄骅市郭堤等东周盐业遗址群,② 目前发现东周时期盐业遗址数量并不是很多,主要原因应是该区域河

---

① 山东大学东方考古研究中心、寿光市博物馆:《山东寿光市大荒北央西周遗址的发掘》,《考古》2005 年第 12 期;燕生东等:《渤海南岸地区发现的东周时期盐业遗存》,《中国国家博物馆馆刊》2011 年第 9 期。

② 燕生东等:《渤海南岸地区发现的东周时期盐业遗存》,《中国国家博物馆馆刊》2011 年第 9 期。

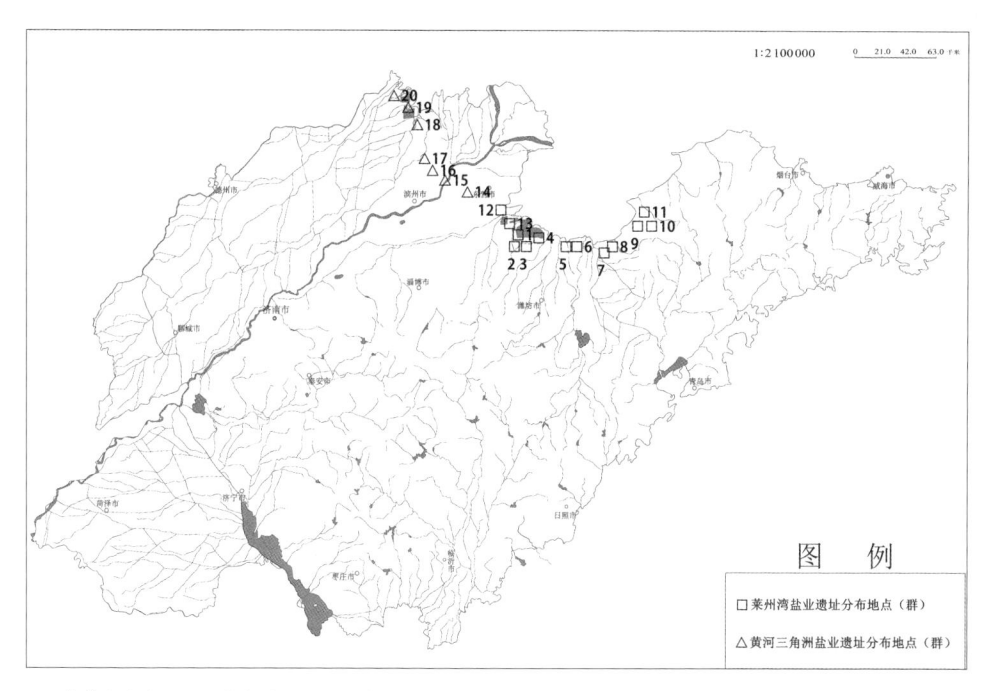

1. 大荒北央遗址 2. 官台遗址 3. 王家庄遗址 4. 单家庄 5. 西利渔遗址群 6. 东利渔遗址群 7. 唐央-火道遗址群 8. 廒里遗址群 9. 海仓二墩遗址 10. 大东遗址 11. 西大宋遗址 12. 东马楼遗址 13. 南河崖遗址 14. 东营刘集盐业遗址 15. 利津洋江遗址 16. 利津南望参遗址群 17. 沾化杨家遗址群 18. 无棣邢山子遗址 19. 海兴县杨埕遗址群 20. 黄骅市郛堤遗址

图 5-8　莱州湾沿岸东周盐业遗址群分布图

流淤土较厚，较难发现。黄骅市康庄遗址、天津市静海区西钓鱼台等遗址周边也可能存在类似的盐业遗址。

（二）盐业遗址与齐国货币的关系

目前来看，在盐业遗址或周边遗址发现的齐国货币并不是很多，也仅是在个别盐业遗址中有发现，如在东利渔盐业遗址发现过齐刀币。鉴于黄河三角洲区域淤土较厚，遗址发现较少。因此，本节以莱州湾区域的盐业遗址为例讨论盐业与货币之间的关系。

学界常用"渔盐之利"来说明齐国经济的繁荣发达，货币也是经济发展到一定程度时专门用于交换的等价物，二者之间天然存在联系，但目前这种联系在考古遗存中并未很好地体现出来。从齐国刀币的出土地点和盐业遗址的分布区来看，二者的重合度较低（图5-9）。鉴于此，我们仅从个别相关区域尝试性探讨一下。

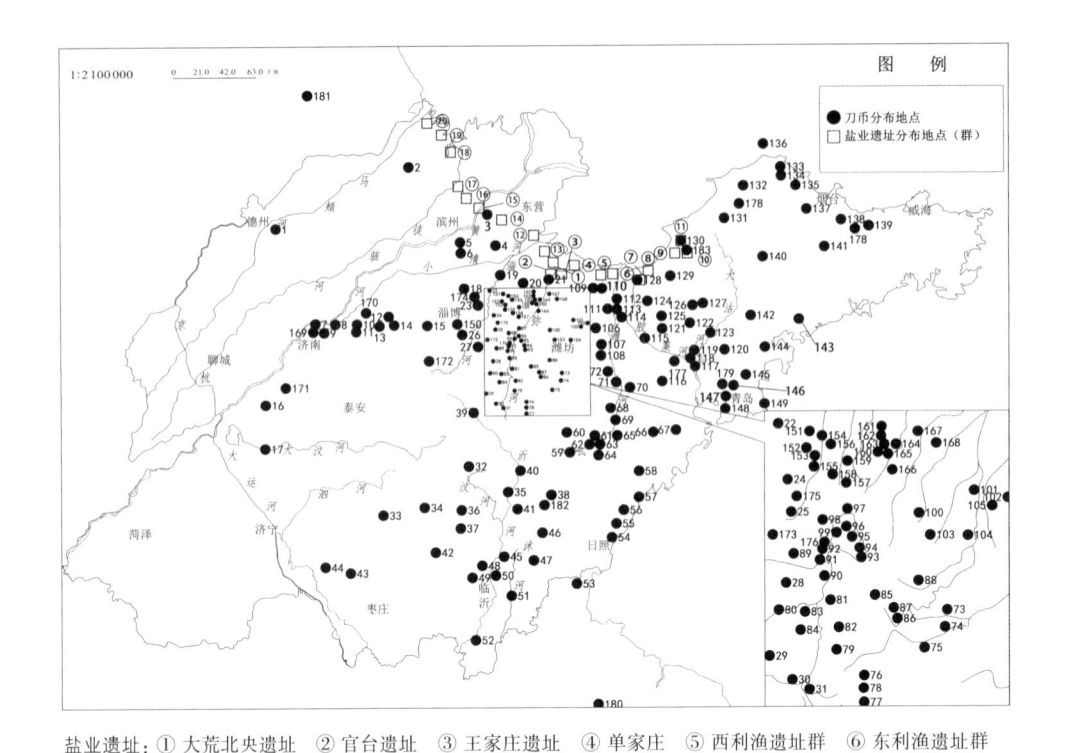

盐业遗址：①大荒北央遗址 ②官台遗址 ③王家庄遗址 ④单家庄 ⑤西利渔遗址群 ⑥东利渔遗址群 ⑦唐央-火道遗址群 ⑧廒里遗址群 ⑨海仓二墩遗址 ⑩大东遗址 ⑪西大宋遗址 ⑫东马楼遗址 ⑬南河崖遗迹 ⑭东营刘集盐业遗址 ⑮利津洋江遗址 ⑯利津南望参遗址群 ⑰沾化杨家遗址群 ⑱无棣邢山子遗址 ⑲海兴县杨埕遗址群 ⑳黄骅市郭堤遗址

齐刀币分布地点：●1.将军寨 ●2.信阳镇 ●3.田家村 ●4.东田村 ●5.田村 ●6.乔子村 ●7.北辛庄 ●8.赵家庄 ●9.五里牌坊 ●10.唐冶村 ●11.神武村 ●12.东平陵城 ●13.枣园 ●14.明水 ●15.周村 ●16.孙庄 ●17.陵城 ●18.龙北村 ●19.广饶县 ●20.南台头村 ●21.王高镇 ●22.张王村 ●23.齐国故城 ●24.大杨庄 ●25.南仇村 ●26.李家村 ●27.南定 ●28.张勤家庄 ●29.九杰寨村 ●30.白沙村 ●31.蜂子窝村 ●32.故县村 ●33.大岭乡大城村 ●34.颛顼故城 ●35.铜井镇 ●36.下罗圈崖 ●37.于家庄 ●38.城关乡 ●39.沂源县 ●40.沂水县 ●41.沂南县 ●42.费县 ●43.滕州 ●44.望庄村 ●45.太平乡 ●46.大店镇 ●47.贴沟崖 ●48.观台岭村 ●49.大城后村 ●50.粮食局 ●51.水田村 ●52.崔庄村 ●53.河东尚庄村 ●54.尧王城遗址 ●55.店子村 ●56.后山前村 ●57.竹园村 ●58.董家庄子村 ●59.北店村 ●60.马家庄村 ●61.诸城市人民医院 ●62.侯家屯 ●63.时家庄 ●64.西楼子村 ●65.东武故城 ●66.繁华中学 ●67.卜落林子村 ●68.相州镇 ●69.昌城村 ●70.龙且故城 ●71.昌安故城 ●72.李家古城村 ●73.昌乐县城 ●74.东皋营村 ●75.鄌城遗址 ●76.王家庄子村 ●77.大关水库 ●78.大关镇 ●79.杨家河村 ●80.青石崖村 ●81.七贤店村 ●82.蒋家河村 ●83.长沟村 ●84.石河店村 ●85.西桃花村 ●86.城头村 ●87.庙山村 ●88.王家河洼村 ●89.上院村 ●90.临朐县一中 ●91.梓萝林子村 ●92.东南河村 ●93.两县村 ●94.宿家庄村 ●95.仙庄村 ●96.辛庄村 ●97.李家庄 ●98.杨善供销社废品收购站 ●99.迟家村 ●100.三庙村 ●101.北宫桥下村 ●102.李家候孟村 ●103.东上瞳村 ●104.军埠口镇 ●105.东上虞河村 ●106.东冯家村 ●107.虾蟆屯村 ●108.杞国故城 ●109.东利渔村 ●110.鄑邑故城 ●111.昌邑市图书馆 ●112.城关镇 ●113.古城里村 ●114.邹家庄村 ●115.杜家村 ●116.高密县城东郊 ●117.南村镇九甲村 ●118.洪兰村 ●119.南村 ●120.毛后屯家岭村 ●121.平度 ●122.后滕家村 ●123.大城西村 ●124.张舍村 ●125.门村 ●126.小马场村 ●127.北温家村 ●128.当利故城 ●129.路旺侯家村 ●130.肖家村 ●131.前大李村 ●132.黄县村 ●133.刘家沟村 ●134.蓬莱区 ●135.全口刘家村 ●136.长山岛 ●137.福山区 ●138.刘家庄村 ●139.城关 ●140.潘家庄 ●141.后半城遗址 ●142.莱芜市 ●143.汪格庄 ●144.孟庄村 ●145.南庄村 ●146.青岛城阳废品站 ●147.女姑口 ●148.青岛市 ●149.崂山 ●150.淄博 ●151.王家村 ●152.张家庄 ●153.西关 ●154.阚家寨 ●155.临淄三中 ●156.灯笼村 ●157.范王村 ●158.大交流村 ●159.臧台村 ●160.东小店铺 ●161.桑家营子村 ●162.土产公司 ●163.后张村 ●164.延庆寺村 ●165.沙阿村 ●166.纪台村 ●167.丁家店子村 ●168.东张家村 ●169.千佛山柴油机厂 ●170.西省村 ●171.张店村 ●172.香裕村 ●173.青州市 ●174.路山乡 ●175.桃园乡拾甲村 ●176.郊区 ●177.后屯村 ●178.绣花厂及西半城村 ●179.城阳区 ●180.三里墩 ●181.肖家楼 ●182.于家庄 ●183.程郭乡

图5-9 东周齐刀币与盐业遗址对照分布图

(1) 寿光北部地区

寿光市北部沿海东周时期盐业遗址群位于现小清河和弥河之间，主要有东马楼、南河崖、大荒北央、官台、王家庄、单家庄等为中心的次一级盐业遗址群（图5-10、图版八）。① 以王家庄盐业遗址群为例，面积近8平方千米的范围内共分布盐业遗址46处，是目前发现的战国盐业遗存数量最多的一处。以中部区域分布最为密集，每个独立制盐单元遗址面积均在2万平方米左右，出土制盐工具数量众多。遗址所见遗物多为陶器，主要为小口圜底深腹陶瓮和大口圜底罐，还有少量陶鬲、釜、豆、小罐、盆等残片，个别豆上有刻画符号。小口圜底深腹陶瓮和大口圜底罐是东周时期重要的制盐工具，陶鬲、釜、豆、小罐、盆等是盐业从业劳动者的日常生活用具。

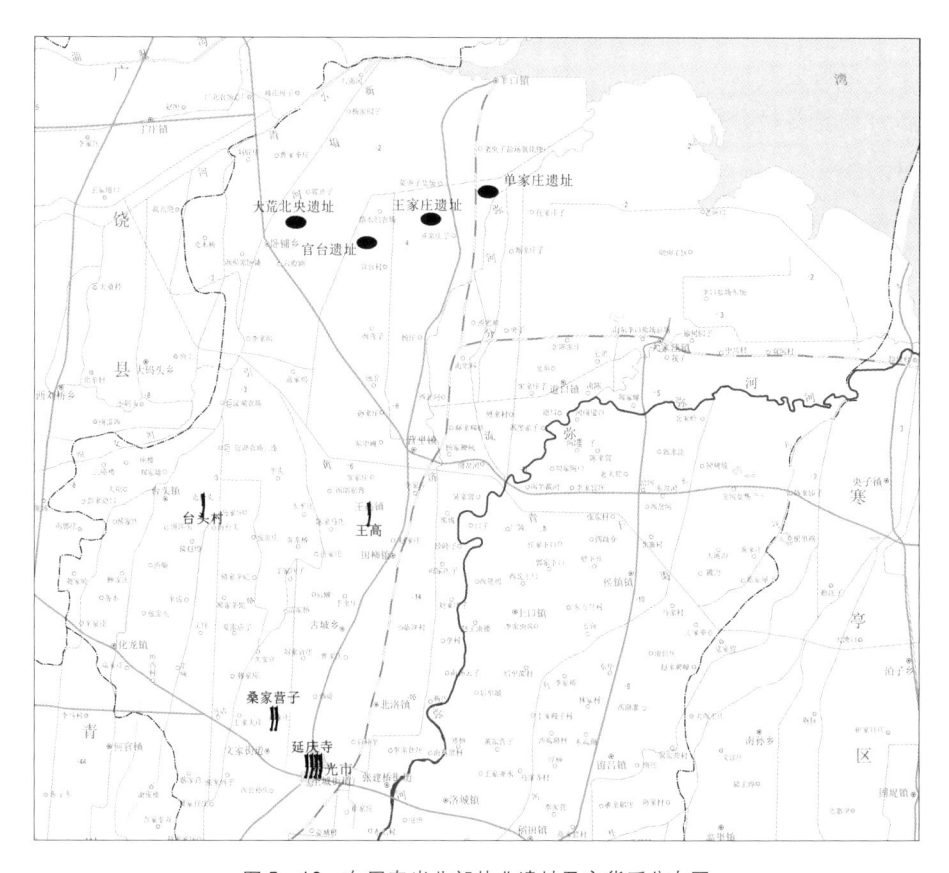

图5-10 东周寿光北部盐业遗址及齐货币分布图

---

① 燕生东等：《渤海南岸地区发现的东周时期盐业遗存》，《中国国家博物馆馆刊》2011年第9期。

此区域内出土刀币的地点有寿光延庆寺、桑家营子、王高村和台头村（表5-3）。

表5-3 寿光北部出土齐刀币情况统计

地　　点	出土刀币情况
寿光延庆寺	354枚，齐大刀314枚，未见賹化（刀）钱，可能盛放于木箱内
寿光桑家营子	52枚，齐大刀50枚，另有13枚賹化（刀）钱
寿光王高村	2次发现共5枚，齐大刀2枚
寿光台头村	1枚齐大刀

从刀币分布来看，延庆寺出土齐刀币354枚，桑家庄出土齐刀币52枚，王高村和台头村分别出土2枚和1枚。从刀币种类来看，主要是齐大刀，也有少量的賹化（刀）钱。以刀币数量来划分等级的话，则延庆寺遗址为第一等级，桑家庄为第二等级，王高遗址和台头遗址属于第三等级。看似存在以寿光延庆寺遗址为中心，桑家庄、王高和台头遗址分属二、三等级的管理模式，最终可能通过王高和台头等三级遗址和大荒北央、官台、王家庄、单家庄等盐业遗址群发生联系。延庆寺遗址刀币集中出土说明延庆寺遗址可能是盐业运输通道中的一个主要聚集区和管理点，或许伴有征收关税和管理等职能。从刀币数量等级系统角度考察，桑家庄遗址作为二级遗址，其下有三级遗址，也应比较重要，这在桑家庄遗址出土遗物中也有所体现。桑家庄遗址面积7200平方米，历年采集遗物有铜爵、铜觚、铜戈、铜剑、陶杯、陶罐、陶鬲等陶器和青铜礼器。[1] 在商末周初制盐遗存中，桑家庄就处于小区域的中心，伴出的铜器说明其所处的等级较高。至战国时期，桑家庄遗址附近有刀币出现，有可能继承此区域商末周初盐业管理的某些传统。

（2）潍坊滨海开发区和昌邑县北部

这一区域东周时期的盐业遗址有西利渔、东利渔等，在东利渔村和鄑邑故城内发现有齐刀币（图5-11、图版九）。鉴于盐业遗址和鄑邑故城位置较近，刀币出土的地点既有盐业遗址的性质又有聚落城邑的属性，盐业和货币的关系较紧密。制

---

[1] 国家文物局主编：《中国文物地图集·山东分册》下册，第329页。

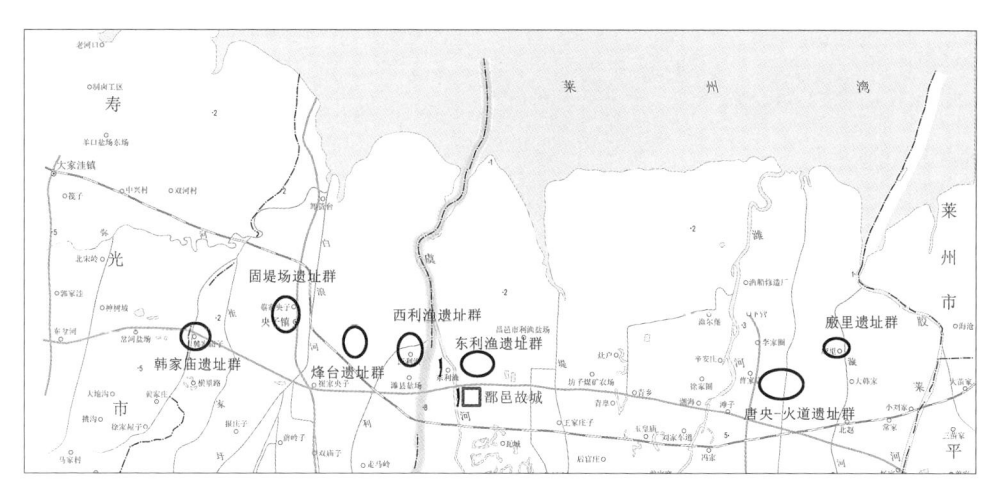

图 5-11 潍坊滨海开发区和昌邑北部的东周盐业遗址及齐货币分布图

盐过程不涉及货币，但食盐的交易、运输和管理，可能会与货币产生关联。

(3) 莱州西南部

莱州西南部盐业遗址主要有海仓、大东、西大宋等遗址。海仓遗址位于土山镇海仓村北，面积约 3 万平方米。采集的陶片以夹砂红褐陶、泥质灰陶为主，纹饰有绳纹、瓦楞纹，可辨器形有鬲、罐、瓮、钵等。二墩遗址位于土山镇海仓村东，面积 6.8 万平方米。文化堆积厚约 2—3 米。采集陶片多夹砂红褐陶，素面，可辨器形有罐、碗、鬲、甗、器座等。大东遗址位于沙河镇大东庄村东南，面积约 20 万平方米。文化堆积厚约 0.45 米。陶片以夹砂红褐陶为主，可辨器形有豆、罐、甗等。西大宋遗址位于虎头崖镇西大宋村西北，面积约 3 万平方米。采集有夹滑石红陶罐口沿、罐底、夹滑石红陶素面鬲及残石刀等。从上面四个遗址的简单介绍来看，遗址面积较大，出土陶器器类相对集中，以夹砂红褐陶为主，器型主要是罐、甗。与之前介绍的寿光、昌乐北部的盐业遗址群的陶器特征相似，极有可能属于制盐遗址。

上述这些遗址周边出土过近千枚的齐刀币，1983 年在莱州市沙河镇侯家村北出土一批齐刀币，重 47 公斤，出土齐刀币共 960 枚。附近的当利故城也曾出土齐刀币，数量不明。而上述的几处盐业遗址群都位于当利故城周边，当利故城及附近出土大量的刀币，可能也与盐业管理有关。海仓遗址及二墩遗址，文化层堆积厚达 2—3 米，出土陶器种类更为丰富，含有鬲等，这两处遗址可能为聚落遗址，属于当利故城下一级的管理级别（图 5-12、图版十）。

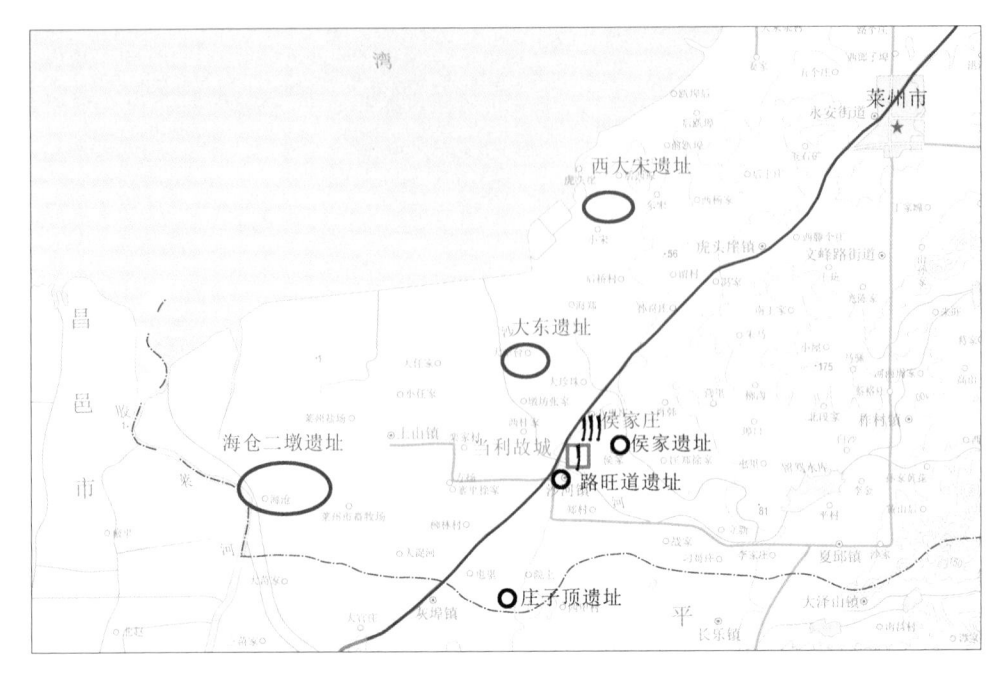

图 5-12　莱州西南部东周盐业遗址及齐货币分布图

总的来看，盐业遗址多位于海边卤水丰富的区域，离生活区有一定的距离，地域空旷，芦苇茂盛，便于制盐生产作业。刀币多出土于盐业遗址较近的聚落或城址内，如延庆寺、鄑邑故城和当利故城等，出土齐刀币数量达数百枚甚至上千枚，这样的数量级别从整个刀币出土情况来看都是很高的。

出现这种情况一方面是东周时期盐业是齐国重要的经济支柱，盐业和货币之间存在必然的联系。另一个方面，盐业的贸易和运输管理体系与重要交通线和城址存在重叠关系，鄑邑故城与当利故城之间可能存在交通网络，这种交通网络的存在可能与盐业的运输有关。而以鄑邑故城为管理中心的潍坊滨海开发区盐业遗址群与寿光北部莱州湾南岸的盐业遗址群之间也有交流。说明在莱州湾南岸的盐业遗址群周边存在一条重要的交通线，鄑邑故城和当利故城是其中两个重要的点。朱活曾指出这条沿渤海南岸的交通线是齐国的一条重要的运盐线，同时也是临淄与胶东半岛甚至更远的辽东半岛等地的一条贸易线。[①]

寿光北部莱州湾南岸的盐业遗址群周边未见东周时期的城址，可能是通过延庆寺、桑家营子等遗址点来直接控制。潍坊滨海开发区盐业遗址群与莱

---

① 朱活:《从山东出土的齐币看齐国的商业和交通》,《文物》1972 年第 5 期。

州西海岸盐业遗址群周边均有一个城址，城址可能对周边盐业遗址群有直接的控制管理。而盐业遗址群之间通过城址的交通交流沟通起来。进一步讲，从整个国家管理体系来看，寿光北部莱州湾南岸的盐业遗址群属于直接管理，而潍坊滨海开发区盐业遗址群与莱州西海岸盐业遗址群属于间接管理。而潍坊滨海开发区盐业遗址群的鄑邑故城可能通过延庆寺等关键节点与都城相联系。

莱州湾南岸的盐业遗址群及周边城址与当时齐国都城临淄之间存在一条重要的交通线，那么黄河三角洲及渤海湾西岸地区的盐业遗址群是否和都城临淄之间有联系呢？从前文介绍的盐业遗址的规模来看，燕生东认为东营刘集、利津洋江、沾化杨家、无棣邢山子、海兴杨埕、黄骅郛堤等盐业遗址同莱州湾南岸的盐业规模一样，都属于盐业遗址群，每处遗址群约有40—50处盐场，其规模相当可观。在渤海南岸东起莱州，经昌邑、寿光、广饶，向北过小清河经东营、无棣、黄骅最北至天津静海区一带，存在一条长达300余千米、宽10千米的沿海制盐地带，每个制盐单元（盐场）面积基本相同，出土的制盐容器与容量也大体一致。那么，既然莱州湾南岸存在一条重要的交通线，则不能排除渤海西侧东营、无棣、黄骅北至天津静海区一带的盐业遗址群周边也存在一条类似的重要交通线，因为"大量食盐外运、盐工和管理者的生活生产物资（粮食、生产工具如建筑原料木材、石器、铜器等）都需要从内陆地区大量运往盐场"。[①]

如此广大的区域是否属于齐国呢？首先应确定盐业遗址群的年代，这些东周时期的盐业遗址群性质接近，年代相当。燕生东依据与制盐工具同出的鬲、豆、釜等陶器，认为"这些盐业遗址群的年代从春秋末期延续至整个战国时期"。那么，春秋末至战国时期，齐国的海疆是否有如此广阔的区域呢？根据文献和考古资料，西周至春秋早期齐国的海疆应包括今黄河三角洲及莱州湾沿岸西部地区。齐襄公八年（前690年）"纪侯大去其国"。春秋晚期，齐灵公十五年（前567），齐国灭莱国，整个莱州湾一带都属于齐国的范围。

无棣信阳城南出土"齐大刀"17枚，字体粗大松散，"大"字呈窄长形，背部刀形明显小于正面刀形，而且仅见"齐大刀"出土，这都是战国晚期"齐大刀"的特征，可以推断为齐襄王复国之后的遗物。1988年在山东阳信城

---

① 燕生东等：《渤海南岸地区发现的东周时期盐业遗存》，《中国国家博物馆馆刊》2011年第9期。

关镇西北村发现一战国墓器物坑，① 出土的铜器有鼎 2 件、豆 2 件、壶 2 件、敦 4 件、提梁壶 1 件、罍 1 件、小罐 1 件、舟 1 件、盘 1 件、匜 1，车軎 4 套 8 件，马衔、游环、节约等。还有钮钟一套 9 枚，编镈一组 5 枚，石磬一组 13 件，应为战国中期此地都邑大夫级别的墓葬。

另外，天津静海西钓台古城经过钻探和实测，东垣 518、南垣 510、西垣 519、北垣 508 米，周长 2 055 米，呈正方形，方向北偏东 8°。在距地表 1.3—1.5 米深处的夯土中采集到战国晚期陶片，说明城址建造年代不晚于战国晚期。在城址西垣附近采集到一块泥质红陶量器残片，上印有"陈枳志左廪"的戳印。可见，战国时期，莱州湾沿岸北至天津沿海地区都是齐国经济的辐射区域。

通过观察东周时期齐国盐业遗址群与齐国货币可以得出以下认识：一、齐国货币的分布与盐业生产聚落群重合度较低，但在制盐聚落群附近的大中型遗址中批量集中出土货币，表明齐货币与盐业的贸易和管理有直接关系。二、齐国货币中，齐大刀应与盐业贸易和管理如盐税等关系最为密切。三、与齐国盐业经济相关的齐大刀等货币集中出现在大、中型遗址，但不同等级遗址发现的齐大刀数量有明显的数量差异，这说明食盐的贸易、管理有着梯级制度。四、制盐聚落群与高等级盐业管理聚落及各聚落群之间存在紧密的交通、经济和社会组织网络。

二、齐刀币流通与林木管理

（一）齐国木材的管理

齐国在木材管理方面实行严格的管控体系。"山林之木，衡鹿守之；泽之萑蒲，舟鲛守之；薮之薪蒸，虞候守之；海之盐蜃，祈望守之。"（《左传·昭公二十年》）杜注："衡鹿，官名也。"由此可见，"衡鹿"是古代掌管山林之木的官职。《汉书·百官公卿表》中有"水衡都尉"，应劭注："古山林之官曰衡。"衡，有时又称林衡。《周礼·地官·林衡》曰："掌巡林麓之禁令而平其守，以时计林麓而赏罚之。若斩木材，则受法于山虞，而掌其政令。"说明了林衡这一职官的具体功能或职属。

从现存的齐系印文和陶文上可以找到对应的印文和陶文。齐系玺印中有一

---

① 惠民地区文物普查队、阳信县文化馆：《山东阳信城关镇西北村战国墓器物陪葬坑清理简报》，《考古》1990 年第 3 期。

个上从行下从木的字，隶定为桁。《礼记·杂记》"瓮、甒、筲、衡，实见间"，郑注："衡当为桁。"桁即为衡。齐系玺印和陶文中有关的印有：左桁正木、右桁正木、左桁廩木、平阳桁等。

1. 左桁正木。此印文见于《尊古斋古玺集林》一、二和一一。山东五莲盘古城曾出土 13 枚"左桁正木"铜玺（图 5-13），印文内容相同，字体结构略有差异，外形有大小之别。

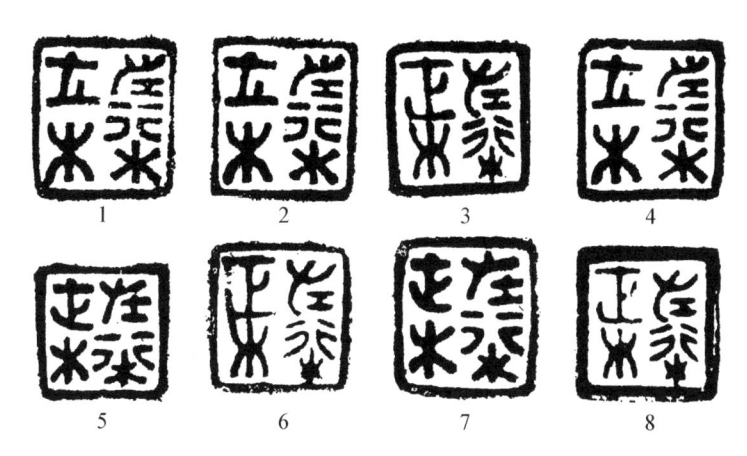

图 5-13　左桁正木玺印拓片

2. 右桁正木。此印文见于《尊古斋古玺集林》二、四和三。

3. 左桁廩木。此印文见于郭申堂《续齐鲁古印捃》和黄濬《尊古斋古玺集林》，《古玺汇编》0300 印文与此相同。相传这枚铜玺出土于山东临淄，现藏天津艺术博物馆。铜玺近似圆筒状，印面为圆形，径 3.3 厘米。1973 年山东青州谭坊镇在弥河附近采集到一件，印文与此相同。该印质地为铜质，外形呈圆筒状，印面呈圆形，直径为 3.5 厘米，铜印的整体高度为 5.8 厘米（图 5-14）。

4. 平阳桁。此印文见于《尊古斋古玺集林》十九（图 5-15）。

图 5-14　左桁廩木玺印拓片　　图 5-15　平阳桁玺印摹本

由此可见，在齐系的官印之中有左桁、右桁、平阳桁之别。说明桁之下又可分为左桁、右桁以及齐国具体城邑之桁如平阳桁。朱德熙曾指出，玺印文中有"正木之玺"，故而正木是官职名，正木、廪木都应是桁官之下的属官。[1] 这样专门管理山林的职官就存在三个层级。本书认为《国语·齐语》记"山立三衡"，可能指的便是山林的管理官职有三个层级。

$$\text{桁}\begin{cases}\text{左桁}\begin{cases}\text{左桁正木}\\\text{左桁廪木}\end{cases}\\\text{右桁}\\\text{平阳桁}\end{cases}$$

管理山林的职官桁的上一级管理机构应是司徒。据《周礼》记载，司徒的主要职责是掌管土地和人口。《周礼》中的山虞、泽虞、林衡、川衡都是司徒的属官。

关于衡的职责，《周礼·地官·林衡》中略有记载。第一条"巡林麓之禁令"，郑玄云"竹木生平地曰林，山足曰麓"。由此可知，林衡掌管林业的范围是平地和山麓的林业资源，"巡林麓之禁令"意指禁止普通民众随意砍伐森林和山麓的树木。第二条"平其守"，郑玄云"衡，平也，平林麓之大小及所生者"，平衡各地林麓的范围和资源。第三条"以时计林麓而赏罚之"，对于不按照规定时间砍伐林木进行处罚，具有行政处罚的职能。第四条"若斩木材，则受法于山虞，而掌其政令"，如果有斩伐林木的，则按照山虞之法，政令还是由林衡管理。按《周礼·地官·山虞》记，"仲冬斩阳木，仲夏斩阴木。凡服耜，斩季材，以时入之。令万民时斩材，有期日。凡邦工入山林而抡材，不禁。春秋之斩木不入禁，凡窃木者，有刑罚"。按山虞之法，不同的季节砍伐山林取材的区域不同，仲冬伐阳木，仲夏伐阴木。郑玄注"阳木，生山南者。阴木，生山北者。冬斩阳，夏斩阴"。平常用于日常工具或农具的小型木材则按照规定的时间砍伐季木（按季木当指生长周期比较短的低矮木材）。

衡的职责和虞的职责关系密切，有交叉的部分，也有不同之处。衡掌管林麓，虞掌管山泽。林、麓、山在地理概念上各有区分，平地曰林，山足曰麓，山足之外当为山的区域。衡掌林麓的林业资源，虞掌山中的林业资源。林衡更

---

[1] 朱德熙：《释桁》，《古文字研究》第十二辑，中华书局，1985年，第327—328页。

多的是管理木材（按此处应指大型的木材），而山虞管理山中的林木和山野之货，《山虞》记"若祭山林，则为主，而修除且跸。若大田猎，则莱山田之野"，其中包括祭祀山林和莱山田之野。

1964年五莲县北盘古城遗址出土13方"左桁正木"铜玺，[①]当然，对于这13枚铜玺，还有不同的认识。[②]盘古城遗址属于战国时期，遗址长400、宽200米，面积约8万平方米，在遗址区的东部发现了铜玺，单独收藏于一小陶罐内，罐口用豆盘做器盖，并没有同出其他器物，说明是单独收藏铜玺的。孙敬明对铜玺进行过仔细考察，认为这些铜玺均经过长期使用，有的铜玺面文有损，有的铜玺上部筒口残裂，筒口可能装有小的木柄以便使用，筒孔内壁还存有朽木痕迹。从天津艺术博物馆藏的同铭铜玺来看，有的玺在后端还有一穿孔，安装钉子，防止脱落。在盘古城遗址的西北处有同一时期的战国城址，近方形，长200余米，面积5万平方米，据调查时还可见城墙，顶宽1—1.5米，底宽9—12米，残高3—5米，属于板筑而成，每板15—20厘米。换言之，出土铜玺的地方位于盘古城东南城外不远处，考虑到"左桁正木"属于齐国官印，在此地发现同铭铜玺多达13枚，并有长期使用的痕迹，管理林木的第三级职官"左桁正木"办公场所或长期在城外，便于管理。

（二）齐货币与木材的流通

实际上，木材是国家重要的资源和财富，可用于大型宫殿建筑、高台建筑或许多重要的生产、生活活动。木材多寡本身就意味着财富的多少，齐国庆氏曾存木百车于庄，后因内乱被陈桓子获得，《左传·襄公二十八年》记陈桓子曰"得庆氏之木百车于庄"，杜注："庆封时有此木，积于六轨之道。"就目前考古发掘发现看，古代的制盐业需要大量的木材。据燕生东推算，按商末周初的制盐规模来计算，"一个灶棚仅立柱就需要直径达40多厘米的木材30多根（还不包括梁架、檩条等），像双王城盐业遗址群同时期制盐单元达四五十处，说明仅双王城就至少需要足够粗的木口1 500多根"。[③]由此可见，单单制盐一项，所需要的木材量就很惊人。

[①] 孙敬明、高关和、王学良：《山东五莲盘古城发现战国齐兵器和玺印》，《文物》1986年第3期。
[②] 如石志廉认为是用于征收粮食所用的木衡之上，属于对衡木的官方检验和认可。孙敬明认为衡与关意思相同，释读为"左横征玺"，即左横关征税的玺印。
[③] 燕生东：《商周时期渤海南岸地区的盐业》，文物出版社，2013年，第117页。

前文已提到，春秋末战国时期齐国的制盐业非常发达，弥河下游近海地区是其中一个重要的制盐区，按制盐流程木材必不可少，考虑木材自身的结构无法分割成小件组装，木材体大量重，陆运费时费力，最经济合理的方式是利用自然河流水运。制盐遗址所在的弥河下游区域，近海多为盐碱沼泽之地，多产芦苇，而所需要的木材只能从弥河上游的森林和山林之中获取，我们可以尝试寻找与木材相关的遗址或遗迹。弥河上游区域，今属青州和临朐。青州东南区域在弥河和山区相近处的东南河遗址就比较独特，该遗址处于从山中流出的石沟子河和弥河的交汇处，出土齐刀币520枚，远远高于青州地区其他出土齐刀币的遗址，然而其遗址面积仅有2万平方米，这种反差说明该遗址具有某种特殊性，很有可能就与木材的运输和管理有关。这一特殊性不单单只见于此遗址，东南河遗址西侧近山区域的多个遗址中都发现有刀币，如上院遗址、梓萝林子遗址均发现有齐刀币一批；辛庄遗址曾出土6枚齐刀币。辛庄、上院、梓萝林子等遗址靠近山区，处于山前地带，属于林衡管理区域。在这一区域集中、连片地出土齐刀币（图5-16、图版十一），考虑到齐刀币的官营属性，又在此地附近发现了"左衡廪木"齐国衡官的官玺，此区域在很大程度上与木

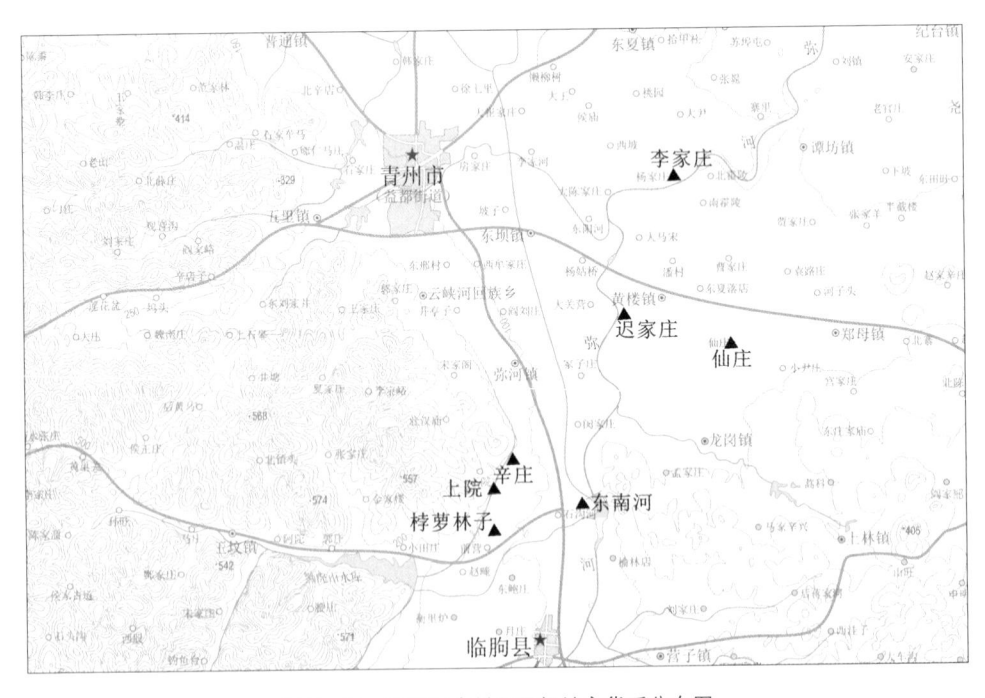

图5-16 齐国与木材贸易相关齐货币分布图

材的采集、运输和管理有关,尽管这种推断目前还带有很大的主观性,但不失为一种基于现有材料的合理假说。

三、齐刀币流通与海洋资源

齐国东近渤海、黄河,海洋资源丰富。《左传·昭公二十年》记齐景公专山泽之利提到"山林之木,衡鹿守之;泽之萑蒲,舟鲛守之;薮之薪蒸,虞候守之;海之盐蜃,祈望守之",杜预注:"衡鹿、舟鲛、虞候、祈望皆官名。"衡鹿、虞候二词见于《周礼》中的林衡、山虞、泽虞等,而祁望官职却并未见于《周礼》记载,可能是齐国根据自身实际设立的官职。孔颖达正义:"海是水之大,神有时,祈望祭之,因以祈望为主海之官也,此皆齐自立名,故与《周礼》不同。"齐国对海洋资源的管理,从现有材料看目前不是很充分,徐在国曾在2003年第四届国际中国古文字学研讨会上阐述齐官"祈望",[①] 但赵平安认为战国玺印和封泥中的同类字应释为"祈父"。[②] 姑且不论玺印和封泥是否应释读为"祈望","祈望"这一官职管理齐国的海洋资源是没有问题的。

齐国海洋资源具体涵盖的内容由于缺乏考古发现难以明晰,《左传·昭公三年》说田氏为笼络百姓、收买人心,"山木如市,弗加于山,鱼、盐、蜃、蛤,弗加于海"。"鱼、盐、蜃、蛤,弗加于海",证明鱼、蜃、蛤都是重要的海产品,同时也是日常流通的重要商品。鱼、蜃、蛤这种有机遗物经过两千多年,肯定是难以留存下来,但我们可以通过考察近海的考古遗址,窥探究竟。

齐国很早就开始注重海洋资源的开发。海阳县汪格庄遗址因出土大量刀币引人关注,但很多学者只关注汪格庄遗址一个点,所以难以理解此处为何有大量刀币出土。实际上,在汪格庄遗址周边的多处遗址都有少量刀币出土,如北部的夏泽遗址、东部的城阳遗址、东南的纪疃遗址、南部的茂梓集遗址和黄家庄遗址(图5-17、图版十二)。[③]

[①] 徐在国:《释齐官"祈望"》,《第四届国际中国古文字学研讨会论文集》,问学社,2003年,第565—572页。
[②] 赵平安:《试释战国玺印封泥中的"祈父"》,《文物》2021年第8期。
[③] 国家文物局主编:《中国文物地图集·山东分册》下册,第270—279页。

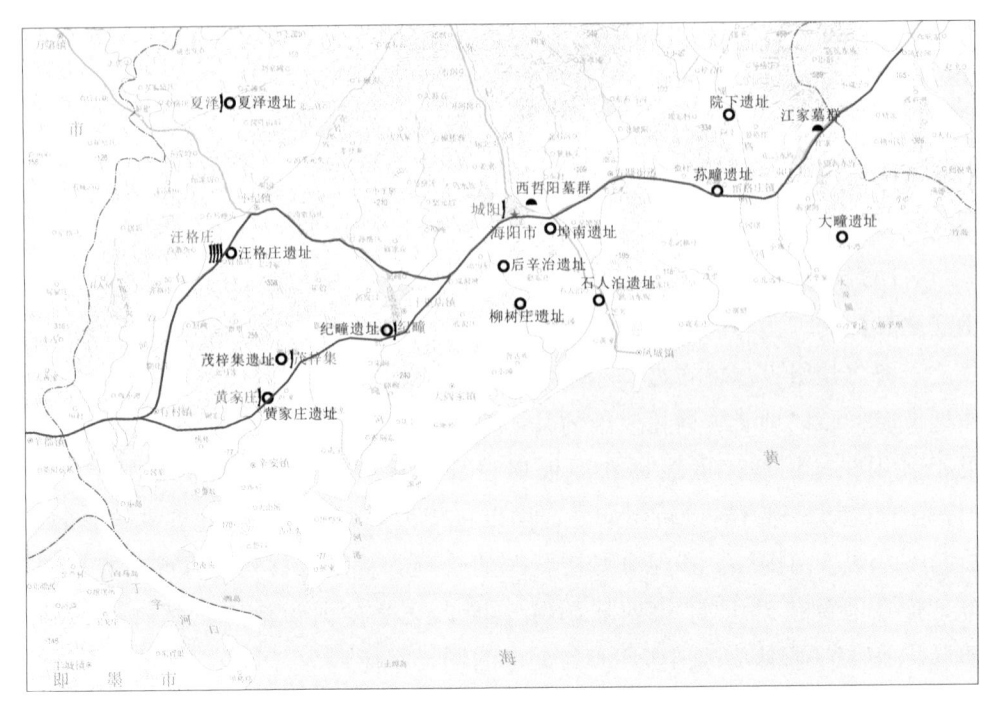

图 5-17　齐国与海洋贸易相关齐货币分布图

可见，汪格庄遗址的刀币不能单单作为窖藏来看待，而应该将汪格庄遗址置于大的景观下考虑。汪格庄遗址及周边区域都零散发现齐国刀币，说明该区域是刀币的一个重要使用和流通区。鉴于这些遗址都没有进行发掘，难以定性，但依据其近海的地理位置，可以推测此处是齐国一个重要的海洋资源控制区。

汪格庄遗址位于即墨故城正东，是即墨城最近的近海口，两地距离很近，其间有古道通达。文献记载齐国"关市几而不征"，"通鱼盐于东莱"。鱼盐之地的东莱可能是泛指，若论具体所指，当以海阳和掖邑最有可能，掖邑本就在沿海的重要通道上，海阳和掖邑距即墨故城都很近，最有可能是直接受即墨故城管辖和控制。

汪格庄遗址靠近一南北向河流（白沙河），西南 10 千米有庶村，那里背山面海，中间为平地，是古代海防要地。其南行村是古代的一处出海口，汪格庄附近的河流（白沙河）就在行村入海。据《太平寰宇记》记载，魏司马懿征辽，于此置戍，名为高丽戍，即今之行村寨。[①]

[①] 朱活：《三谈齐币——谈山东海阳出土的齐国刀化兼论齐国铸币工艺及齐刀的购买力》，《古钱新探》，第 123 页。

战国初期，田氏割安平以东至琅琊的区域归自己所有，实际上是把齐国最富庶的地方划归给自己。从战国时期即墨常与临淄并举来看，即墨当是田氏在安平以东控制和经营的最重要的城邑。若以即墨城为视角来重新审视胶东半岛的格局，也许会有新的认识。

即墨正东丁字河口附近（汪格庄地区）是最近的海洋资源和港口，其间古道相通，汪格庄周围的夏泽遗址、纪疃遗址、黄家庄遗址、茂梓集遗址、城阳遗址都有刀币出土，所以汪格庄遗址出土的大批刀币不是偶然出现的个例，而应是田齐在此地重点经营的结果。有一个旁证，海阳嘴子前发现春秋齐国大墓，墓中出土的一批青铜中，两件带有铭文，其中一件为陈国贵族所铸。[1] 海阳发城镇上尚都村曾出土西周时期的铜盘、铜壶、铜甬钟和钮钟等。[2] 海阳一带当一直是莱国的重要经济区，春秋晚期齐灵公灭莱之后归入齐国，战国初期归田氏所有。海阳一带应为齐国东方的海洋经济贸易的中心，孙敬明先生认为"其时间应该在战国早期，并且一直延续到战国晚期"，[3] 从海阳出土的西周、春秋青铜器来看，其作为海洋经济贸易中心的地位可能更早。

1991年4月海阳县郭城镇西古现村发现一战国墓葬，出土铜鼎1、铜簋1、铜征1、铜剑1、铜戈1，[4] 其中铜剑棱脊，两侧饰突起的鱼刺纹，刃棱，通长46.8、茎长7.2厘米。毛波认为属于吴越系铜剑，划归为A型Ⅶ式，同时还把海阳嘴子前M1∶48铜剑归入吴越系C型铜剑。[5] 在长岛县南长山王沟东周墓群M10发现真贝420枚，盛于一木匣内。[6] 青岛海洋研究所鉴定的，认为属于海南贝，产于广东沿海。[7]

即墨城东临大沽河（姑水），向南可通胶州湾，此处又是一重要的交通港口。从考古发现来看，战国时期此处还不如海阳地区重要，但也是一个值得重视的地点。

---

[1] 海阳县博物馆：《山东海阳嘴子前村春秋墓出土铜器》，《文物》1985年第3期；烟台市文物管理委员会、海阳县博物馆：《山东海阳县嘴子前春秋墓的发掘》，《考古》1996年第9期。
[2] 海阳市博物馆、张真、王志文：《山东海阳市上尚都出土西周青铜器》，《考古》2001年第9期。
[3] 孙敬明：《从货币流通看海洋文化在齐国经济重心之发展形成中的作用——论临淄、海阳、临沂所以出土的大批货币》，《山东金融》1997年第1期，后收入《考古发现与齐史类征》一书，第341页。
[4] 滕鸿儒、高京平：《山东海阳郭城镇出土战国青铜器》，《文物》1994年第3期。
[5] 毛波：《吴越系铜剑研究》，《考古学报》2016年第4期，第499、515页。
[6] 烟台市文物管理委员会：《山东长岛王沟东周墓群》，《考古学报》1993年第1期。
[7] 李步青、林仙庭：《烟台地区出土古货币及有关问题》，《山东金融研究》（钱币专刊一），1987年，第67页。

大沽河以东的青岛地区的海洋资源也值得关注，在青岛的城阳区女姑口遗址和崂山区的南庄村遗址都出土有刀币，此处远离齐国都、邑，紧靠海边。在此处见到刀币，有两种解释：一种是用于齐国的海洋贸易，另一种是用于获取海洋资源。无论如何，都说明齐国已经对海洋资源进行开发利用，并且齐国货币在海洋资源的流通和管理中发挥了重要的作用。

第三节　齐刀币与社会经济网

历史文献反映齐国因工商业而得以强盛，几乎能与秦国相抗衡，然而我们对战国时期齐国的社会经济运行和社会经济网络所知甚少。对考古发现的齐金属铸币的空间布局进行分析，是探索齐国经济网络的可行路径。零星的齐刀币发现地点是经济活动的反映，刀币出土地的空间连线则反映了当时的经济线路和网络，而刀币所触及的区域聚落群则是战国时期齐国的经济区。

一、以即墨为中心的东部经济网

（一）即墨故城与齐铸币

战国初期，田氏割安平以东至琅琊的区域归自己所有，实际上是把齐国最富庶的地方划归给自己。从战国时期起，即墨便常与临淄并举，被认为是和齐都临淄一样重要的城邑，只有王才能拥有和统治即墨。《战国策·齐策》记"临淄、即墨非王之有也"，即墨当是田氏在安平以东控制和经营的最重要的城邑。若以即墨城为中心的视角，来重新审视胶东半岛的格局，也许会有新的认识。即墨在战国时期常与临淄并举，应该是齐都临淄外齐国最大的城邑，自田常划自安平以东至琅琊的食邑始，应是田氏重点经营，从即墨之大刀所见的"辟封""安邦"等特殊背文就能看出。还有一点可以作为旁证，就是乐毅伐齐围即墨五年不下，在燕军的重围之下，即墨一城竟能坚守五年之久，可见即墨城邑富庶非同一般。

即墨是齐国东部的中心城邑，东北控制胶东半岛，东南琅琊、诸城等地。内城位于城内东南部，东、南垣与外城垣重合，西垣及南垣西段已被夷平。[①]

[①] 国家文物局主编：《中国文物地图集·山东分册》上册，第 388 页。

大小城的布局与齐都临淄的大小城布局一致，小城位于大城的一角。小城内有多处宫殿基址，如金銮殿、点将台等地点。从调查来看，东临的小沽河可能与内城有水道相通。墓葬区位于即墨城城外的西北区域，现故城西北 3.6 千米的六曲山有战国、汉墓群。

即墨故城一带出土的刀币次数很多，据《平度县志》记 1915 年在即墨故城出土齐刀币数千枚，种类有"即墨之大刀""安阳之大刀""齐之大刀"和"齐大刀"等。1958 年出土一批有 94 枚；1978 年出土齐刀币 100 余枚，同出的还有少量燕国刀币；1986 年在前朱毛村东南出土大量的燕刀币，重量有 28 千克。通过目前可见的这几次刀币出土记载来看，即墨故城出土齐刀币的数量在数千枚，同时还有大量的燕刀币。与此同时，即墨故城还出土有齐明刀的刀范，证明即墨故城在一段时间内还铸造有齐明刀。可见，在战国时期，即墨是齐国东部地区的一个中心性邑。历史学家多认为战国时期齐国实行五都制，都下置邑，而即墨即为五都之一。

由于古代政治经济并举，未见政治中心和经济中心分离的现象，因此在政治和经济层面，即墨在齐国东部都应处于中心地位。"即墨"之名在文献中最早见于《史记·田世家》："威王初即位以来，不治，委政卿大夫，九年之间，诸侯并伐，国人不治。于是威王召即墨大夫而语之曰：'自子之居即墨也，毁言日至。然吾使人视即墨，田野辟，民人给，官无留事，东方以宁。'"即墨在即墨大夫的治理下，田野辟，民人给。即墨一带有姑河、尤河，水源充沛，土地平坦，适宜大面积开垦耕地。即墨作为齐东方的政治经济中心，除了周围的自然环境因素外，更多的是因其处于交通要道，即墨是齐灭莱后进出胶东内陆的门户和交通枢纽（图 5-18）。

（二）即墨北向

即墨向北通莱西、莱阳直至福山、蓬莱，最远可达辽东半岛甚至朝鲜半岛一带。具体来说，从即墨故城向东北过莱阳、栖霞地区的丘陵地带的山间交通通道，达福山、蓬莱。胶东半岛近黄海区近海资源丰富，从史前至商周时期，聚落遗址密集。如长岛的北庄遗址、珍珠门遗址，龙口的归城遗址，烟台的牟平故城、三十里堡遗址、阳主庙遗址等等。从即墨故城至莱阳顺姑水逆流而上通过山间谷道，这一段没有争议。从莱阳至福山和从莱阳至蓬莱存在两条路线。王青认为从莱阳通过金山直达蓬莱，在这条沿线上有辛旺集、金山、杏家

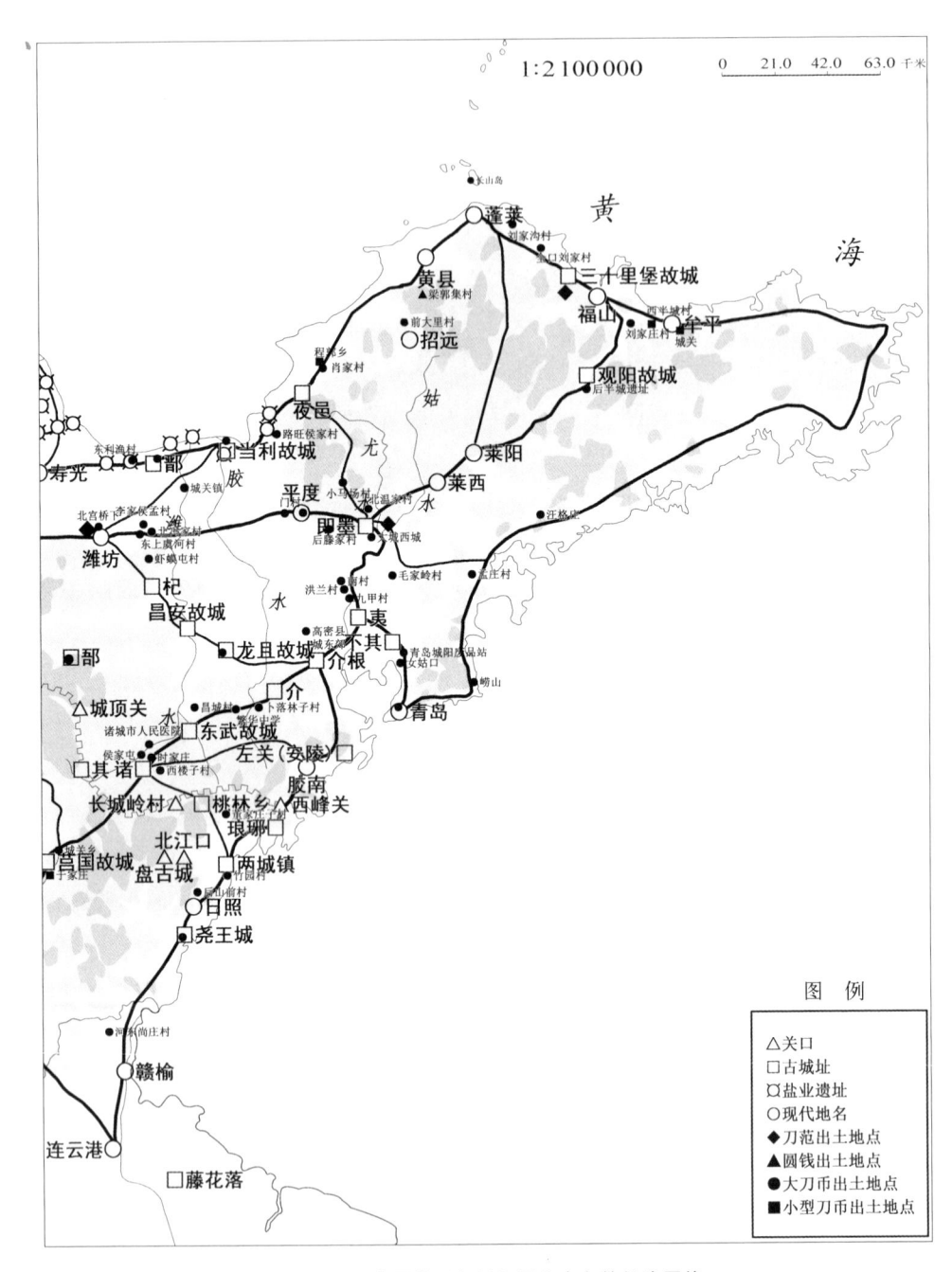

图 5-18 齐国货币与以即墨为中心的经济网络

庄等出土辽东式铜剑的地点。① 还有一条路线通过后半城遗址过福山达蓬莱，在这条路线上的后半城、刘家庄、刘家沟遗址都出土有齐刀币，甚至在三十里堡遗址发现有齐刀币的铸币范。

三十里堡遗址在战国晚期可能处于小区域中心的位置，乃至于自己有铸币作坊。此外，在长岛还发现有齐刀币。证明齐刀币的流通范围在胶东半岛内部经莱阳、福山已达长岛。

胶东半岛由于地理位置特殊，不仅存在内部之间的经济往来和交往，而且胶东半岛和辽东半岛甚至朝鲜半岛之间都存在一定的经济往来。

关于胶东半岛和辽东半岛及朝鲜半岛之间的贸易往来，本人曾做过战国晚期燕刀币的统计分布图（见图附8-7），从图上可以看出燕刀币在辽东半岛、朝鲜半岛都有大量的分布，甚至在日本的九州都发现过燕刀币。山东的胶东半岛地区也出土不少燕刀币，比如牟平城关1984年曾一次性出土300多枚燕刀币，即墨故城1987年出土了1500多枚燕刀币，说明燕齐之间通过庙岛群岛存在贸易往来。这种经济行为中间的一般等价物可能由燕刀币来充当。② 王青指出齐国与辽东半岛和朝鲜半岛之间存在毛皮贸易，通过海路获取"发、朝鲜之文皮"，还可能存在铜兵器及铜礼器的贸易。③

（三）即墨西向

即墨向西可通潍坊地区，过昌潍地区与青州、临淄相接，这条线路是贯通齐国东西向主干道之一，学者们多有论述。

即墨西北达掖邑、蓬莱。即墨达掖邑这条线路上出土刀币的地点有平度后滕、门村等，这条线路基本沿大泽山南麓地带山前平原分布。由掖邑达蓬莱，这条线路沿线出土刀币众多，掖邑出土货币的地点有梁郭乡肖家村、沙河镇路旺侯家村、沙河镇路旺侯家村西250米当利故城内等。由掖邑往北达招远，1977年在招远市张星镇前大里村西300米发现一处齐刀币窖藏。再北行到蓬莱，蓬莱县全口刘家和刘家沟均见有刀币出土。

---

① 王青：《〈管子〉"发、朝鲜之文皮"的考古学探索——兼论东周时期齐国与海北的贸易和交通》，《东方考古》第11集，第215—236页。
② 齐国刀币发现于山东，大部分不出齐国境内，张光明指出齐刀币是齐国的国家铸币，不得出境和随葬。
③ 王青：《〈管子〉"发、朝鲜之文皮"的考古学探索——兼论东周时期齐国与海北的贸易和交通》，《东方考古》第11集，第215—236页。

即墨达掖邑之后，便接入了临淄通过蓬莱地区另一主干道。这条线路上有曲城城址、归城遗址等。曲城城址历年发现有西周时期的带铭铜鼎、铜簋、陶器和春秋时期的铜器、陶器等。曲城遗址为西周中期以前当地土著的大型居住遗址，西周中期随着周人势力的进入，此地已在周人统治范围之内。曲城城址以西 15 千米渤海岸边的三山岛被认为是秦汉时期祭祀阴主之地。归城遗址出土了大量的西周时期铜器和陶器，特别是西周中期以来的器物。根据文献和出土材料来看，归城遗址当为莱的都城，建于西周早期偏晚，公元前 567 年莱被齐灵公灭后此城并入齐国，一直沿用到汉代。归城故城以南的莱山即为月主祠之地，发现有夯土台基等遗存。

由蓬莱东行过福山、牟平可达成山头。《史记·封禅书》记："日主，祠成山。成山斗入海，最居齐东北隅，以迎日出云。"成山斗即成山头，斗头通假可互换。在成山头酒棚遗址出土祭祀的玉礼器，在成山头南马台遗址发现大量的秦汉建筑遗迹。成山头附近的不夜城遗址周边曾出土西周时期的墓葬，出土有铜尊、铜壶等礼器。城址周边还见有春秋、战国、汉代时期的铜器等，可见从西周至战国、汉代此地一直有人居住，是一处重要的城址聚落。文献记载秦始皇、秦二世、汉武帝、汉宣帝等都到过该地区。

综上可知，由临淄向东经昌乐、潍坊、平度即是本书所说的即墨西向和临淄之间的交通要道。由平度、莱阳、栖霞向福山、牟平即是本书所说的即墨北向道路。

（四）即墨东向

从即墨向东即达今即墨市区域，从即墨市向北沿海有一条沿海通道，在近海区域有崂山湾、丁字湾和乳山口等。从即墨市向北依次经海阳、乳山等地区。即墨正东丁字河口附近（汪格庄地区）是最近的海洋资源和港口，其间古道相通，汪格庄周围的夏泽遗址、纪疃遗址、黄家庄遗址、茂梓集遗址、城阳遗址都有刀币出土，所以汪格庄遗址出土的大批刀币不是偶然出现的个例，而是田齐在此地重点经营的结果。海阳嘴子前发现春秋齐国大墓，墓中出土的一批青铜中，两件带有铭文，其中一件为陈国贵族所铸。[1] 这是田齐经营

---

[1] 海阳县博物馆：《山东海阳嘴子前村春秋墓出土铜器》，《文物》1985 年第 3 期；烟台市文物管理委员会、海阳县博物馆：《山东海阳县嘴子前春秋墓的发掘》，《考古》1996 年第 9 期。

该区域的又一个旁证。海阳发城镇上尚都村曾出土西周时期的铜盘、铜壶、铜甬钟和钮钟等。① 海阳一带当一直是莱国的重要经济区，春秋晚期齐灵公灭莱之后归入齐国，战国初期归田氏所有。因此，即墨向东连通海阳一带，是齐国东方的海洋经济贸易的中心。

（五）即墨南向

从即墨故城顺着姑水向南可达春秋早期莒国的都城介根（今胶州附近）。胶县西皇姑菴村西南西周墓地曾出土"父甲"铜爵、"父己"铜尊、"史"铜卣等，该遗址在1976年曾清理出西周时期的一个车马坑和两座墓葬，小墓中出土有素面鬲，② 是东夷族贵族的墓地，推测为西周时期莒国的贵族墓地，莒国西周时期的都城就在附近。介根当在胶州西菴附近。在这条线路上出土的刀币遗址有平度洪兰、南村和九甲村等。

从介根向西南为莒国故城，是当时莒国的一条重要交通线，连接着莒旧都（介根）至莒县莒国故城。这一路线经过的城址有东武故城、诸县故城。诸县故城位于诸城枳沟镇桥庄附近，平面呈长方形，南北长约2千米，东西长约1.5千米。城内北部有大片建筑遗址，南北长120、东西宽100米。

诸县故城附近的时家庄出土有齐刀币130枚，当是这一小区域内出土齐刀币最多的地方，可以推测此附近有一处战国时期重要聚落甚至是城址。齐系陶文中有一方"𣪘市"陶文，③ 裘锡圭先生认为第一字为"者"的异体。④ "者"可能是地名，即诸。有学者认为此诸即为春秋鲁国的"诸"，战国时期被齐国占领。⑤ 附近的时家庄遗址出土有齐刀币。枳沟镇侯家屯村出土一泥质灰陶罐内藏23枚齐大刀。⑥ 清乾隆《诸城县志》记此处为春秋鲁邑，汉代为诸县治所。因此可推断此地在战国时属齐国的诸邑，此地距战国齐长城很近，周围又为群山所阻，可见此地是胶州地区甚至潍坊地区通往莒国故城的必经之地，地理位置十分重要，而且此地北距潍河仅500米。由诸邑向南，经长城的大山烽

---

① 海阳市博物馆、张真、王志文：《山东海阳市上尚都出土西周青铜器》，《考古》2001年第9期。
② 山东省昌潍地区文物管理组：《胶县西菴遗址调查试掘简报》，《文物》1977年第4期。
③ 周进集藏，周绍良整理，李零分类考释：《新编全本季木藏陶》，中华书局，1998年，第135页；又见国家文物局主编：《中国文物地图集·山东分册》，第321页。"乔庄"改为"桥庄"。
④ 裘锡圭：《战国文字中的"市"》，《考古学报》1980年第3期。
⑤ 郝明华、董博、崔圣宽：《试论齐国的交通》，《东方考古》第9集（上册），第360页。
⑥ 国家文物局主编：《中国文物地图集·山东分册》，第327页。

燧处进入长城以南至莒县。这条线路即是今国道 206 沿线在此区域内所经行的道路。沿线的五莲北店村曾出土齐刀币 10 余枚，在莒县境内，这条沿线周边还有大量的春秋战国时期的遗址。

从介根东南至琅琊、日照、赣榆一线，这条线路与今国道 204 沿线基本重合。琅琊一带即今之黄岛胶南一带。近些年山东大学和美国芝加哥博物馆、耶鲁大学在鲁东南地区进行了长达 20 多年的区域系统调查，其中就包括胶南和黄岛地区。在这条沿线附近有重要的遗址。比如，在胶州王台镇附近的田家窑墓地，M1 出土器物有铜器、玛瑙、琉璃、玉器、陶器、骨器等，铜器有镶嵌玛瑙铜牌饰、带钩、铜镜等。玉器种类丰富，墓葬形制为土坑竖穴砖椁墓，时代处于战国晚期至西汉早期。M2 出土 8 件青铜器，铜鼎 2 件、铜盖豆 4 件、铜壶 2 件，为典型的战国晚期的器物。灵山卫黄石圈曾出土一件铜鬲，尖唇，侈口，束颈，连裆，锥形袋足，具有明显的春秋时期莒式风格，同时在附近出土了齐氏三量。在顾家崖头采集到铜鬲、铜鼎、铜戈各一件，铜鬲具有典型的春秋莒式风格。[①] 可以推断春秋时期灵山卫黄石圈及顾家崖头一带均属于莒国的势力范围，战国时期属于齐国的领地。

灵山卫向南到琅琊郡所在，在此区域发现有众多相关联的遗址，如东皂户、夏河城、卧龙村等遗址。东皂户遗址发现了商末周初的陶簋，夏河城遗址采集到战国时期齐国半瓦当，中间饰一卷曲树纹，两格内分饰一动物纹样。在卧龙村遗址采集到大量的齐大刀。附近的琅玡台遗址秦汉时期的大型夯土台基发现大型建筑和排水管遗迹等。秦汉时期的大型遗址据地表陶片面积达 24 万平方米，推测为琅琊郡所在，即秦始皇"徙黔首三万户琅玡台下"。战国时期琅琊便是富饶之地，《史记·高祖本纪》记"齐东有琅邪、即墨之饶"。这条沿线周边还有一些稍晚的遗存。比如丁家皂户墓地是一处汉代墓葬群，从已发掘的材料来看，属于西汉中晚期。甲旺墩经以往的考古工作确认为一处龙山文化时期的环壕聚落，同时存在大量的汉代遗存。从采集到的铜器、陶器来看，属于汉代时期。

从琅琊向南可连通日照地区，区域内两城镇附近的竹园村、尧王城都出土有齐刀币。其中竹园村出土数量达 197 枚，在这一小区域内明显突出。尧王城出土刀币两批才共计 11 枚。日照地区由于为中美联合进行的区域系统调查，这一地区的聚落情况比较清晰。两城镇和尧王城在龙山文化时期都是区域的中

---

① 王睿、林仙庭、聂政主编：《八主祭祀研究》，文物出版社，2020 年，第 322—362 页。

心，有城址和壕沟。其下有中、小型共计三级或四级聚落结构。西周时期，作为外来的周文化的聚落大都在原来龙山文化时期的中心聚落位置，但面积有所缩小。[1] 东周时期，这个区域先后归属莒国和齐国。从龙山时期到战国齐时期，人群和政治结构发生了变化，但经济层面的中心区域没有发生大的变化，甚至在交通贸易路线方面和龙山文化时期的贸易路线有较强的沿袭性，没有大的差别。

从胶南灵山卫、琅琊到日照、连云港一线是自古就有的沿海大通道，往南可达吴越地区。当然这条通道可能接着通过沿海的陆路，鉴于史前及商周时期江苏沿海的遗址数量不如山东东南沿海多，从连云港到阜宁、盐城、海安靠海一带的人口密布不是很高。鲁东南沿海（包括连云港）与吴越地区的交通以水路更为便利。

综上所述，可知以即墨为中心向四方形成了紧密的经济网络（图5-18）。即墨向北连通莱西、莱阳、福山、蓬莱，最远可达辽东半岛甚至朝鲜半岛一带，由平度、莱阳、栖霞向福山、牟平形成即墨北向道路。即墨向西可通潍坊，过昌潍地区接齐都临淄城，是贯通齐国东西向主干道之一。即墨向东至崂山湾、丁字湾和乳山口等近海区域，海阳一带是齐国东部的海洋资源经济贸易的重要地区。即墨向南连通介根后，西南向连通莒国，东南向通胶南灵山卫、琅琊、日照、连云港一线的沿海大通道，通向吴越地区。

二、以齐都临淄为中心的中枢经济网

以临淄为中心的都城区域为齐国的富庶之地，少有兵争水患，人口众多，为齐国最重要的经济地区和核心地带，这从田常封临淄以东至琅琊为自己的封邑就能看出。临淄齐都城及所在区域经济活动频繁，并且是连接齐国域内其他地域政治经济的总中枢。临淄齐都邑所在区域，还可以划分为小的经济圈（图5-19）。

临淄齐都所在区域经济活动最为活跃，可见多处出土齐国货币。临淄齐故城周边的齐都西南关、西关北、阚家寨、皇城镇灯笼村、张家庄、张王庄、王青村、南仇村、齐都三中、大杨村等均出土有齐刀币，还包括临淄以东的青州、临朐、寿光地区。下文将临淄周边出土货币置于区域聚落内，来探讨临淄齐都所在区域的社会经济网。

---

[1] 中美两城地区联合考古队：《山东日照地区系统区域调查的新收获》，《考古》2002年第5期。

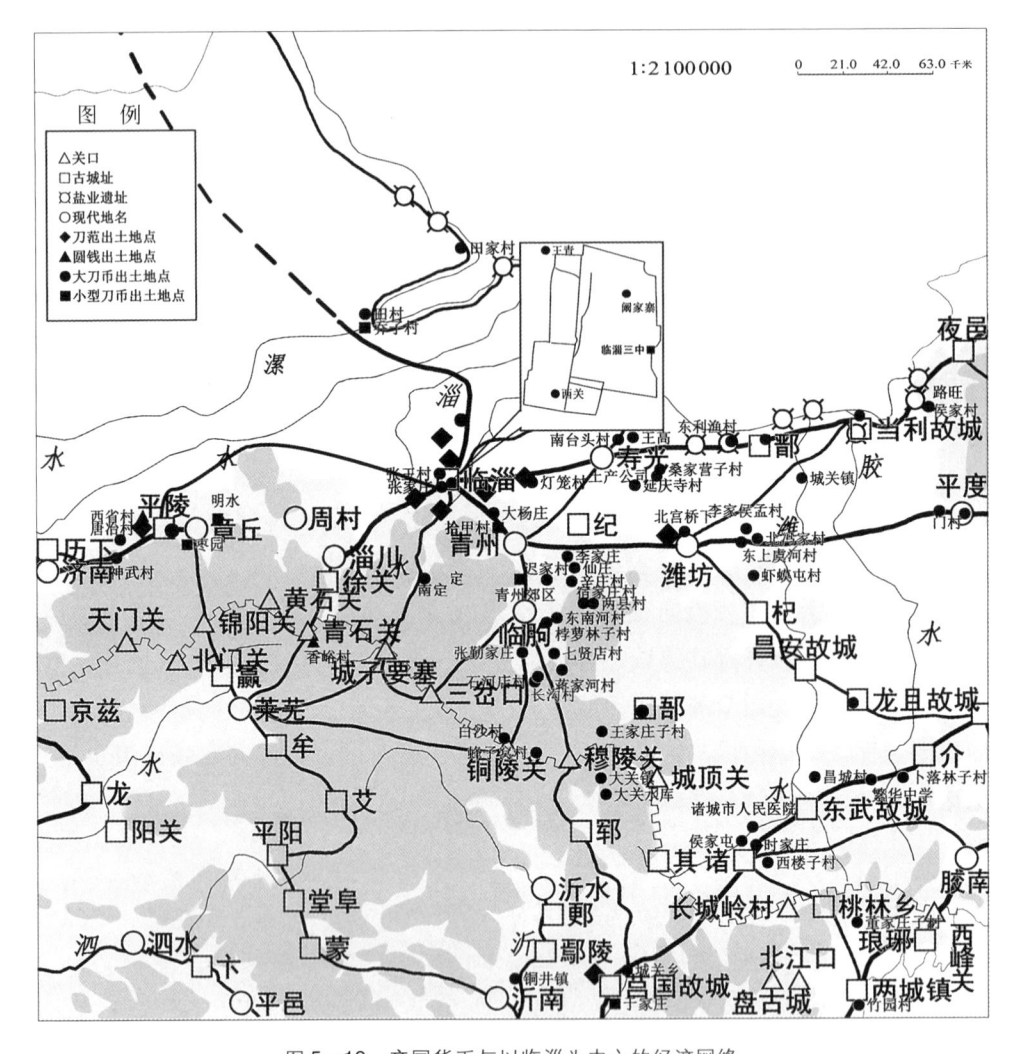

图 5-19　齐国货币与以临淄为中心的经济网络

下文主要以临淄齐都为中心，观察其四郊相关区域主要聚落及货币的空间分布情况。

（一）临淄东向

从临淄向东与东方往来有两条大道：一条偏东北，从临淄到寿光，过鄑邑故城到莱州（掖邑）、招远（曲城故城）到蓬莱；另一条过青州、潍坊、平度（即墨故城）、莱阳、蓬莱。这两条主要线路学者们已有论及，不过这里需要进行重点再观察的是某些支点上的分支路线，如青州节点、临朐支点、潍坊节点等。

1. 青州节点

以青州为节点，大体可以分为三个方向。青州地区通过弥河贯通上下游，通过弥河沿岸道路，往北与寿光地区相连，往南与临朐地区相连，向东与潍坊地区相连。

2. 临朐支点

临朐地区是齐国的重点控制区，临朐境内的弥河两侧环境优越，在史前时期就是一个重要的区域，龙山时期的王墓临朐西朱封大墓就在弥河的西岸杨善镇西朱封村。春秋时期齐国著名的公孙造壶就出土在临朐杨善镇。1977 年和 1981 年在临朐泉头村发现了两座齐墓，推测为春秋时期齐趞父夫妇之墓。[①] 应该看出春秋时期就是齐国的重要控制区。以临朐县城区域为节点，形成三个重要的线路去向。

一是西南去三岔乡，沿着河谷到齐长城的三岔口关隘，过三岔口由夆中道通临淄齐故城。中途沿线有东周时期的泉头墓群、青石崖墓群、暖水河墓群，并在青石崖村发现有齐刀币（图 5-20、图版十三）。

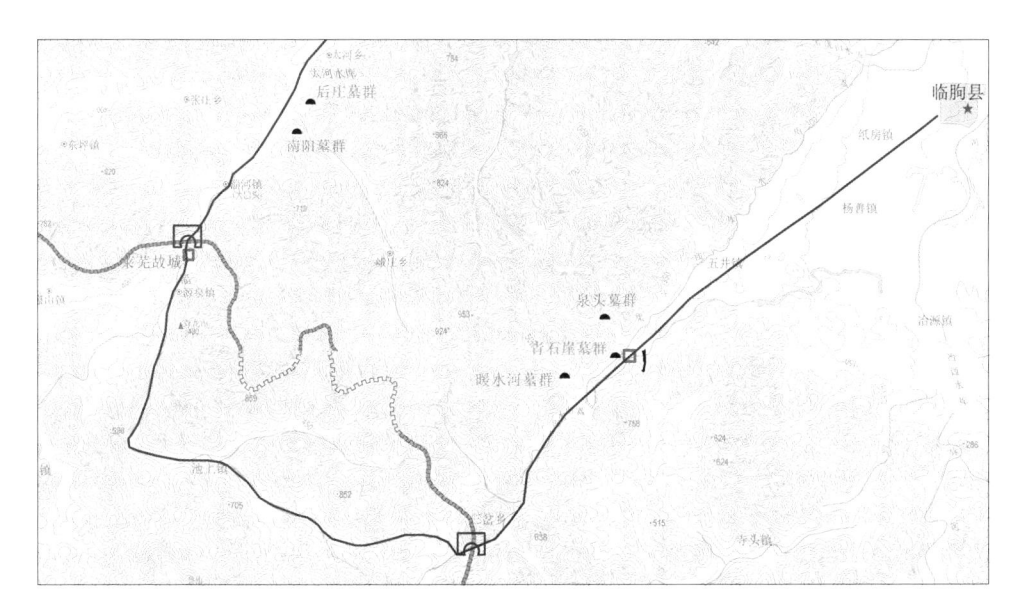

图 5-20 东周临朐地区聚落布局与齐国货币分布示意图

---

① 临朐县文化馆等：《山东临朐发现齐、鄀、曾诸国铜器》，《文物》1983 年第 12 期；孙敬明、何琳仪、黄锡全：《山东临朐新出铜器铭文考释及相关问题》，《文物》1983 年第 12 期。

二是南向通过弥河进入上游山区可达齐长城铜陵关，过长城达沂源谷地。沿线的石河店村、白沙村都发现有刀币，并且在石河店村发现齐刀币500余枚，遗址靠近弥河和山区，此地属于木材相关遗址的可能性较大。铜陵关附近的蜂子窝村出土齐刀币22千克，数量非常可观。

三是东南过大关与穆陵关相连。沿线的长沟村、王家庄子村、大关镇、大关水库发现大量的齐刀币，比如长沟村就出土齐刀币182枚。过穆陵关达沭河上游支流马站河，可进入莒地或沂河上游地区。

下文结合关键地理单元主要聚落形态，对上述线路形成的网络进行分析。

（1）沂源谷地

沂源地处群山丘陵之中，人们多居住于河流谷地，从沂源地区战国墓葬的分布可以清晰地看出沂源主要的交通路线。沂源谷地战国时期墓葬众多，达20余处，墓葬均位于河谷道路两侧，主要沿着沂河谷地进行分布。考虑到沂源地区群山环绕，地势险峻，古代墓葬群多位于居址区附近，所以墓葬区沿道路两侧分布就揭示出古代居址的分布。通过墓葬群和河流谷地的分布基本上就能勾勒出沂源古代的道路交通状况。在沂源谷地的战国墓葬中，2010年9月沂源东里镇东里村村东台地发现的一座战国墓比较重要。该墓葬为一条带墓道的"甲"字型大墓，墓室南北长8.15、东西宽6.3、深4.9米。保存基本完好，棺椁未朽，出土了一批珍贵的竹、木、丝麻等有机质器皿和丝织品。沂源东里东台地一号战国墓不仅年代、规格清晰，而且地望、性质也明确，墓主为战国中期较早阶段盖邑盖大夫之夫人。[①] 说明至迟在战国中期早段，沂源地区就为齐国所控制（图5-21、图版十四）。

（2）沂水流域

沂源属于沂水发源地和上游区域。该区域考古发现的重要聚落有盖邑等。

盖邑，为战国时齐国城邑，齐国大夫陈戴和王骥都曾食采邑于盖，事见《孟子·滕文公下》记"仲子齐之世家也，兄戴，盖禄万钟"。又见《孟子·公孙丑下》"孟子为卿于齐，出吊于滕，王使盖大夫王骥为辅行"。盖邑的具体地点多种文献记载不一，主要有盖冶村和东安故城两个地点。经任相宏先生的调查和研究，盖冶之说为误，东安故城当是战国时期的盖邑。[②]

[①] 任相宏：《沂源东里东台地一号战国墓及相关问题的思考》，《管子学刊》2016年第1期。
[②] 任相宏：《沂源东里东台地一号战国墓及相关问题的思考》，《管子学刊》2016年第1期。

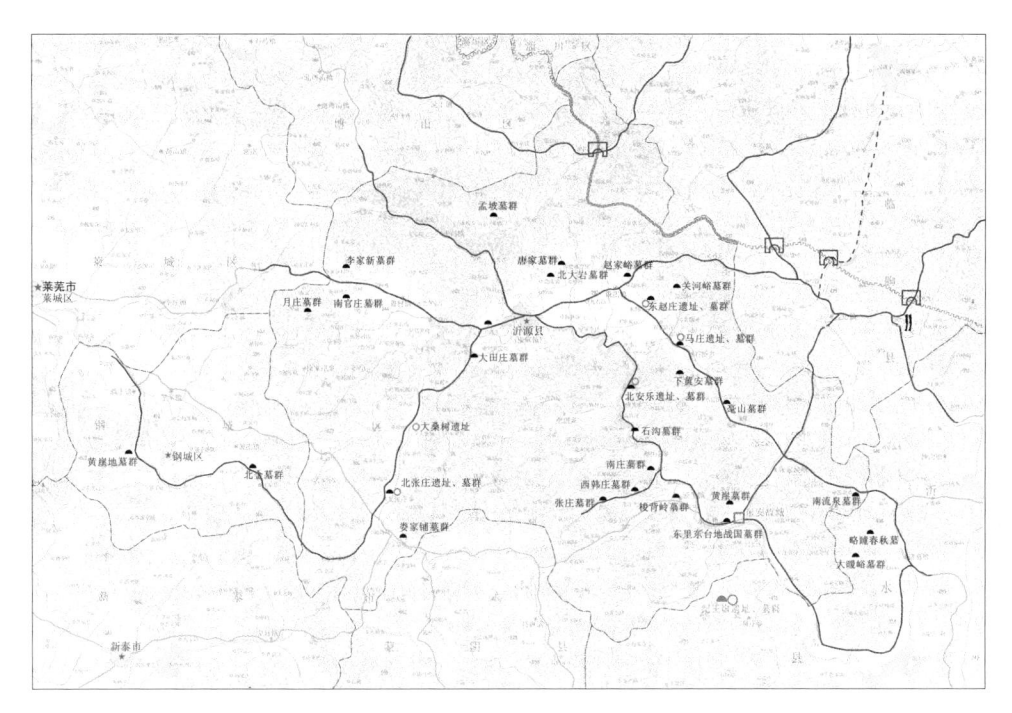

图 5-21　沂源谷地墓葬和遗址分布图

上文提到《水经注》对沂源谷地山形水势的描述，由于沂源地处沂蒙山区腹地，山形水势变化不大，古今可一一对应。螳螂水即今沂源县城东侧的螳螂河，发源于鲁山。连绵山即今之亳山，连绵水即今之水北河，浮来水即今红水河，邳乡即今沂水沙沟镇的邳乡故城（图 5-22）。与文献记载不同，经考古调查，盖城不在今盖冶村，东安故城是战国齐之盖邑。《汉书·地理志》和《水经注》对盖邑地理位置的记载与实际不合。

（3）艾山

大约处于今沂源和莱芜钢城区、新泰交界区域，《春秋·隐公六年》"夏五月辛酉，公会齐侯，盟于艾"，杜预注："泰山牟县东南有艾山。"牟县即周代的牟国，在今莱芜以东辛庄镇的泉子村附近。

穆陵关，为齐长城的一个重要关口，在沂山附近，临朐和沂水交界之处。沿着关道穆陵关以北有大关镇，附近出土不少齐刀币。大关镇西侧 1972 年出土齐刀币 40 多枚，大关水库 1978 年施工发现数百枚。过穆陵关向南进入沭河支流马站河，顺着河流汇入沭河，沿沭河可达莒国故城，也可以跨山间小道进入沂水的城邑。可见穆陵关是连通南北的关键通道上的节点，北可通临淄都

图 5-22 《水经注》盖县故城位置示意图

城、南可沿谷地通向莒国故地，地理位置的重要性可见一斑。

3. 潍坊节点

潍坊西与青州相连，向东有三个方向的经济线路。

一是东北与莱州的掖邑相连，二是东与平度、即墨故城相接，三是东南皆泰沂山系北麓、东北麓的城邑，如杞城故城、昌安故城等，可达胶州地区。潍坊城区的东上虞河、李家侯孟村、北冯家村、北宫桥下等遗址地点发现齐刀币。1965 年至 1975 年间，安丘红沙沟镇郚城遗址出土齐大刀 63 枚、即墨之大刀 1 枚。另外安丘县黄旗堡乡杞城故城、孙孟乡昌安故城（李家古城村）等均出土齐刀币。安丘石埠子镇姑幕故城也发现有齐刀币。下文结合关键区域的重要聚落，如郚城遗址、杞城故城、昌安故城、姑幕故城进行观察。

（1）郚城遗址。位于今安丘市红沙沟镇李家西郚村东 100 米，面积约 5 万平方米，文化层堆积很厚，有4米深。文物普查发现有新石器时代、商、西周、东周、汉代遗存。《春秋》载庄公元年，齐迁纪邢、鄑、郚，杜注："郚在朱虚县东南。"汉代时为琅琊郡梧成县。

（2）杞城故城。位于今黄旗堡镇杞城村西，平面近方形，南北长约2000米，东西宽约1800米，面积近360万平方米。城内西北部有一高台建筑基址，面积约300平方米。城内文化层堆积厚1.5米。采集到东周、汉代时期遗物。《齐乘》称之为淳于城。

（3）昌安故城。位于今安丘市王家庄镇李家古城村周围，平面呈长方形，东西长约400米，南北宽约200米，城址面积约8万平方米。在昌安故城附近采集到战国齐刀币，故而此地在战国时期也是人们活动的一个重要地点。

（4）姑幕故城。位于今安丘市石埠子镇石埠子村，平面呈长方形，南北长约1000米，东西宽约750米，面积近75万平方米。据《水经注》浯水"东北经姑幕县故城东"、《太平寰宇记》载"姑幕在莒县东北百六十里"等方位来看此城即是姑幕故城。历年采集到东周时期的泥质灰陶绳纹罐口、板瓦、筒瓦及齐刀币等，还有汉代的遗物。《安丘县志》载为汉代姑幕县治所，故而定名。故城城西北有葛布口战国墓群。因而此处在战国时期为齐国的重要城邑。故城东还发现诸城臧家庄墓葬，1970年出土一批战国铜器38件，1976年在相同的位置发现了一座墓葬，其西北有牛马随葬坑。综合来看，38件铜器应属这座墓葬的器物坑，器物坑、主室、随葬坑之上有封土覆盖。1986年在随葬的铜钟铜镈上发现有铭文"陈立匎立事岁十月己丑莒公孙潮子造器也"。莒公孙潮子应是齐灭莒后封莒公族在姑幕城的统治者。王恩田先生认为"莒国很有可能是在田齐桓、威之世为齐所灭"。①

此外，安丘县南靠沂水县境的柘山镇东古庙1994年8月取土时发现一批春秋莒国青铜器。有鼎5件、鬲2件、罍4件、方壶1件、觯2件、盉1件、盘匜各1件。鼎5件由3种鼎组成，明显属于后配，铜鬲具有明显的莒式风格，墓底有两处腰坑。② 此墓葬明显是莒国的贵族墓葬。据文献记载，安丘古称渠丘，春秋时属莒国。战国时并入齐国领域。

<u>上述这些重要遗址、城址均位于泰山山系东北麓附近，此地河流众多，其</u>

---

① 王恩田：《东周齐国铜器的分期与年代》，《中国考古学会第九次年会论文集》，文物出版社，1997年，第294页。
② 安丘市博物馆：《山东安丘柘山镇东古庙村春秋墓》，《文物》2012年第7期。

中最大的河流如潍河等，平原地带河汊众多，湖泊沼泽很多，反而不适宜当时人们的生产生活。山麓地带既有水源，又有适宜耕种的土地，山林资源丰富，是交通通道和资源富集区域，也是经济交换的活跃通道和区域。因而，齐都临淄向东的青州、临朐、潍坊广大区域，是以临淄齐都为中心向东所在区域经济的组成部分，构成以临淄齐都为中心的东部经济网络。

（二）临淄南向

临淄在泰山山脉以北，淄河径齐故城大城东而过。齐故城以南为泰沂山脉的鲁山余脉，二者距离约7.5千米。齐故城正南面的山为海拔174米的牛山（伏牛山），山不高却是齐国的名山，文献上多有记载，《晏子春秋》记"齐景公游于牛山"。临淄南向可分为两条支线，一是正南方向顺着淄河河道可进入莱芜山地。二是临淄西南也有一条通道可达莱芜谷地，即是后来青石关所在通道。

1. 临淄西南向

经张店湖田镇、淄川县城达博山地区。该线路上虽然有青石关，但青石关作为一处重要关隘，出现很晚。然而，临淄向西南有战国时期重要的昌城城邑。

昌城在《史记·乐毅列传》中有载："封乐毅于昌国，号为昌国君。"《正义》："故昌城，在淄州淄川县东北四十里也。"位于今淄博张店区沣水镇昌城村，西临沣水，东依涝淄河。故城平面呈方形，边长1500米，面积约225万平方米。城内文化层堆积厚1米。另外，《小校经阁金文拓本》有"昌城右"戈铭可证齐国有昌城。

2. 临淄南向

沿淄河河谷向南，过南王镇、庙子镇、太和乡、淄河镇、莱芜故城、源泉镇。其中，源泉镇是重要节点，该节点有两个重要分支。一是东南向经河谷与临朐齐长城之三岔口关隘相连。二是顺着淄河再向南达博山（山南为南博山镇、山北为北博山镇），进莱芜山地达牟城及牟汶河谷地。该沿线在莱芜区划内有战国黄土岭墓群、侯家台墓群可证其蛛丝马迹。这条线路通临淄、莱芜故城、南博山达牟汶河谷地，在古代被称为长峪道，又名马陉、弇中谷、莱芜谷等。《水经》载"淄水出泰山莱芜县原山，东北过临淄县东，又东过利县东，又东北入于海"。清乾隆《博山县志》载："长峪一道，自莱芜达临淄，两山旁夹，淄水内流，长一百五十里。"

莱芜谷地是临淄向南的重要地理单元，为嬴汶河和牟汶河谷地，地带在齐鲁之间。从考古发现的新泰周家庄春秋晚期齐国墓葬来看，莱芜谷地至迟在春秋晚期或春秋末期已并入齐国版图。莱芜南部的新泰西北部，在春秋晚期或末期已经在齐国控制范围内，由鲁国城邑平阳变成齐国的平阳。莱芜谷地矿冶资源丰富，境内有众多的冶铜、冶铁遗址，时代不明，或可早到战国时期。这一区域自春秋始多为兵争之地，其中博、嬴、艾陵、平阳是见于文献和考古发现的临淄南部的重要城邑或地名。

博，今泰山市泰山区邱家店镇后旧县村有博县故城，清同治六年（1867）《泰安县志》载为春秋鲁国博邑。平面呈长方形，东西长约2 000米，南北宽约1 250米。[①] 春秋晚期应为齐邑。杜预注："博、嬴，齐邑也。二县皆属泰山。"《水经注·汶水》："汶水南迳博县故城东，《春秋》哀公十一年，会吴伐齐取博者也。"《续山东考古录·泰安县》："博县故城在东南三十里，今旧县村。"

嬴，《水经注·汶水》："汶水又西南径嬴县故地南，《春秋左传》桓公三年，公会齐侯于嬴，成婚于齐也。"据考证，嬴在今莱芜西北羊里镇的古城村。

艾陵，艾陵则因名于艾山，位于艾山之北。《春秋·隐公六年》："夏五月辛酉，公会齐侯，盟于艾。"杜预注："泰山牟县东南有艾山。"牟县即周代的牟国，在今莱芜以东辛庄镇的泉子村附近。《水经注·沂水》："沂水出泰山盖县艾山。"艾陵当位于今钢城区。

平阳，考古出土有"平阳桁""平阳廪""平阳市节"等，证明此地的商业贸易尤为发达。齐国关市见于金文与玺印的主要有：安阳（在今青岛黄岛灵山卫附近）、即墨、不其（在今城阳）、莒、穆陵（在今临朐南境）、剌（在今郯城）、左关（在今五莲）、右征（在今泰安）。齐国关市大都设在长城沿线，如安阳、左关、穆陵、右征等，有的还在大的商业经济发达的重要城市。

（三）临淄西向

临淄向西经邹平（丁公遗址附近）、章丘绣惠镇（女郎山）、东平陵城与

[①] 国家文物局主编：《中国文物地图集·山东分册》下册，第485页。

济南相连，为古今交通的重要通道。

早在新石器时代的龙山文化时期，章丘城子崖、邹平丁公、临淄铜林三个相连的城址，就是龙山文化时期鲁北重要的交通和贸易路线，并在商、西周、东周时期被继续沿用，甚至到 20 世纪初也是泰沂山脉以北的重要交通和贸易通道。战国时期丁公遗址附近有众多的遗址和墓葬区，如大省遗址、大省墓葬、小巩战国墓、西庄遗址、王世遗址等等。章丘绣惠镇、女郎山、小荆山附近有不少战国时期的遗址和墓葬，都表明这条线路是当时重要的交通和贸易路线。章丘绣惠女郎山一号大墓为战国中期大夫级别的墓葬，并在周边的宁家埠、王推官庄发现东周时期的墓葬，证明章丘北部的绣惠镇一带在战国时期是一个重要的城邑。据明嘉靖《章丘县志》记章丘县始建于隋唐时期，治所便在绣惠镇，1958 年才迁到明水镇。但 1987 年章丘县明水政府大院施工中发现齐刀币 308 枚，明水远离这一条道路，考虑到明水周边众多的战国晚期遗址和墓葬，可能在战国晚期明水周边是当时人们一个重要的生活区。可能还存在另一条通往临淄的交通道路。

（四）临淄向北

上文考察齐国货币与盐业遗址群的关系时发现，临淄以北的近海广泛区域存在着密集的制盐聚落群及与盐业管理相关的等级较高的聚落，如鄩邑城址等。总体来看，从临淄向北可以分为两条线路，一是北出临淄后向东北连通寿光、鄩、当利故城所在位置，直至胶东半岛；二是北出临淄后向西北沟通齐国的西北部可达燕、赵等地。

临淄北部发现齐国货币和主要聚落形态已在分析齐货币与盐业遗址群的关系部分进行详细论证，在此不再赘述。

综上所述，以齐国都城临淄为中心的经济网络，是东周齐国最大、辐射力最强的经济网，是连接其他区域的中枢性社会经济网。临淄是齐国社会经济网络名副其实的心脏，通过四通八达的线路通道，连通各个大、中型聚落及所在的区域聚落，形成了点、线、面密切关联的经济网和社会管理网。

三、以济南为中心的西部经济网

济南在东周，尤其战国时期是齐国西部大型聚落及城邑的所在地，如历下邑、梁王城等。济南在春秋战国时期属齐历下邑,《齐乘》历城县条记"古齐历下城,在历山之阴。《史记》晋平公伐齐,战于历下。郦食其说齐王广罢历下兵守,韩信袭破之,皆其地"。晋平公伐齐战于历山之事见于《史记·晋世家》"平公元年,齐灵公与战靡下,齐师败走",《集解》引徐广曰:"靡,一作历。"《索隐》:"即靡笄也。"《左传·成公二年》鞍之战记"六月壬申,师至于靡笄之下","癸酉,师陈于鞌","齐师败绩。逐之,三周华不注"。鞌即鞍,今济南马鞍山一带;华不注即今华山。文献所记山形地理与济南历下周边吻合。

历下邑,作为齐国西部一个重要的政治经济中心,地理位置十分重要。从考古发现的齐国货币及相关经济活动遗物看,2005 年济南市天桥区山东化工总厂西侧发现齐大刀 1 000 余枚;1960 年济南市五里牌坊出土了一批齐刀币和圆钱。[①] 此外,在北莘庄等地也有发现。1972 年济南市天桥区发现一战国土坑墓,出土有两件陶量,两件陶量均印有"珠"字外框以方框,该字隶定为"市",可见天桥区一带在战国时期是经济比较活跃的地方。1967 年济南市马鞍山北莘庄西河崖出土过刀币,朱活先生见到其中一枚,为齐大刀。济南地区的城邑有"鞌"(同"鞍"),在今济南市西偏。

梁王城,济南东郊历城区鲍山街道梁二村在施工中发现 2 座战国中期甲字形大墓,M1 被破坏后收集到铜镈钟 4 件、铜钮钟 15 件、句鑃 9 件、盖豆 4 件、罍 1 件、镜 1 件、盒形明器 2 件、罐形明器 1 件,及璧形铜环 1 组,另有青铜器残片、石磬残件若干。M3 在 M1 东 15 米。2020 年 7 月考古人员在梁王庄三村东北发现了城墙、壕沟,壕沟内的面积约为 14 万平方米,城内面积约为 7 万平方米。此地有可能是齐国的鲍邑所在。

由于缺少系统的区域考古调查和发掘,以目前的考古发现来看,该区域并未发现在聚落等级上明显高于其他遗址且作为管理中心的中心性遗址被确认,因此不妨以今济南这一行政区域为主要空间范畴,在主要聚落分布的基础上,来考察齐国西部的经济网。济南地区的大、中型遗址构成明显的线型分布,同时,有明确出土地点的齐国货币的分布基本与聚落的空间分布特点相契合,总体来看,济南及邻近地区的线路、通道可分为济南向东、济南向西、济南向北三条(图 5-23)。

---

① 朱活:《古钱新典》上册,第 64 页。

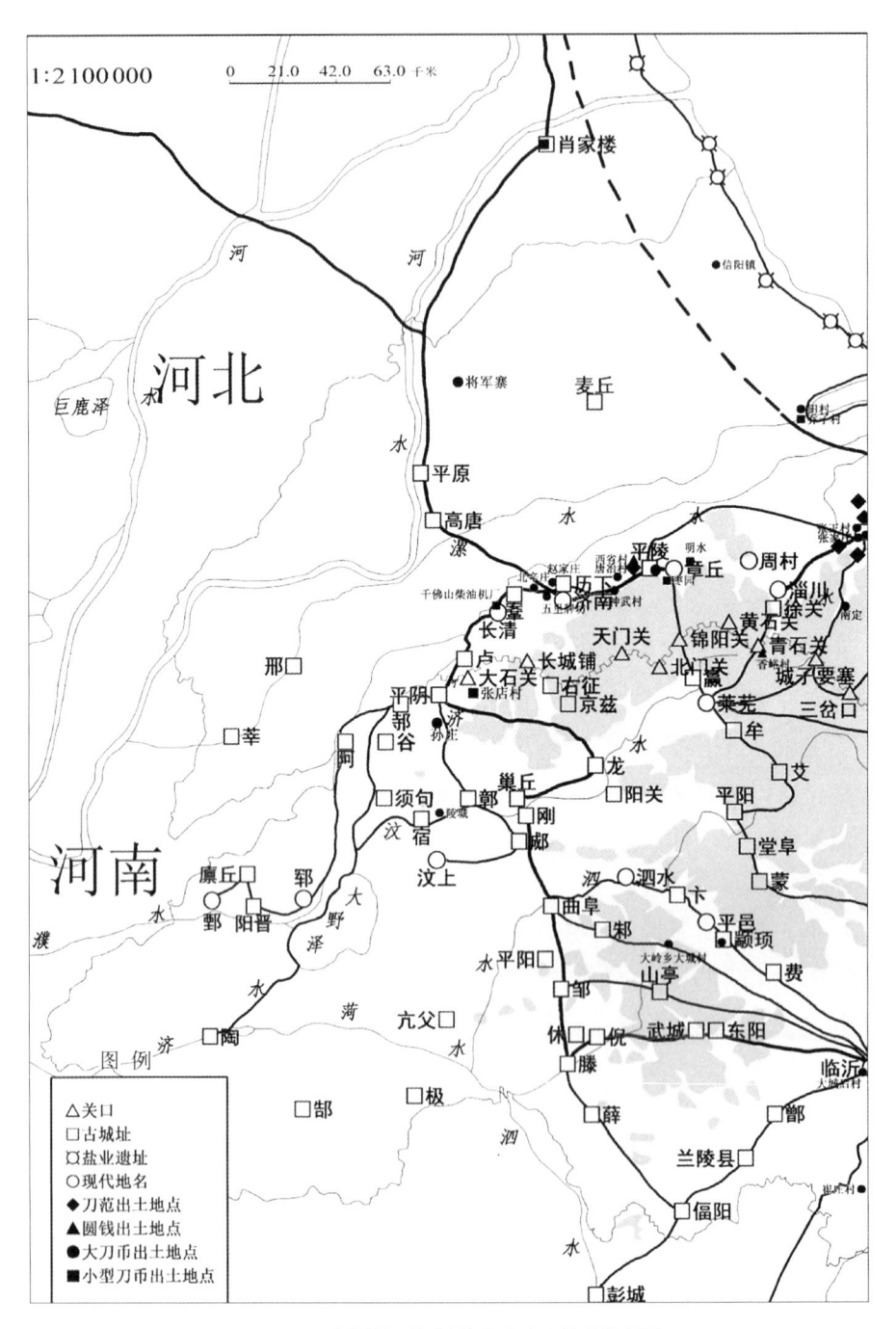

图 5-23 齐国货币与以济南为中心的经济网络

（一）济南东向

济南东向和临淄相接，中间重要的节点有平陵、章丘。"齐币出土于济南、历城、平陵，因为这个地区是齐国与西方各封国进行贸易的集散地，是齐国国都联系当时子午道交通命脉的咽喉地带。"[①] 济南为临淄以西的重要城邑，是齐国和赵、魏、卫、宋、鲁等国的重要交通枢纽。济南地区在春秋战国时期属于齐国的重要城邑所在地，按从西往东依次为平阴、卢、邿、鞌、历下、平陵、章丘等地。

唐冶村和神武村位于济南和平陵、章丘的东西交通大道附近，现在这两地附近还是济南和章丘之间的交通大道，属于重要交通线。在年代上神武村[②]的货币埋藏时间可以明确为战国晚期，主要以圆钱为主。唐冶[③]出土刀币未见圆钱，可能要早一些。

东平陵城，位于章丘市龙山镇阎家庄村北，与龙山城子崖遗址距离很近。平陵城平面呈方形，长宽约1900米，面积近400万平方米。春秋时为谭国所在，后为齐桓公所灭。《齐乘》记"东平陵城济南东七十五里。春秋谭国，齐桓灭之。古城在西南龙山镇相对。汉为东平陵城县，文帝封齐悼王子辟光为济南王，都此"。1930年章丘县东平陵城西南出土1枚残莒邦大刀。1966年秋在平陵西北王芽后庄发现刀币46枚，其中"即墨之大刀"3枚，其余均为"齐大刀"。山东省文物考古研究所曾对平陵城进行过调查，曾采集到"即墨之大刀"残刀1枚、"齐大刀"残刀1枚。[④] 还见到残刀范3块，属于明刀范的形式，可以推测在战国后期，平陵城为齐国的一个重要明刀铸币地方。

在济南向东这条线路上，章丘地区也为齐国东西大道和南北交通的交会点，从章丘向南经锦阳关，可达汶河上游，进入汶河谷地，可与嬴、牟等地相连，是一条重要的交通要道。1971年济南市章丘枣园出土了齐明刀10余枚。1987年章丘县明水政府大院施工中在距地面1.5米处出土一陶罐，内有刀币数百枚。刀币308枚，其中"齐大刀"285枚、"齐之大刀"2枚、"安

[①] 朱活：《从山东出土的齐币看齐国的商业和交通》，《文物》1972年第5期。
[②] 朱活：《从山东出土的齐币看齐国的商业和交通》，《文物》1972年第5期。
[③] 朱活：《古钱新典》上册，第64页。
[④] 山东省文物考古研究所：《山东章丘市汉东平陵故城遗址调查》，《考古学集刊》第11集，中国大百科全书出版社，1997年，第159页。

阳之大刀"2枚、"即墨之大刀"5枚。賹六刀129枚、賹四刀80枚、賹一刀34枚。① 另外，章丘绣惠女郎山战国墓是该区域发现最高等级的墓葬。由此可以推测，章丘的东平陵城一带在战国时期为齐国西部的经济活跃区域，很有可能是齐国西部经济网的一个中心。

（二）济南西向

济南西向通长清、卢邑、平阴。长清本为齐之卢邑，平阴是齐长城西端的要塞。春秋时期，鲁襄公十八年，晋、鲁、宋、卫、郑、曹、莒、邾、滕、薛、杞、小邾等国联合伐齐，破齐京兹和邿邑（均在平阴附近），进而困卢邑（长清西南二十五里），长驱直入，进攻齐都雍门和四郊。

卢邑，《左传·隐公三年》载："齐、郑盟于石门，寻卢之盟也。"杜预注："卢，齐地，今济北卢县故城。"《汉书·地理志》泰山郡条下："卢，都尉治，济北王都也。"可以看出卢既做过都尉治所，又曾做过济北王都城。任相宏曾对卢地进行过实地考察，他认为当今人们俗称卢城洼的地方就是西汉济北国都城卢城所在。②

平阴、卢向西连接齐济西之地的廪丘、阳晋、郓城、鄄城、阿城等，以阿城为中心。廪丘、阳晋、郓城、鄄城原为鲁济西之地，后被齐占。而齐之济西则是通往西方诸国的重要交通枢纽，可与卫、宋、赵、魏、韩、秦等国相通，是齐国与列国相往来的一条最重要的交通要道。因其在军事冲突中的重要作用而屡见于文献史料和铜器铭文记载。

齐币出土于济南、长清一线，这是通往"居天下之中"的陶，连接子午道的一条重要交通线，并且有一支线由长清出平阴，南下至郚（今东平县东）、郲而到达齐鲁边界的汶上。

平阴、卢等长清地区要邑还有一条向南的重要通道，连接鲁、滕、薛、宋等地。这条道路见于齐伐鲁的路线。《左传·成公二年》（前589年）："二年春，齐侯伐我北鄙，围龙。……三日，取龙，遂南侵及巢丘。"

龙邑，泰安龙门口附近当为龙邑所在。泰安龙门口水库出土春秋时期青铜器。巢丘，地不明，从取龙之后南侵来看，巢丘处龙之南。据鞍之战后齐归鲁

---

① 王方：《山东章丘出土齐刀、賹化圜钱》，《中国钱币》1994年第2期。
② 任相宏：《双乳山一号汉墓墓主考略》，《考古》1997年第3期。

汶阳之田来看，汶阳之地已被齐占，巢丘可能处汶阳之地。

目前长清地区所见刀币不多，此地为军事要地，历来兵争很多，于商贸而言只是一个交通必经地，似不宜在此开展商贸活动。1971年长清县城关镇孙庄出土一批齐国刀币83枚，均为齐大刀，[1] 非常纯粹，给我们断代提供了很好的依据，很可能是乐毅伐齐之后重新铸新刀币进行流通，之前的刀币经兵患或埋于地下，故而这批刀币有可能流通于齐襄公复国后。

（三）济南北向

济南西北折向平原、高唐一线，可达齐之北境。

平原，《齐乘》记平原县为汉平原郡平原县，然《史记·田儋列传》记"汉将韩信已平赵、燕，用蒯通计，度平原，袭破历下军，因入临淄"，证明秦末平原邑已存在，战国存在平原邑可能性较大，属于齐国。平原—历下—临淄一线是燕、赵通往齐国临淄的重要路线。

从考古出土齐国货币的地点看，有沧州肖家楼、天津静海西钓台。

肖家楼钱币窖藏遗址在今沧县城西南约16公里肖家楼村村西北一处向西突出的河湾东部，西距南运河约半公里，南运河在此婉转多处，即位于今德州至沧州的南运河旁边，此河正是河水（古黄河）的一条故道。从出土位置来看，此地位于河水故道，遗址本身位于城址遗迹，出土于此地与河水的交通运输关系密切，不容忽视。该遗址受黄河淤积影响，战国文化层埋藏很深。据描述第三层为战国文化层，在3米以下，厚0.2—1米不等，包含有陶片、红烧土、木炭屑，遗迹有灰坑和墓葬，刀币即在此层出土，层位关系明确。刀币分两处出土，相距一米多，出土时都捆绑成束，排列有序，叠放在坑中。紧挨刀币出土的有瓮和残铁镢各1件，别无其他遗物。[2]

西钓台遗址位于今天津静海县南15千米西钓台村附近，有方形城址，边长约500米，面积约20万平方米。在西墙夯土中采集到战国晚期陶片，说明城址筑造不晚于战国晚期。城址内有5处台地，城内文化层厚达2—2.5米。在城内西墙附近采集到一块泥质红陶量器陶片，上有印文"陈和志左廪"。城墙外西南为一处古遗址，采集有素面半瓦当、筒瓦以及陶罐、陶盆、陶盂、陶

---

[1] 朱活：《古钱新典》上册，第63页。
[2] 天津市文物管理处：《河北沧县肖家楼出土的刀币》，《考古》1973年第1期。

瓮、陶釜、陶豆、陶盘等，还有战国残铜戈1件，属于战国时期遗物。遗址中还采集到几件陶文陶片，有得（🅐）、远（🅑）、果（🅒）、忌（🅓）、石（🅔）、午（千）、王🅕等字。[1] 2017年西钓台村遗址还出土"市玺""奠阳陈得再右廪""化""鹿""志""己""得""卑""寺"等陶文。[2] 综上分析，此处在战国时期应属于齐国领域。

有学者认为西钓台遗址为战国后期的平舒城，[3] 即古文献中的徐州，公元前481年"田常执简公于徐州"便指的是此徐州。西钓台遗址附近南港区沙井子遗址还出土"平舒散戈"齐铭戈，[4] 或可证此地确为战国齐国平舒城。可见齐国的北界可达天津海河以南，这是齐国的最北界。

由上所述可以发现，以今济南地区为中心的广泛区域，东通临淄都城，向西及西南通向长清、平阴、卢直达齐鲁边境，西北通向阿、高唐及齐北境，形成以区域重要聚落点排布成线性通道为基础的齐国西部社会经济网。

四、以临沂为中心的南部经济网

临沂地区所在的交通位置优越，临沂地近沂水，沂水是春秋战国时的水路运输要道，从吴越争霸中原的路径就能看出。沿沂水逆流而上可达今沂南、沂水，古有鄆、中丘、阳、鄢陵、郯之地，沂南更是连接蒙阴进入齐国平阳（今新泰西北）的重要通道；顺流而下可达郯、下邳等地，入泗水达淮水。通过陆路，东北通根牟、莒（今莒县）、诸（今诸城附近）、介、介根（今胶州）；西北通费县、平邑、泗水、曲阜，为鲁国内部的重要通道；西通倪、邾、滕、薛；西南达鄪、偪阳；东南通临沭、连云港。水路四通八达，山东东南之地难出其右（图5-24）。此地必为齐国必争之地，不仅出于军事交通考虑，在经济上也是一个重要考量。诚如宋国的陶地，水路交通四面通达，陶也成为战国时最富庶之地，为齐秦等列强争夺。战国晚期，正是围绕此地，展开激烈的争夺，齐国灭宋以后，引来秦魏赵燕等联合攻齐，以至于乐毅伐齐"惟莒即墨未

---

[1] 华向荣、刘幼铮：《静海县西钓台古城址的调查与考证》，《天津社会科学》1983年第4期。
[2] 何景成、盛立双：《天津静海出土陶文选释》，《中国文字研究》第三十辑，2019年，第51—56页。
[3] 刘幼铮：《春秋战国时期天津地区沿革考》，《天津社会科学》1983年第2期。
[4] 韩嘉谷：《平舒戈、舒豆和平舒地理》，《北方考古研究》（四），中州古籍出版社，1994年，第312—318页。

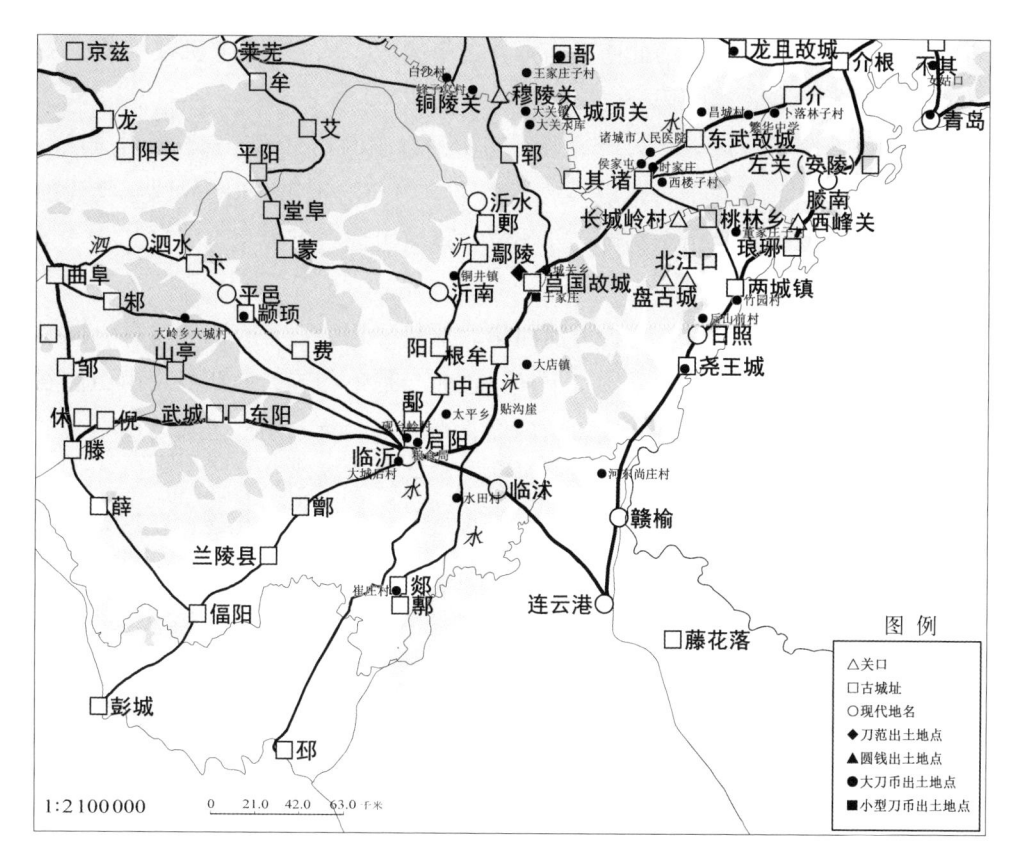

图 5-24 齐国货币与以临沂为中心的经济网络

下",从此齐国一蹶不振。秦国趁机占有陶地,拉开东征六国的序幕。

由此观之,临沂的地理位置虽不如陶地所通大国那么重要,但作为鲁东南地区性周边国家来说,水路交通是最为重要的。从这个角度来说,此地出土相当数量的刀币不足为奇。

河阳,《齐乘》"(沂水)又南至河阳村,桑泉水西来入焉。道元云桑泉出五女山,南流,纳堂阜水。即今蒙阴东北悍阜大小二河也。又南合蒙阴水,通名为汶河,东注沂"。与今相比,汶河与沂河交汇处正是河阳村,千余年来地名未变。

孙敬明认为南城应是"齐国所据有的鲁国城邑平阳"。[①] 孙敬民先生所说

---

① 孙敬民:《齐国南疆作干城——从平阳出土陶文和题铭兵器谈起》,《传承与创新——考古学视野下的齐文化学术研讨会论文集》,上海古籍出版社,2019 年,第 345 页。

有一定道理，但学界多认为此南城当指齐之南武城。从齐国的扩张史来看，齐国在春秋末期已经占据平阳。①

郯国，今临沂市区。1982年在临沂市沂河以东的相公镇王家黑墩村凤凰岭发掘东周墓群，原有5个封土墩，从一个土墩中共清理出88座战国至汉代的小墓和1座大墓。大墓由车马坑、器物坑和墓室组成，有大量殉人，其墓主是春秋晚期郯国国君的墓葬。

临沂所在的启阳地区，地近沂河西岸，地势平坦，适宜大面积耕种，同时交通便利，向南经沂水可达郯国、下坏，进而与楚地相连，向西经蒙山山前谷道与费县、平邑进而与鲁地相连，西南经苍山北部、费县南部进而与山亭、邹县等邹、滕、薛相连，这条通道也就是邾灭郯的进军路线。

这条路线经诸城东南又经桃林乡，便直接与日照两城镇相连，在这条路线上有董家庄等地出土刀币可为佐证。也可以经诸城向东绕过丘陵，经过胶南地区与日照相联系。此道在史前时期就是沟通鲁东南沿海经江苏沿海与江苏浙江等地交流的一条重要通道。从江苏赣榆县厉庄乡河东尚庄村出土的刀币来看，战国中晚期齐国最强盛之时，势力已达江苏北部。从日照两城乡竹园村的窖藏来看，日照地区在战国晚期一度仍在齐国的控制范围之内。

鲁东南地区不仅有齐币，还有楚国货币。楚国本在江汉地区，战国时往东向江淮下游发展，逐步把吴越之地纳入版图，同时还将势力蔓延至山东。据《史记·楚世家》记载，楚惠王四十四年（前445年）灭杞，"是时越已灭吴，而不能正江淮北，楚东侵广地至泗上"。意思是说楚灭杞后，领土扩展到泗水流域。

可见，战国早期，在沂沭河流域的势力主要有莒、楚、越等国。齐国的势力已达新泰，并可能通过新泰进入蒙阴东汶河谷地。春秋末期，齐悼公四年（前485年）吴会鲁、邾、郯，联军攻齐，军至郳邑（山东蒙阴）。春秋末期，鲁、邾的势力已至沂河西域，郯国本就在沂河、沭河流域，吴国与鲁、邾、郯当通过沂河流域进入蒙阴郳邑。大夫鲍牧趁机杀国君悼公姜阳生，使联军退兵。

博，今泰山市泰山区邱家店镇后旧县村有博县故城，清同治六年（1867）《泰安县志》载为春秋鲁国博邑。平面呈长方形，东西长约2 000米，南北宽

---

① 山东省文物考古研究所、新泰市博物馆编著：《新泰周家庄墓地》，文物出版社，2014年。

约 1 250 米。春秋晚期应为齐邑。《水经注·汶水》:"汶水南径博县故城东,《春秋》哀公十一年,会吴伐齐取博者也。"《续山东考古录·泰安县》:"博县故城在东南三十里,今旧县村。"

博、嬴均在牟汶河北岸,可见春秋末期齐国领域已占牟汶河北岸地区。2002 年,山东省文物考古研究所联合新泰市博物馆对周家庄墓地进行发掘,共清理东周时期墓葬 78 座。《新泰周家庄东周墓地》报告对墓地材料进行了详尽报道,根据典型器物的分析,结合墓葬其他情况将墓地分为四期,其中第一期即墓地年代上限为春秋晚期早段,其余三期分别为春秋晚期晚段、战国早期和战国中期。王震撰文认为周家庄墓地的年代上限为春秋末年。① 无论哪种观点,均说明春秋末期新泰东北部属于齐国领域。

新泰西部地区及泰安市岱岳区东南部可能属杞国领域。新泰西部有城东、城前、古城等村名,此地可能有古城址存在。柴汶河的北岸至牟汶河的夹岸山前地带,可能为杞国所在。据《史记·楚世家》记载,楚惠王四十四年(前 445 年)灭杞,"是时越已灭吴,而不能正江淮北,楚东侵广地至泗上"。意思是说楚灭杞后,领土扩展到泗水流域。

通过上述历史背景分析,战国早期沂河西域已有齐、鲁、邾等国,沂河东域主要是莒的势力范围,在莒以东则是越国的势力。战国早期楚国的势力已进入沂沭河流域,并于公元前 431 年灭莒。战国早期越国势力到达山东,一度在琅琊(今山东胶南)建都。齐宣公四十二年(前 414 年)越灭郯国(山东郯城),携郯君已鸪。所以,战国早期齐国的势力仅刚刚进入沂河流域,势力有限。

沂河流域处于齐国的控制之下应该发生在战国中期,具体可能在齐威王之时。沂河上游的沂源地区在战国中期早段已经在齐国的控制范围之内,沂源东台墓地的发掘证实在战国中期早段此处已是齐国盖邑。齐威王四年(前 353 年),齐、魏二国君主会于郊县。魏惠王魏䓖问齐威王田因齐,有何国宝,田因齐曰:我有四臣,使守四疆,乃国之宝。

沂沭河流域可见的刀币地点有蒙阴罗圈崖、临沂市砚台岭村、临沂大城后、沂南铜井等(表 5-4)。刀币最远已至费县、平邑、临沭、日照、江苏赣榆地区,莒国都城附近发现的数量已不少,但最多的还是临沂大城后发现的一瓮有 2 000 余枚,刀币本身质量精良。

---

① 王震、滕铭予:《新泰周家庄墓地的年代上限、国别及相关问题》,《文物》2016 年第 11 期。

表 5-4　沂沭河流域出土齐刀币情况统计

地　　点	出土刀币情况
蒙阴罗圈崖	刀币 134 枚，賹六刀 5 枚、賹四刀 5 枚
临沂市砚台岭村	齐刀币 32 枚
临沂大城后	刀币 2 000 余枚
沂南铜井	齐大刀 20 枚

五、长城沿线关口的经济节点

齐长城沿线有众多的要塞和关口，在齐国军事防御、交通等方面发挥着重要作用，然而齐长城沿线关口的经济功能往往被军事防御等职能所掩盖。需要注意的是，目前齐长城沿线的关口相关地区，发现了不少与经济活动相关的货币出土。下文拟结合穆陵关、铜陵关、三岔店等典型关口相关考古发现，探讨齐长城沿线的经济活动（图 5-25、图版十五）。

（一）穆陵关

穆陵关位于沂山东麓，大岘山与龙山之间，现临朐和沂水的分界处。其地周围群山，自古以来就是齐国南面的重要关口。为加强齐长城的防御，除了在大岘山隘口上设置关口外，在其北另设一关，即大关。在穆陵关北的大关乡 1972 年出土齐刀币 40 余枚。[①]

（二）铜陵关

铜陵关位于临朐九山镇，是沂山西麓的重要关口，连接弥河与沂河的重要通道。向北通过弥河河谷地带直达临朐，西南接沂源，东南达沂水。1991 年 10 月沂山乡傅兴村村民在村西北约 1 200 米处挖土时，于地表下 1.5 米处发现齐国刀币 22 公斤，临朐县文物管理所追回 230 枚。刀币存放于一陶罐中，排列整齐，似乎用绳串在一起，出土地点北约 1 千米为齐长城遗址。

[①] 孙敬明等：《潍坊新出齐币与研究》，《中国钱币》1987 年第 3 期。

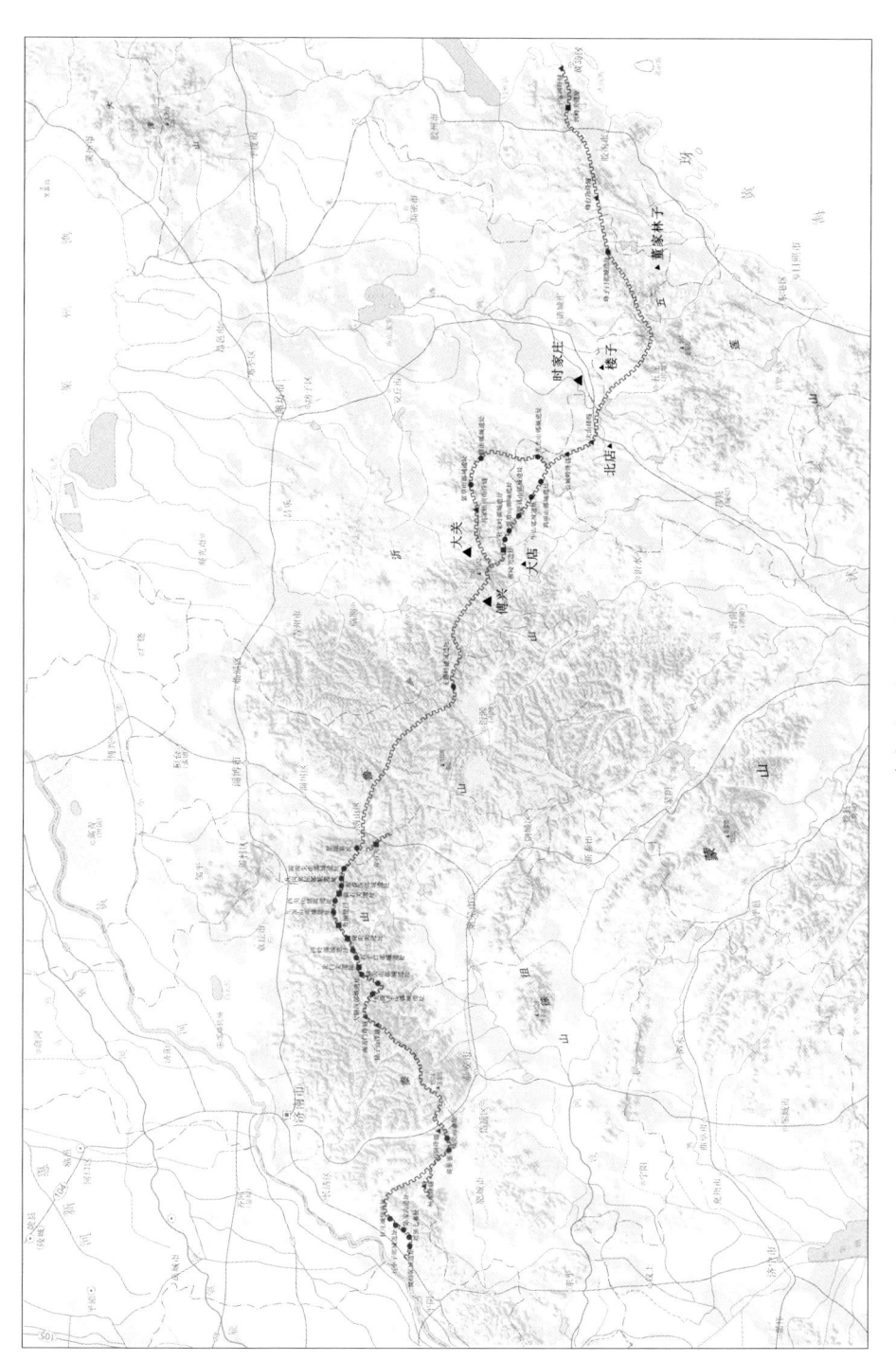

第五章　齐国货币的空间分布及流通问题　245

图 5-25　齐长城沿线关口的经济活跃区

（三）三岔店（口）附近

三岔店，又名三岔口，处于沂源西北三岔乡。此关口北连临朐，西南可通博山地区，南可连沂源。关口周围有璞邱冶铁遗址。面积约 4 800 平方米，地表散布有烧土、铁渣、铁块等。文化堆积距地表深约 0.5 米，采集遗物有坩埚、圆柱形铁块等。具体时代目前不明。三岔店位于崇山之间，道路狭窄，周围没有大型聚落或城址，推测仅为关口，不具有关市的功能。顺着三岔店夹道往北通过临朐，在山口处即青石崖前有一处西周至战国时期的遗址，长 400、宽 300 米，面积约 12 万平方米，文化层厚达 2—3 米，曾出土青铜剑、镞等。1982 年 12 月在青石崖村遗址南边发现春秋晚期的墓葬三座，出土铜鼎、壶、戈以及陶罐、豆等。青石崖村西 2 公里泉头村在 1977 年秋和 1981 年春先后发现了两座西周晚期至春秋早期的墓葬，共出土青铜器二十一件，其中 6 件铸有铭文。资料报道时又补充 2 座墓葬。在青石崖遗址南约 5 公里的暖水河村也发现过春秋战国时期的墓葬，出土青铜剑、戈、镞等，[①] 可见青石崖遗址附近有多处春秋战国时期家族墓，该遗址可能是城址所在。青石崖遗址地处关键地点，过了青石崖往北即为通途大路，附近常有齐刀币出土，因此推测青石崖附近有城址，城内有市，同时兼具征收关税的功能。

总体来看，以穆陵关、铜陵关、三岔店为代表的齐长城沿线的关口在沟通齐长城南北区域、实现齐国南北资源流通等经济贸易和管理方面发挥着重要作用，是连接鲁北地区以即墨为中心的东部经济网、以临淄齐都为中心的西部经济网、以济南为中心的西部经济网与以鲁南区域临沂为中心的南部经济网之间的经济节点。

小结

本章通过对战国齐国货币在点、线、面三个空间维度上的流通情况的观察，发现战国时期齐国在国域范围内已建立稳定、有序、紧密的社会经济网络。其中，临淄为全国区域经济的中心，即墨、济南、临沂等地也是齐国疆域

[①] 临朐县文化馆、潍坊地区文物管理委员会：《山东临朐发现齐、鄣、曾诸国铜器》，《文物》1983 年第 12 期。

内关键的区域性经济网络枢纽，连接着国都临淄与区域聚落群，整体上形成了由点到线、辐射齐国国域乃至齐疆域之外地区的社会经济网。具体而言，齐国货币所构成的经济网络可以分为：以齐都临淄为中心的中枢经济网、以即墨为中心的东部经济网、以济南为中心的西部经济网、以临沂为中心的南部经济网和沟通南北的齐长城关口经济节点。

（一）以齐国都城临淄为中心的经济网络，是东周齐国最大、辐射力最强的经济网，是连接其他区域的中枢性社会经济网。临淄是齐国社会经济网络名副其实的心脏，通过四通八达的线路通道，连通各个大、中型聚落及所在的区域聚落，形成了点、线、面密切关联的经济网和社会管理网。

（二）以即墨为中心向四方形成紧密的经济网络。即墨向北连通莱西、莱阳、福山、蓬莱，最远可达辽东半岛甚至朝鲜半岛一带，由平度、莱阳、栖霞向福山、牟平形成即墨北向道路。即墨向西可通潍坊，过昌潍地区接齐都临淄城，是贯通齐国东西向主干道之一。即墨向东至崂山湾、丁字湾和乳山口等近海区域，海阳一带是齐国东部的海洋资源经济贸易的重要地区。即墨向南连通介根后，西南向连通莒国，东南向通胶南灵山卫、琅琊、日照、连云港一线的沿海大通道，通向吴越地区。

（三）以今济南地区为中心的广泛区域，构成东通临淄都城、向西及西南通向长清、平阴、卢直达齐鲁边境，西北通向阿、高唐及齐北境，形成明显的以区域重要聚落点，排布成以线性通道为基础的齐国西部社会经济网。

（四）以临沂为中心交通便利，向南经沂水可达郯国，与楚地相连，向西经蒙山山前谷道，与费县、平邑进而与鲁地相连，西南经苍山北部、费县南部进而与山亭、邹县等邹、滕、薛相连，是东周时期争夺激烈的地区。

（五）齐长城沿线的关口在沟通齐长城南北区域、实现齐国南北资源流通等经济贸易和管理方面发挥着重要作用，是连接鲁北地区以即墨为中心的东部经济网、以临淄齐都为中心的西部经济网和以济南为中心的西部经济网，与以鲁南区域临沂为中心的南部经济网之间的经济节点。战国时期，齐国经济网络内，齐刀币尤其是齐大刀的空间布局，与受国家管控的食盐、海洋产品和林木资源的流通有着直接的关系，齐国刀币流通与"官营"经济有着密切的关系。

第六章
齐国"市场"经济的考古学观察

前一章对战国时期齐国货币流通的空间分析,基本较为客观地勾画出战国时期齐国的主要经济网络。齐国作为早期国家阶段的代表,随着战国时期商品经济的活跃,其货币成为促进商品交换的重要工具。鉴于货币的产生、使用等依存于市场,二者之间存在天然的联系,故而对货币的研究离不开对当时"市场"和"市场经济"的考察,因此本章从考古材料出发,对齐国的"市场"和齐国经济进行尝试性的考察。

当然,学界对"市场"的定义目前还有争议,从历史文献记载看,战国时期的"市场"已发展至相当高的水平,因此,规范有序的商品交换的实体空间场所,且有等价物或信誉产品充当交换媒介的行为,可以称为"市场"交换。文献中所见的"市""市肆"等大都是交换的空间场所,也即本书中的"市场"。市场是货币进行流通的主要发生地之一,见于玺印等文献的"市场",从性质上看大都是官设"市场"。本章主要在齐国社会经济网络的基础上,结合历史文献和考古材料,对战国时期齐国的"市场"及经济社会进行考古学观察。

第一节 齐国都城之"市场"的复原推测

齐国的"市"按市场开放的时间分,有大市、朝市、午市、夕市;按设市的位置分,有宫市、邑市、井市、军市等,故齐国有"国之诸市"之说。[①] 齐国的"市"当以齐都临淄城最多,也最为典型。战国齐印中"中市""右市"可能属于齐都临淄诸市之一。《左传·昭公三年》载:"国之诸市,履贱踊贵。"其中"国之诸市"等记载表明在临淄城内存在有多个市。现根据临淄城

---

① 王毅:《试论齐国市场管理的举措》,《管子学刊》1994年第4期。

的发掘和调查资料，尝试对临淄城的市进行初步的探索。

《考工记》载匠人营建国都"面朝后市"，市所在的位置为都城的后部。一般都城多为坐北朝南，按《考工记》记载，宫城当建在都城的南部，而市设立都城的后部，即为都城的北部区域。一般认为《考工记》是战国齐国的官书，临淄齐故城的布局也正如《考工记》中记载，战国宫城位于西南部，属于"面朝"。齐故城中"市"的遗迹，目前还没有发现，但我们不妨根据一些蛛丝马迹进行推测。《管子·匡君》载："凡仕者近宫，不仕与耕者近门，工贾近市。""工贾近市"说明"市"的位置与"工"（手工业者）和"贾"（商人）居住的位置相近或重合。《管子·地官》载："凡屠者，敛其皮、角、筋、骨，入于玉府。""玉府"则为骨、角、皮等加工场所，这也说明工、贾、市在一起，便于加工处理。"工、贾"又属于"不仕"之列，不应"近宫"，离宫殿区当有一定的距离。综合来看，我们就得到了临淄齐故城内市场位置的关键信息。首先，市场应位于都城的北部，离宫殿区有一定的距离；其次，市场当靠近骨角器、铸铜冶铁等手工业作坊区。综合来看，临淄齐故城大城北部的手工业密集区的阚家寨附近存在"市"的可能性最大。

1965 年阚家寨出土陶文 65 件，其中戳印陶文 37 件，刻划陶文 28 件，分别见于陶豆、罐、盆、盂、钵、鬲等器物之上，以豆类器物最多。陶文中有蒦圆鹯里、蒦圆南里、城圆、楚郭乡蕑里、关里、豆里、墙间桴里等地名。中国国家博物馆藏"公区陶量""公豆陶量"各 1 件，传为山东临淄出土。公区陶量上有"蒦圆鹯里人忑"，可见阚家寨周围有陶量的制作作坊存在。阚家寨窑北东周文化遗迹 H7 出土有盂、罐、瓮、陶量、陶范、铜镞、齐刀币、铁锄、石圭等（图 6-1）。窖穴未到底，灰坑坑口尺寸为 3.1—3.2 米，深 4.54 米，属于战国晚期。①

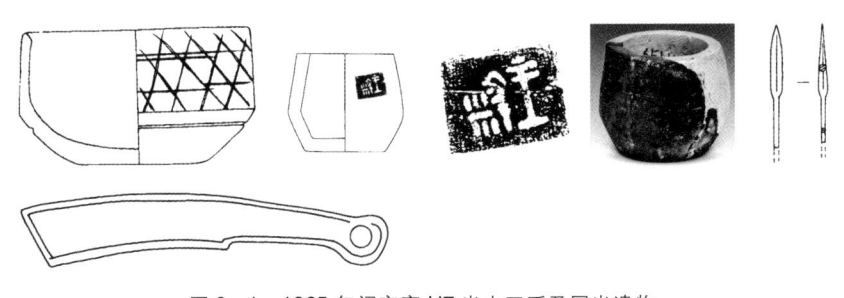

图 6-1 1965 年阚家寨 H7 出土刀币及同出遗物

---

① 山东省文物考古研究所编：《临淄齐故城》，文物出版社，2013 年，第 279 页。

陶量（65LKH7：12），夹细砂灰陶，敛口，折腹，平底，器壁较厚，素面。器身有戳印陶文"主粁"。口径7.8、底径6.4、高7.6厘米。"主粁"应释读为"王粁"，即齐量中的升，同王豆、王区、王釜一样，应为战国齐国的标准量器。[①] 容水量约209毫升。陶范（65LKH7：74），泥质陶，砖红色，可见清晰的云雷纹，残长5.7、残宽3.5、厚1.7厘米。陶钵（65LKH7：28），灰陶，直口、圆唇，直腹折收成小平底。腹下有一周凹弦纹。器身饰不规则网格状暗纹。口径15.6、底径9、高9厘米。铜刀币（65LKH7：7），器身呈小刀状，长14.3厘米。在同一遗迹（H7）中，有陶量器、贸易货币（齐大刀）一同出土，此遗迹附近应当有"市"的存在；并且H7还出土有铸铜陶范，附近也有铸铜作坊，验证了"工贾近市"的记载。并且阚家寨村南还出土过磬折燕明刀币，[②] 综合以上信息，推测阚家寨周围必有市的存在。阚家寨位置位于齐故城的北部，符合《考工记》中"后市"的记载。

银雀山汉简《市法》载："市必居邑之中，令诸侯、外邑来者毋[远]，……毋相稽留也。国市之法，外营方四百步，内宫禹（称）之。为凿四达之……"[③] 以下残泐之字，以意推之，有可能为途或衢。此"国市"，当即《列子》所称之"城市"，《晏子春秋》所称之"公市"，战国时期齐国陶器印文之"大市"，为临淄城内之中心市场。《考工记·匠人》载："面朝后市，市朝一夫。"郑玄注："方各百步。"也即国市为普通市规模的16倍，可见其大。今付家庙一带位置适中，交通便利，其地以东阚家寨、崔家庄、河崖头等地发现有大面积的铸铜、冶铁及制骨作坊遗址，以西石佛堂等地亦发现有冶铁作坊遗址等。依"面朝后市"及"工者近市"推之，齐之"国市"很可能即设于此（图6-2）。

临淄城从西周到战国经历了多次大规模的扩建，城内的布局也相应有所变化。西周时，临淄城位于大城的东北部，春秋晚期对城址进行大规模的扩建，在西周城的基础上由北向南、由东向西逐步扩建而成。战国时期，临淄城的最大变化是小城的营建。从勘探发掘资料看，在大城内分布着众多手工业作坊遗

[①] 张政烺先生认为其性质与公量相对，应为田氏家量。见《张政烺文史论集》，中华书局，2004年，第46—57页。

[②] 张光明、陈旭、张宁：《山东临淄出土燕明刀范刍议——兼谈齐明刀、燕明刀和莒明刀的关系》，《齐国货币研究》，齐鲁书社，2003年，第94页。

[③] 银雀山汉墓竹简整理小组编：《银雀山汉墓竹简（壹）》，文物出版社，1985年，释文第141页。

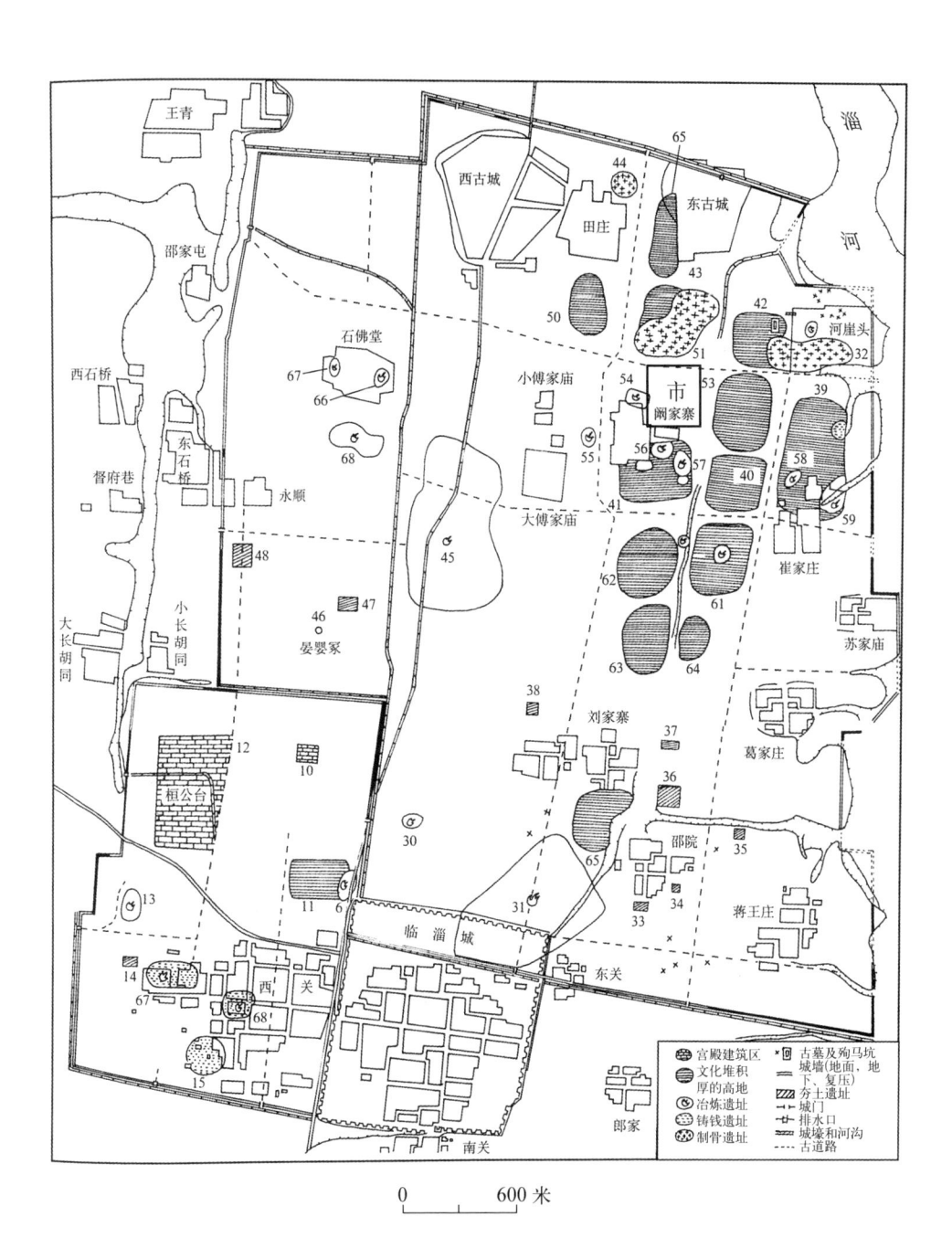

第六章 齐国"市场"经济的考古学观察 251

图 6-2 临淄齐故城及"市"示意图

址，特别是以冶铁、炼铜、铸钱为主的冶铸制作业非常兴盛，新兴手工业作坊区主要集中分布于大城的西部和南部扩建的新区内，在大城西部形成以石佛堂村为中心的冶铸区，在大城南部形成以刘家寨为中心的冶铸区。在齐故城小城北门附近可能也存在市场，《水经注·淄水注》提到大蛇负小蛇的怪异事件就在小城北门外的市场。《晋起居注》云："齐有大蛇，长三百步，负小蛇，长百余步，径于市中，市人悉观，自北门所入处也。"[1]

第二节　齐国交通线路上的"市场"

在齐都城临淄之外，考古发掘和调查还发现了许多与市场交换相关的遗物，通过观察发现这些可能存在"市"及"市场"经济交换的空间位置，大都处于齐国内主要交通干道沿线的大、中型聚落群，具体分析见下文。

一、即墨至莒县交通要道上的"市场"

（一）即墨市

《簠斋瓦器拓本》录有"即墨之六圢工"陶文，此当是齐国即墨邑所属"六市"的工官或工匠所用之印。即墨故城遗址位于今平度市东南的古岘镇大朱毛村一带。《战国策·齐策》载田单告鲁仲子，说他曾以"五里之城，七里之郭，破亡余卒，破万乘之燕"，可见即墨之城为"五里之城，七里之郭"。据调查即墨城分内、外城，外城东临小沽河，西近墨水河，平面略呈长方形，南北长约5千米，东西宽约2.5千米，北墙尚存有残迹，残高约1米左右，东墙及东南角尚存1500米，墙基宽30—40米，残高4—5米，板筑。内城位于城内东南部，东、南垣与外城垣重合，西垣及南垣西段已夷平。[2]

由于考古发掘和钻探开展的不平衡性，即墨城内布局目前还不清楚。不过，从"即墨之六圢工"看，即墨城中存在"市场"交换的空间。城内市场的布局及详情还有待未来考古工作继续深入。

---

[1] 刘敦愿：《春秋时期齐国故城的复原与城市布局》，《历史地理》1981年第1期。
[2] 国家文物局主编：《中国文物地图集·山东分册》上册，第388页。

（二）不其市

《尊古斋印存一集》（1·3）录陶文"不鄚圻节"。"不鄚"即"不其"。

不其故城位于青岛市城阳区北部、不其山（即铁骑山）以西 15 公里、胶州湾东岸 3.5 公里，遗址内现有城阳、城子、寺西 3 个村。《汉书·地理志》"琅邪郡"有"不其县"，故城在山东即墨县西南，战国时属于齐。明万历七年（1579 年）刊《莱州府志》及清同治十二年（1873 年）刊《即墨县志》均载不其城，"（即墨）县西南二十七里"，故址犹存，为"汉置县"。

虽然不其故城的考古工作还比较薄弱，但依据上述文献记载"不其"在汉代作为不其县县治所在，又有"不鄚圻节"玺印的发现，汉代不其县应是建立在东周至秦该地区经济活跃的基础之上，因此有理由推测，不其故城所在地在汉代之前就已经存在受统治者管理的"市"。

（三）诸市

《季木藏陶》有一方"☒市"（047）陶文，[①] 裘锡圭先生认为第一字为"者"的异体。[②] "者"可能是地名，即春秋时鲁邑之"诸"，战国为齐国所并，汉在其地立诸县。今仍存诸城址，位于山东诸城市枳沟镇乔庄村。[③] 附近的时家庄遗址出土有齐刀币。枳沟镇侯家屯村出土一泥质灰陶罐内藏 23 枚齐大刀。[④]

诸市与不其市的情况可能大体相似，说明汉代的县城大都有政府管理的市场交易地，并且汉代县治所在地的选择，是建立在东周时期交通发达、资源丰富且经济活跃的聚落基础之上的。

（四）莒市

《季木藏陶》录有 3 件关于莒市的陶文，分别为"王膚圻豆"（31·下）、"王膚圻区"（71·上）、"王膚圻釜"（33·下），蔡运章释"膚"为

[①] 周进集藏，周绍良整理，李零分类考释：《新编全本季木藏陶》，第 135 页。又见国家文物局主编：《中国文物地图集·山东分册》，第 321 页。"乔庄"改为"桥庄"。

[②] 裘锡圭：《战国文字中的"市"》，《考古学报》1980 年第 3 期。

[③] 郝导华、董博、崔圣宽：《试论齐国的交通》，《东方考古》，科学出版社，2012 年。

[④] 国家文物局主编：《中国文物地图集·山东分册》，第 327 页。

"莒"。①豆、区、釜是齐国常用的量名。《左传·昭公三年》："齐旧四量，豆、区、釜、钟。四升为豆，各自其四，以登于釜。釜十则钟。陈氏三量，皆登一焉，钟乃大矣。"近年在莒故城铸钱作坊以西发现可能为"市场"的区域。

（五）鄑市

《稽庵古印笺》（孙文楷编）有"𢍰坿币鉨（玺）"（图6-3），天津师院图书馆藏陶与此印内容相同。②印文外框高2、宽2.1厘米，内框高1.75、宽1.75厘米。《陶玺文字合证》著录的陶片和铜玺均与此相同，尤其是铜玺和本陶文极其相似，怀疑可能为铜玺捺印。北京故宫博物院藏有一方铜玺，与此相同。币即师字，古代职官名。市师乃战国职官名，是管理市场的官吏，见于《周礼·地官·司市》"市师莅焉，而听大治大讼"。鉨即玺，印玺也，系官印所捺印。《春秋·成公六年》载鲁取鄑，在今郯城东北。

图6-3 "𢍰坿币鉨"陶文拓片

综上所述，东周时期与"市场"经济交换地关联的遗物大都处于大、中型城邑内，并且即墨、不其、诸、莒、鄑恰在以即墨为中心的东部经济网的交通干线上，这条线也是春秋时期莒、莱的重要交通线，战国时期为齐国内连接东部和东南部的重要线路。

---

① 蔡运章：《释庸》，《古文字研究》第十辑，第53—62页。
② 李先登：《天津师院图书馆藏陶文选释》，《天津师院学报》1978年第2期。

二、临淄至济南东西大道上的"市场"

根据考古发现看,济南至齐国都临淄东西向的齐国内交通干道上也存在多个"市场",目前材料还不是很充分,但也能看到蛛丝马迹,如齐国都的临淄市场、鄎市、历下市等。

(一)临淄市

《左传·昭公三年》载:"国之诸市,履贱踊贵。"其中"国之诸市"等记载表明临淄城内存在多个市。临淄陶文中有"大市豆坴""大市区坴","大市"当为临淄城中的市。1992年临淄区永流乡刘家庄战国遗址灰坑中出土一大一小两件铜量,铭文同为"桑宫乡鄎里",1991年临淄区梧台乡东齐家庄窖穴出土一大一小两件铜量,东距临淄齐故城约5.5公里,铭文为"右里敀坴"。临淄城内的市场已在上节论述,兹不赘述。

高明先生在《古陶文汇编》中,按照陶文中隶属关系比较清楚的乡名、里名,进行分类整理,内容丰富,可以看出战国时期临淄乡里制陶业的繁荣景象。临淄城的制陶业涉及十多个乡,五十多个里,数百名制陶工人。[①]《管子·枢言》:"量之不以少多,称之不以轻重,度之不以短长,不审此三者,不可举大事。"临淄齐都城外,尤其是城北部和西部广布制陶手工业,城内有冶铸、制骨等发达的手工业,必然要参与上述临淄城内的市场交换。

(二)邹平苑城市(高宛故城)或鄎市

1987年山东邹平苑城采集一陶文,[②]戳印为"句华门陈棱再鄎廪均亭釜坴(节)","鄎廪","鄎"为"高宛"的简称,据《长山县志》记载,古高宛就在现在的苑城村。"高宛"即"高苑"。《战国策·齐策》《汉书·地理志》作"高宛",《晋书·地理志》作"高苑",以后沿袭未改。苑城是包括4个小村的大村庄,经调查发现,该村就坐落在一个大型的战国、汉代城址之上。"句华门陈棱再鄎廪均亭釜坴(节)"的出土,说明战国邹平苑城一地

---

① 高明:《古陶文汇编》,中华书局,1990年。
② 马良民、言家信:《山东邹平县苑城村出土陶文考释》,《文物》1994年第4期。

在战国时期对"鄙廪"相关的经济活动进行了监管，廪、市场等大抵也都置于城内。

（三）历下市

1972年济南市天桥区发现一战国土坑墓，出土有两件陶量，两件陶量均印有"垛"，字外框以方框，该字为"市"，可见此处应有"市"的存在，战国时属齐国历下邑，此处当为"历下市"。

据上述观察可知，济南至临淄齐都所在的东西向交通干线上存在苑城、历下、临淄等经济活跃的节点，也是市场所在地，承担了连接以济南为中心的东部经济网和以齐都临淄为中心的中枢经济网的重要职能。

三、齐长城沿线的关市

除了齐国都城和齐国内交通干线上的大、中型聚落，尤其是城邑聚落存在"市场"之外，还需要注意的是，齐长城作为东周齐国内的重要聚落景观，也应存在经济交换和管理的"市场"，即关市。长城沿线的关市，虽也属于交通线路上的市，但鉴于其特殊性，要单独观察。目前发现的齐长城沿线的关市有两处：穆陵市和左关。

（一）穆陵市

《坶室藏三代秦汉六朝古陶》著录"穆陵坿（市）铈节"，可知在穆陵关处设市。在关顶村以东约300米处，长城北侧的一片缓坡地带有一处东周至汉代的遗址，遗址东西长约150、南北宽约120米，总面积约18 000平方米。综合地理位置与文物遗迹暴露情况看，周代的穆陵关位置可能在今关顶村一带。

（二）安陵市和左关

在今胶南市东北，此地曾出土田氏三量，其铭文有"处兹安陵亭"，古代市亭联称，应为当时安陵市所在。同时该处又是齐"左关"所在，是齐国设卡征收赋税的地方。"子禾子铜釜"明确有"左关"的记载。

通过考古出土的齐国货币的空间布局所构成的齐国内主要经济网络看，齐长城地带所设置的左关和穆陵关具有经济管理职能，在实现齐国域内食盐、海产品、木材等资源的南北向流通上发挥了重要作用，也是齐国内"市场"交换的活跃区之一。

另外，还有其他重要城邑所见的市，其所属交通线路还有待更多的材料来研究。例如临朐市（临市），清代陈介祺旧藏山东所出土秦陶文有"临亭"，为临朐市亭之省文。[1] 临朐为战国时齐之朐邑，此地经济活跃，为齐国的重要经济区，此地必有"市"存在。另外还发现"平阳市"，2002年4月新泰市第一中学校园内出土一批陶文，其中有一方阴文"平阳市囗"，另一方阴文"平阳廪"，新泰南关遗址发现"平阳市囗"陶文，这说明平阳置市，进行商业活动。《春秋·宣公八年》载鲁国"城平阳"。《左传》杜注"今泰山有平阳县"，杨伯峻注："平阳，鲁邑，即汉之东平阳，在今山东省新泰县西北。哀二十七年《传》之平阳则为西平阳，与此非一地。"2002至2004年，在新泰市周家庄发掘东周墓78座，时代为春秋晚期到战国中晚期，器物组合符合东周时期齐国墓葬特点，发掘者认为，"周家庄墓地具有浓厚的军事色彩，新泰市区及周围应是当时齐国的军事重镇"。[2] 吉林大学边疆考古研究中心王震、滕铭予将新泰周家庄墓地的年代上限定为春秋末期。结合一中出土田齐陶文，可以说新泰春秋属于鲁国，从春秋晚期开始为齐国都邑，手工业和商业比较发达，具有鲜明的军事色彩，应为齐国在长城以南军事和关市赋税重镇。

考古发现与文献记载基本都反映出，齐国都城临淄之内存在的市场，并不是点状的零星交易空间，而是与道路、水系和城内建筑形成成片的"市场"交易区。齐国国内如此繁盛的"市场"经济交换，与以齐都临淄为中心的中枢性经济网相联系，这样不仅实现了城内生产生活的供给，而且还实现了齐国国内南北与东西乃至疆域之外包括食盐、木材、海产品等资源的配置和流通，有效地保障了齐国社会的运行。

第三节　齐国的市场管理

齐国在春秋战国时期的诸侯国中经济最为发达，很早便确定下来以经商立

---

[1] 陈介祺：《望文生谊斋辑存古陶文字》第一卷，国家图书馆藏拓本。
[2] 山东省文物考古研究所、新泰市博物馆编著：《新泰周家庄东周墓地（上）》，文物出版社，2014年，第479页。

国的政策，其市场的繁荣程度是其他诸侯国所不能比肩的。市场的繁荣与其管理息息相关，齐国经济的发达与其市场管理体制有莫大的关系，下文就此略作探讨。

一、齐国的市场管理体制

周代的商品贸易有专门的交易场所，即今天所说的市场。市场内划分若干的行列成肆。"肆"是齐国市场管理的最小的基本单位，肆设肆长，负责"各掌其肆之政令，陈其货贿，名相近者相远也，实相近者相尔也，而平正之。敛其总布，掌其戒禁"（《周礼·地官·肆长》）。其基本的职责包括以下几个部分：① 掌肆之政令；② 陈肆平市；③ 敛其总布；④ 掌其戒禁。每肆设肆长一人，负责以上事务。"总布"，王与之云"肆长总敛在肆之布也，货入于肆，肆长随其所货之物，收其税，总而计之，其数非一，谓之总布"（《周礼·地官·廛人》）。按《周礼》，肆长之上的官吏有胥、司稽、司虣、贾师、胥师等。每二肆设一名胥，每五肆设一司稽，每十肆设一司虣。贾师和胥师的职级相当，均为二十肆设一名。贾师和胥师上层职管应为市司市，为市官之长，总管市场交易的事务。除此之外还有质人、廛人、掌节、司关、司门、泉府等职官，这些职官职责分明，各司其职。市场管理机构和管理人员的设置，保证了商品交易的正常进行。

这些职官在齐国的市场管理体系中并不能一一对应，从目前已掌握的考古遗物如齐国封泥、玺印、陶文来看，齐国有"市师"一职，如"鄤圻（市）市（师）鉨"。① 裘锡圭先生曾引《周礼》郑玄注"市师，司市也"，指出"市师"当是"司市"一职。"司市"的主要职责是"掌市之治教政刑量度禁令"，具体包括以"次叙分地而经市，以陈肆辨物而平市，以政令禁物靡而均市，以商贾阜货而行布，以量度成贾而征儥，以质剂结信而止讼，以贾民禁伪而除诈，以刑罚禁虣而去盗，以泉府同货而敛赊"。具体来看，"以次叙分地而经市，以陈肆辨物而平市"（《周礼·地官·司市》），郑注曰"次，谓吏所治舍，思次介次也，若今市亭然。叙，肆行列也。经，界也"。"次"是主管市场官员办公的地方，"司市"处"思次"，下一级别的官吏"贾师"处"介

---

① "鄤圻（市）市（师）鉨"见《古玺汇编》0152。

次",类似东汉时期的"市亭"。贾疏"司市之官,以次叙二事分地而置之,而以经界其市。使各有处所。不相杂乱也"。贾公彦和郑玄对于"叙"有不同的认识,贾公彦认为"叙,介次,不为行列",司市的首要职责是"分地而经市",市的周围要有界限,可能有围墙之类。裘锡圭先生认为"古代的市是一个外有门垣,内有亭肆的建筑群"。① 市内要有一定的规划,东西成行,南北成列。肆,是市场内的行列,用于陈放货物,肆还有肆长一职,"肆长各掌其肆之政令,陈其货贿,名相近者相远也,实相近者相尔也,而平正之"。肆长除了肆之政令外,还要"陈肆辨物",按照货物的属性,把同类别的货物放在一起进行管理售卖。东汉时期的画像砖有一幅市亭的图像(图6-4),在市的

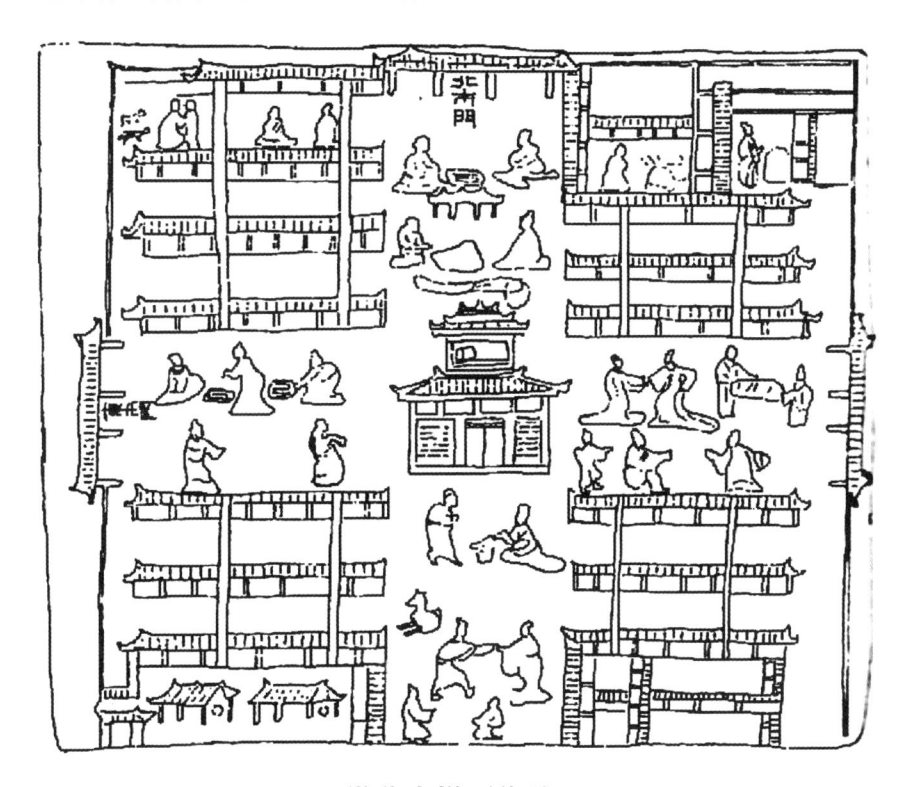

漢代市場画像磚(模写)

(羅二虎著・渡部武訳『中国漢代の画像と画像墓—資料編一』慶友社,2002年より)

图6-4 四川出土的汉代市场画像砖

---

① 裘锡圭:《战国文字中的"市"》,《考古学报》1980年第3期,第286页。

中心位置有一处阙楼，可能即是次的所在。四周有围墙，即《周礼》中提到的"经市"。市场内有东西向的连排简易建筑，东西成行，南北成列。东西向的长排建筑甚至有南北通道相连。这种东西向的长排建筑当是"肆"，每肆有肆长，辨物而平市，掌肆之政令。由此可以反映出周代特别是战国时期市场的基本特征。

二、作为"市场"经济配套体系的度量衡

度量衡是商品交易中衡量商品重量、容积、长短等的重要标尺，度量衡的准确是市场交易长期公平公正的重要保障。度量衡这一称谓在中国古籍中最早见于《尚书·舜典》："同律度量衡。"[①]"度"是指用尺度来测量物体的长短，"量"是指用斗升来测量物体的多寡，"衡"则指用权衡来称量物体的轻重。《周礼·天官·内宰》载"陈其货贿，出其度量淳制"。《周礼·地官·质人》记质人一个很重要的职责就是"同其度量，壹其淳制，巡而考之，犯禁者举而罚之"。质人属于司市下属官职，是市场管理的一种重要组成部分。

春秋战国时期齐国的量制在《左传》中有记载。《左传·昭公三年》载齐相晏婴说："齐旧四量：豆、区、釜、钟。四升为豆，各自其四，以登于釜，釜十则钟。陈氏三量皆登一焉，钟乃大矣。"根据晏子所述，战国以前齐国姜氏的量器换算可以表示如下：

$$1 豆 = 4 升$$

$$1 区 = 4 豆 = 16 升$$

$$1 釜 = 4 区 = 64 升$$

$$1 钟 = 10 釜 = 640 升$$

对于姜氏量器五个计量单位（升、豆、区、釜、钟）之间的换算关系，历来没有争议，但大家对于"陈氏三量皆登一焉"这句理解不同，提出了多种说法。从学术史的角度梳理可以大概分为三个阶段。[②]

第一个阶段，以《左传》杜注孔疏为代表，其中反映了汉唐时期人们对晏

[①]《尚书正义》卷三，《十三经注疏》，中华书局影印本，1980年，第126页。
[②] 杨哲峰：《关于齐国量制中的进位问题》，《文物世界》2000年第5期。

子所述齐国量制的理解。杜预注："登，加也。加一，谓加旧量之一也。以五升为豆，五豆为区，五区为釜，则区二斗，釜八斗，钟八斛。"唐陆德明《经典释文》："旧本以五升为豆，四豆为区，四区为釜，直加豆为五升，而区、釜自大。故杜云区二斗、釜八斗是也。本或作'五豆为区，五区为釜'者，为加旧豆、区为五，亦与杜注相会，非于五升之豆，又五五而加也。"① 从中可以看出几个问题：① 唐代陆德明时期，杜预对陈氏家量的注文便有两个版本：A版"以五升为豆，五豆为区，五区为釜"；B版"以五升为豆，四豆为区，四区为釜"。清阮元校刻《十三经注疏》正文采用的是A版，但据《十三经注疏》校勘记，陆德明《经典释文》引杜注原文是B版。这也是目前所见关于此段注文有两版的原因。② 实际上，两版没有实质上的区别，因为结论相同，即"区二斗，釜八斗，钟八斛"。两版的差别在于参照标准不同，是参照陈氏的豆区釜还是姜齐的豆区釜。这一点陆德明说得很清楚。B版"旧本以五升为豆，四豆为区，四区为釜，直加豆为五升，而区、釜自大。故杜云区二斗、釜八斗是也"。陈氏量器1豆＝5升，1区＝4豆＝20升，1釜＝4区＝80升。A版"以五升为豆，五豆为区，五区为釜，则区二斗，釜八斗，钟八斛"，陆德明解释为"本或作'五豆为区，五区为釜'者，为加旧豆、区为五，亦与杜注相会"。即陈氏量器1豆＝5升，1区＝5姜氏豆＝20升，1釜＝5姜氏区＝80升。陆氏还进一步说明"非于五升之豆，又五五而加也"，即陆氏明确反对的是"陈氏量器1豆＝5升，1区＝5豆＝25升，1釜＝5区＝125升"这种情况。就是说两版没有本质区别。这一点当代的许多学者都注意到了，③ 特别是杨哲峰先生还关注到姜氏量器和陈氏量器的量制进位问题，这是一个非常关键的问题。姜氏量器晏子说得很清楚，属于四进制。杜预A版注文表面上看陈氏量器属于五进制，但实际上量器之间参照不同，不构成五进制，陈氏豆比姜氏豆有所变大，而豆和区之间、区和釜之间仍然是四进制。这里引杨哲峰先生的原文作进一步的说明：

---

① 《春秋左传正义》卷四二，《十三经注疏》，中华书局影印本，1980年，第2031页。
② 如上海古籍出版社1988年出版的《春秋经传集解》第1225页就采用B版。
③ 余思洲：《"钟"有多大？——新〈辞海〉一榷》，《海南大学学报》1985年第1期；杨哲峰：《关于齐国量制中的进位问题》，《文物世界》2000年第5期；裘锡圭：《齐量制补说》，《中国史研究》2019年第1期。

齐景公时，田乞是以齐国大夫的身份"以家量贷款，以公量收之"，通过借贷的差额"行阴德于民"，以达到暗中收买民心之目的。若田乞公然改变量制的进位关系，显然不合情理，亦不合晏子话中的含义。所以《史记》中对此事的记载是田乞"其收赋税于民以小斗受之，其禀予民以大斗"。在司马迁看来，公量与家量的区别就像小斗和大斗一样，其义甚明。①

第二个阶段，以孙诒让、吴承洛为代表，反映了晚清至民国时期对齐国量制理解上的变化。这一变化的原因在于清朝末年田齐量器的发现和对《管子》文献的认识。清咸丰七年（1857）山东胶县灵山卫出土了著名的带铭文的田齐三量。最早根据出土齐量来讨论陈氏家量的是陈介祺，他是子禾子釜等三器最早的收藏者，有先天的便利条件。孙诒让可能见过或了解田齐三量，他认为"今考陈氏新量之釜，盖十斗，非八斗也。依传文，当以四升为豆，不加，而加五豆为区，则二斗。五区为釜，则一斛。积至钟，则十斛。所谓'三量皆登一'者，谓四量唯豆不加，故登者止三量，而钟亦即在三量之中也"。（《左传齐新旧量义》）他结合实物和《管子》文献记载，得出"釜，盖十斗，非八斗"，他认为《管子》中的量制体现的是陈氏新量，釜量的容积与杜注、陆说不符，存在问题。为拟合陈氏新量釜的实际容量和晏子所述，他认为陈氏量器应为：1 豆＝4 升；1 区＝5 豆＝20 升；1 釜＝5 区＝100 升；1 钟＝10 釜＝1 000 升。即区、釜、钟都增大了。可以看出实际上孙诒让已经对"陈氏三量皆登一焉"作了曲解。

孙诒让提出的"今考陈氏新量之釜，盖十斗，非八斗也"概指 1857 年山东胶县出土的田齐三量，即子禾子釜、陈纯釜和左关𨥶，② 三器出土后为陈介祺所得，陈氏曾对这三量做过较量，③ 具体方法不详，孙诒让可能了解到相关情况，结合《管子》文献记载得出了陈氏三量的不同容积和杜注、陆说之间的矛盾，他认为是杜注、陆说不准确，并提出了自己的看法。这里面的关键问题是田齐三量（子禾子釜、陈纯釜和左关𨥶）的时代是战国时期，《管子》一书

---

① 杨哲峰：《关于齐国量制中的进位问题》，《文物世界》2000 年第 5 期。
② 左关𨥶最初被定名为"左关铜"，"铜"经李学勤考证改为"枳"，并将此从金、枳声之字释读为"𨥶"。参见李学勤：《释东周器名𨥶及有关文字》，《文物中的古文明》，商务印书馆，2008 年，第 330—334 页。
③ 陈介祺：《区釿考记》，载吴大澂：《愙斋集古录》卷二四，收入刘庆柱、段志洪、冯时主编：《金文文献集成》第 12 册，线装书局，2005 年，第 430 页。

也是战国时代的著作，^① 因此孙诒让看到的齐国量制应属于战国时期的田齐量制，而晏子提到的陈氏量器是春秋晚期鲁昭公三年（公元前539年）前后的情况，二者有时间差，这就涉及陈氏家量和后来推行的田齐公量（或称为田齐新量）之间是否有变化的问题。孙诒让注意到了其中的差别却强行拟合，或者孙诒让认为田齐新量就是继承陈氏家量而来，二者之间没有变化。这也是后来许多学者存在的问题。

第三个阶段，新中国成立以来，关于齐国量器的发现逐渐增多，学者将实物量器的测量和文献相结合，对齐国量制进行研究，遗憾的是因袭前人误解或曲解前说的现象时有发生。田齐三量在陈介祺之后归上海博物馆（以下简称"上博"）收藏（其中的子和子釜现藏中国国家博物馆），上博1959年出版《齐量》一书，著录了三器的器形、铭文，并校量容积，具体见表6-1。1981年国家计量总局主编的《中国古代度量衡图集》里的数据与此相同。1986年莫枯根据当时已确定的八件齐国量器（子禾子釜，陈纯釜，左关𨨏，中国国家博物馆藏的右里大小铜量、公区陶量、公豆陶量及济南市博物馆藏市陶量）的容量实测，认为"孙诒让的看法较为接近事实。其说的独到之处，是正确地指出了田齐新量中，有一量仍保持了姜齐旧量的四进位未变"。^② 莫氏根据右里大量和右里小量的比值（5∶1）及公区陶量和公豆陶量的比值（4∶1）推断右里小量为田齐新量之升（206毫升），右里大量（1 025毫升）和公豆陶量（1 300毫升）为田齐新量之豆，公区陶量（4 847毫升）为田齐新量之区。进而认为田齐新量之间的进位关系为：1豆=5升；1区=4豆；1釜=5区；1钟=10釜。"进位未增一者应在豆区之间，而非升豆之间。"莫氏的实测数据总体来说反映了田齐新量的量制关系，具有很大的可信性，故而后来的学者多信其说。^③ 然而，且不论田齐新量和陈氏家量是否完全一致，莫氏对豆这一量器有1 025毫升和1 300毫升相差过大的问题，避而不谈甚至直接忽视，其结论可能存在一定的问题。应当指出的是，莫氏所据量器的时代基本是战国时期，故而其结论基本上反映了田齐新量的量制问题。存在的问题是忽视了陈氏量器和田齐新量之间的变化问题。

---

① 传统说法以《管子》为管仲之书，应属于春秋时期，20世纪20、30年代，"古史辨"思潮兴起以后，《管子》是战国时代著作的看法已逐渐成为学者共识。
② 莫枯：《齐量新义》，《上海博物馆集刊》第三期，上海古籍出版社，1986年，第62—63页。
③ 比如1996年魏成敏和朱玉德报道了山东临淄新发现的6件战国齐量，在资料和数据进一步丰富的情况下仍采用莫氏的观点。

表 6-1 学者对陈氏家量的不同理解

时间	学者	豆	区	釜	钟	观点出处	说明
晋	杜 预	5升	20升	80升	800升	《春秋左传正义》	豆增，四进制
唐	孔颖达	5升	20升	80升	800升	《春秋左传正义》	豆增，四进制
唐	陆德明	5升	20升	80升	800升	《经典释文》	豆增，四进制
清	孙诒让	4升	20升	100升	1 000升	《左传齐新旧量义》	豆不增，五进制
1937年	吴承洛	5升	25升	125升	1 250升	《中国度量衡史》	豆增，五进制
1962年	吴则虞	5升	25升	125升	1 250升	《晏子春秋集释》	豆增，五进制
1981年		4升	20升	100升	1 000升	《中国古代度量衡图集》	豆不增，五进制
1985年	吴 慧	5升	25升	125升	1 250升	《中国历代粮食亩产研究》	豆增，五进制
1985年	余思洲	5升	20升	80升	800升	《海南大学学报》1985年第1期	豆增，四进制
1986年	莫 枯	5升	20升	100升	1 000升	《上海博物馆集刊》第三期	豆增，四进制、五进制
1991年	李发林	5升	20升	100升	1 000升	《战国秦汉考古》	豆增，四进制、五进制
1996年	魏成敏朱玉德	5升	20升	100升	1 000升	《考古》1996年4期	豆增，四进制、五进制
2000年	杨哲峰	5升	20升	80升	800升	《文物世界》2000年5期	豆增，四进制
2006年	陈冬生	5升	20升	80升	800升	《中国史研究》2006年第3期	豆增，四进制
2019年	孙 刚	5升	20升	80升	800升	《东周齐系题铭研究》	豆增，四进制
2019年	裘锡圭	5升	20升	80升	800升	《中国史研究》2019年第1期	豆增，四进制

说明：此表釜钟之间十进制不变，故在说明一栏中不再列出，主要考虑豆、区、釜之间的进制关系。

另一个重要的方面是齐氏量器的进位问题。《中国古代度量衡图集》（简称《图集》）前言提到"齐国的陈氏在夺取政权以后，把容量单位制由四进位改为五进位，并制发了标准量器"，[①] 但存在如下几个问题：① 陈氏家量转变为田齐新量发生在陈氏夺取政权以后，但具体时间不清楚；② 田齐新量由陈氏家量而来，但是否完全一致不清楚；③ 容量单位制由四进位改为五进位。下文就这几个问题进行详细的论述。

齐国的量制是否由四进位改为五进位？《图集》的观点代表了大多数人的看法，因为根据发现的战国时期齐国量器的实测确实存在 1 豆 = 5 升和 1 釜 = 5 区的情况，而且《左传》中明确有"齐氏旧量……各自其四……陈氏三量，皆登一焉"的记载。但陈冬生《齐量制辨析》提出质疑，陈氏首先明确春秋晚期姜氏旧量和陈氏家量的量制以杜注为准，并根据出土的战国田齐量器，认定战国田齐量器的豆、区沿用的是陈氏量器的豆和区，田齐量器与陈氏家量的变化在于釜量，由 80 升变为 100 升。钟量随釜量而自大，十进关系不变。她认为"春秋战国时期的齐国量制，实际经历了一个由升、豆、区'各自其四，以登于釜，釜十则钟'的姜氏旧量，到豆、区、釜三量'加旧量之一'的陈氏家量，再到百升釜量的田齐新量演变过程"，陈氏旧量"以五升为豆，以二十升为区的特点则为田齐新量所承袭"。[②] 裘锡圭认为："齐国在春秋时代使用升、豆、区、釜四进的量制，区为十六升，釜为六十四升。春秋晚期，齐权臣陈氏为了争取民心，将时常用来贷粮于民的家量增大，将豆量由四升改为五升，因此区变成二十升，釜变成八十升。田（陈）氏篡齐后，对此前齐国行用的姜氏旧量进行改革，升到豆的进位袭用家量，釜与升之比改为 1∶100，这样区为二十升，釜跟区之比由一釜四区变成一釜五区。""从量制上看，由姜齐旧量演变到田齐新量，是一个不断向十进制趋近的过程。在田齐新量中，又增设了相当于一区之半、亦即十升的量级，使齐的量制更与十进制靠拢。"[③] 裘锡圭先生的观点可从。姜氏旧量的进制有四进制和十进制，陈氏家量的进制似乎为五进制、四进制和十进制，田齐新量的进制有五进制、四进制、十进制以及二进制等，实际上是由春秋时期姜氏旧量的四进制和十进制转向战国时期列国

[①] 国家计量总局、中国历史博物馆、故宫博物院主编：《中国古代度量衡图集》，文物出版社，1984 年，第 2 页。

[②] 陈冬生：《齐量制辨析》，《中国史研究》2006 年第 3 期。

[③] 裘锡圭：《齐量制补说》，《中国史研究》2019 年第 1 期。

多采用的以"十进制"为主的进制单位,中间出现的五进制、二进制是为"十进制"而出现的变量,不是田齐量器的主流趋势。

表6-2 学者对田齐新量的不同理解

时间	学者	豆	区	釜	钟	观点出处	说明
清	孙诒让	4升	20升	100升	1 000升	《左传齐新旧量义》	同陈氏家量
1937年	吴承洛	5升	25升	125升	1 250升	《中国度量衡史》	同陈氏家量
1962年	吴则虞	5升	25升	125升	1 250升	《晏子春秋集释》	同陈氏家量
1981年		4升	20升	100升	1 000升	《中国古代度量衡图集》	同陈氏家量
1985年	吴慧	5升	25升	125升	1 250升	《中国历代粮食亩产研究》	同陈氏家量
1986年	莫枯	5升	20升	100升	1 000升	《上海博物馆集刊》第三期	同陈氏家量
2006年	陈冬生	5升	20升	100升	1 000升	《中国史研究》2006年第3期	百升釜量,四进制、五进制
2019年	孙刚	5升	20升	100升	1 000升	《东周齐系题铭研究》	
2019年	裘锡圭	5升	20升	100升	1 000升	《中国史研究》2019年第1期	釜增大,出现10升的量级,主要是四进制向十进制转变

从现有材料来看,齐国量制从春秋晚期到战国晚期可以分为三个阶段:第一个阶段为春秋晚期到田(陈)氏篡齐,基本处于春秋晚期阶段;第二阶段为田(陈)氏篡齐到田(陈)氏封侯,周王朝承认田(陈)氏在齐国的统治,基本上处于战国早期;第三个阶段为战国中晚期。

第一个阶段即春秋晚期,据《左传》中晏子与叔向的对话,齐国的量制记载已十分清楚。即春秋晚期齐国国家层面实行的是姜齐量器,有升、豆、区、釜、钟五个量级,升、豆、区、釜之间为四进制,釜钟之间为十进制。其中升是基本单位,钟为一种特殊的量器,可能与某种特殊的商品交易有关。陈氏家量也应该是五个量级：升、豆、区、釜、钟。陈氏家量与姜氏量器相比，升作为齐国量制的基本单位没有变化。但为了行"阴德"，争取民心，其将豆的4升容积增大1/4，即（1+1/4）豆（姜氏量器）= 5升，区的容积增大1/4，即（1+1/4）区（姜氏量器）= 20升，釜的容积也增大1/4，即（1+1/4）釜（姜氏量器）= 80升。钟釜之间仍然是10倍的量级，1钟 = 10釜 = 800升。这便是晏子所说的"陈氏三量皆登一焉，钟乃大矣"。陈氏家量的进位仍然是四进位和十进位。豆的容积由4升变为5升，实质上是陈氏行阴德私自将豆容积变大，不构成量器制度上的改变。陈氏改变家量的目的，是在自家粮食放贷过程中，用陈氏家量放贷，用姜氏量器收粮，暗中收买民心。文献中并没有看到春秋晚期陈氏家量用于其他经济行为，这一时期，齐国在经济交易过程中使用的是姜氏量器，采用的是四进制和十进制，四进制渊源当与齐国自身文化传统有密切的关系。

第二阶段为田（陈）氏篡齐到田（陈）氏封侯，即战国早期阶段。这一阶段田氏（为与春秋晚期区别）是否将陈氏家量推广到国家经济层面，目前还看不到相关的证据。因此这一阶段混淆不清。可分为几种情形：（A）国家经济层面仍然使用的是姜氏量器。田氏掌权时间尚短，传统势力仍然强大，限于旧传统和人们日常生活习惯，这一时期仍然使用的是姜氏量器。（B）田氏将自家的量器推向国家层面。田氏掌权以后，基于某种政治原因，[1]将陈氏家量推广到齐国国家层面。（C）处于姜氏量器和陈氏家量共用的混乱期。具体情况如何，需要相关实物来加以验证。

目前发现的战国时期齐国的量器里面确实存在一种与其他量器不一致的情况，即齐国量器研究者经常提到的公豆陶量和公区陶量。这两件器物现藏于中国国家博物馆，传山东临淄出土。公豆陶量，外壁有印文两处：一处阳文"公豆"二字，一处阴文，铭文为"大蒦阳寿所□"，[2] 实测容积为1 300毫升；[3] 公区陶量，印文也有两处：一处阳文为"公区"合文，另一处阴文为"蒦圜匋里人忑"。从公布的照片来看，公豆陶量，口部略敛，上腹近直，下腹至底内

---

[1] 陈氏家量的增大实际就是行阴德，争取民心，仅限于自家的经济层面，而变化的原因是基于政治层面的考虑。田（陈）氏掌权以后，从全国的经济层面看，田（陈）氏是否有必要进行全国推广是一个值得考虑的问题。

[2] 该器见于《中国古代度量衡图集》86，阴文未识出。《陶录》2.39.3收录此器，释读为"大蒦圜寿所□"。张振谦《齐鲁文字编》将末字释读为"为"。

[3] 国家计量总局、中国历史博物馆、故宫博物院主编：《中国古代度量衡图集》。

弧收，平底。中腹略大，口略小，底内收较甚。公区陶量，直口，腹部近直，近底部急内收，平底，外腹下半部可见密集平行的绳纹痕，为制作加固时留下的痕迹。此外，《夕惕藏陶》公布一件公豆量器和公区量器。公豆量器，器已残，残存部分有"公豆"阳文，复原后器形与国博藏公豆陶量接近，经测容积为1 250毫升。① 公区量器，残存一半，有两处印文，一处为阳文"公区"，一处为阴文"蒦圆匋里人㤅"，复原后测容为4 800毫升。据传是临淄刘家庄出土（图6-5）。② 公豆和公区量器为代表的"公"字量器已有学者认为是战国早期齐国行用的姜氏量器。③

图6-5 传临淄出土的公豆、公区陶量

已发表的出土战国齐量器物刻有题铭的除了冠有"公"字外，还有不少带有其他铭文，如𰀀秕（升）、𰀀豆、𰀀区、𰀀釜等。𰀀有"王""主"二释，④以释"主"说可从。魏成敏在整理北京大学师生1965年临淄齐故城阚家寨考古实习资料时发现一"主秕"陶量，该器微敛口，上腹略斜直，下腹略急收，平底。与"公豆"陶量形态有相似之处，腹部最大，口部略小，底比口小。复原口径7.6、底径6.2、最大腹径8.6厘米，高7.4厘米。容水量约209毫升。⑤

---

① 吕金成：《夕惕藏陶》，山东画报出版社，2014年，第4页。
② 见《夕惕藏陶》第10页，该器曾著录于《齐国铭陶十三器》一文，收录于《印学研究》第2辑，当时公布的容积为4 860毫升。
③ 见裘锡圭：《齐量制补说》，《中国史研究》2019年第1期。
④ 见裘锡圭：《齐量制补说》，《中国史研究》2019年第1期。释"王"说有唐兰、孙刚等；释"主"说有张政烺、刘钊、裘锡圭等。
⑤ 魏成敏、朱玉德：《山东临淄新发现的战国齐量》，《考古》1996年第4期。

这件器物出土于灰坑 H7，出土的其他器物有陶盂、陶罐、陶瓮，陶范、铜镞、齐大刀刀币、铁锄、石圭等。窖穴未到底，灰坑坑口尺寸为 3.1—3.2 米，深 4.54 米。如此大的灰坑，其坑内遗物的年代跨度较大，从出土的齐大刀刀币等器物来看，时代应属于战国中晚期。临淄齐故城有 1 件完整的陶量，腹部有戳印，为"主卒粝"，① 陶量呈单把杯状，高约 7.8、口径 8.2、底径 4 厘米，容水量约 210 毫升。吕金成《夕惕藏陶》公布一残器上有"主粝"印文，复原后容 200 毫升，据说出于临淄阚家寨。② 这是目前见到的带"主"铭文的陶量器。③ 从带铭来看，器物根据自铭可定为粝（升），应是田齐量制的最小单位升，容 200—210 毫升。与之前国家博物馆藏的右里小铜量、临淄刘家庄和东齐家庄出土的小铜量相比，"主粝"与小铜量容积相同，与《管子》等后世文献记载的田齐量器相同，可以属于田齐量器的基本单位升。从器物时代来看应属于战国中晚期。量器前面加"公""主"字，有一定的含义。加"公"字，表示公家之义，姜齐和田齐都可以使用，"主"字主要是为了表示新量制，与之前旧量区别开来，并且"公"器和"主"器在时间上存在前后衔接的关系。④

战国早期的田齐量器目前不是很明确，1857 年山东胶县发现的田齐三器中子禾子釜提到"左关釜节于廪釜，关匜节于廪粝"，陈纯釜也提到"左关之釜节于廪釜"，并刻治器者。左关既有子禾子釜、又有陈纯釜，都要求"节于廪釜"。陈纯釜为"陈犹立事岁"，子禾子釜立事者不明，二者当不是同一时期，有一定的时间差，作为不同时期"节于廪釜"的标准量器保留在左关。二器经过实测，容量基本一致。⑤ 子禾子釜铭文还提到左关关人若在度量衡方面舞弊，则无论事之轻重都要施以刑罚。这种将条令刻在器物上，和晋之铸刑鼎有同功之妙，说明田齐在这一时期已有明确制度对度量衡实行严格的管理，陈纯釜更是将监器者和治器人都铸在上面。说明在子禾子釜和陈纯釜时期，田齐在度量衡方面已经形成了一套非常完善的制度。

---

① 魏成敏、朱玉德：《山东临淄新发现的战国齐量》，《考古》1996 年第 4 期。魏文释第一个字为"王"。
② 吕金成编著：《夕惕藏陶》，第 3 页。
③ 裘锡圭：《齐量制补说》一文提到唐存才新收三件有印文的完整陶量，一件带铭"主粝"，容 200 毫；一带铭文"王卒之粝"，容 225 毫升；一件带铭"主豆"，容 1 150 毫升。
④ 裘锡圭：《齐量制补说》，《中国史研究》2019 年第 1 期。
⑤ 子禾子釜的容量为 20 460 毫升，陈纯釜为 20 580 毫升。

从田齐三器来看，除了子禾子釜和陈纯釜之外，还有之前不见于齐国量制的新的量器种类——庎。子禾子釜提到"左关釜节于廪釜，关庎节于廪秤"，秤，《说文》斗部："料，量物分半也，从斗从半，半亦声。"此处秤字从半从升，郭沫若先生释为半升，杨树达先生认为秤是料之误，应是半斗。朱德熙和裘锡圭先生认为秤和料是一个字的两种写法，庎相当于半区，似廪秤因相当于半区而得名。①"关庎节于廪秤"，说明关庎和廪秤的容积是一样的，相当于田齐量器的半区，釜和庎容积比例为10∶1。② 田齐量器增加了"庎/秤"这个单位，使得升、庎/秤、釜之间形成了十进位关系，并应用于关口、仓廪等关乎国家经济的重要地点。这一点与"升、斗、斛/桶"等其他国家的十进量十分接近，吴慧认为"齐国专为与中原国家进行食盐贸易的方便而采用的与中原国家所用的十进量制相同的一种量制"，③ 其说可从。同时，"庎/秤"这个量级的器物目前仅见左关庎一件，从铭文看应主要用于关口和仓廪，从临淄齐国城出土的大量带铭文的陶量器和残片来看，豆和区是日常使用最常见的两大类，升、豆、区、釜是日常使用的常用计量量器，而升、庎/秤、釜、钟可能与粮食、盐业等大宗贸易有关。

以上可以看出在田齐三器铸造和使用时期，田齐已经形成了完善的度量衡制度，升、豆、区、釜、钟这一传统的量制被继承了下来，新增设了"庎/秤"这一量级，形成了"升、庎/秤、釜、钟"四级量器十进位的关系，便于国家之间的商业交往和贸易。在度量衡方面有专门监制和铸造，并定期进行校验。因此，田齐三器的年代对于齐国度量衡改革的时间判断至关重要。田齐三器中子禾子釜最初多认为是田和未列诸侯时期的量器。④ 近人多认为子禾子釜的年代早不到田和时期，⑤ 但都没有详实可信的论证。⑥ 裘锡圭认为"把子禾子釜的时代放在太公和的时代，即战国早中期之交，似乎并没有什么不可以"。如是，则田齐量制的改革和完善处于战国早期，可能最终完善于太公和时期。

---

① 朱德熙、裘锡圭：《战国时代的"料"和秦汉时代的"半"》，《朱德熙文集》，商务印书馆，1995年，第116、120页。
② 详见《中国古代度量衡图集》里的具体实测数据。
③ 吴慧：《中国历代粮食亩产研究》，农业出版社，1985年，第28页。
④ 如陈介祺就认为子禾子就是田齐太公和。
⑤ 郭沫若认为子禾子釜铭文中的人名"陈得"与陈璋壶中的"陈得"为一人，子禾子釜的年代为齐滑王末年。李学勤《东周与秦代文明》据陈得之名定子禾子釜的年代不早于威王晚年。陈璋壶记载的齐伐燕之事仍有不同的解释。
⑥ 裘锡圭：《齐量制补说》，《中国史研究》2019年第1期。

第四节　齐国的人口及主要商品贸易考察

一、齐国行政体制和人口考察

人口始终是一个国家经济活动和市场参与的主体，人口数量的多少在一定程度上是一个国家财富、经济的象征。因此对齐国经济的考察离不开对齐国人口的研究。

（一）国与鄙的行政体制

《管子·小匡》和《国语·齐语》都记载管仲"作内政而寓军令"，对军国的内政、军事、经济等进行了一系列的改革，改革的基础是整顿民政，直接目的是组织一支强大的军队，管仲称之为"叁其国而伍其鄙"。① 两者对国鄙制度的描述略有差异。李学勤通过两篇异文，详细论述《小匡》晚于《齐语》，好多地方不如《齐语》。② 关于"国"，《齐语》记："管子于是制国以为二十一乡：工商之乡六，士乡十五。公帅五乡焉，国子帅五乡焉，高子帅五乡焉。叁国起案，以为三官，臣立三宰，工立三族，市立三乡，泽立三虞，山立三衡。"关于"鄙"，《齐语》："制鄙三十家为邑，邑有司；十邑为卒，卒有卒帅；十卒为乡，乡有乡帅；三乡为县，县有县帅；十县为属，属有大夫。五属，故立五大夫，各使注一属焉；立五正，各使听一属焉。"

有学者认为国、鄙之别类似于《周礼》中对国、野的区分，③ 韦昭在《国语》注中指出："国，国都城郭之域也。惟士、工、商而已，农不在焉。"国指郊内，所居除士以外只有工、商，他们都不从事农业。农则居于野，位于郊外，所以说"农野处而不昵，不在都邑之数，则下所云'五鄙'是也"。国、野的区别，从西周到春秋是普遍存在的，到战国时期，由于战争频繁的需要和社会结构的变迁，国与野差别渐渐缩小，才出现普遍服军役的现象，军队的组

---

① 李零：《中国古代军民组织的两大类型及其不同来源》，《李零自选集》，广西师范大学出版社，1998 年，第 149 页。
② 李学勤：《〈齐语〉与〈小匡〉》，《清华大学学报（哲学社会科学版）》1986 年第 2 期。
③ 徐喜辰：《井田制度研究》，吉林人民出版社，1984 年，第 108—125 页。

成也发生了根本的变化,这是历史上的一次重要变革。但国鄙之别不是国野之别,国指国都及其附属郊、野,是贵族和士、农、工、商居住的区域;鄙指的是国都之外的都、县、邑等地方。可以看出齐国的国鄙制度是由中心城邑(国都)和次级城邑组成的双重系统,是齐国晚期的国家整体形态。①

(二) 齐国国与鄙的人口

《国语·齐语》载:

> 管子于是制国:五家为轨,轨为之长;十轨为里,里有司;四里为连,连为之长;十连为乡,乡有良人焉。以为军令,五家为轨,故五人为伍,轨长帅之;十轨为里,故五十人为小戎,里有司帅之;四里为连,故二百人为卒,连长帅之;十连为乡,故二千人为旅,乡良人帅之;五乡一帅,故万人为一军,五乡之帅帅之;三军,故有中军之鼓,有国子之鼓,有高子之鼓。

通过换算可知:1 乡 = 10 连 = 40 里 = 400 轨 = 2 000 家。那么"国"内十五士乡有三万家,参照士乡的编制,理论上"商"有三乡六千家,"工"有三乡六千家。那么,春秋时齐"国"内人口有四万二千家。战国时期据《史记·苏秦列传》载苏秦说齐宣王"临淄之中七万户",苏秦同齐宣王谈齐都临淄之事,当不至于信口开河,如果乱说,宣王不信,则难以达到说服的效果。当然"七万户"也只是个概数。不过有一点可以推断,战国时期,齐都临淄城人口较《齐语》所反映的春秋时人口有所增长。《史记·齐悼惠王世家》中主父偃曾对汉景帝说:"齐临菑十万户,市租千金,人众殷富,巨于长安。此非天子亲弟爱子,不得王此。"齐宣王时,齐国国势正盛,而汉景帝时正值"文景之治"盛世的临淄城人口也有十万户,两相比较,苏秦所说战国时期齐都七万户当比较可靠。

齐国鄙的人口根据《齐语》中"鄙"的描述可以推算出:鄙 = 5 属(大夫)= 50 县(县帅)= 150 乡(乡帅)= 1 500 卒(帅)= 15 000 邑(司)= 450 000 家(1 县 = 3 乡 = 30 卒 = 300 邑 = 9 000 家)。春秋时齐国"鄙"的人口有 45 万家,虽并非确数,但在一定程度上反映了春秋时齐国人口的大致规模。《齐语》所记齐国"鄙"内人口每县有三乡九千家,这个数字到战国时可能有

---

① 李零:《中国古代军民组织的两大类型及其不同来源》,《李零自选集》,第 149 页。

所增加，战国文献中常见"万家之县""万家之邑"。《汉书·食货志》中记载战国初期李悝在魏变法，估计农民生计，以"今一夫挟五口，治田百亩"最为典型，一家五口当具有一定的代表意义。春秋时期齐"鄙"境内有45万家，人口约225万人，战国时期"鄙"境可能有所增加。

另外，《管子》中的《立政》《乘马》《度地》和银雀山汉简《田法》还提到了"州""遂""都"等行政组织。根据文中内容列表如下（表6-3）：

表6-3 文献中齐国行政组织对照表

《齐语》		《乘马》	《立政》	《度地》	《田法》
国居民编制	鄙居民编制	居民编制	居民编制	居民编制	居民编制
轨（5家）	轨（5家）	伍（5家）	伍（5家）		
		连（10家）	游（10家）		
里（10轨/50家）	邑（6轨/30家）	暴（5连/50家）	里（10游/100家）	里（100家）	里（50家）
连（4里/200家）	卒（10邑/300家）	长（5暴/250家）	州（10里/1 000家）	遂（10里/1 000家）	州（10里/500家）
乡（10连/2 000家）	乡（10卒/3 000家）	乡（?长）	乡（5州/5 000家）	州（10遂/10 000家）	乡（10州/5 000家）
	县（3乡/9 000家）		都（4乡）		
	属（10县/9万家）			都（10州/10万家）	
21乡（4.2万家）	5属（45万家）				
总计49.2万家					

据上文分析，《齐语》有很大可能反映了春秋时期齐国的行政组织，其国制中连里为四进制，从齐国量制来看或许保留了春秋时期齐国的进制特点。《乘马》《立政》中"里"以上的进制单位有四进制、五进制、十进制，这与战国早中期齐国陶量的进制接近，也可能反映了战国中期齐国行政组织的变

化，而《度地》和《田法》中"里"以上的进制单位为十进制，很可能是齐国晚期十进制广泛使用的阶段。总体来看，战国时期齐国可能出现了"乡、州/遂、里"的行政组织，"里"作为最基层的组织机构（详见下文），统辖的家户数逐渐增多，以至于多见百家为里的常态，以致后来《汉书·百官公卿表》《续汉书·百官志》《宋书·百官志》等中书均取"百家一里"之说。这里要注意的是，《齐语》都城中的"里"和鄙域的"里"是有区别的。

（三）齐国的聚落形态

通过上表我们可以看出齐国的行政机构可依"里/邑"分成两个层次，①邑以下的轨、伍、什是否会作为一个最小的基层聚落，目前还没有相关材料。根据文献记载，"里"以下多直接用家或户来说明，如《礼记·杂记下》"里尹"，郑注云"《王度记》曰：百户为里"，《管子·度地》云"百家为里"。从目前所见齐国国都周围出土的陶文看，陶工至少来自十四个不同的乡，每乡下辖若干里，②"里"以下不明，齐国临淄附近出土陶文出现最多的行政或居民组织单位为乡里，"里"应该是齐国行政组织结构中最基层的单位和聚落形态，有大小两种里制，小里 50 家，大里 100 家。

上述东周齐国国内与鄙境内的人口，构成了齐国各级地域居民组织单位。而设置经济交换场地的"市"大都处于不同等级的大型聚落中，尤其与各级城邑相关。需要指出的是，齐国的"市场"经济及活动参与者都是嵌入当时社会组织单位的，有明显的"官市"特点。

二、齐国"市场"经济交换观察

齐国市场在疆域内普遍存在，且有交换媒介货币和配套体系度量衡的辅助，极大地促进了齐国"市场"经济交换活动的进行，其中农产品、食盐、布匹等都参与其中。

（一）农产品的交换

临淄齐故城阚家寨遗址发现了种类丰富的农作物，以谷类作物为主，包括

---

① 李零认为齐国居民组织分为两个层次，一个层次是里以下，另一个是里以上。
② 孙刚：《东周齐系题铭研究》，上海古籍出版社，2019 年，第 359 页。

粟、黍、小麦、大麦、水稻和荞麦等六种，豆类作物包括大豆、绿豆和小豆，经济作物包括芝麻和大麻，其他还包括甜瓜、枣等。从绝对数量来看，粟和黍占绝对优势地位，在粮食作物中的比例高达95%。战国至西汉时期，粟的主体地位没有改变。[1] 与文献上的记载相同，战国文献述及粮食作物时多用"粟"来表达，《管子·轻重甲》载有：

粟贾（价）平四十，则金贾四千；粟贾釜四十，则钟四百也；十钟四千也，二十钟者为八千也。金贾四千，则二金中八千也。然则一农之事，终岁耕百亩，百亩之收，不过二十钟，一农之事，乃中二金之财耳。

这就是说一农终岁耕百亩，可以收粟二十钟，值黄金二金，可以换铜钱八千。百亩田收粟20钟，亩田收0.2钟。按《管子》所载的量制当是战国田齐的量制，参见《管子》中记载齐国量制的基本情况为1斗=10升，1区=20升，1釜=100升，1钟=1 000升。[2] 则亩收0.2钟相当于2釜即20斗（200升）。

升量是目前所见单位最小的量器，20世纪90年代在齐国故都临淄城内外均有出土，目前已公布实测容积的有5件，右里铜量（小）、刘家铜量（小）、东齐铜量（小）、阚家陶量、齐博陶量，实测容积分别为206、205、204、209、210毫升。[3] 可知齐国量制。1釜=100升，约相当于今20 000毫升容积，即今20升容积。山东济南天桥区战国墓出土了两件齐国量器，[4] 朱活曾对其中一件完整量器进行测量，用蒸馏水为介质测得容水4 276毫升（4 276克），以小米为介质测得容小米7市斤（3 500克），据此推测小米的堆密度为0.819克/毫升。20升容积小米约合16 380克（20 000 * 0.819），即16.38千克。1釜约合今16.38千克重。

据《管子》推算齐国一亩约产粟2釜合今32.76千克，百亩收3 276千克。但战国时六尺为步，百步为亩，一亩共三千六百平方尺，唐代以来五尺为步，

---

[1] 陈雪香、郭林、郝颖：《东周秦汉时期齐都临淄的环境、农业与工匠生活——以阚家寨遗址动植物遗存为核心》，《南方文物》2021年第2期。

[2] 刘艳菲、王青、路国权：《山东邹城邾国故城遗址新出陶量与量制初论》，《考古》2019年第2期。

[3] 国家计量总局、中国历史博物馆、故宫博物院主编：《中国古代度量衡图集》，第52页；魏成敏、朱玉德：《山东临淄新发现的战国齐量》，《考古》1996年第4期。

[4] 于中航：《山东济南市天桥战国墓的清理》，《考古》1997年第8期。

二百四十步为亩，一亩共六千平方尺，可知战国一亩约合今 0.312 亩，战国百亩约合今 31.2 亩。[①] 按现在表述为 31.2 亩收 3 286 千克，合 105.32 千克/亩，即亩产 210.64 市斤粟。

《管子》说百亩收二十钟，约合 2 000 斗即 200 石，亩收 2 石。《管子·治国》说"嵩山之东，河、汝之间，蚤（早）生而晚杀，五谷之所蕃熟也，四种而五获，中年亩二石，一夫为粟二百石"，和《管子·轻重甲》描述亩收二石情形相同，嵩山以东，和、汝之间指的是魏国情形，齐地情形可能类似，也可能略低。粮食作物因时因地都可能发生变化。

战国初期魏国的粟作收成略低一些，按《汉书·食货志》记载战国初期魏国农民一亩田可以生产粟一石半，上熟可以有四倍，即生产六石；中熟可以有三倍，即生产四石半；下熟可以有二倍，即生产三石；小饥可收一石，中饥可以收七斗，大饥只能收三斗（见《汉书·食货志》）。1973 年山东银雀山汉墓竹简《田法》记载"中田小亩二十斗，中岁也。上田亩二十七斗，下田亩十三斗，太上与太下相复以为率"。[②]《管子·轻重甲》中提到粟贾（价）釜四十，即粟每釜（石）价值 40 枚钱，这里没有注明何种铸币，朱活认为指的是战国末年的齐国賹化（刀）圆钱。[③] 裘锡圭也认为"《轻重》诸篇中受数字修饰的'钱'，可能就指圆钱"。[④]

（二）食盐的交换

《管子·海王》篇载："盐百升而釜，今盐之重，升加分彊，釜五十也。升加一彊，釜百也。升加二彊，釜二百也。钟二千。"

《海王》篇简错残，所以这段文字诸家解释各异，但都认可其指的是盐税。当时盐和铁是齐国的经济命脉，均归政府，盐是徒煮官卖，所以盐税也就是盐的官价。据此可知盐的官价每釜值钱（圆钱）一百至二百枚。[⑤]

《管子·轻重甲》载"成盐三万六千钟"，《管子·地数》作"三万钟"，《通典》作"成三万钟"。这三万钟的食盐"得成金万一千余斤"。《册府元

[①] 杨宽：《战国史》，第 87 页。
[②] 银雀山汉墓竹简整理小组：《银雀山竹书〈守法〉〈守令〉等十三篇》，《文物》1985 年第 4 期。
[③] 朱活：《谈山东海阳出土的齐国刀化——兼论齐刀的购买力》，《文物》1980 年第 2 期。
[④] 裘锡圭：《先秦古书中的钱币名称》，《中国钱币论文集》第四辑，第 11 页。
[⑤] 朱活：《谈山东海阳出土的齐国刀化——兼论齐刀的购买力》，《文物》1980 年第 2 期。

龟》引作"得成金万斤",下有注云"一云万一千余斤"。齐国当时金价是金一斤值钱四千。以"三万钟"及"万斤"计算,金一斤即四千钱得盐三钟即三十釜,则一釜盐值133.3枚钱。按当时中岁粟价一釜40枚钱,则盐价为粟价的3.3倍。

山东济南天桥区战国墓出土了两件齐国量器,[①] 朱活曾对其中一件完整量器进行测量,用蒸馏水为介质测得容水4 276毫升(4 276克),以小米为介质测得容小米7市斤(3 500克),以盐为介质测得容盐8.34市斤(4 170克)。

《管子·海王》篇提到:"十口之家十人食盐,百口之家百人食盐。终月,大男食盐五升少半,大女食盐三升少半,吾子食盐二升少半。此其大历也。"其中"十口之家十人食盐,百口之家百人食盐"不当指每家人口数,而应是一种修辞说法。从"大男、大女、吾子"来看,符合一家五口的概数。终月,"大男、大女、吾子"食盐约11升,"农夫""农妇"按"大男"算食盐11升,故而,一家五口"终月"食盐约22升。

大男终月食盐五升少半,按齐量制约合今天1 100毫升,盐的密度为2.165克/立方厘米,那么1 100毫升食盐重量约2 381克,若"终月"指的是每月,则远远超过今天人的食盐量,那么,"终月"当不能指"每个月",解释为每年的终月,即一年"大男"的食盐量为五升少半更为合适。

齐国"鄙"境内有45万家,"终月"食盐约990万升,按战国齐国量制1钟=1 000升,[②] 990万升约合9 900钟,约合近万钟盐。《管子·轻重甲》"成盐三万六千钟",《管子·地数》作"三万钟",《通典》作"成三万钟"。若"终月"指每月,那么齐国一年的成盐量只够齐国人口三个月的食用量,这当不符合实际。故而"终月"指一年更为合适。按上文,一家五口"终月"食盐约22升,一釜盐值133.3枚钱,一家五口"终月"(每年)食盐花费30钱。

[①] 于中航:《山东济南市天桥战国墓的清理》,《考古》1997年第8期。
[②] 刘艳菲、王青、路国权:《山东邹城邾国故城遗址新出陶量与量制初论》,《考古》2019年第2期。

结　语

本研究以齐国货币为研究对象，采用类型学、历史文献分析和科技检测对比分析法，对齐国货币的形制、铸造工艺和年代进行分析。在聚落考古的视角下，利用空间分析的方法，观察齐国各类货币的空间分布格局，在此基础上，深入探讨了齐国货币空间分布格局反映出的齐国社会经济网络、"市场"经济活动等社会经济运行的问题，一定程度上深化了对先秦时期经济社会运行和国家治理的认识。

一、齐国货币的类型及年代

齐国货币主要可分为大型刀币、小型刀币和圆钱。

（一）齐大型刀币

齐大型刀币最早出现为"即墨之大刀"，"即墨之大刀"早于"齐之大刀"和"安阳之大刀"，"即墨之大刀"出现于春秋末期，铸造的主体年代为战国早中期。"齐之大刀"和"安阳之大刀"的铸造的年代应处于战国早中期。"即墨之大刀""齐之大刀""安阳之大刀"在刀体形态上基本一致，从合金比例来看，铅和锡的含量均超过10%，铜的含量也在65%以上，说明三者的铸造工艺和原料基本相同。依据铅同位素检测结果，"齐之大刀"和"即墨之大刀"所用铅料可能有相同的来源。

齐大型刀币中"齐大刀"的年代要晚于"即墨之大刀""齐之大刀"和"安阳之大刀"，为"即墨之大刀""齐之大刀"和"安阳之大刀"之后的主要流通币种。"齐大刀"的始铸年代为战国中期的威王之时，铸造的年代为威王至齐灭之时。"齐大刀"依据面文字体、铸造工艺和背文可以分为前后两期。前期面文纤细，背文种类较少，铸造工艺严谨；后期面文字体粗大松散，背文种类多样，铸造工艺简化，币质不如前期精良。前后两期以乐毅伐齐为分界。从合金成分来看，"齐大刀"前后两期没有变化，但与"即墨之大刀""齐之大刀"和"安阳之大刀"明显不同，含铜50%—60%、铅30%—40%、锡3%—6%。

齐大型刀币中的六字刀在面文释读上还有争议，主要为"齐返邦之大刀"和"齐拓邦之大刀"之别。面文释读上的不同对应着六字刀始铸年代的差异，若释为"齐返邦之大刀"则对应的始铸年代为齐襄王复国后，若释为"齐拓邦之大刀"则对应的始铸年代为宣王、湣王之际。笔者倾向于将铭文释读为"齐拓邦之大刀"。由于六字刀的发现数量很少，说明其铸造的时间不长。从刀体形式上看，六字刀与"齐大刀"相同，是"齐大刀"流行期间出现的一种特殊币种。

（二）齐小型刀币

齐小型刀币指面文为方折"明"字刀，背文种类多样，有"莒冶□""齐刀""平阳冶□"等，也有未见背文。从目前所见的材料看，齐小型刀币始铸于战国早期，铸造的主体年代为战国中期及战国晚期，流行年代可能更长，西汉早期的个别墓葬中仍可见到。齐小型刀币刀体形态变化较大，早期接近于尖首刀的形态，晚期刀体近直，刀体由大到小，重量由中期的15克左右，到晚期已减至8克左右，甚至更轻，减重明显。

齐小型刀币中有一种背文含有"莒冶"字样、面文为方折"明"字刀，本书专列为博山刀。从目前所见材料看，博山刀铸造的主体年代为战国中期晚段至晚期早段。从所见的个别材料看，博山刀的铸造年代可能早至战国早期，但其材料本身有伪造的可能。

齐地出现的小型刀币中还见有尖首刀和截首尖首刀，尖首刀仅见临淄东石桥一个地点，截首尖首刀见个别地点。二者均不是齐国自铸币，而应是外地货币流入，截首尖首刀应出现于战国晚期，为适应战国晚期货币减重而将早期钱币减重的情况。

（三）圆钱

齐圆钱出现于战国晚期，受秦国圆钱的影响。从合金成分来看，与"齐大刀"的成分一致，并与"齐大刀"同出而不与齐小型刀币同出，说明其性质与"齐大刀"相同，属于齐国的官方货币。战国晚期"齐大刀"的铸范中发现有圆钱范,也可以说明这一点。齐圆钱有賹化(刀)、賹四化(刀)、賹六化(刀)三种币值,齐圆钱和"齐大刀"之间可能有对应的互换关系,本书以齐圆钱流行的战国晚期至末期的"齐大刀"和齐圆钱推算,1枚"齐大刀"对应24枚賹化(刀)钱。"齐大刀"在战国晚期出现减重情况,但减重不明显;齐圆钱在战国晚期至末期减重明显。

二、齐国货币的铸造工艺及流程

目前未发现"即墨之大刀""齐之大刀""安阳之大刀"的刀币范,铸造地点不明,推测为在即墨、临淄、安阳三地铸造。"齐大刀"的刀币范发现数量大、地点多,早期"齐大刀"范仅见于临淄安合庄一地,晚期"齐大刀"范见于临淄安合庄、大佛寺、小城西门外、大城南城墙、安平故城内、青州前范王村、福山三十里堡古城等地。结合晚期"齐大刀"铸造工艺简化来看,晚期"齐大刀"铸造数量大,一方面可能是为了应对齐襄王复国后短期内需要大量货币,也有可能是齐襄王复国后不参与六国征战,相对安定的环境促成齐国经济的繁荣。从另一个角度来看,多地出现了"齐大刀"的铸造地点,说明国家对刀币铸造的控制力减弱,存在地方私铸的可能,福山三十里堡古城就可能存在私铸"齐大刀"、"齐之大刀"和六字刀。

出土齐小型刀币范的地方有莒县、即墨、平陵城等地,从刀范的形态看主要是战国晚期,说明战国晚期齐国多地铸造齐小型刀。齐圆钱范目前见于齐小城西门外一地,和"齐大刀"范共出,说明二者关系密切。

以"齐大刀"刀币范为例,可以推测齐国大型刀币的铸造流程包括:制备原料——制坯——(阴干)烘范坯——整范——刻模(包括浇道)——刻铭文、符号——刷脱模剂——合范——烘范——浇铸刀币。早期"齐大刀"整范较为精细,面模和背模刀形相差不大,合范严格;晚期"齐大刀"整范简化,以至于面文刻划字体粗大松散,背模刀形明显小于面模刀形,合范容易,但也很容易出现错范情况,刀币边缘粗拉,未经打磨。

三、齐国货币呈现的社会经济网

齐大型刀币的分布和流通与盐业(食盐)、渔业(海洋资源)、林业(木材）等国家控制资源有明显关联。从齐大型刀币的分布可以看出齐国的主要交通线路、关隘、重要城邑和边疆范围。齐国大型刀币目前未见出土于齐国的领域范围之外，从出现到结束一直保持一个稳定的状态，刀形及重量改变较少，推测是齐国统治上层有意为之。因此，齐国大型刀币的产生不仅仅是一种经济行为，更可能是官方有意识的自主行为，是一种官营经济体系下的社会统治复杂化的产物。齐国在盐业、渔业、林业、冶铁等方面实行国家垄断与齐大型刀币的分布和流通有明显的对应关系。齐大型刀币应被视为齐国的官方货币，主要流通于齐国的官营经济体系中。

齐小型刀币的分布在战国中期大量集中于沧州肖家楼一地，此地与燕、赵、中山等地接近，说明齐小型刀币的出现和燕、中山等地的刀币流通区有重要关系。战国晚期则出现于即墨、莱州、济南、牟平、青州、临淄、莒县等地，结合即墨、莒县、平陵等地的齐小型刀币范来看，齐小型刀币在战国晚期大量存在，甚至天津、河南等都有出土。我们认为，齐小型刀币的出现应和尖首刀和燕国刀币关系密切，刀币本身存在明显的变化和减重行为，符合钱币变化的一般规律。流通地区主要见于齐国西北部、胶东半岛、莒地，与原属戎人、莱人、莒人的人群有关。齐小型刀币的出现和流通应和私营经济有关。从战国晚期齐小型刀币的大范围出现来看，其流通可能为齐国官方所认可或默许。

齐圆钱的出现受秦圆钱的影响，从合金成分和钱范的铸造地点来看，其和"齐大刀"的性质是一样的，应看作是齐国的官方货币。齐圆钱有賹化（刀）、賹四化（刀）、賹六化（刀）三种币值，说明是齐国统治阶级有意识的行为，与战国晚期齐国经济的快速发展有关。

战国齐国货币在点、线、面三个空间维度上的流通情况反映出，战国时期齐国在国域范围内已建立稳定、有序、紧密的社会经济网络。其中，临淄为全国区域经济的中心，即墨、济南、临沂等地也是齐国疆域内关键的区域性经济网络枢纽，连接着国都临淄与区域聚落群，整体形成由点到线并辐射国域内，乃至齐疆域之外地区的社会经济网，有效地实现了齐国南北地域和东西跨度之间资源的配置，也在经济贸易和管理上发挥着重要作用。

四、齐国"市场"经济

东周时期，尤其是到战国时期，齐国国内已经形成规范有序且由等价物或信誉产品充当交换媒介的商品交换的实体空间场所——"市场"。这些"市场"的特点是分布范围广,并多与城邑聚落相关,呈现出沿齐国东西向干道线路分布的特征,与齐国以齐都临淄为中心并辐射至国域内完善的经济网紧密相关,基本形成以"市场"为经济点,连通国内主干经济线,带动各区域经济网下的区域聚落经济面的总体经济布局。

  需要指出的是,齐国的"市场"经济活动不是孤立的存在,而是嵌入社会结构之中的,并且有度量衡等配套体系辅助实施,使得大型刀币参与的官市经济得到极大活跃,也促进了小型刀币等参与的自由经济交换和其他性质经济交换活动的进行。齐国疆域内普遍存在的市场使农产品、食盐、布匹等都参与其中,形成系统的价格或兑换体系,也促进了度量衡等交易体系的完善,极大地活跃了国内经济,也成为齐国经济影响力迅速扩张的原因。

附论： 先秦尖首刀和燕明刀的考古学研究

一、引言

春秋晚期，随着铁农具的出现，农业生产力得到明显提高，社会结构则随之发生了显著变化。丰富的社会物资促进了物物交换和商人的大量出现。在此大背景下，金属货币应运而生，如布币、刀币和圆钱等，从此在人类社会中具有举足轻重的地位，直到现在，人类生活也没有离开货币。对货币的研究是考察当时社会生活的重要手段，刀币是战国时期燕、齐、中山国等国流通的主要货币（图附8-1），对刀币的研究则是观察诸侯国间物资及文化交流的一个关键窗口。

以往对刀币的研究主要集中于产生的时空、编年、铭文释读三方面。一是关于尖首刀币和明刀币的产生时间及地点。尖首刀是刀币的早期形制，郑家相认为是春秋早期黄河下游之郭、虢、鲜虞、鼓、肥等国所铸，[1] 王献唐认为是燕国初铸之制，[2] 朱活认为是燕国境内少数

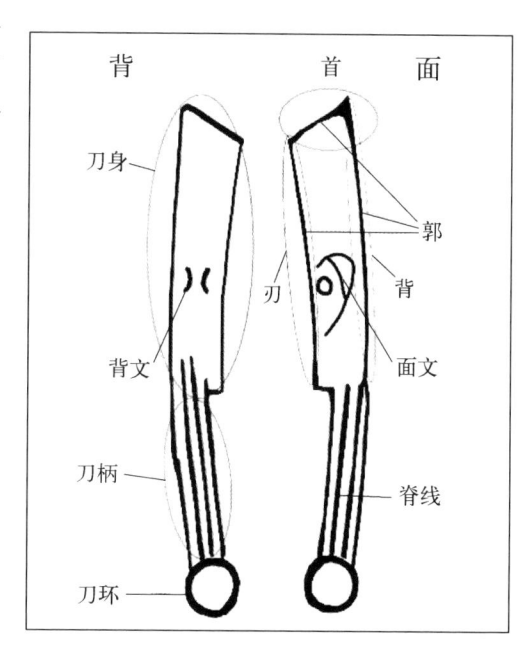

图附8-1 刀币各部位名称示意图

---

[1] 郑家相：《中国古代货币发展史》，第64—65页。
[2] 王献唐：《中国古代货币通考》，第188页。

民族"殷遗""夏遗"的铸币,①王毓铨认为可能是燕国长城以南地区铸造的一种特殊货币,②石永士、王素芳根据出土实物资料,将尖首刀分为甲、乙、丙三型,认为甲型为燕国货币,乙型为鲜虞、中山的铸币,丙型(针首刀)为夏家店上层文化中的山戎部族所仿铸。③张弛在此基础上就有关问题作了进一步的分析研究。④黄锡全认为尖首刀出现于春秋中期前后,起源于北方游牧民族,影响到燕、齐等国的货币。⑤二是刀币的编年问题。石永士和王素芳认为明刀可以划分为五式,⑥但划分型式标准不定,如Ⅰ式和Ⅱ式划分依据刀柄的弧度、刀首形状、钱文的种类和位置等;Ⅲ式和Ⅱ式区别在于形体的大小;只划分型式,不做每种型式的年代判定。三是刀币面文和背文的认识。刀币背部铭文的含义,李学勤认为"右某""左某""中某""外炉"等等,其"性质也是铸作批次的标识";⑦朱活认为背文所冠的左、右、ዌ(匽)、外代表铸造场所,当时可能称为"炉";⑧王毓铨认为"不论是数字、单字,或单字加字的字组,推断起来,统统是记铸造炉次的号字或号字组"。⑨石永士、王素芳认为,以右、左二字为背文的,皆是"右匋"和"左匋"之省。⑩

总体而言,对于尖首刀的国别、年代,虽有学者进行过深入研究,取得了不少进展,但苦于没有充分的证据,认识都比较模糊,大多为推测之辞,意见也不一致。在型式研究方面,早期的型式划分过于复杂,对其年代判定过于简单,缺少详细的论证。对刀币的分布和流通等相关问题论述较少,缺少量化分析。因此,本书拟在对尖首刀和明刀币重新进行类型划分、量化统计分析的基础上,探讨其分期、年代、流通区域等问题。

---

① 朱活:《古钱新探》,第179页。
② 王毓铨:《中国古代货币的起源和发展》,中国社会科学出版社,1990年。
③ 石永士、王素芳:《"尖首刀"化的初步研究》,《考古与文物》1987年第1期。
④ 张弛:《尖首刀若干问题初探》,《中国钱币》1993年第2期。
⑤ 黄锡全:《先秦货币研究》,第252页。
⑥ 石永士、王素芳:《燕国货币的发现与研究》,《中国钱币论文集》第二辑,中国金融出版社,1992年,第38—68页。
⑦ 李学勤:《东周与秦代文明》,文物出版社,1984年,第316页。
⑧ 朱活:《古钱新探》,第148页。
⑨ 王毓铨:《我国古代货币的起源和发展》,第54页。
⑩ 石永士、王素芳:《燕国货币的发现与研究》,《中国钱币论文集》第二辑,第38—68页。

二、尖首刀和燕明刀的分类及年代

(一) 分类

尖首刀和燕明刀可以分为六式（见图附 8-2）。

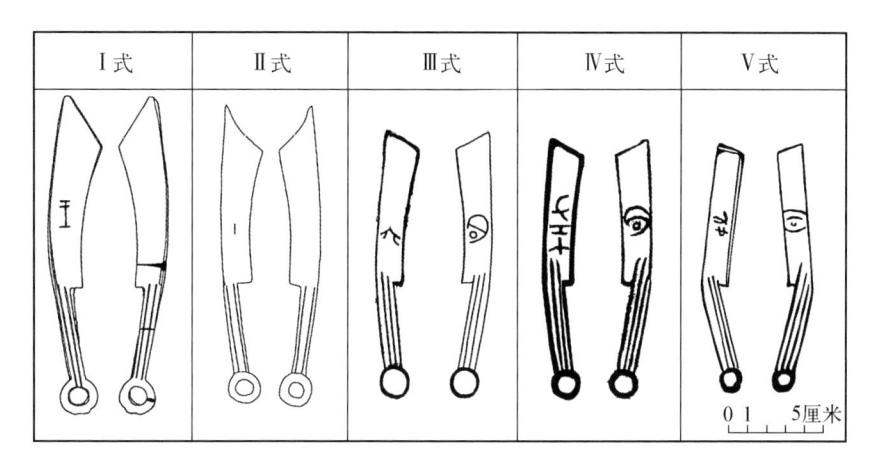

图附 8-2　燕刀币型式图

Ⅰ式　刀首宽大，弧背凹刃，弧背较甚，斜尖首，首部较刀身更宽（首部宽与刀尾宽比为 3∶2），刀刃和刀首无廓，刀背两面外廓隆起，断于刀柄处。柄有两道脊线，个别为一道脊线，脊线不入刀面。铭文有的在面，有的在背。面文多见大型符号，多位于面的上部位置（面文有的大有的小，位置不固定，上中下均有）。刀身较薄。

Ⅱ式　刀背弧背近直，尖首部为弧首内凹，首部较刀身略宽，刀身出廓。

Ⅲ式　刀首较Ⅱ式短，尖部近长三角形，刀首内弧，刀刃及刀背均弧形，刀首部为刀身最宽处。刀柄脊线有的已经深入刀身。刀正面有"明"字铭文。背文有数字、单字、符号等近百种。

Ⅳ式　刀尖与Ⅲ式相比更为低矮，刀背与刀刃近直略弧，刀身部基本等宽，只是刀首略宽一些。刀身与刀把相接处为自然弧形。刀柄脊线深入刀身。背文除少数与Ⅲ式相同外，其余皆为左、中、右等单字，以及左、中、右为字首的字组，大约有 200 种。

Ⅴ式　刀尖更为低矮，刀身上下等宽，刀背与刀刃均为直线形，刀背与刀把相接处折形明显。刀柄脊线深入刀身。背文大体与上式类同，但也出现了一些新的内容。

（二）年代

1. 刀币的编年

Ⅰ式刀币在军都山墓地有出土，属于春秋晚期的墓葬，所以Ⅰ式的年代应该处于春秋晚期。军都山玉皇庙墓地 M164、M172、M380 各见 1 枚 A Ⅰ式刀币，三墓所属的年代均为春秋晚期晚段。① Ⅱ式刀币在河北容城罗河遗址同出铜戈 3 件、玉柱形器 4 件、铜带钩 1 件、铜凿 1 件，以及陶罐、鹿角斧等。其中一件铜戈上有"燕侯载"铭文。② Ⅲ式刀币在铭文上首次出现"明"字，时代特征明显。Ⅲ式刀币在燕下都郎井村 10 号作坊遗址战国中期的 H593 出土 1 枚（LJ10T93①H593∶3）。Ⅳ式刀币在燕下都郎井村 10 号作坊遗址战国中期 H518（LJ10T80①H518∶1）也有出土。③ 故Ⅲ式和Ⅳ式均应为战国中期。

2. 刀币范的编年

灵寿故城五号遗址出土Ⅳ式刀币范，未见Ⅴ式刀币范。据文献考证，灵寿故城作为都城始于公元前 378 年，中山国复国后桓公徙灵寿，公元前 296 年为赵国所灭。那么Ⅳ式刀币范的制造和使用时间当为此时。至公元前 296 年中山为赵所灭之前，都未见Ⅴ式刀币范，说明Ⅴ式刀币范制造和使用时间在公元前 296 年之后。综上所述，各式期别的大体年代见表附 8-1。

表附 8-1　燕刀币各型式对应的大体年代

类型	时　期	年　　代
Ⅰ	春秋晚期后段至战国早期初	（约公元前 500—前 434 年）
Ⅱ	战国早期	相当于燕潜侯、燕釐侯时期（约公元前 433—前 373 年）
Ⅲ	战国中期前段	相当于燕桓公、燕文侯时期（约公元前 372—前 333 年）
Ⅳ	战国中期后段至战国晚期前段	相当于燕易王至燕昭王时期（约公元前 332—前 279 年）
Ⅴ	战国晚期	相当于燕惠王以后至燕灭亡时期（约公元前 278—前 222 年）

---

① 北京市文物研究所：《军都山墓地——玉皇庙》，文物出版社，2007 年，第 680、685、729 页。
② 孙继安、徐明甫：《河北省容城县出土战国铜器》，《文物》1982 年第 3 期。
③ 河北省文物研究所：《燕下都》，文物出版社，1996 年，第 281 页。

三、尖首刀和燕明刀的动态空间分布

（一）各式刀的总体空间分布

Ⅰ式燕刀币的分布范围（见表附 8-2 和图附 8-3）

表附 8-2　Ⅰ式燕刀币出土统计表

地　　点	数量	遗迹	备注（伴出物等）
河北藁城北楼	92	灰陶罐	
灵寿故城	56	遗址地层	
灵寿故城 M8212	4	墓葬	土坑竖穴积石墓，遭严重盗掘。
山西盂县红崖头村	约 300	不明	刀币捆扎有序，叠放整齐，无任何包装物。
延庆玉皇庙	3	墓葬	M164、M172 和 M380 各出土一件。
延庆葫芦沟	2	墓葬	M44、M61 各出土一件。

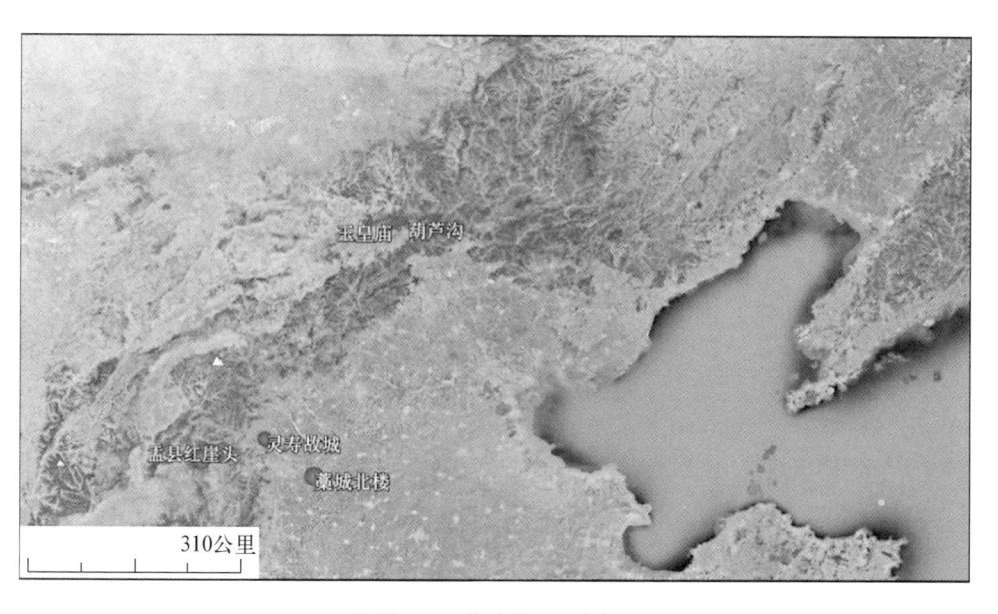

图附 8-3　Ⅰ式燕刀币分布图

Ⅱ式燕刀币的分布范围（见表附8-3和图附8-4）

表附8-3　Ⅱ式燕刀币出土统计表

地　点	数量	遗迹	备注（伴出物等）
燕下都军营村	1 845	遗址	
延庆辛庄堡	1 350	灰陶瓮	
灵寿故城 M8502	1 400	墓葬	土坑竖穴积石墓，遭严重盗掘。
遵化上峪	528	陶罐	
天津宝坻县牛道口村 M9	25	墓葬	
唐山市郊	391	不明	
河北迁西	>1 000	陶瓮	
凌源修杖子村	943	陶罐	地表以下二米发现一双陶罐。
山东临淄石桥村	80	不明	

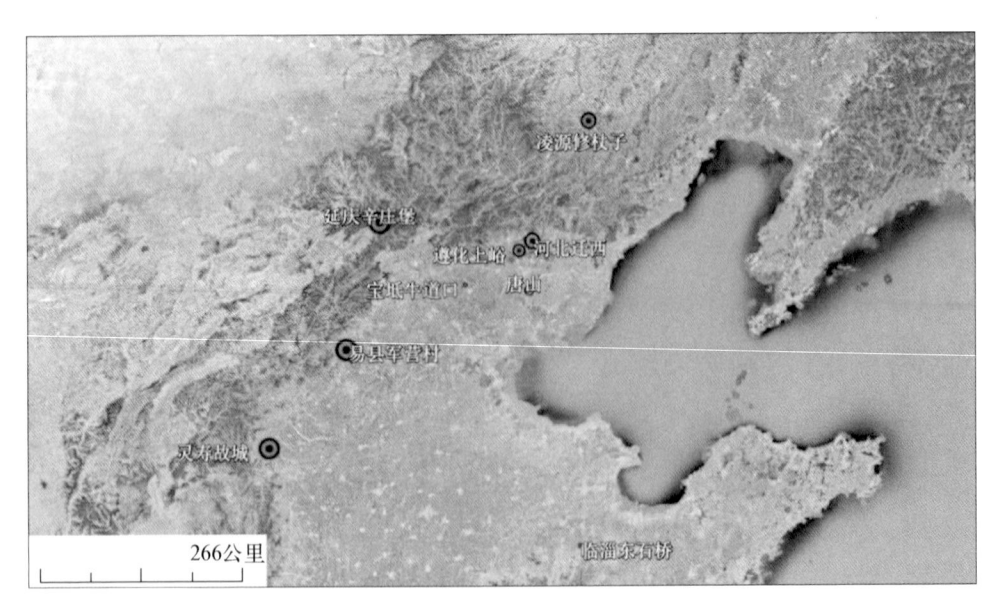

图附8-4　Ⅱ式燕刀币分布图

Ⅲ式燕刀币的分布范围（见表附8-4和图附8-5）

表附8-4　Ⅲ式燕刀币出土统计表

地　　点	数量	遗迹	备注（伴出物等）
河北沧县肖家楼	10 000	土坑	瓮和残铁镢各一件。
河北满城柳佐	600	不明	
燕下都	不明	不明	
灵寿故城	不明	不明	

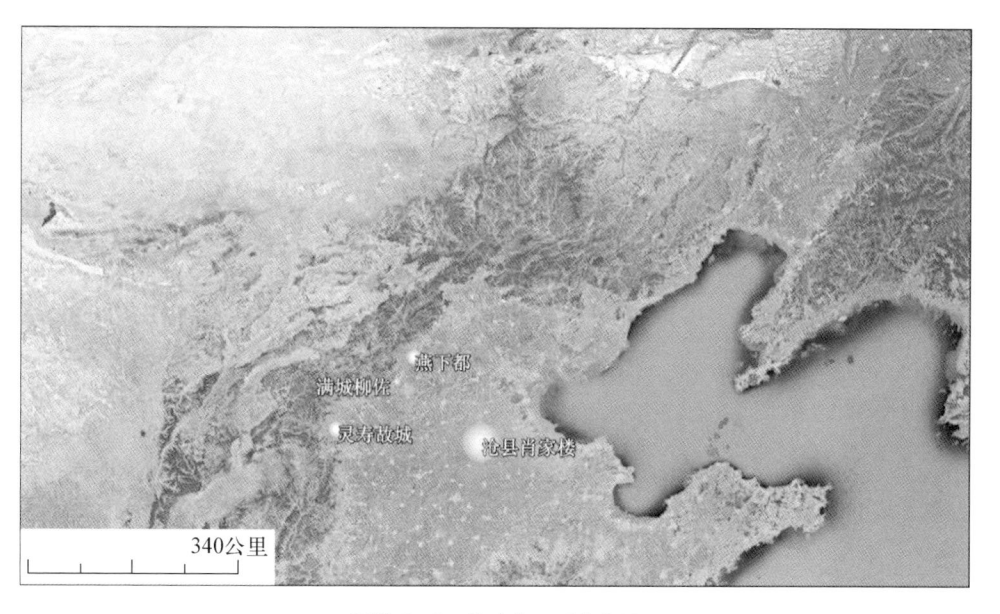

图附8-5　Ⅲ式燕刀币分布图

Ⅳ式燕刀币的分布范围（见表附8-5和图附8-6）

表附8-5　Ⅳ式燕刀币出土统计表

地　　点	数量	遗迹	备注（伴出物等）
石家庄东郊古城村	1 000	遗址	
灵寿故城5号铸铜遗址	374	铸铜遗址	"成白"刀1 501枚，甘丹、白人刀47枚。

续　表

地　点	数量	遗迹	备注（伴出物等）
燕下都	不明	不明	
河北容城县东张楚村	203	不明	
北京城区	不明	不明	
承德西营	不明	不明	
昌黎邵念坨	不明	不明	
丰宁留子号村	12	黑陶罐	白人刀3枚、三晋方足布、尖足布。
赤峰市刁家营子	75	不明	距地表仅10厘米，成排放置。
旅顺口区后牧城驿三号战国墓	3	墓葬	东胡墓葬。
慈江道渭原郡龙渊洞	约400	积石冢	铁器。
山东淄博市谭家庙村东	61	遗址	
山东淄博市崖头村西	7	遗址	

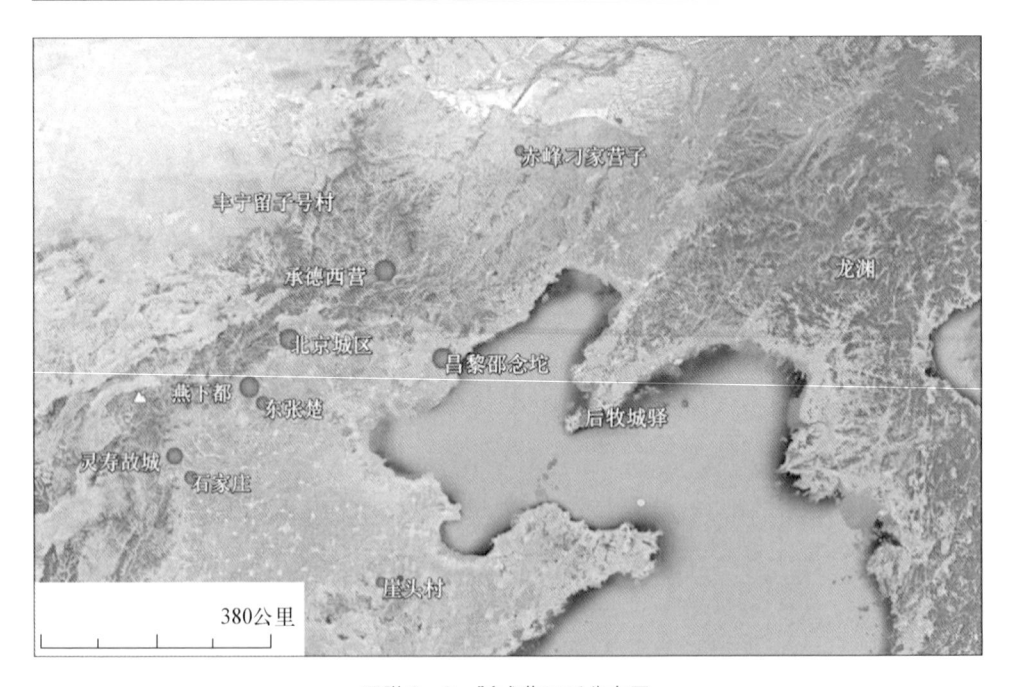

图附8-6　Ⅳ式燕刀币分布图

V式燕刀币的分布范围（见表附8-6和图附8-7）

表附8-6　V式燕刀币出土统计表

蓟都地区

编号	地　点	数量	遗迹	备注（伴出物等）
1	朝阳门外呼家楼	2 767	土坑	麻绳捆绑，同出甘丹刀117枚，三晋方足布、尖足布992枚。
	丰台区大井村	约8 000	不明	140多公斤。
	房山区石楼村	约24 000	陶瓮	400公斤。
	宣武区广义街5号院	不明	陶罐	两陶罐，古钱约三万枚，其中一罐藏方足、尖足布币，另一罐藏燕明刀和赵国的圆首直刀币。
合计		>35 000		

燕下都地区

编号	地　点	数量	遗迹	备注（伴出物等）
2	燕下都	33 315	遗址	高陌村出土5 318枚，郎井村出土8 054枚，东沈村出土13 339枚。另外破碎数的还有数百斤。

灵寿地区

编号	地　点	数量	遗迹	备注（伴出物等）
3	灵寿县城东城南村	>2 503	陶瓮	灰陶瓮中，共重673斤，刀币重582斤，布币84斤，其中有甘丹、白人、王刀、成白刀等。整理时钱币仅存100公斤，其中明刀钱2 503枚。
	平山县三汲乡	数千枚	不详	7 756枚除尖首刀1枚外全为燕、赵刀币。
	平山县灵寿故城	374枚	作坊	5号铸铜遗址，同出有"成白"刀1 501枚，甘丹、白人刀47枚，均捆扎有序。
合计		>10 000		

河北燕郊地区

编号	地点	数量	遗迹	备注（伴出物等）
13	三河县小唐回村	6 000	陶瓮	燕刀币10 00余公斤，怀疑为100余公斤。
14	兴隆县沥水沟村	5 000	陶罐	陶罐两组。
合计		11 000		

承德地区

编号	地点	数量	遗迹	备注（伴出物等）
4	承德西营	11 933	土坑	距地表约1.7米，长方形土坑，叠放整齐，麻绳捆扎，共202.5公斤，11 933枚。
5	承德南台	约6 000	大陶瓮	距地表40厘米，刀币成捆摆放，约100公斤，其中白人刀3枚。
6	承德县上谷乡大郭丈子村	2 734	陶罐	共47公斤，2 732枚。
7	承德县五道河乡十一道河村	818	不明	约13公斤，818枚。
8	虎什哈乡营坊村	>500	不明	盛于陶罐中，约17斤，800余枚，其中甘丹、白人3枚，燕及三晋方足币54枚，燕一刀圆钱280枚。
18	凌源洼子店	>50	灰陶罐	距地表0.3米一件绳纹灰陶罐，明刀币5公斤，完整50枚。
合计		>22 035		

赤峰地区

编号	地点	数量	遗迹	备注（伴出物等）
9	围场县克勃沟乡二道梁村	约600	陶罐	燕明刀12.75公斤，完整重5.5公斤248枚。

续　表

编号	地　　点	数量	遗迹	备注（伴出物等）
10	赤峰黄安堡盆子窑村	>3 000	陶罐	
11	赤峰市西北郭家梁	约 700	陶罐	钱币 15 公斤。
12	赤峰新井村蘑菇山	108	陶罐	钱币 30 余斤，方足布 68 枚，尖足布 5 枚，刀币 108 枚，其中有白人刀 1 枚。
19	宁城县榆树林子乡	>1 000	不明	
合计		>5 408		

碣石地区

编号	地　　点	数量	遗迹	备注（伴出物等）
15	昌黎龙家店镇邵念坨村	约 12 000	不明	200 多公斤，石斧一件、夹砂红陶片 10 片，少量布币。
16	滦南东南麻各庄	约 2 000	陶罐	内装布币、刀币 40 余公斤。
17	昌黎荒佃庄乡河南庄村	>570	不明	距地表 0.3 米处发现叠放整齐，呈捆状。
合计		>14 570		

锦州地区

编号	地　　点	数量	遗迹	备注（伴出物等）
20	锦州市西郊大泥洼	约 3 000	陶罐	50 多公斤。
21	锦西县英房子村	>690	灰陶罐	13.5 公斤，其中完整者 690 枚。
合计		>3 690		

沈阳地区

编号	地　　点	数量	遗迹	备注（伴出物等）
22	辽中县老观坨吴家岗子	930	土坑	赵刀。
23	辽中县吴家留子村	900	窖藏	甘丹刀。
24	鞍山市羊草庄	>1 100		铁器。
25	抚顺巴沟村	662	陶罐	
26	铁岭新台子镇邱家台	331	灰陶罐	布币2 415枚、一化12 706枚、半两130枚。
合计		>3 923		

辽东半岛地区

编号	地　　点	数量	遗迹	备注（伴出物等）
27	大连蒋家村	400	不明	
28	大连凤鸣岛	120	石下	一化2 280枚、布币14枚。
29	庄河市桂云花村	110	不明	布币为主，兼有刀币和圆钱。
33	大连市营城子	约300	陶器内	
合计		约930		

辽东地区

编号	地　　点	数量	遗迹	备注（伴出物等）
30	宽甸县黎明村	>200	山洞	同出铁刀、铁锹共9件。
31	宽甸县双山子	>200	石灰岩洞	铁器。
32	桓仁县大甸子	约200	石棺内	铜剑、铁刀、铜镞等。
34	慈江道慈城郡西海里	>2 000	木箱？	一化钱、半两钱。

续　表

编号	地　点	数量	遗迹	备注（伴出物等）
35	慈江道前川郡仲岩里	约 250	积石下	不明。
36	慈江道前川郡吉多洞	<4 000	木箱内	不明。
37	慈江道前川郡吉祥里	>2 700	陶瓮	
38	慈江道前川郡云松里	约 5 000	木箱?	弩机。
39	慈江道渭原郡龙渊洞	约 400	积石冢	铁器。
40	平安北道东仓郡梨川洞	约 50	?	不明。
41	平安北道铁山郡保山里	数百	?	不明。
42	慈江道熙川郡熙川邑	>50	积石冢	不明。
43	平安北道球阳郡都馆里	>100	小石室	不明。
44	平安北道宁边郡细竹里	>2 500	土坑	铁器等。
45	平安南道德川郡青松里	4 280	?	一化钱、布钱、铁器等。
46	平安南道宁远郡温阳里	数百	?	布钱。
合计		约 22 330		

山西北部及内蒙古中南部

编号	地　点	数量	遗迹	备注（伴出物等）
47	蔚县白后堡	约 4 000	陶瓮	
48	托克托县古城村	115	不明	同出有甘丹、白人刀、尖足布等。
49	原平县武彦村	1 730	木箱?	地下 1 米，长 50、宽 30、厚 30 厘米的长方形堆积，同出有大、小尖足布、方足布、甘丹、白人、王人、城刀等。
50	浑源县大洼村	146	不明	赵圆首刀。
合计		约 5 991		

山东半岛

编号	地　　点	数量	遗迹	备注（伴出物等）
51	平度县大朱毛村	约1 000	不明	
52	牟平市城关	约300	不明	在烟台市所属的长岛、蓬莱、黄县等地也有出土。
合计		约1 300		

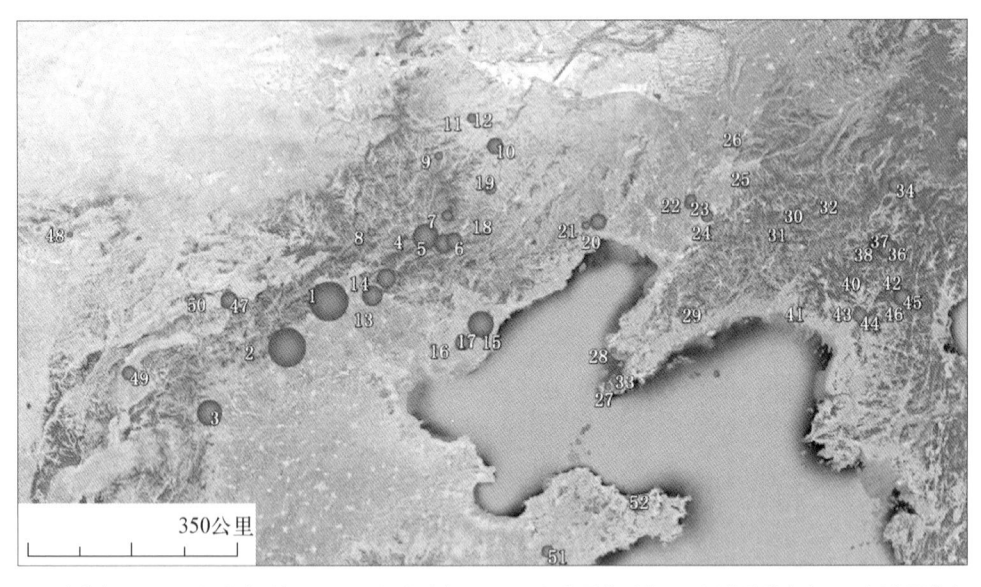

1. 北京蓟都地区　2. 河北燕下都地区　3. 河北灵寿地区　4. 河北承德西营　5. 河北承德南台　6. 河北承德大郭丈子村　7. 河北承德十一道河村　8. 河北承德营坊村　9. 河北围场县二道梁村　10. 内蒙古赤峰盆子窑村　11. 内蒙古赤峰西北郭家梁　12. 内蒙古赤峰新井村蘑菇山　13. 河北三河县小唐回村　14. 河北兴隆县沥水沟村　15. 河北昌黎龙家店镇邵念坨村　16. 河北滦南东南麻各庄　17. 河北昌黎河南庄村　18. 河北滦南凌源洼子店　19. 内蒙古宁城榆树林子乡　20. 辽宁锦州西郊大泥洼　21. 辽宁锦西英房子村　22. 辽宁辽中县吴家岗村　23. 辽宁辽中吴家留子村　24. 辽宁鞍山羊草庄　25. 辽宁抚顺巴沟村　26. 辽宁铁岭邱家台　27. 辽宁大连蒋家村　28. 辽宁大连凤鸣岛　29. 辽宁庄河桂云花村　30. 辽宁宽甸黎明村　31. 辽宁宽甸双山子　32. 辽宁桓仁大甸子　33. 辽宁大连营城子　34. 朝鲜慈江道西海里　35. 朝鲜慈江道仲岩里　36. 朝鲜慈江道吉多崎　37. 朝鲜慈江道吉祥里　38. 朝鲜慈江道云松里　39. 朝鲜慈江道龙渊洞　40. 朝鲜平安北道梨川洞　41. 朝鲜平安北道保山里　42. 朝鲜慈江道熙川邑　43. 朝鲜平安北道都馆里　44. 朝鲜平安北道细竹里　45. 朝鲜平安南道青松里　46. 朝鲜平安南道温阳里　47. 山西蔚县白后堡　48. 内蒙古托克托县古城村　49. 山西原平武彦村　50. 山西浑源大洼村　51. 山东平度大朱毛村　52. 山东牟平城关

图附8-7　V式燕刀币分布图

（二）动态空间分布考察

1. 春秋晚期到战国早期初

Ⅰ式刀币主要集中在两个大的区域，定为A、B两个区域。A区为太行山东麓中山灵寿故城及其周围，B 区为太行山北部延庆军都山地区。A 区包含灵寿故城、藁城北楼和盂县红崖头三个点。灵寿故城是中山国核心区域。藁城北楼在此时期地名为肥，① 属于中山国的统治区域。盂县红崖头地近仇犹故城。"仇犹"，又名厹由，仇繇等，属狄族。公元前 457 年为晋之智氏所灭。春秋仇犹国，在今山西盂县，其东北半里有仇犹城。② 《韩非子·说林》载"智伯将伐仇繇，而道难不通，乃铸大钟遗之。仇繇除道纳之而仇繇亡"。B 区包含玉皇庙和葫芦沟两个点，这两个地点经考古发掘证实应是游牧民族的活动区域。③ 从数量上来看，A 区刀币占绝对多数，为 99%，B 区仅占 1%。因此 A I 式刀币分布范围包括太行山东麓和北部两个区域，但主要分布在太行山东麓狄族的活动区域。在流通方面（图附 8-8），首先，在太行山东麓狄族活动范围内存在着刀币的双向流动。其次，A 区和 B 区这两个大的区域之间，也应该有相互间的互动和刀币的流通。这两个大的区域和燕、齐、赵等区域是否有流通，就目前的材料难以判断。

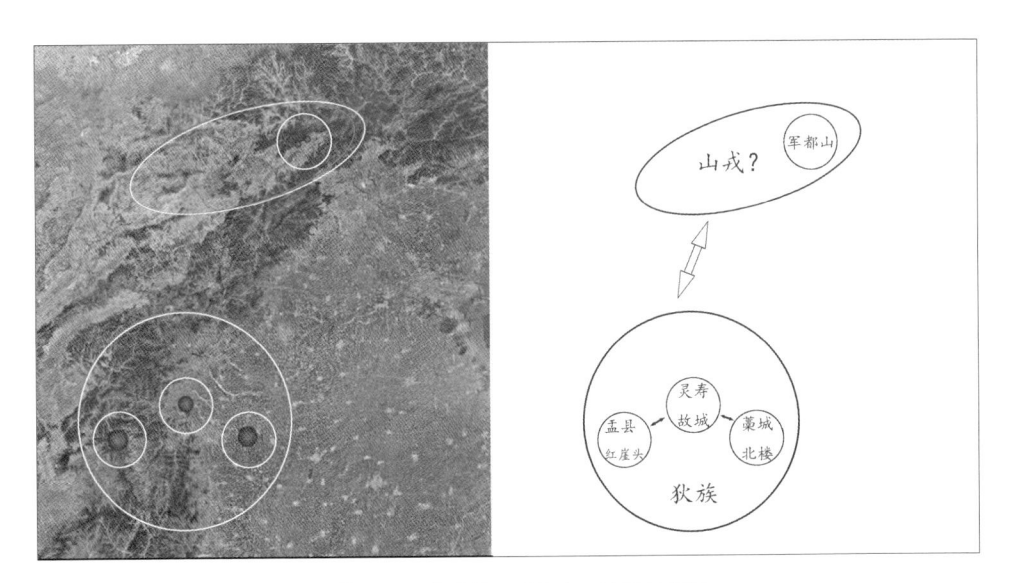

图附 8-8　I 式燕刀币分布、流通示意图

---

① 谭其骧主编：《中国历史地图集》（第一册），中国地图出版社，1982 年，图 28。
② （清）程恩泽：《国策地名考》，丛书集成初编，中华书局，1991 年。
③ 北京市文物研究所：《军都山墓地——玉皇庙》，第 9 页；北京市文物研究所：《军都山墓地——葫芦沟与西梁垙》，文物出版社，2010 年。

Ⅱ式刀币主要集中在五个区域（图附8-9），A灵寿故城、B军都山区域、C燕下都区域、D燕山南麓和E燕山北麓，另外在齐故城区域也有少量的发现。与Ⅰ式刀币相比，分布上多了C、D、E和齐故城4个区域。C区和D区属于燕国的统治区域，E区为游牧民族东胡的活动区域。从刀币的出土数量来看，A区和B区仍然出土了大量的刀币，但在数量上已不占绝对优势。燕国区域（C区和D区）已占一半以上（图附8-10）。

图附8-9　Ⅱ式燕刀币分布、流通示意图

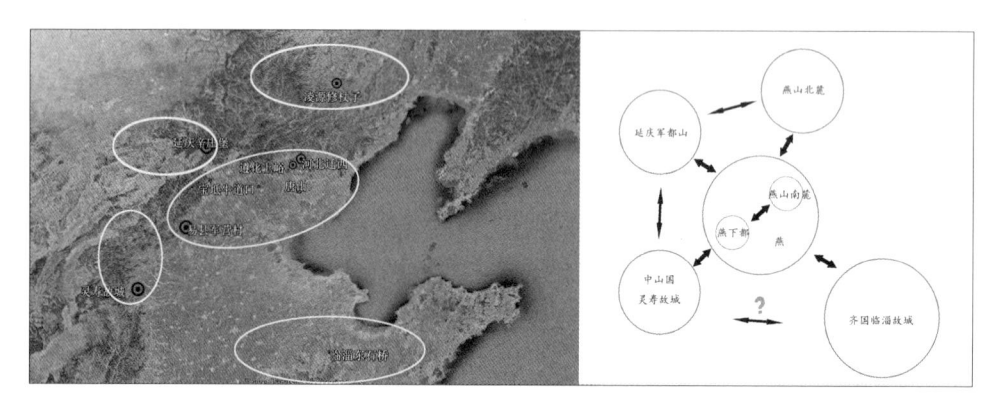

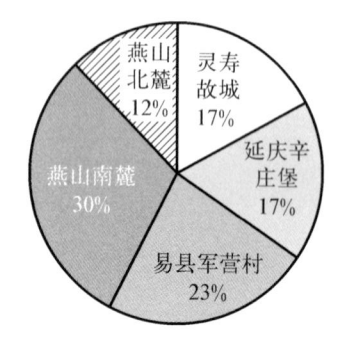

图附8-10　Ⅱ式燕刀币区域分布数量饼形图

2. 战国中期

Ⅲ式刀币主要分布在三个区域（图附8-11），燕国领域、中山国及燕、齐交界区。与上一个阶段相比，目前在军都山和燕山北麓区域没有发现这一时期的刀币。分布范围与上一阶段相比，明显缩小。在流通方面一个显著的变化是由原来的游牧区之间或游牧和农耕之间的流通转变为燕国内部或燕齐农耕区域之间的流通。

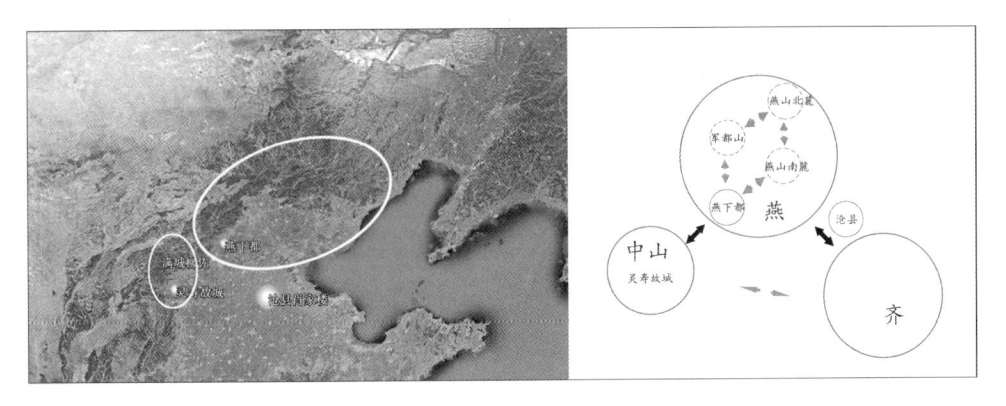

图附 8-11　Ⅲ式燕刀币分布、流通示意图

Ⅳ式刀币的分布范围主要包括中山国区域、燕下都和蓟都城、山西北部内蒙古中南部、燕山以北及辽西地区和辽东地区 5 个区域（图附 8-12）。由于材料报道不明确，Ⅳ式刀币数量难以明确统计，缺乏较准确的量化分析，但从整体上看流通区域主要集中于燕国内部，在燕国区域最外围也有发现。由于外围区域有几个点（留子号、刁家营子、后牧城驿、龙渊、崖头村等）出土Ⅳ式刀币而未见Ⅴ式刀币，所以Ⅳ式刀币最外围可以确定，最北已到燕长城，东边已到达辽东半岛，甚至到了鸭绿江和清川江之间的龙渊洞。

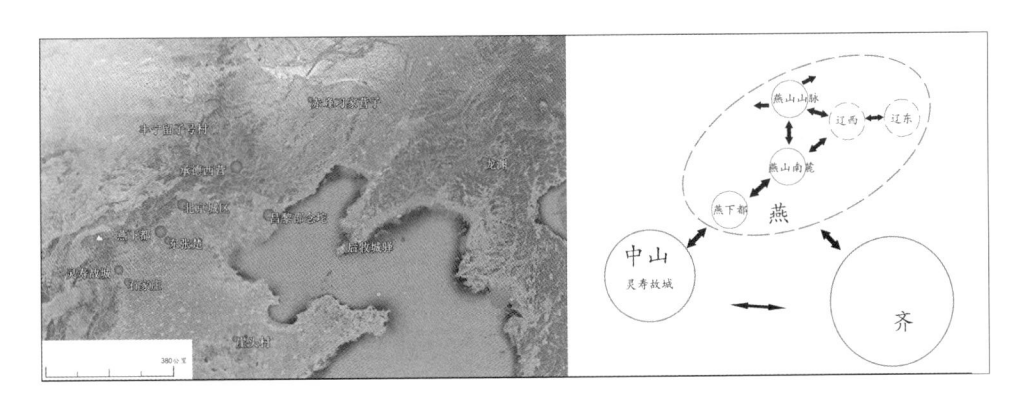

图附 8-12　Ⅳ式燕刀币分布、流通示意图

3. 战国晚期

到Ⅴ式刀币时出现了灵寿、燕下都、蓟都、河北燕郊、承德、赤峰、碣石、锦州、沈阳、胶东半岛、辽东地区、山西北部内蒙古中南部和山东半岛等十三个集中地区（图附 8-13）。

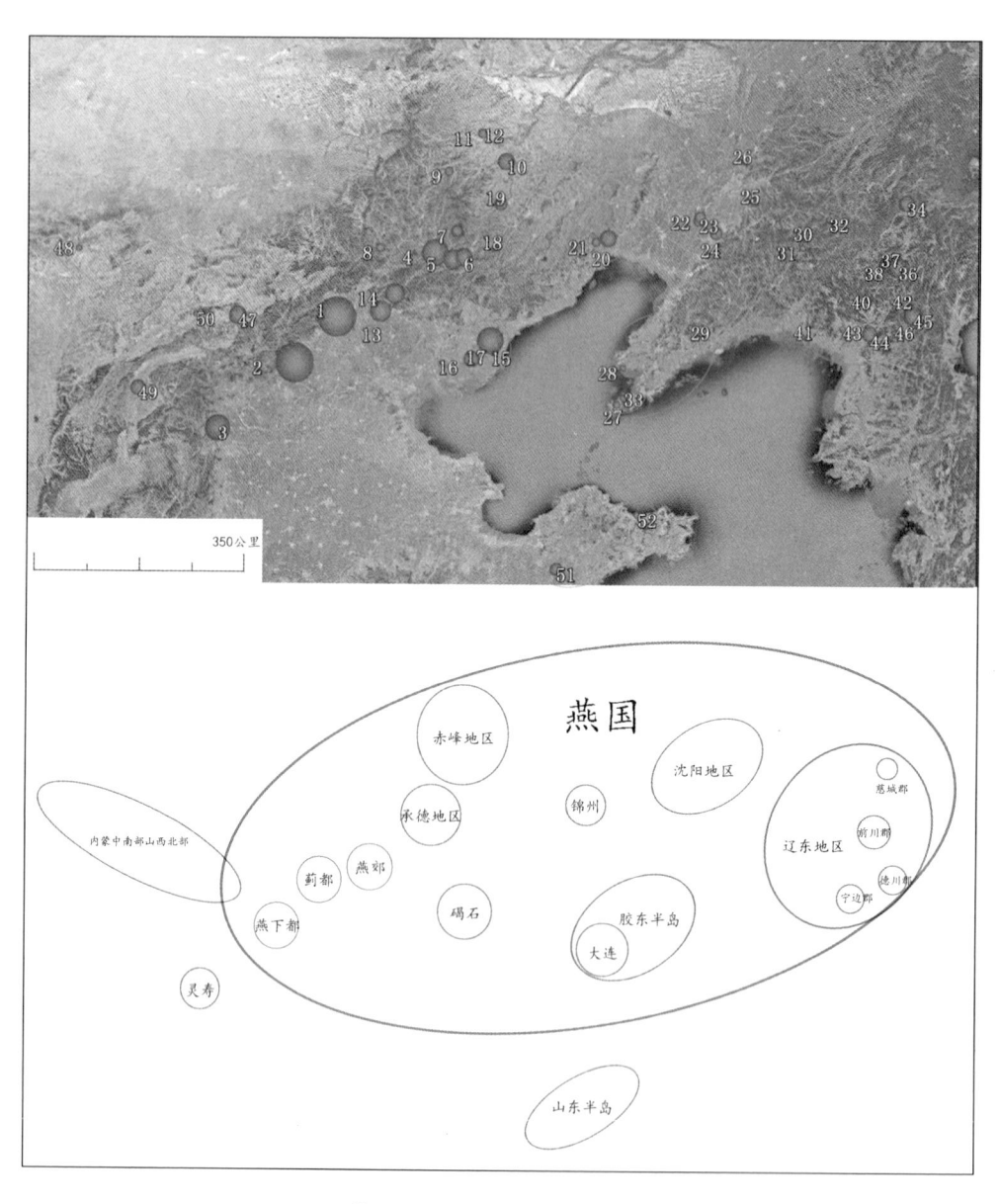

图附 8-13　Ⅴ式燕刀币分布示意图

这十三个区域按照互相之间的地理位置，从刀币的数量关系来看（图 8-14）。大的波峰有燕下都、蓟都、承德和辽东，小的波峰有碣石一处。对于他们之间的关系将在考察中进行详细阐述。

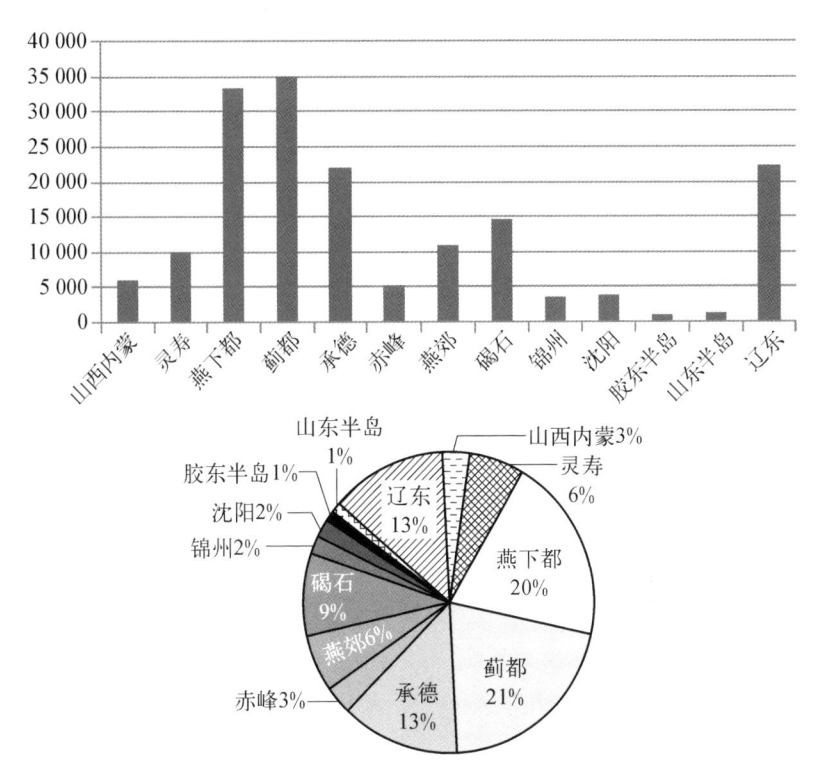

图附 8-14　Ⅴ式燕刀币区域分布数量及比例图

四、尖首刀和燕明刀的流通探讨

从Ⅰ式刀币的分布来看，刀币最早的流通区域应该出现在太行山东麓的游牧民族狄族的活动区域。刀币的出现应该和商人的活动有关，游牧民族或农耕民族中至少有一部分人专门从事商业活动，才得以促使刀币出现，改变了以物易物的交易模式。

到Ⅱ式刀币时，分布范围明显扩大，数量也比原来多得多。从墓葬随葬刀币情况来看，春秋晚期军都山地区墓葬仅随葬1枚刀币，而灵寿故城战国早期的一座墓葬内随葬上千枚刀币。说明在这一时期，在游牧民族区域，人们对刀币的认识由原来的实用形刀到财富形刀币的转化，刀币完成了由实物到货币的转变。刀币范围的扩大说明这一地区狄族和燕国存在货物贸易，或者说这一时期农耕区和畜牧区之间存在大量的商品贸易。

到Ⅲ式刀币时，刀币面文开始统一为"明"字形，出现了集中铸币作坊并发现有陶范，可见刀币在这一时期出现了重要的变化，可能是燕国对刀币进行了改革，铸币行为走向国家化。

最能说明这一点的是刀币的原料配比，铅的含量大量增加，刀体变小。随着铅含量的增加，刀币经常在刀身与刀柄处断裂，为了刀币的坚固耐用，刀柄上的脊线向刀身延长，起到加强筋的作用。学者认为明字刀的出现和燕昭王迁都燕下都有关。

到Ⅳ式刀币时，背文上出现重要的变化，出现了左、中、右等铭文，表明铸币的专业化和出现了专门的管理机构。黄锡全认为"左、中、右"是燕国主管货币铸造的主要管理机构，其后紧跟的数字、干支等，应是记制范的范次。有的不明其义者，有可能是陶范工匠的私名或标记。后因铸币量增大，每个机构中又增设有左、右、内、外、中等的分支机构，便于统领。[1] Ⅳ式刀币的分布范围明显外扩，有两个原因：一个是贸易活动使交流范围扩大，另一个是燕国领域的外扩。《史记·匈奴列传》："其后燕有贤将秦开，为质于胡，胡甚信之。归而袭破走东胡，东胡却千余里。"时处燕昭王（前313—前279年）时期，战国中期末，燕地扩至辽河以东。结果燕国边境向东推进了一千多里，大大开拓了燕国的疆域。不久又跨辽河，破其子国于朝鲜。《三国志·魏书·东夷传》注引《魏略》："昔箕子之后朝鲜侯……自称为王……后子孙稍骄虐，燕乃遣将秦开，攻其西方，取地二千余里，至满番汗（今朝鲜清川江）为界，朝鲜遂弱。"并开辟辽东，置上谷、渔阳、右北平、辽西、辽东五郡，筑燕长城。近些年的考古学研究印证了这一看法，公元前300年左右，燕国已燕化到朝鲜清川江附近。[2] Ⅳ式刀币的铸造中心不限于燕下都一处，还有灵寿故城。灵寿故城五号遗址内发现了Ⅳ式刀币范，[3] 说明中山国铸造仿燕国的刀币，一是因为中山国和燕国从战国早期一直流行刀币，另外中山国和燕国也是重要的交易对象。

对战国晚期Ⅴ式刀币数量的统计分析发现，大的波峰有燕下都、蓟都、承德和辽东这个，小的波峰有碣石一处。刀币分布数量最多的区域为蓟都和燕下都两个区域，这是因为战国晚期燕国的都城由燕下都迁回蓟都，但燕下都仍为

---

[1] 黄锡全：《先秦货币通论》，第247页。
[2] 宫本一夫：《中国古代北疆史の考古学的研究》，中国书店，2000年。
[3] 河北省文物研究所：《战国中山国灵寿城——1975~1993年考古发掘报告》，文物出版社，2005年，第115页。

当时的陪都,这两个区域是燕国的政治经济中心。仅次于他们的是承德和辽东两个地区。承德位于燕山山脉的中心区域,是燕山山脉地区通往内蒙古的必经之路。战国晚期,燕国已控制了燕山山脉以北的大片区域,承德地区就成为这一地区的关键所在。而且在承德还发现了Ⅴ刀币范,可见承德在战国晚期已是一个铸币点,目前在燕国都城之处并未见到其他地区发现有铸币范。辽东地区成为另一个次中心区域,以朝鲜慈江道前川郡为中心,当和战国晚期后段的政治军事有关。秦灭燕国蓟都之后,燕王和太子及大量贵族、居民迁入辽东,在短时期内带来大量货币,使辽东成为和承德铸币能力相当的地区,仅次于燕下都、蓟都两个都城。从另一方面来说,辽东与燕国核心区甚远,从商品贸易来看,地理位置不应比胶东半岛、沈阳地区、锦州地区具有更多的优势,刀币数量不应相差过大。然而实际情况是,辽东地区的刀币数量比其他地区高出5倍之多,这是仅从货物贸易上所无法达到的。此外还有一个小的波峰为碣石地区,此处为燕山南麓通往辽西、辽东的交通要道,地理位置十分重要,并且也是燕国的一个重要的经济中心。《战国策·燕策》载"燕国南有碣石、雁门之饶"。

从刀币的分布上可以看出战国晚期燕国的经济活动网络。燕国的经济活动以蓟和燕下都为中心,向四周辐射,形成东、北、西、南四条经济活动线路(图附8-15)。

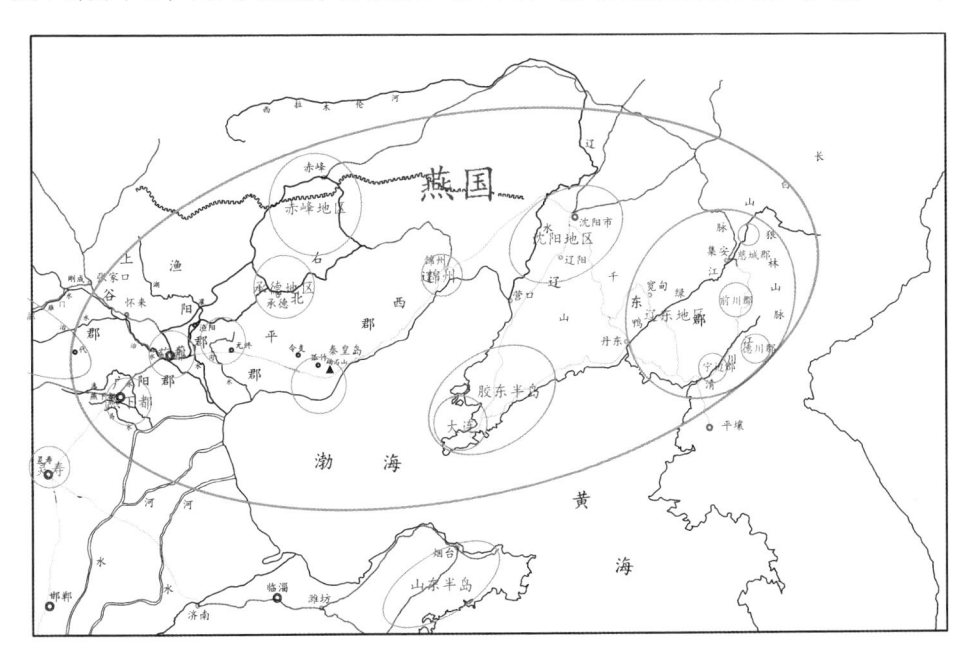

图附8-15 Ⅴ式燕刀币流通示意图

东线以蓟都为中心，经河北省北路的燕郊地区，沿着燕山南麓经碣石地区通往锦州、沈阳、胶东半岛和辽东地区。胶东半岛和山东半岛两侧都有V型刀币发现，数量相当，二者之间通过庙岛群岛进行贸易活动。北线以蓟都为中心，经怀柔进入燕山山脉，通过承德通往赤峰地区。西线以蓟都和燕下都为中心，经怀来、张家口等地通过内蒙古中南部、河套地区，甚至更远的甘肃地区。南线以燕下都为中心，经灵寿通往赵国的邯郸及齐国等。

刀币最早产生于太行山东麓狄族的活动区域内，后来随着贸易活动，在燕国区域内开始流通。在战国早期末至战国中期，燕国对刀币进行了改革，出现了铸造机构和管理机构。随着贸易活动的开展和燕国领土的扩大，在辽西、辽东、朝鲜[1]都有发现刀币，后来甚至流散至琉球等地。[2]

---

[1] 藤田亮策：《朝鲜发见の明刀钱と其遗迹》，《史学论丛·京城帝国大学文学会论纂》第七辑，岩波书店，昭和十三年（1938）；田村晃一：《乐浪と高句丽の考古学》，同成社，2001年，第30—31页。

[2] 当真嗣一：《具志头城北东崖下洞穴内で発见された明刀钱について》，《冲绳县立博物馆纪要》第23号，1997年。

参考文献

一、历 史 文 献

(汉) 司马迁：《史记》，中华书局，1982 年。
(汉) 班　固：《汉书》，中华书局，1975 年。
(汉) 刘　向：《战国策》，上海古籍出版社，1985 年。
(宋) 洪　遵：《泉志》，山东画报出版社，2013 年。
(明) 宋应星：《天工开物》，明崇祯十年涂绍煃刊本。
(清) 程恩泽：《国策地名考》，丛书集成初编，中华书局，1991 年。
(清) 阮元校刻：《十三经注疏》，中华书局，2009 年。
(清) 倪　模：《古今钱略》，《中国钱币文献丛书》第七辑，上海古籍出版社，1990 年。
(清) 冯云鹏、冯云鹓：《金石索》，道光元年（1821）双桐书屋藏板。
(清) 李佐贤：《古泉汇》，北京出版社，1993 年。
(清) 初尚龄：《吉金所见录》，清嘉庆二十四年（1819）莱阳初氏古香书屋刻，道光七年（1827）续刻本。
丁福保：《古钱大辞典》，文物出版社，1982 年影印。
《福山县志稿》，《中国方志丛书·华北地方》第五十五号，据民国二十年铅本影印，成文出版社，1968 年。
黎翔凤：《管子校注》，中华书局，2004 年。

二、考 古 报 告

北京市文物研究所：《军都山墓地——玉皇庙》，文物出版社，2007 年。
北京市文物研究所：《军都山墓地——葫芦沟与西梁垙》，文物出版社，2010 年。
国家文物局主编：《中国文物地图集·山东分册》，中国地图出版社，2007 年。
河北省文物研究所：《战国中山国灵寿城——1975～1993 年考古发掘报告》，文物出版社，2005 年。

《临淄文物志》编辑组编：《临淄文物志》，中国友谊出版公司，1990年。
山东省文物考古研究所：《临淄齐故城》，文物出版社，2013年。
山东省文物考古研究所、新泰市博物馆编著：《新泰周家庄墓地》，文物出版社，2014年。
山东大学历史文化学院考古学系、山东博物馆、新泰市博物馆：《新泰出土田齐陶文》，文物出版社，2014年。
石永士、石磊：《燕下都东周货币聚珍》，文物出版社，1996年。
河北省文物研究所：《燕下都》，文物出版社，1996年。
马飞海主编：《中国历代货币大系·先秦货币》，上海人民出版社，1988年。
《中国钱币大辞典》编纂委员会编：《中国钱币大辞典·先秦编》，中华书局，2008年。

三、考古简报

安丘市博物馆：《山东安丘柘山镇东古庙村春秋墓》，《文物》2012年第7期。
常叙政：《山东博兴出土齐国货币》，《文物》1984年第10期。
常叙政：《山东博兴县出土齐国货币》，《考古》1984年第11期。
陈旭：《山东临淄出土燕明刀范》，《中国钱币》2001年第2期。
陈旭：《山东济南出土齐刀币》，《中国钱币》2007年第2期。
陈旭：《山东临淄新发现齐刀币铸钱遗址》，《中国钱币》2011年第1期。
陈尊祥：《陕西长安张堡秦钱窖藏》，《考古与文物》1987年第5期。
程京生：《著名钱币学家马定祥先生家属捐献珍贵钱币资料》，《东南文化》1991年第6期。
董留根：《洛阳新安县发现博山刀》，《中国钱币》1996年第2期。
丁昌五、程纪中：《山东青州发现一批截首刀和博山刀》，《中国钱币》1990年第3期。
郭世云：《山东无棣出土齐刀》，《中国钱币》1994年第2期。
海阳县博物馆：《山东海阳嘴子前村春秋墓出土铜器》，《文物》1985年第3期。
海阳市博物馆、张真、王志文：《山东海阳市上尚都出土西周青铜器》，《考古》2001年第9期。
何景成、盛立双：《天津静海出土陶文选释》，《中国文字研究》第三十辑，2019年。
贾效孔：《山东寿光县出土一批齐刀化》，《中国钱币》1987年第3期。
姜建成：《山东青州市出土齐国刀币》，《中国钱币》1987年第3期。
江苏省文物工作队：《江苏新海连市大村新石器时代遗址勘察记》，《考古》1961年第6期。
鞠志海：《青州地区出土的齐刀币及刀币范》，《收藏》2017年第4期。
临朐县文化馆、潍坊地区文物管理委员会：《山东临朐发现齐、鄀、曾诸国铜器》，《文物》1983 年第 12 期。

李步青、林仙庭：《烟台地区出土古货币及有关问题》，《山东金融研究》（钱币专刊一），1987 年。

李克文：《江苏赣榆县河东尚庄村出土齐刀币》，《文物》1997 年第 10 期。

李先登：《天津师院图书馆藏陶文选释》，《天津师院学报》1978 年第 2 期。

李晓峰、伊沛扬：《济南千佛山战国墓》，《考古》1991 年第 9 期。

李晓峰：《济南柴油机厂出土的"明"刀化》，《山东金融研究》增刊（钱币专辑），1991 年。

李元章：《山东栖霞县出土一批齐刀化》，《文物》1985 年第 1 期。

林仙庭、李华杰：《山东牟平发现齐币》，《中国钱币》1997 年第 2 期。

临沂地区文物管理委员会、日照县图书馆：《日照尧王城龙山文化遗址试掘简报》，《史前研究》1984 年第 4 期。

刘朴：《青岛地区齐国货币见闻》，《山东金融研究》增刊（钱币专辑），1991 年。

刘心健、杨深赴：《日照县出土两批齐国货币》，《文物》1980 年第 2 期。

刘心健、刘守莲：《山东蒙阴出土一批齐刀币》，《文物资料丛刊》第三辑，文物出版社，1980 年。

刘艳菲、王青、路国权：《山东邹城邾国故城遗址新出陶量与量制初论》，《考古》2019 年第 2 期。

南京博物院：《江苏涟水三里墩西汉墓》，《考古》1973 年第 2 期。

齐国故城遗址博物馆：《山东临淄齐国故城北出土一批刀币》，《考古》1987 年第 7 期。

任相宏：《沂源东里东台地一号战国墓及相关问题的思考》，《管子学刊》2016 年第 1 期。

山东大学东方考古研究中心、寿光市博物馆：《山东寿光市大荒北央西周遗址的发掘》，《考古》2005 年第 12 期。

山东省昌潍地区文物管理组：《胶县西菴遗址调查试掘简报》，《文物》1977 年第 4 期。

山东博物馆、临沂地区文物组、莒南县文化馆：《莒南大店春秋时期莒国殉人墓》，《考古学报》1978 年第 3 期。

山东省文物考古研究所：《山东章丘市汉东平陵故城遗址调查》，《考古学集刊》第 11 集，中国大百科全书出版社，1997 年。

山东省文物考古研究所、北京大学考古实习队：《山东栖霞杨家圈遗址发掘简报》，《史前研究》1984 年第 3 期。

苏兆庆：《山东莒县出土刀币陶范》，《考古》1994 年第 5 期。

孙继安、徐明甫：《河北省容城县出土战国铜器》，《文物》1982 年第 3 期。

孙敬明、高关和、王学良：《山东五莲盘古城发现战国齐兵器和玺印》，《文物》1986 年第 3 期。

孙敬明、王桂香、韩金城：《潍坊新出齐币与研究》，《中国钱币》1987 年第 3 期。

滕鸿儒、高京平：《山东海阳郭城镇出土战国青铜器》，《文物》1994年第3期。

天津市历史博物馆考古队、宝坻县文化馆：《天津宝坻县牛道口遗址调查发掘简报》，《考古》1991年第7期。

天津市文化局考古发掘队：《天津东郊张贵庄战国墓第二次发掘》，《考古》1965年第2期。

天津市文物组、天津市历史博物馆联合发掘组：《天津东郊发现战国墓简报》，《文物参考资料》1957年第3期。

天津市文物管理处：《河北沧县肖家楼出土的刀币》，《考古》1973年第1期。

魏成敏、朱玉德：《山东临淄新发现的战国齐量》，《考古》1996年第4期。

魏振圣：《近年来青州市新发现的先秦货币》，《山东金融研究》（钱币专辑一），1987年。

王　方：《山东章丘出土齐刀、賹化圜钱》，《中国钱币》1994年第2期。

邢　捷：《天津宝坻县出土的燕国货币——明刀》，《经济导报》（香港）1978年第7期。

烟台市文物管理委员会：《山东长岛王沟东周墓群》，《考古学报》1993年第1期。

烟台市文物管理委员会、海阳县博物馆：《山东海阳县嘴子前春秋墓的发掘》，《考古》1996年第9期。

杨深富：《山东日照崮河崖出土一批青铜器》，《考古》1984年第7期。

杨树民：《山东平度市发现"可"刀钱范》，《中国钱币》1991年第3期。

银雀山汉墓竹简整理小组：《银雀山竹书〈守法〉〈守令〉等十三篇》，《文物》1985年第4期。

于中航：《山东济南市天桥战国墓的清理》，《考古》1997年第8期。

张龙海、李　剑、张继彬：《齐国古城出土的刀币范》，《山东金融研究》（钱币专刊），1987年。

朱玉德：《临淄出土青铜量器》，《管子学刊》1993年第3期。

四、研究专著（含论文集）

陈介祺：《望文生谊斋辑存古陶文字》第一卷，国家图书馆藏拓本。

高　明：《古陶文汇编》，中华书局，1990年。

郭正忠：《三至十四世纪中国的权衡度量》，中国社会科学出版社，1993年。

国家计量总局、中国历史博物馆、故宫博物院主编：《中国古代度量衡图集》，文物出版社，1981年。

黄锡全：《先秦货币研究》，中华书局，2001年。

黄锡全：《先秦货币通论》，紫禁城出版社，2001年。

彭信威：《中国货币史》，上海人民出版社，1988年。

陈隆文：《春秋战国货币地理研究》，人民出版社，2006 年。
彭信威：《中国货币史》，上海人民出版社，1958 年。
李学勤：《东周与秦代文明》，文物出版社，1984 年。
栾丰实、方　辉、靳桂云：《考古学理论方法技术》，文物出版社，2002 年。
吕金成：《夕惕藏陶》，山东画报出版社，2014 年。
山东省钱币学会编：《齐刀与齐国钱币研究》，齐鲁书社，2003 年。
山东省钱币学会编：《齐币图释》，齐鲁书社，1996 年。
山东省钱币学会编：《山东金融研究》（钱币专刊一），1987 年。
山东省钱币学会编：《山东金融研究》（钱币专刊二），1988 年。
山东省钱币学会编：《山东金融研究》增刊（钱币专辑），1991 年。
山东省文物考古研究院、山东大学历史文化学院、临淄区齐文化发展研究中心、齐文化博物院：《传承与创新——考古学视野下的齐文化学术研讨会论文集》，上海古籍出版社，2019 年。
石永士、石　磊：《燕下都东周货币聚珍》，文物出版社，1996 年。
孙　刚：《东周齐系题铭研究》，上海古籍出版社，2019 年。
孙敬明：《考古发现与齐史类征》，齐鲁书社，2006 年。
王献唐：《中国古代货币通考》，齐鲁书社，1979 年。
王毓铨：《我国古代货币的起源和发展》，科学出版社，1957 年。
王子今：《秦汉交通史稿》（增订版），中国人民大学出版社，2013 年。
王　睿、林仙庭、聂政主编：《八主祭祀研究》，文物出版社，2020 年。
吴　慧：《中国历代粮食亩产研究》，农业出版社，1985 年。
吴良宝：《中国东周时期金属货币研究》，社会科学文献出版社，2005 年。
徐喜辰：《井田制度研究》，吉林人民出版社，1984 年。
燕生东：《商周时期渤海南岸地区的盐业》，文物出版社，2013 年。
杨　宽：《战国史》，上海人民出版社，2017 年。
张　弛：《中国刀币汇考》，河北人民出版社，1997 年。
张书学、李勇慧：《王献唐年谱长编》，华东师范大学出版社，2017 年。
郑家相：《中国古代货币发展史》，三联书店，1958 年。
朱　活：《古钱新探》，齐鲁书社，1984 年。
朱　活：《古钱新典》，三秦出版社，1991 年。
朱　活：《古钱新谭》，山东大学出版社，1992 年。
周进集藏、周绍良整理、李零分类考释：《新编全本季木藏陶》，中华书局，1998 年。
周卫荣：《中国古代钱币合金成分研究》，中华书局，2004 年。
铸工手册编写组编著：《铸造有色合金手册》，机械工业出版社，1978 年。

五、研 究 论 文

白云翔：《手工业考古论要》，《东方考古》第 9 集，科学出版社，2012 年。
白云翔：《关于城市手工业考古问题》，《南方文物》2021 年第 2 期。
蔡运章：《释肯》，《古文字研究》第十辑，中华书局，1983 年。
陈隆文：《再论齐六字刀的铸行年代及相关问题》，《管子学刊》2008 年第 3 期。
陈梦家：《西周铜器断代（五）》，《考古学报》1956 年第 3 期。
陈　旭：《从齐刀范看齐刀的分期及相关问题研究》，《中国钱币论文集》第六辑，中国金融出版社，2016 年。
陈　旭：《齐刀币制范及铸造工艺的新研究》，《中国钱币》2018 年第 5 期。
陈　旭：《齐刀币范辨伪研究》，《中国钱币》2019 年第 3 期。
陈雪香、郭　林、郝　颖：《东周秦汉时期齐都临淄的环境、农业与工匠生活——以阚家寨遗址动植物遗存为核心》，《南方文物》2021 年第 2 期。
冯　沂：《浅谈临沂市出土的一批齐国刀币》，《山东金融研究》增刊（钱币专辑），1991 年。
顾颉刚：《"周公制礼"的传说和〈周官〉一书的出现》，《文史》第六辑，北京：中华书局，1979 年。
关汉亨：《初尚龄和他的〈吉金所见录〉》，《中国钱币》2014 年第 1 期。
韩嘉谷：《平舒戈、舒豆和平舒地理》，《北方考古研究》（四），中州古籍出版社，1994 年。
郝导华、董　博、崔圣宽：《试论齐国的交通》，《东方考古》第 9 集（上册），科学出版社，2012 年。
何琳仪：《返邦刀币考》，《中国钱币》1986 年第 3 期。
华向荣、刘幼铮：《静海县西钓台古城址的调查与考证》，《天津社会科学》1983 年第 4 期。
黄盛璋：《战国"冶"字结构类型与分国研究》，《古文字学论集（初编）》，香港中文大学出版社，1983 年。
黄锡全：《尖首刀币的发现与研究》，《广州文物考古集》，文物出版社，1998 年。
侯　强：《春秋战国市管理体系考探》，《安徽史学》1998 年第 2 期。
贾效孔：《考古发现与齐币流通》，《山东金融研究》增刊（钱币专辑），1991 年。
贾　莹、周卫荣：《齐国及明代钱币的金相学考察》，《文物保护与考古科学》2003 年第 3 期。
金正耀等：《战国古币的铅同位素比值研究——兼说同时期广东岭南之铅》，《文物》1993 年第 8 期。

李步青、林仙庭：《烟台地区出土古货币及有关问题》，《山东金融研究》（钱币专刊一），1987年。

李　零：《中国古代居民组织的两大类型及其不同来源》，《李零自选集》，广西师范大学出版社，1998年。

李先登：《天津师院图书馆藏陶文选释》，《天津师院学报》1978年第2期。

李学勤：《战国题铭概述（下）》，《文物》1959年第9期。

李学勤：《〈齐语〉与〈小匡〉》，《清华大学学报（哲学社会科学版）》1986年第2期。

李学勤：《论博山刀》，《中国钱币》1986年第3期。

李学勤：《重论博山刀》，《中国钱币论文集》第三辑，中国金融出版社，1998年。

李学勤：《释东周器名卮及有关文字》，《文物中的古文明》，商务印书馆，2008年。

林　沄：《从张家口白庙墓地出土的尖首刀谈起》，《中国钱币论文集》第四辑，中国金融出版社，2002年。

刘家骥：《临沂地区古货币概况》，《山东金融研究》（钱币专刊一），1987年。

刘幼铮：《春秋战国时期天津地区沿革考》，《天津社会科学》1983年第2期。

吕　健：《李佐贤和他的〈古泉汇〉》，《辽宁省博物馆学术论文集（1999—2008）》第3册，辽海出版社，2009年。

马良民、言家信：《山东邹平县苑城村出土陶文考释》，《文物》1994年第4期。

毛　波：《吴越系铜剑研究》，《考古学报》2016年第4期。

裘锡圭：《战国货币考（十二篇）》，《北京大学学报（哲学社会科学版）》1978年第2期。

裘锡圭：《战国平阳刀币考》，《中国钱币》1988年第2期。

裘锡圭：《战国文字中的"市"》，《考古学报》1980年第3期。

裘锡圭：《先秦古书中的钱币名称》，《中国钱币论文集》第四辑，中国金融出版社，2002年。

裘锡圭：《致王毓铨先生函》，《裘锡圭学术文集》第三卷，复旦大学出版社，2012年。

裘锡圭：《齐量制补说》，《中国史研究》2019年第1期。

任相宏：《双乳山一号汉墓墓主考略》，《考古》1997年第3期。

石永士、王素芳：《试论"⿹"字刀化的几个问题》，《中国钱币论文集》，中国金融出版社，1985年。

石永士、王素芳：《"尖首刀"化的初步研究》，《考古与文物》1987年第1期。

石永士、王素芳：《燕国货币的发现与研究》，《中国钱币论文集》第二辑，中国金融出版社，1992年。

史庭耀：《试谈博山刀与齐明刀的关系》，《山东金融研究》增刊（钱币专辑），1991年。

宋百川：《齐国钱币研究概述》，《山东金融研究》（钱币专刊二），1988年。

苏兆庆：《莒国故城出土的刀币陶范初议》，《山东金融研究》（钱币专刊二），1988年。

苏兆庆：《莒县故城出土的刀币陶范再议》，《山东金融研究》增刊（钱币专辑），1991年。
孙　波：《聚落考古与龙山文化社会形态》，《中国社会科学》2020年第2期。
孙敬明：《刀币蠡测》，《山东金融研究》（钱币专刊一），1987年。
孙敬明：《考古发现与齐币探索》，《山东金融研究》（钱币专刊二），1988年。
孙敬明：《从货币流通看海洋文化在齐国经济重心之发展形成中的作用——论临淄、海阳、临沂出土的大批货币》，《山东金融》1997年第1期。
孙敬民：《齐国南疆作干城——从平阳出土陶文和题铭兵器谈起》，《传承与创新——考古学视野下的齐文化学术研讨会论文集》，上海古籍出版社，2019年。
汪庆正：《日本银行及上海博物馆所藏博山刀考略》，《中国钱币》1985年第3期。
王恩田：《对三里墩出土齐小刀币铸行年代的讨论》，《中国钱币》1993年第3期。
王恩田：《莒公孙潮子钟考释与臧家庄墓年代》，《远望集》，陕西人民美术出版社，1998年。
王　辉：《也谈齐"六字刀"的年代》，《中国钱币》2003年第2期。
王　青：《〈管子〉"发、朝鲜之文皮"的考古学探索——兼论东周时期齐国与海北的贸易和交通》，《东方考古》第11集，科学出版社，2014年。
王献唐：《齐国铸钱的三个阶段》，《考古》1963年第11期。
王　毅：《试论齐国市场管理的举措》，《管子学刊》1994年第4期。
吴振武：《战国货币铭文中的"刀"》，《古文字研究》第十辑，中华书局，1983年。
徐良高：《以考古学构建中国上古史》，《中国社会科学》2021年第9期。
徐在国：《释齐官"祈望"》，《第四届国际中国古文字学研讨会论文集》，问学社，2003年。
严文明：《论中国的铜石并用时代》，《史前研究》1984年第1期。
燕生东：《江苏地区的商文化》，《东南文化》2011年第6期。
燕生东等：《渤海南岸地区发现的东周时期盐业遗存》，《中国国家博物馆馆刊》2011年第9期。
杨　岩：《千年古国颛臾》，《春秋》2018年第3期。
杨哲峰：《关于齐国量制中的进位问题》，《文物世界》2000年第5期。
廉福银：《谈胶州发现的齐币》，《山东金融研究》增刊（钱币专辑），1991年。
于嘉芳：《齐刀币渊源初考》，《山东金融研究》（钱币专刊二），1988年。
于中航：《试论齐刀的类型、分期和年代》，《山东金融研究》（钱币专刊一），1987年。
余思洲：《"钟"有多大？——新〈辞海〉一榷》，《海南大学学报》1985年第1期。
翟胜利：《齐国"六字刀"铭文及相关问题再论》，《中国国家博物馆馆刊》2021年第3期。
张　弛：《尖首刀若干问题初探》，《中国钱币》1993年第2期。

张光明：《从齐刀币的出土谈齐国货币的流通及相关问题》，《山东金融研究》（钱币专刊二），1988年。

张光明：《齐刀币不殉问题探略》，《山东金融研究》增刊（钱币专辑），1991年。

张光明、贺传芬：《齐明刀考古发现与研究》，《中国钱币论文集》第三辑，中国金融出版社，1998年。

张光明、于崇远、李新：《齐文化大型城址考古的又一重大发现——山东高青狄城故城遗址初探》，《管子学刊》2016年第1期。

张政烺：《庚壶释文》，《出土文献研究》，文物出版社，1985年。

招远县图书馆、自然科学史研究所：《招远切头尖首刀及其科学考察》，《中国钱币》1987年第3期。

赵平安：《试释战国玺印封泥中的"祈父"》，《文物》2021年第8期。

郑家相：《明刀之研究》，《泉币》第一期，1940年。

郑家相：《上古货币的推究》，《泉币》第四期，1941年。

周卫荣：《燕下都遗址出土"匽字刀"币的检测研究》，《第三届全国科技考古学术会议论文集》，1991年。

周卫荣、陈荣、孙成甫：《齐国铸币合金成分的检测与考察》，《中国钱币》1992年第2期。

周卫荣：《再论"齐"明刀》，《中国钱币》1996年第2期。

周卫荣：《齐刀铜范母与叠铸工艺》，《中国钱币》2002年第2期。

周祥：《齐明刀相关问题研究》，《中国钱币论文集》第四辑，中国金融出版社，2002年。

朱德熙：《释桁》，《古文字研究》第十二辑，中华书局，1985年。

朱德熙、裘锡圭：《战国时代的"料"和秦汉时代的"半"》，《朱德熙文集》第5卷，商务印书馆，1999年。

朱活：《谈山东济南出土的一批古代货币》，《文物》1965年第1期。

朱活：《从山东出土的齐币看齐国的商业和交通》，《文物》1972年第5期。

朱活：《谈山东海阳出土的齐国刀化——兼论齐刀的购买力》，《文物》1980年第2期。

朱活：《古钱》，《文物》1981年第4期。

朱活：《三谈齐币——谈山东海阳出土的齐国刀化兼论齐国铸币工艺及齐刀的购买力》，《古钱新探》，齐鲁书社，1984年。

朱活：《论齐圜钱范兼谈六字刀》，《山东金融研究》（钱币专刊二），1988年。

朱玉德：《临淄发现的青铜量器》，《管子学刊》1993年第1期。

庄明军：《青州西辛古墓出土齐刀币范的认识》，《中国钱币》2010年第1期。

六、学位论文

陈隆文：《春秋战国时期金属铸币的空间特征与地理基础》，陕西师范大学博士学位论文，2004年。
李俊宪：《战国秦汉货币文字研究》，山东大学博士学位论文，2008年。
王晓博：《从货币角度看战国时期商品贸易的发展和繁荣》，陕西师范大学硕士学位论文，2010年。
杨琳琳：《齐国货币研究》，河南大学硕士学位论文，2018年。

七、外文文献

宫本一夫：《中国古代北疆史の考古学的研究》，中国书店，2000年。
藤田亮策：《朝鲜发见の明刀钱と其遗迹》，《史学论丛·京城帝国大学文学会论纂》第七辑，岩波书店，昭和十三年（1938）。
田村晃一：《乐浪と高句丽の考古学》，同成社，2001年。
当真嗣一：《具志头城北东崖下洞穴内で发现された明刀钱について》，《冲绳县立博物馆纪要》第23号，1997年。
柿沼阳平：《中国古代货币经济史研究》，汲古书院，2011年。
Richard Von Glahn. *The Economic History of China: From Antiquity to the Nineteenth Century*, Cambridge：Cambridge University Press, 2016.
Lothar von Falkenhausen. The Economy of Late Pre-Imperial China：Archaeological Prespectives, *The Cambridge Economic History of China*, Richard Von Glahn and Debin Ma（eds.）, *Vol. 1*, Cambridge：Cambridge University Press, 2022.

ABSTRACT

Money emerges with human economic activities and the complexity of society. China is one of the earliest countries that use money. Especially in the Eastern Zhou dynasty, metal "coins" with monetary function widely emerged in many states. The money of the State of Qi (usually referring to the knife-shaped "coin", called *daobi* in Chinese) played an important role in the study of ancient Chinese civilization. Many fruitful studies have been conducted on Qi's money, but the systematic and integrated research of Qi's money remains to be carried out with the goal of exploring Qi's social and economic network as well as its operating system, integrating multidisciplinary methods.

In view of this, this paper makes study of Qi's money, to analyze its shape, casting technology and age, on the basis of defining the concept of Qi's money and comprehensive statistics of its unearthed conditions, using methods of typology, historical literature analysis, and comparative analysis by scientific and technological testing. From the perspective of settlement archaeology, using the method of spatial analysis, this paper observes the spatial distribution of various forms of Qi's money, deeply discusses social and economic operations reflected by the spatial distribution such as the social and economic network and the activities of "market" economy, and to some extent deepens the understanding of economic and social operation and state governance in the pre-Qin period.

About the shape and age of Qi's money. From the perspective of archaeological typology, the paper studies Qi money's types and shapes as well as observes the characteristics among them, and determines the early or late period these different types and shapes belong to and the chronological framework, according to the weight and size of the money, the change of the characters on the obverse and the reverse, the casting skill of the characters and marks on the reverse, and the scientific and technological testing data, from the perspective of archaeological stratigraphy and by comparing the different archaeological sites and the objects excavated in the same site. The earliest form of the large-size Qi money knife was *Jimo Zhi Dadao* (namely the five Chinese characters "即墨之大刀" on the obverse, translating as Jimo large knife, cast in Jimo which was located in what is now Pingdu in Shandong), followed by *Qi Zhi Dadao* (namely the four Chinese characters "齐之大刀" meaning Qi large knife) and *Anyang Zhi Dadao* (namely the five Chinese characters "安阳之大刀" meaning Anyang large knife, minted in Anyang which was situated just east of what is now Caoxian County in Shandong). *Jimo Zhi Dadao* money knife appeared in the late Spring and Autumn Period, and was mainly cast in the early and middle Warring States Period. While the other form of large-size Qi money knife is *Qi Dadao* with the three characters "齐大刀" on the obverse. It was minted in as early as the time King Weiwang ruled in the middle Warring States Period, and until the demise of Qi. *Qi Dadao* knife can be divided into two stages according to the obverse and revere characters and casting technology. In the early stage, the inscriptions on the obverse were thin, with few types of inscriptions on the reverse, and with a rigorous casting process. In the later stage, the inscriptions on the obverse were thick and loose, with diverse types of inscriptions on the back, and a simple casting process. And the quality of the money knives was not as good as in the early stage. The two stages are divided by the historical incident that Qi was attacked by unified army led by General Leyi. A special money knife appeared during the popularity of *Qi Dadao* was the six character knife *Liu Zi Dao* (六字刀), which was not minted for too long. The small-size Qi money knife appeared in the early Warring States Period, and was mainly cast in the middle and late Warring States Period. *Qi Huanqian* coins appeared in the late Warring States Period.

Taking *Qi Dadao* (齐大刀) as an example, the technological process of Qi money knife casting handicraft included a complete set of process such as blank making, mold making, casting and polishing, specifically consisting of preparing raw materials, making earthen mould, drying mould (by fire or in shade), trimming mould, carving the model of knife (and a groove), inscribing characters and marks, cleaning the release agent, combining the two parts of mould, baking the mould, and casting money knife, etc. There were differences among casting moulds of money knives. For example, *Qi Dadao* could be divided into two stages in terms of its mould's features. In the early stage, the mould was made delicate, the difference between the patterns of the money knife on the obverse and reverse parts of the mould was small, and the obverse and the reverse matched precisely. In the late stage, the mould was made rough. The characters on the obverse were large and loose. The knife pattern on the obverse part of the mould was smaller than that on the reverse part. It caused that the patterns could not match precisely, which left the edge of the money knife rough and not polished. The moulds of *Qi Dadao* knife were found in abundance and in many places. In the early period, they were only found in Anhezhuang, Linzi. In the late period, more were found in many places such as Anhezhuang, Dafosi, outside the west gate of the palace, within the south wall of the capital city, the ancient city of Anping, Qianfanwang Village of Qingzhou, and the ancient city of Sanshilipu in Fushan. From the perspective of the simplification of the casting process of *Qi Dadao*, its large number may be due to the need for plenty of money knives in a short time after the restoration of Qi by King Xiangwang, or it may be due to the prosperity of Qi's economy owing to the relatively stable environment without engaging in wars after the restoration of Qi. From another point of view, the fact that the casting sites of *Qi Dadao* appeared in many places indicates a possibility of local private casting due to Qi's weaker control over the casting of money knives. In addition, no money knife moulds of *Jimo Zhi Dadao* (即墨之大刀), *Qi Zhi Dadao* (齐之大刀) and *Anyang Zhi Dadao* (安阳之大刀) have been found so far, and the casting venues are unknown. It is speculated that they were forged respectively in Jimo, Linzi and Anyang in Shandong.

From the perspective of settlement archaeology, this paper studies the social economic network of money circulation. The circulation of Qi's money in the three spatial dimensions of point, line and area reflects that Qi had established a stable, orderly and close social and economic network within the state's scope during the Warring States period. In the network, Linzi was the center of the state's regional economy, and Jimo, Ji'nan and Linyi were also key regional economic network hubs within the territory of Qi, connecting Linzi, the capital of the state, with regional settlements. They altogether formed a social and economic network that radiated from point to line within the state and even beyond its territory, effectively realizing the allocation of resources between the northern and southern regions as well as the eastern and western spans of Qi, also playing an important role in economy, trade and management.

On the one hand, the distribution and circulation of large Qi money knives have obvious corresponding relations with state-controlled resources such as salt industry, fishery and forestry, basically reflecting the main transportation routes, passes, important cities and borders of Qi. The large Qi money knives kept a stable state from the beginning to the end of circulation, with little change in the shape and weight. It is speculated that they were consciously created by Qi's upper ruling class and the result of the complexity of social governance under the state-run economic system. The unearthed large-size Qi money knives can be divided into five different levels according to the quantity, namely over 1000, 500 – 1000, 100 – 499, 50 – 99, and less than 50. Near the place where money knives are unearthed, there are often ruins of the same period, some are small villages, some are city sites, and others are capital cities. Salt industry, forestry and other different resources are also found distributed nearby. On the other hand, the appearance of small-size Qi money knives should be closely related to the sharp-head knives and Yan money knives. Small Qi money knives had obvious changes and weight reduction, which conformed to the general law of money changes. The circulation regions were mainly in the northwest of Qi, Jiaodong Peninsula and Ju. From the perspective of people, small Qi money knives were originally related to the Rong, Lai and Ju peoples. The large-scale appearance of small Qi money knives in the late Warring States period indicates that their circulation may be recognized or tacitly approved by Qi's government. The appearance and circulation of small Qi money knives should be related to the private economy.

The "market", a standardized and orderly commodity exchange entity space with equivalent or reputable products as the exchange medium, had been widely formed in Qi. These "markets" had a wide distribution range, and were mostly related to urban settlements and distributed along the east-west trunk roads of Qi. They were closely related to the perfect economic network of Qi, with the capital Linzi as the center and radiating to the whole state. The overall economic layout was basically formed with "market" as the economic point, connecting the state's trunk economic lines, and driving the development of regional economic settlement area under the regional economic network. Embedded in the social structure and supported by auxiliary systems such as the measurement system, the "market" economy of Qi had made the official market economy, involving large money knives, very active, and also promoted the free economic exchange involving small money knives, as well as other economic exchange activities. The official economic system of Qi had been inherited by later dynasties, and its economic governance concept remains influential even today.

后　记

本书基于我的博士论文修订而成，行将付梓之际，心中犹有千言，然而下笔之时，却又一时踟蹰，不知从何说起，寥寥数语实难尽述心中之意。

我的求学与治学历程，承载着诸多师友的殷切期望与厚爱。

首先要向我的导师方辉教授致以最深切的谢意。蒙方老师垂青，能在老师门下求学，实乃人生一大幸事。学生愚钝，悟性不足，学习与读书的节奏较慢，最终能够完成论文，离不开导师的耐心指导、包容厚爱与无私关怀。硕士阶段，方老师就曾在齐国刀币及其流通问题上给予我宝贵指引，那时的我年少，对其中深意领会有限，事隔多年，随着专业知识的学习和积累，才逐渐领悟，并最终选择齐国货币作为博士论文的研究对象。论文的主题、篇章结构和内容，无一不是在方老师的悉心指导下，经过不断修改、补充和完善才得以完成。硕士毕业离开校园后，我一直留在济南工作，得益于地利之便，仍能时常得到方老师的关怀、聆听老师的教诲，可谓人生之幸。

学生时代，方老师是我学术道路的引路人；而步入工作后，在人生道路上给予我指导与帮助的是杨波老师。硕士毕业后，我进入山东博物馆工作，有幸与杨老师成为同事，老师每次见到我都会关心我的工作和生活，困难时会给予帮助，苦闷时会予以开导，失意时会鼓励打气，得意时会提醒鞭策。我自知工作能力有限，唯有勤勤恳恳、兢兢业业，不敢奢求多么卓越的成就，唯愿不辜负母校的栽培、老师的期待。仰赖杨老师的鼓励，我终得以在继续攻读博士的道路上坚持下来。

深切缅怀和感谢山东博物馆已故著名学者王恩田先生，在先生健在的最后几年，蒙先生惠允，我幸得常至先生家中拜访，请教商周史与古文字的问题。先生晚年仍抱持着对学术的执着热爱，年逾八旬依旧日日阅读资料、撰写文章，有时甚至笔耕不辍至下半夜，还会时常在核心期刊上发表新作。每念及此，先生崇高的学者风范都令我心生敬意，心灵也仿佛得到了净化。尽管最终的论文选题并非先生专精的商周史与古文字领域，但先生传授于我的研究问题的方式方法使我受益终身。

感谢本科考古实习老师任相宏和王青老师。考古实习是许多人学习生涯中的一道分水岭，愿意坚持下来的学子，往往会坚定不移地在这条道路上一直走下去。正是那段朝夕相处的时光，让我即便历经多年，再与二位老师相见时，仍感到格外亲切。进入工作后，老师们仍时常关心我的工作与学业进展。特别要感谢王青老师，对论文的结构和内容进行了细致入微的悉心指导，对论文的修改完善提出了许多宝贵的意见与建议。

感谢于海广、栾丰实、杨爱国、靳桂云、陈淑卿等诸位老师在求学期间的传道授业和学业上的指导帮助。感谢日本九州大学宫本一夫教授在我访学期间对我的指导和帮助。感谢白云翔、徐良高、钱耀鹏、王青、王芬、陈雪香、郎剑锋、路国权等诸位老师以及匿名评审专家在预答辩、评审、答辩过程中对论文给予的宝贵修改意见。感谢孙波、郑同修、刘延常、于秋伟、肖贵田、襟柏红、王亚、王庆铸等诸位领导与师友在论文写作与资料收集过程中的帮助和支持。同时，特别感谢同事王晓晨和责编许佳莹在本书出版过程中的辛勤校对，提出了不少建议。在本文写作过程中，还有许多朋友给予了宝贵帮助，挂一漏万，在此难以一一列举。衷心感谢所有帮助我的人！